Cfdt:

VOS DROITS

Salariés du privé

S'ENGAGER POUR CHACUN
AGIR POUR TOUS

GUIDE JURIDIQUE DE LA CFDT

CFDT, 4, boulevard de la Villette
75955 Paris cedex 19. Tél. 01 42 03 80 00
Site internet : www.cfdt.fr

Rédaction du guide : Thierry Ouazan
Rédacteur en chef : Didier Cauchois
Rédacteur en chef adjoint : Pascaline Dupré-Camus
Conception graphique : CFDT – Service Information Communication – Ève Cavallini
Coordination édition et fabrication : Didier Playe / CFDT Diffusion
Prépresse : Cicero
Illustrations : Léon Maret

ISBN : 978-2-85465-238-3

Connaître ses droits pour les faire respecter !

© Infocom CFDT

Le guide « *Droits des salariés* », publié par la CFDT, est réactualisé chaque année pour répondre aux questions que vous pouvez un jour vous poser, quelle que soit votre situation, salarié d'une petite ou d'une grande entreprise, fonctionnaire, contractuel de la fonction publique.

De nouveaux droits pour les salariés

En signant, en janvier 2013, un accord qui est ensuite devenu une loi, la CFDT a pu apporter aux salariés des droits nouveaux et plus de sécurisation de leur emploi : création d'une complémentaire santé pour tous les salariés avec un financement de l'employeur (amélioration de l'accès à la santé mais aussi du pouvoir d'achat), taxation des contrats courts et encadrement des temps partiels imposés (pour réduire la précarité), encadrement favorable aux salariés des accords de maintien dans l'emploi, création d'un compte personnel de formation mobilisable tout au long de la vie.

La CFDT se mobilise pour que les fonctionnaires et les agents publics bénéficient aussi de ces nouveaux droits, en particulier la prise en charge de la complémentaire santé ou les mesures de réduction de la précarité.

Cette année, le dossier spécial de ce guide est consacré à la complémentaire santé. Il présente un panorama des prestations apportées par les complémentaires qui couvrent les dépenses de santé non prises en charge par la sécurité sociale.

Adhérer à la CFDT, c'est la certitude d'être bien conseillé et défendu. C'est également se donner les moyens d'obtenir, ensemble, de meilleurs droits et de les faire respecter.

Ce guide *Droits des salariés* est le produit du travail des militants de la CFDT. Dans tous les secteurs d'activité, du privé comme du public, ils sont là pour vous informer, vous conseiller, vous défendre et vous accompagner tout au long de votre parcours professionnel. Vous pouvez compter sur eux !

Laurent Berger
Secrétaire général de la CFDT

Sommaire

Protection sociale

Dossier

Vie pratique

Index

Les numéros renvoient aux pages du guide

A

B

C

I

J

L

M

Liste des principales abréviations

ARE > **Allocation d'aide au retour à l'emploi**

ASS > **Allocation de solidarité spécifique**

ATA > **Allocation temporaire d'attente**

ATS > **Allocation transitoire de solidarité**

CDAPH > **Commission des droits et de l'autonomie des personnes handicapées**

CDD > **Contrat à durée déterminée**

CDI > **Contrat à durée indéterminée**

CE > **Comité d'entreprise**

CESU > **Chèque emploi service universel**

CHSCT > **Comité d'hygiène, de sécurité et des conditions de travail**

CSP > **Contrat de sécurisation professionnelle**

CUI > **Contrat unique d'insertion**

Direccte > **Direction régionale des entreprises, de la concurrence, de la consommation, du travail et de l'emploi**

ETT > **Entreprise de travail temporaire**

JO > ***Journal officiel***

LRAR > **Lettre recommandée avec demande d'avis de réception**

MG > **Minimum garanti**

Nacre > **Nouvel accompagnement pour la création et la reprise d'entreprise**

PACS > **Pacte civil de solidarité**

PERCO > **Plan d'épargne pour la retraite collectif**

PPAE > **Projet personnalisé d'accès à l'emploi**

PSE > **Plan de sauvegarde de l'emploi**

ORE > **Offre raisonnable d'emploi**

RSA > **Revenu de solidarité active**

SMIC > **Salaire minimum interprofessionnel de croissance**

SPE > **Service public de l'emploi**

VAE > **Validation des acquis de l'expérience**

Les principaux éléments chiffrés [1]

(tableau à actualiser...)	01.07.2013	01.01.2014	01.07.2014
• RSA forfaitaire [2]			
• Personne isolée	483,24 €		
• Couple	724,86 €		
• Enfant en plus	193,30 €		
• SMIC			
• horaire brut	9,43 €		
• mensuel brut (151,666 h)	1 430,22 €		
• Plafond Sécurité sociale			
• mensuel	3 086 €		
• trimestriel	9 258 €		
• annuel	37 032 €		
• Base mensuelle de calcul des allocations familiales			
• montant	403,79 €		
• Chômage total			
• montant journalier minimum de l'allocation d'aide au retour à l'emploi	28,38 €		
• allocation temporaire d'attente	11,20 €		
• allocation de solidarité spécifique	15,90 €		
• allocation transitoire de solidarité	34,33 €		
• Prud'hommes			
• taux de compétence en dernier ressort	4 000 €		

(1) Certains des montants chiffrés figurant dans ce tableau, ainsi que dans le guide, seront revalorisés au 1er janvier 2014. Dès cette date, vous pourrez prendre connaissance des montants actualisés sur le site Internet de la CFDT : http://www.cfdt.fr.
(2) Revenu de solidarité active.
Pour l'utilisation de ces chiffres, reportez-vous aux chapitres du guide.

DROIT DU TRAVAIL

1 Embauche et accès à l'emploi

1 Le recrutement

Le recrutement d'un salarié par un employeur, directement ou par personne interposée (cabinet de recrutement, par exemple), repose sur trois grands principes :
- liberté de l'employeur dans le choix du candidat auquel il confiera le poste à pourvoir,
- connaissance par les candidats des méthodes de recrutement utilisées,
- obligation faite à l'employeur de fonder son choix sur des critères objectifs, sans tenir compte d'éléments tels que la religion, le sexe, l'appartenance syndicale...

➤ *La liberté de choix de l'employeur*

Lorsqu'il doit recruter, l'employeur est libre du choix du candidat qu'il retiendra, sous réserve du respect des principes de non-discrimination visés ci-contre. Ce principe de liberté s'accompagne de quelques tempéraments, l'employeur pouvant être tenu :

- soit à des embauches prioritaires, comme cela est le cas pour les travailleurs handicapés et assimilés (voir p. 38),
- soit à l'observation de priorités de réembauchage, notamment au profit des salariés ayant fait l'objet d'un licenciement économique.

La liberté de l'employeur s'étend aux techniques qu'il mettra en œuvre pour procéder à son recrutement, dans le respect des principes mentionnés ci-contre.

sachez-le *Si un employeur ne donne pas suite à la promesse d'embauche (document nominatif récapitulant les éléments essentiels du contrat : date d'entrée en fonctions, emploi et rémunération notamment) qu'il a signée, le salarié concerné peut s'adresser au conseil de prud'hommes pour demander réparation. Selon la Cour de cassation (arrêt du 15/12/2010), le non-respect d'une promesse d'embauche par l'employeur s'analyse en un licenciement sans cause réelle et sérieuse ouvrant droit au versement de dommages-intérêts et d'une indemnité de préavis.*

➤ *L'information des candidats*

Les principes sont les suivants :

- les informations demandées au candidat, sous quelque forme que ce soit, doivent avoir un lien direct et nécessaire avec l'emploi proposé ou avec l'évaluation de ses aptitudes (art. L. 1221-6). Si tel est le cas, le candidat doit y répondre de bonne foi et fournir les éléments qui lui sont demandés (diplômes, justificatifs des précédents emplois...). Si l'employeur propose un questionnaire au candidat, il doit notamment lui préciser le caractère obligatoire ou non des réponses, les conséquences d'un défaut de réponse, et les personnes qui seront destinataires des informations ;
- le candidat doit être informé des méthodes et techniques utilisées lors du recrutement (tests, logiciels...). Ces méthodes et techniques doivent se limiter à l'évaluation des aptitudes professionnelles et les résultats obtenus doivent rester confidentiels (art. L. 1221-8).

➤ *Le principe de non-discrimination*

● **Définitions.** Les notions de discrimination « directe » et de discrimination « indirecte » font l'objet d'une définition légale (loi n° 2008-496 du 27/05/2008). Ainsi :

- constitue une discrimination directe la situation dans laquelle, sur le fondement de son appartenance ou de sa non-appartenance, vraie ou supposée, à une ethnie ou une race, sa religion, ses convictions, son âge, son handicap, son orientation sexuelle ou identité sexuelle ou son sexe, une personne est traitée de manière moins favorable qu'une autre ne l'est, ne l'a été ou ne l'aura été dans une situation comparable ;
- constitue une discrimination indirecte une disposition, un critère ou une pratique neutres en apparence, mais susceptibles d'entraîner, pour l'un des motifs mentionnés ci-dessus, un désavantage particulier pour des personnes par rapport à d'autres personnes, à moins que cette disposition, ce critère ou cette pratique ne soient objectivement justifiés par un but légitime et que les moyens pour réaliser ce but ne soient nécessaires et appropriés.

La discrimination inclut :

- tout agissement lié à l'un des motifs mentionnés ci-dessus (religion, âge, orientation sexuelle...) et tout agissement à connotation sexuelle subis par une personne et ayant pour objet ou pour effet de porter atteinte à sa dignité ou de créer un environnement intimidant, hostile, dégradant, humiliant ou offensant ;
- le fait d'obliger quiconque à adopter un comportement prohibé par la loi, c'est-à-dire un comportement opérant une discrimination entre individus, fondée sur un motif illicite (sexe, religion...).

• **La protection contre les discriminations.** Au terme de l'article L. 1132-1 du Code du travail, aucune personne ne peut être écartée d'une procédure de recrutement ou de l'accès à un stage ou à une période de formation en entreprise en raison de son origine, de son sexe, de ses mœurs, de son orientation ou identité sexuelle, de son âge, de sa situation de famille ou de sa grossesse, de ses caractéristiques génétiques, de son appartenance ou de sa non-appartenance, vraie ou supposée, à une ethnie, une nation ou une race, de ses opinions politiques, de ses activités syndicales ou mutualistes, de ses convictions religieuses, de son apparence physique, de son nom de famille ou en raison de son état de santé ou de son handicap (voir aussi p. 40). De même, sauf cas particuliers (ex. : emploi de mannequin), l'employeur ne peut mentionner ou faire mentionner dans une offre d'emploi le sexe du candidat recherché. En cas de litige, le candidat à un recrutement, à un stage ou à une période de formation en entreprise présente des éléments de fait laissant supposer l'existence d'une discrimination directe ou indirecte ; au vu de ces éléments, il incombe à l'employeur de prouver que sa décision est justifiée par des éléments objectifs étrangers à toute discrimination. Le juge forme sa conviction après avoir ordonné, en cas de besoin, toutes les mesures d'instruction qu'il estime utiles. Ainsi, à titre d'illustration, a été considéré comme une discrimination à raison de l'origine le fait pour un employeur de demander, notamment lors de l'engagement, à un salarié de changer son prénom de Mohamed pour celui de Laurent.
Toute personne qui s'estime victime d'une discrimination (directe ou indirecte) peut également saisir le « Défenseur des droits » (voir le site www.defenseurdesdroits.fr). Les inspecteurs et contrôleurs du travail peuvent également intervenir et se faire communiquer tout document ou tout élément d'information, quel qu'en soit le support, utiles à la constatation de faits susceptibles de vérifier le respect de l'application des dispositions des articles L. 1132-1 à L. 1132-4 du Code du travail et de celles de l'article 225-2 du Code pénal ; en cas de constat d'une infraction, ils peuvent dresser un procès-verbal qui sera adressé au procureur de la République.

sachez-le *Aucun salarié ne peut être sanctionné, licencié ou faire l'objet d'une mesure discriminatoire pour avoir témoigné des agissements définis à l'article L. 1132-1 du Code du travail (voir ci-dessus) ou pour les avoir relatés.*

Les dispositions de l'article L. 1132-1 du Code du travail prohibant les discriminations (voir ci-dessus) ne font toutefois pas obstacle aux différences de traitement lorsqu'elles répondent à une exigence professionnelle essentielle et déterminante, et pour autant que l'objectif soit légitime et l'exigence proportionnée. Ainsi, par exemple, les différences de traitement fondées sur l'âge ne constituent pas une discrimination interdite lorsqu'elles sont objectivement et raisonnablement justifiées par un but légitime, notamment par le souci de favoriser l'insertion professionnelle ou d'assurer l'emploi des personnes concernées.

sachez-le *Le texte des articles 225-1 à 225-4 du Code pénal (définition et sanctions des discriminations prohibées) est affiché dans les lieux de travail ainsi que dans les locaux ou à la porte des locaux où se fait l'embauche (art. L. 1142-6). En outre, dans les établissements où travaillent des femmes, le texte des articles L. 3221-1 à L. 3221-7 et R. 3221-1 du Code du travail (égalité salariale hommes-femmes) est affiché à une place convenable, aisément accessible dans les lieux de travail, ainsi que dans les locaux ou à la porte des locaux où se fait l'embauche (sur la prévention du harcèlement, voir aussi p. 126).*

➤ La lutte contre la corruption

Dans un souci de protection des candidats à un emploi, le Code du travail prévoit qu'aucune personne ne peut être écartée d'une procédure de recrutement ou de l'accès à un stage, ou à une période de formation en entreprise, pour avoir relaté ou témoigné de bonne foi aux autorités judiciaires ou administratives de faits de corruption dont elle aurait eu connaissance dans l'exercice de ses fonctions.
Toute disposition, tout acte contraires sont nuls de plein droit.
En cas de litige relatif à l'application de ces dispositions, dès lors que le candidat à un recrutement, à un stage ou à une période de formation en entreprise établit des faits qui permettent de présumer qu'il a relaté ou témoigné de faits de corruption, il incombe à la partie défenderesse, au vu de ces éléments, de prouver que sa décision est justifiée par des éléments objectifs étrangers aux déclarations ou au témoignage du salarié. Le juge forme sa conviction après avoir ordonné, en cas de besoin, toutes les mesures d'instruction qu'il estime utiles (art. L. 1161-1).

sachez-le *Des dispositions similaires, prohibant toute sanction, tout licenciement ou toute mesure discriminatoire, directe ou indirecte, sont prévues au profit des salariés en poste qui auraient relaté ou témoigné, de bonne foi, soit à leur employeur, soit aux autorités judiciaires ou administratives, de faits de corruption dont ils auraient eu connaissance dans l'exercice de leurs fonctions.*

Le « contrat de génération »

La loi du 01/03/2013 a créé le dispositif du « contrat de génération », en lui assignant un triple objectif : faciliter l'insertion durable des jeunes dans l'emploi par leur accès à un CDI, favoriser l'embauche et le maintien dans l'emploi des salariés âgés, et assurer la transmission des savoirs et des compétences.

Ce dispositif, qui n'est pas un nouveau type de contrat de travail, est mis en œuvre dans des conditions qui diffèrent selon la taille des entreprises (pour le détail, voir : www.contrat-generation.gouv.fr) :

- dans les entreprises de moins de 50 salariés (ou qui appartiennent à un groupe dont l'effectif est inférieur à 50 salariés), il prend la forme d'une aide financière versée à l'employeur au titre de chaque « binôme » constitué d'un jeune embauché et d'un « senior » embauché ou maintenu dans l'emploi. Le jeune doit être embauché en CDI à temps plein (ou, avec son accord, à temps partiel d'au moins 80 %) et être âgé, au 1er jour d'exécution du contrat de travail, d'au moins 16 ans et de moins de 26 ans (30 ans s'il bénéficie de la RQTH, voir p. 38) ; le senior doit être âgé d'au moins 57 ans (55 ans s'il est reconnu travailleur handicapé) ou âgé d'au moins 55 ans au moment de son embauche ;
- la situation est la même dans les entreprises de 50 à moins de 300 salariés (ou qui appartiennent à un groupe répondant à ce critère d'effectif), à une réserve près : pour prétendre à l'aide financière, elles devront être couvertes par un accord d'entreprise ou de groupe ou, à défaut d'accord, par un plan d'action élaboré par l'employeur ou, à défaut d'accord ou de plan d'action, par un accord de branche étendu. Dans tous les cas, l'accord ou le plan devront comporter les éléments mentionnés à l'article L. 5121-11, et notamment des engagements en faveur de la formation et de l'insertion durable des jeunes dans l'emploi, de l'emploi des salariés âgés et de la transmission des savoirs et des compétences ;
- pour les entreprises d'au moins 300 salariés, ce dispositif prend la forme d'une pénalité financière applicable à celles qui ne seront pas couvertes, au plus tard le 30/09/2013, par un accord collectif conforme à l'article L. 5121-11 précité ou, à défaut, par un plan d'action élaboré par l'employeur.

sachez-le *Dans sa demande d'aide financière, l'employeur s'engage à informer le salarié jeune et le salarié âgé constituant le binôme du bénéfice de l'aide associée au contrat de génération. Ces salariés sont des salariés de droit commun, sans obligations ni droits particuliers. Leur contrat de travail peut être rompu dans les conditions habituelles, sachant toutefois que cette rupture peut entraîner la fin du versement de l'aide à l'employeur.*

2 Qui est votre employeur ?

Durant votre vie professionnelle, il pourra vous arriver d'être confronté à une relation de travail atypique, liée :
- à la nature particulière de votre employeur, association intermédiaire ou entreprise d'insertion, par exemple ;
- à certaines circonstances, par exemple une restructuration ou une situation de détachement dans une autre entreprise.

➤ *Embauche par une association intermédiaire ou une entreprise d'insertion*

Ces structures doivent passer une convention avec l'État. Les personnes embauchées sont celles rencontrant des difficultés sociales et professionnelles particulières ; elles doivent parfois faire l'objet d'un agrément par Pôle emploi.

● **Les associations intermédiaires** embauchent des personnes pour les mettre, à titre onéreux, à la disposition d'entreprises utilisatrices (ou de particuliers). La personne embauchée est liée à l'association par un CDD ou par un CDI à temps partiel. L'association est responsable du paiement du salaire ; l'entreprise utilisatrice est responsable des conditions d'exécution du travail (durée du travail, repos hebdomadaire, hygiène et sécurité, etc.).

● **Les entreprises d'insertion** fonctionnent comme toute autre entreprise. En tant qu'employeur, elles sont responsables des conditions d'exécution du travail, du paiement du salaire, etc. Elles peuvent embaucher des salariés soit dans le cadre d'un CDD d'insertion (CDDI) dont la durée est, en principe, comprise entre 4 mois et 24 mois, soit dans le cadre de contrats de travail temporaire (on parle alors d'entreprises de « travail temporaire d'insertion »). Avec son accord, et pour développer son expérience, le salarié en CDDI peut être mis à la disposition d'une autre entreprise, dans le cadre de « périodes d'immersion » d'une durée maximale de 1 mois.

➤ *Embauche d'un employé de maison par un particulier*

Les employés de maison effectuent, au domicile privé de leur employeur, tout ou partie des tâches de la maison, à caractère familial ou ménager. Ils relèvent du Code du travail et de la CCN « des salariés du particulier employeur ». Le salaire ne peut être inférieur au SMIC (multiplié par le nombre d'heures de travail en cas de temps partiel), et peut être réglé au moyen du chèque emploi service universel (CESU, voir p. 44). Les règles relatives au licenciement s'appliquent (voir p. 190), à l'exception notamment des dispositions spécifiques aux licenciements économiques.

➤ *Prêt de main-d'œuvre sans but lucratif*

L'hypothèse visée (art. L. 8241-1 et L. 8241-2) est celle où (hors, notamment, travail temporaire), ayant été embauché par une entreprise, celle-ci, avec votre accord, vous met à la disposition d'une autre entreprise, sans qu'il y ait rupture du contrat de travail initial. Vous devrez conclure un avenant à votre contrat précisant le travail confié dans l'entreprise utilisatrice, les horaires et le lieu d'exécution du travail, ainsi que les caractéristiques particulières du poste de travail. L'entreprise utilisatrice est responsable des conditions d'exécution du travail (durée du travail, repos hebdomadaire, hygiène et sécurité, etc.). À la fin de la mise à disposition, vous devez être réintégré dans votre entreprise d'origine.

➤ *Restructuration et changement d'employeur*

Le changement d'employeur suite à une vente ou à une transformation de l'entreprise (par fusion, scission, filialisation...) n'a aucune conséquence sur votre contrat de travail, qui se poursuit avec le nouvel employeur de la même façon qu'avec l'ancien (art. L. 1224-1). Les obligations de l'ancien employeur sont transférées au nouveau, en particulier le respect des avantages individuels et l'ancienneté.

➤ *Groupement d'employeurs*

Des entreprises relevant en principe de la même convention collective (ou, dans des conditions particulières, des entreprises et des collectivités territoriales) peuvent se grouper sous forme d'association pour employer un ou plusieurs salariés. Le contrat de travail est conclu par écrit avec le groupement qui est l'employeur. Il doit indiquer les conditions d'emploi et de rémunération, la qualification, les lieux d'exécution du travail et, sauf exception, la liste des utilisateurs potentiels. Il garantit l'égalité de traitement en matière de rémunération, d'intéressement, de participation et d'épargne sala-riale avec les salariés des entreprises auprès desquelles le salarié du groupement est mis à disposition.

3 Contrats d'alternance et d'insertion

De nombreuses mesures ont été prises afin de favoriser, pour certaines catégories de personnes sans emploi, l'acquisition d'une première expérience professionnelle (jeunes) ou la réinsertion professionnelle (personnes sans emploi rencontrant des difficultés particulières d'accès à l'emploi). Il s'agit le plus souvent d'un contrat de travail associé à une formation, ouvrant droit, pour les employeurs, à des avantages particuliers (aide forfaitaire et/ou exonération de cotisations sociales).

Les contrats de formation en alternance

➤ *L'apprentissage*

Il s'agit d'une forme d'éducation alternée qui a pour but de donner à des jeunes travailleurs une formation générale, théorique et pratique, en vue d'obtenir une qualification professionnelle sanctionnée par un diplôme ou par un titre (art. L. 6211-1).

sachez-le *Une « carte d'étudiant des métiers » est délivrée à l'apprenti par le centre qui assure sa formation dans les 30 jours qui suivent l'inscription par le CFA. Elle lui permet de faire valoir sur l'ensemble du territoire national la spécificité de son statut auprès des tiers, notamment en vue d'accéder à des réductions tarifaires identiques à celles dont bénéficient les étudiants de l'enseignement supérieur.*

● **Les conditions pour être apprenti** (art. L. 6222-1 et suiv.). Pour entrer en apprentissage, il faut :

● être âgé de 16 ans au moins et de 25 ans au plus (avec les exceptions mentionnées ci-contre). Toutefois, les jeunes âgés d'au moins 15 ans peuvent souscrire un contrat d'apprentissage s'ils justifient avoir accompli la scolarité du 1er cycle de l'enseignement secondaire ;

- trouver un employeur qui s'engage, outre le versement d'un salaire, à assurer à l'apprenti une formation professionnelle dispensée pour partie en entreprise et pour partie en centre de formation d'apprentis (CFA) ;
- être inscrit dans un CFA.

sachez-le *Dans le cadre du « dispositif d'initiation aux métiers en alternance » (DIMA), les élèves ayant atteint l'âge de 15 ans peuvent, pour une durée maximale de 1 an, être accueillis en CFA pour suivre, sous statut scolaire, une formation en alternance destinée à leur faire découvrir un environnement professionnel correspondant à un projet d'entrée en apprentissage (art. D. 337-172 à D. 337-182 du Code de l'éducation). Durant cette période, l'élève pourra à tout moment :*
- soit signer un contrat d'apprentissage, à condition d'avoir atteint l'âge minimal mentionné ci-dessus ;
- soit reprendre sa scolarité dans un collège ou un lycée.

Des dérogations à la limite d'âge de 25 ans sont autorisées dans les cas suivants :

- lorsque le contrat fait suite à un contrat d'apprentissage précédemment souscrit, et conduit à un niveau de diplôme supérieur à celui obtenu à l'issue du contrat précédent ; le contrat d'apprentissage doit être souscrit dans un délai maximum de 1 an après l'expiration du précédent contrat ;
- lorsqu'il y a eu rupture de contrat pour des causes indépendantes de la volonté de l'apprenti (cessation d'activité de l'employeur, faute ou manquements répétés de l'employeur à ses obligations, mise en œuvre de la procédure prévue en cas de danger pour la santé ou la sécurité de l'apprenti), ou suite à une inaptitude physique et temporaire de celui-ci constatée dans les conditions prévues à l'article R. 6222-38 du Code du travail. Là encore, le contrat d'apprentissage doit être souscrit dans un délai maximum de 1 an après l'expiration du précédent contrat.

Dans ces deux situations, l'âge de l'apprenti au moment de la conclusion du contrat ne peut être supérieur à 30 ans.

Deux autres dérogations à la limite d'âge supérieure de 25 ans sont admises : lorsque le contrat est conclu par une personne qui est reconnue comme travailleur handicapé et lorsque le contrat est conclu par une personne qui a un projet de création ou de reprise d'entreprise dont la réalisation est subordonnée à l'obtention du diplôme ou du titre sanctionnant la formation poursuivie ;

dans ces deux cas, il n'y a aucune limite d'âge supérieure pour la conclusion d'un contrat d'apprentissage.

sachez-le *Un CDI peut, par accord entre l'employeur et le salarié, être suspendu pendant la durée d'un contrat d'apprentissage conclu avec le même employeur. La durée de cette suspension est alors égale à la durée de la formation nécessaire à l'obtention de la qualification professionnelle recherchée (art. L. 6222-13).*

Par ailleurs, dans les conditions prévues par le Code du travail :

- les entreprises de travail temporaire peuvent conclure des contrats d'apprentissage afin d'assurer à l'apprenti une formation professionnelle dispensée pour partie en entreprise dans le cadre des missions de travail temporaire et pour partie en CFA ou section d'apprentissage (voir notamment les articles L. 1251-7, L. 1251-12 et L. 6226-1) ;
- pour l'exercice d'activités saisonnières, deux employeurs peuvent conclure conjointement un contrat d'apprentissage avec toute personne éligible à ce contrat (voir p. 23) ; le contrat peut alors avoir pour finalité l'obtention de deux qualifications professionnelles sanctionnées par un diplôme ou un titre à finalité professionnelle enregistré au Répertoire national des certifications professionnelles (voir notamment l'article L. 6222-5-1) ;
- un jeune âgé de 16 à 25 ans, ou ayant au moins 15 ans et justifiant avoir accompli la scolarité du 1er cycle de l'enseignement secondaire, peut, à sa demande, s'il n'a pas été engagé par un employeur, suivre en CFA ou en section d'apprentissage une formation visant à l'obtention d'une qualification professionnelle, dans la limite de 1 an et des capacités d'accueil du centre ou de la section. Le jeune bénéficie du statut de stagiaire de la formation professionnelle ; à tout moment, il pourra signer un contrat d'apprentissage d'une durée comprise entre 1 et 3 ans et réduite du nombre de mois écoulés depuis le début du cycle de formation (voir notamment l'article L. 6222-12-1).

- **Le contrat d'apprentissage** (art. L. 6222-4 et R. 6222-2 et suiv.). Ce contrat doit faire l'objet d'un écrit et être adressé par l'employeur, pour enregistrement, à l'autorité compétente. Rédigé en trois exemplaires, il doit comporter les rubriques prévues par la loi (date du début du contrat, durée du contrat, nom et adresse du CFS, formation envisagée, salaire, etc.).

Le contrat est signé par l'employeur, l'apprenti et son représentant légal. Il doit également être visé par le directeur du CFA. À l'initiative de l'employeur, il doit faire l'objet d'un enregistrement permettant, notamment, de s'assurer qu'il est conforme à la réglementation. À défaut d'enregistrement, le contrat ne peut

recevoir ou continuer de recevoir exécution ; si les prud'hommes sont saisis, l'apprenti pourra prétendre au paiement de son salaire sur la base du SMIC (ou du salaire minimum conventionnel s'il est plus favorable) pour la période où le contrat a été exécuté, ainsi qu'à l'indemnisation du préjudice résultant de la rupture des relations de travail (arrêt de la Cour de cassation du 28/05/2008).
La durée normale du contrat est de 2 ans ; il existe toutefois de nombreuses possibilités de réduction de l'apprentissage à 1 an (voire 6 mois) ou d'allongement à 3 ans (par exemple, pour le bac professionnel), voire 4 ans.
La formation se fait en alternance, pour partie dans une entreprise où l'apprenti recevra une formation pratique, et pour partie dans un CFA qui dispensera une formation générale d'au moins 400 heures par an, cette durée étant proratisée si le contrat est d'une durée inférieure à 1 an (art. L. 6233-8 et R. 6233-52). Il est obligatoire de suivre cette formation et de se présenter aux épreuves du diplôme, ou du titre, préparé.

sachez-le *Dans les deux mois qui suivent la conclusion du contrat, afin de procéder à une première évaluation du déroulement de la formation et, le cas échéant, de l'adapter, l'apprenti est convié par le CFA à un entretien auquel participent l'employeur, le maître d'apprentissage, un formateur du CFA et, si besoin est, les parents de l'apprenti ou son représentant légal.*

● **Le statut d'apprenti.** L'apprenti est salarié et bénéficie de l'ensemble de la législation sociale applicable dans l'entreprise, sous réserve de certaines dispositions particulières.
Le salaire qui est dû est au minimum égal à un pourcentage du SMIC ou du salaire minimum conventionnel (SMC) déterminé en fonction de l'âge de l'apprenti et de sa progression dans le ou les cycles de formation (voir tableau ci-après).
Si l'apprenti conclut plusieurs contrats d'apprentissage successifs, la rémunération qui lui est due est au moins égale à celle à laquelle il pouvait prétendre dans le cadre de son précédent contrat :
- si le nouveau contrat est conclu avec le même employeur, la rémunération doit être au moins égale à celle perçue par l'apprenti lors de la dernière année de son précédent contrat, sauf lorsque l'application des rémunérations en fonction de son âge (voir tableau ci-contre) est plus favorable ;
- si le nouveau contrat est conclu avec un employeur différent, la rémunération de l'apprenti est au moins égale à la rémunération minimale réglementaire à laquelle il pouvait prétendre lors de la dernière année d'exécution du contrat précédent, sauf lorsque l'application des rémunérations en fonction de son âge est plus favorable.

Année d'exécution du contrat	Âge		
	Jusqu'à 17 ans	18-20 ans	21 ans et plus
1re année	25 % SMIC	41 % SMIC	53 % SMC (1)
2e année	37 % SMIC	49 % SMIC	61 % SMC (1)
3e année	53 % SMIC	65 % SMIC	78 % SMC (1)

(1) S'il est plus favorable que le SMIC.

sachez-le *L'accueil temporaire d'un apprenti dans une autre entreprise, pour les besoins de sa formation, est possible ; dans ce cas, une convention doit être conclue entre l'employeur, l'entreprise d'accueil et l'apprenti (et son représentant légal le cas échéant). Si cette mise à disposition s'effectue auprès d'une entreprise établie dans un autre État membre de l'Union européenne, cette convention doit être conforme à un modèle annexé à un arrêté du 02/02/2009 (JO du 26/02/2009).*

Le temps de formation fait partie du temps de travail (art. L. 6222-24). Si l'apprenti a moins de 18 ans, il ne peut pas, sauf dérogation, travailler plus de la durée hebdomadaire de travail applicable à l'entreprise, ni plus de 8 heures par jour (voir p. 92). Après 18 ans, s'il fait des heures supplémentaires, elles doivent lui être payées à un taux majoré (voir p. 95).
L'apprenti a droit à cinq semaines de congés payés annuels comme les autres salariés (voir p. 149). S'il a moins de 22 ans, il peut bénéficier d'un congé supplémentaire non rémunéré pour atteindre les 30 jours ouvrables de congé (art. L. 3164-9, voir p. 151). Il bénéficie, en plus, d'un congé de 5 jours ouvrables pour préparer les épreuves auxquelles il se présente (art. L. 6222-35).

● **La rupture du contrat** (art. L. 6222-18, R. 6222-21 et R. 6222-22). Le contrat peut être librement rompu, par l'apprenti ou par l'employeur, pendant les deux premiers mois. La rupture par l'employeur ne peut, toutefois, reposer sur un motif discriminatoire prohibé par la loi (origine, religion, etc.). Passé ce délai, le contrat ne peut être rompu que dans les cas suivants :
- accord des deux parties constaté par écrit ;
- rupture à l'initiative du jeune qui a obtenu son titre ou son diplôme ;
- rupture à l'initiative de l'administration du travail, notamment en cas de risque sérieux d'atteinte à la santé ou à l'intégrité physique ou morale de l'apprenti (dans ce cas, l'employeur doit verser à l'apprenti les sommes dont il aurait été redevable si le contrat s'était poursuivi jusqu'à son terme) ;

- faute grave ou manquements répétés de l'une des parties à ses obligations ;
- inaptitude de l'apprenti à exercer le métier auquel il voulait se préparer.

Dans ces deux derniers cas, c'est au conseil de prud'hommes de prononcer la rupture du contrat. Il peut condamner l'employeur à payer des dommages-intérêts si les manquements invoqués sont inexistants ou ne sont pas suffisamment graves.

Si le contrat d'apprentissage est suivi de la signature d'un contrat de travail à durée indéterminée, d'un contrat à durée déterminée ou d'un contrat de travail temporaire dans la même entreprise, aucune période d'essai ne peut être imposée, sauf dispositions conventionnelles contraires ; en outre, la durée du contrat d'apprentissage sera prise en compte pour le calcul de la rémunération et l'ancienneté du salarié.

sachez-le *Si le contrat d'apprentissage est rompu avant que la formation soit achevée et qu'un nouveau contrat d'apprentissage est conclu avec un nouvel employeur, ce contrat pourra comporter une période d'essai dont la durée sera fixée comme pour les CDD (voir p. 66).*

➤ Le contrat de professionnalisation

Le contrat de professionnalisation est un contrat de travail qui permet à son titulaire d'acquérir une qualification professionnelle et de favoriser son insertion ou sa réinsertion professionnelles. Il associe des enseignements généraux, professionnels et technologiques dispensés dans des organismes publics ou privés de formation ou, lorsqu'elle dispose d'un service de formation, par l'entreprise, et l'acquisition d'un savoir-faire par l'exercice en entreprise d'une ou plusieurs activités professionnelles en relation avec les qualifications recherchées.

- **Les bénéficiaires** (art. L. 6325-1). Ce contrat s'adresse :

1° aux personnes âgées de 16 à 25 ans révolus (soit moins de 26 ans), afin de compléter leur formation initiale ; des dispositions spécifiques peuvent leur être applicables lorsqu'elles n'ont pas validé un 2e cycle de l'enseignement secondaire et qu'elles ne sont pas titulaires d'un diplôme de l'enseignement technologique ou professionnel (voir p. 30) ;

2° aux demandeurs d'emploi âgés de 26 ans et plus, inscrits sur la liste des demandeurs d'emploi tenue par Pôle emploi. Cette inscription n'est toutefois pas requise pour les personnes qui sont recrutées en contrat de professionnalisation après avoir achevé un contrat aidé (voir p. 31) ;

3° aux bénéficiaires du revenu de solidarité active (RSA), de l'allocation de solidarité spécifique (ASS) ou de l'allocation aux adultes handicapés (AAH), ou aux personnes ayant bénéficié d'un contrat unique d'insertion (CUI).
Ce contrat peut être conclu avec un employeur assujetti à l'obligation légale de contribution au financement de la formation professionnelle, c'est-à-dire en principe tous les employeurs, à l'exception de l'État, des collectivités locales et de leurs établissements publics à caractère administratif. Sont également concernés les employeurs des entreprises d'armement maritime. En outre, dans les conditions prévues par l'article L. 6325-23, les entreprises de travail temporaire peuvent conclure des contrats de professionnalisation à durée déterminée.

sachez-le *Les jeunes âgés de 16 à 25 ans révolus qui concluent un contrat de professionnalisation ayant pour objet d'acquérir une qualification enregistrée dans le Répertoire national des certifications professionnelles (RNCP) et comportant une action de professionnalisation d'une durée minimale de 12 mois reçoivent, de l'organisme ou du service chargés de leur formation, une « carte d'étudiant des métiers » ayant le même objet que celle délivrée aux apprentis (voir p. 23). Cette carte leur est délivrée dans les 30 jours suivant la conclusion du contrat.*

● **Les caractéristiques du contrat** (art. L. 6325-5 et suiv.). Le contrat de professionnalisation peut prendre la forme d'un contrat à durée indéterminée (CDI) ou à durée déterminée (CDD) :
- s'il s'agit d'un CDI, l'action de professionnalisation (alternance de périodes de travail en entreprise et d'enseignement théorique) se situe au début du contrat et doit être d'une durée minimale comprise entre 6 et 12 mois (ou plus, voir ci-dessous) ;
- s'il s'agit d'un CDD, il est conclu pour la durée de l'action de professionnalisation, telle que visée ci-dessus. Il peut alors être renouvelé une fois si le bénéficiaire n'a pu obtenir la qualification envisagée pour cause d'échec aux épreuves d'évaluation de la formation suivie, de maternité, de maladie, d'accident du travail, de maladie professionnelle, de défaillance de l'organisme de formation ou si, après avoir obtenu la qualification visée, il prépare une qualification supérieure ou complémentaire.

La durée de l'action de professionnalisation peut être allongée jusqu'à 24 mois pour les personnes mentionnées aux 1° et 3° des pages 28 et 29 et pour d'autres bénéficiaires lorsque la nature des qualifications prévues l'exige (les bénéficiaires et la nature de ces qualifications sont alors définis par accord collectif).

sachez-le *Pour l'exercice d'activités saisonnières, deux employeurs peuvent conclure conjointement un contrat de professionnalisation à durée déterminée avec un jeune âgé de 16 à 25 ans révolus afin de compléter sa formation initiale. Ce contrat pourra alors avoir pour finalité l'acquisition de deux qualifications (voir l'article L. 6325-4-1).*

- **La formation** (art. L. 6325-3, L. 6325-13, L. 6325-14). L'employeur s'engage à assurer aux bénéficiaires du contrat de professionnalisation une formation leur permettant d'acquérir une qualification professionnelle et à leur fournir un emploi en relation avec cet objectif pendant la durée du contrat à durée déterminée ou de l'action de professionnalisation du contrat à durée indéterminée. Les actions d'évaluation et d'accompagnement ainsi que les enseignements généraux, professionnels et technologiques sont mis en œuvre par un organisme de formation ou, lorsqu'elle dispose d'un service de formation, par l'entreprise elle-même. Ils sont d'une durée minimale comprise entre 15 %, sans être inférieure à 150 heures, et 25 % de la durée totale du contrat ou de la période de professionnalisation. Un accord peut porter au-delà de 25 % la durée des actions mentionnées ci-dessus, notamment pour les personnes citées aux 1° et 3° des pages 28 et 29 et pour celles qui visent des formations diplômantes.

Un tuteur peut être désigné par l'employeur pour accueillir et guider dans l'entreprise les titulaires de ces contrats.

- **Le statut des bénéficiaires** (art. L. 6325-6). Ils sont salariés de l'entreprise et bénéficient, à ce titre, de l'ensemble des dispositions législatives, réglementaires et conventionnelles applicables aux autres salariés dans la mesure où elles sont compatibles avec les exigences de leur formation.

La durée du travail, incluant le temps passé en formation, ne peut excéder la durée hebdomadaire pratiquée dans l'entreprise, ni la durée quotidienne visée page 94.

Si elles sont présentes dans le contrat de professionnalisation, les clauses de dédit-formation sont nulles et de nul effet.

Sauf dispositions conventionnelles ou contractuelles plus favorables, les salariés âgés de moins de 26 ans perçoivent, pendant la durée du CDD ou de l'action de professionnalisation du CDI, une rémunération calculée en fonction du SMIC et dont le montant est indiqué dans le tableau ci-dessous (art. L. 6325-8 et L. 6325-9). Les salariés âgés d'au moins 26 ans perçoivent, pendant la durée du CDD ou de l'action de professionnalisation du CDI, une rémunération qui ne peut être inférieure au SMIC ni à 85 % de la rémunération conventionnelle minimale.

	Qualification inférieure au bac professionnel, ou titre ou diplôme professionnels de même niveau (1)	Qualification égale ou supérieure au bac professionnel, ou titre ou diplôme professionnels de même niveau (2)
De 16 à 20 ans révolus	55 % du SMIC	65 % du SMIC
De 21 à 25 ans révolus	70 % du SMIC	80 % du SMIC

(1) Tous les diplômes inférieurs au niveau IV ainsi que les baccalauréats généraux ne donnent pas lieu à l'augmentation de la rémunération de 10 points.
(2) Tous les diplômes supérieurs au niveau IV donnent lieu à l'augmentation de 10 points.

Les contrats d'insertion

Le « contrat unique d'insertion » (CUI) prend la forme du contrat initiative-emploi (CUI-CIE) dans le secteur marchand (employeurs tenus d'affilier leurs salariés au régime d'assurance chômage, groupements d'employeurs qui organisent des parcours d'insertion et de qualification, etc.) et du contrat d'accompagnement dans l'emploi (CUI-CAE) dans le secteur non marchand (collectivités territoriales, associations, fondations, etc.). C'est dans le cadre du CUI, sous sa déclinaison CUI-CAE ou, plus rarement, CUI-CIE, que peuvent être conclus les emplois d'avenir mentionnés page 36.
Le CUI, décliné sous la forme CUI-CAE ou CUI-CIE, répond à un certain nombre de dispositions communes : attribution d'une aide à l'insertion professionnelle, accompagnement des salariés, etc.

➤ *Le contrat unique d'insertion - principes généraux*

Le CUI est un contrat de travail conclu entre un employeur et un salarié au titre duquel est attribuée une aide à l'insertion professionnelle.

● **La conclusion du CUI** (art. L. 5134-19-1). Une aide à l'insertion professionnelle est attribuée au titre du CUI. Cette aide est attribuée par Pôle emploi (ou un organisme délégué) agissant pour le compte de l'État, ou par le président du conseil général (ou tout organisme auquel il délègue cette mission, notamment Pôle emploi) lorsque le contrat concerne un bénéficiaire du RSA financé par le département. L'embauche ne peut avoir lieu avant l'attribution de l'aide. La demande d'aide est établie sur un formulaire réglementaire (disponible sur le site www.emploi.gouv.fr) ; elle est signée par l'employeur (ou son représentant) et le salarié.

La demande d'aide à l'insertion professionnelle comporte les mentions prévues à l'article R. 5134-17 du Code du travail : indications relatives à l'employeur et au salarié, noms et fonctions du tuteur, nature, caractéristiques et contenu du contrat de travail conclu avec le salarié, nature des actions prévues au cours du contrat en matière d'orientation et d'accompagnement professionnel, de formation professionnelle, etc.

sachez-le *Pour les salariés en CUI-CAE, la demande d'aide mentionnée ci-dessus, ou un avenant spécifique, peut prévoir la possibilité d'effectuer des périodes dites d'« immersion » auprès d'un autre employeur. Les dispositions applicables figurent aux articles D. 5134-50-1 à D. 5134-50-8 ; le salarié ne peut toutefois faire l'objet d'aucune sanction pour avoir refusé d'effectuer de telles périodes ou pour avoir décidé d'y mettre fin.*

Cette aide à l'insertion professionnelle ne peut être attribuée dans les cas suivants :
- lorsque l'embauche vise à procéder au remplacement d'un salarié licencié pour un motif autre que la faute grave ou lourde. S'il apparaît que l'embauche a eu pour conséquence le licenciement d'un autre salarié, la décision d'attribution de l'aide est retirée par l'État ou par le président du conseil général. Cette décision de retrait emporte obligation pour l'employeur de rembourser l'intégralité des sommes perçues au titre de l'aide ;
- lorsque l'employeur n'est pas à jour du versement de ses cotisations et contributions sociales ;
- et, pour le seul CUI-CIE, lorsque l'établissement a procédé à un licenciement économique dans les 6 mois précédant la date d'embauche.

- **La nature du contrat** (art. L. 5134-24 et L. 5134-69). Le contrat unique d'insertion (CUI-CAE ou CUI-CIE) est un contrat de travail de droit privé ; il doit être conclu par écrit.

- **Le statut du bénéficiaire.** Le titulaire d'un CUI-CAE ou d'un CUI-CIE est un salarié de droit privé à part entière ; il bénéficie des mêmes droits, légaux et conventionnels, que les autres salariés de l'organisme, ou de l'entreprise, qui l'emploie. Il perçoit une rémunération au moins égale au SMIC (proratisée en cas de temps partiel), même s'il a moins de 18 ans.

- **La désignation d'un référent** (art. R. 5134-37 et R. 5134-60). L'autorité qui attribue l'aide à l'insertion professionnelle (voir ci-dessus) désigne en son sein ou auprès d'un organisme chargé de l'accompagnement ou de l'insertion, en le mentionnant dans la décision, un référent chargé d'assurer le suivi du parcours d'insertion professionnelle du salarié en CUI. Si le salarié est bénéficiaire du RSA, ce référent peut être le même que celui désigné dans le cadre de ce dispositif.

● **La désignation d'un tuteur** (art. R. 5134-38 et R. 5134-61). Dans le cadre d'un CUI, l'employeur désigne un tuteur parmi les salariés qualifiés et volontaires pour assumer cette fonction. Ce tuteur doit justifier d'une expérience professionnelle d'au moins 2 ans et ne peut suivre plus de 3 salariés en CUI-CAE ou CUI-CIE. Exceptionnellement, sur autorisation de l'autorité qui attribue l'aide à l'insertion, l'employeur peut assurer lui-même le tutorat.
Le tuteur est chargé des missions définies par les articles R. 5134-39 et R. 5134-62 : participer à l'accueil, aider, informer et guider le salarié ; contribuer à l'acquisition des savoir-faire professionnels ; assurer la liaison avec le référent mentionné ci-dessus ; participer à l'établissement de l'attestation d'expérience professionnelle avec le salarié concerné et l'employeur.

sachez-le *L'attestation d'expérience professionnelle est établie par l'employeur et remise au salarié à sa demande ou au plus tard un mois avant la fin du CUI-CAE ou du CUI-CIE.*

● **La rupture anticipée à l'initiative du salarié** (art. L 5134-28 et L. 5134-70). Le CUI, sous sa forme CUI-CAE ou CUI-CIE, peut être conclu pour une durée déterminée. Dans ce cas, par dérogation aux dispositions relatives à la rupture avant terme de ce type de contrat (voir p. 64), il peut être rompu avant son terme, à l'initiative du salarié, lorsque la rupture a pour objet de lui permettre :
- d'être embauché en CDI ;
- d'être embauché en CDD d'au moins 6 mois ;
- de suivre une formation conduisant à une qualification prévue à l'article L. 6314-1 du Code du travail.

sachez-le *Indépendamment des situations visées ci-dessus, le CUI peut être rompu dans les conditions prévues par le Code du travail, selon qu'il a été conclu pour une durée indéterminée (licenciement, rupture conventionnelle, démission, etc., voir p. 180 et suiv.) ou déterminée (rupture anticipée d'un commun accord, rupture anticipée pour faute grave de l'une des parties, etc., voir p. 64).*

● **La suspension à la demande du salarié** (art. L 5134-29 et R. 5134-61). Le CUI, sous sa forme CUI-CAE ou CUI-CIE, peut être suspendu, à la demande du salarié, afin de lui permettre :
- en accord avec son employeur, d'effectuer une évaluation en milieu de travail prescrite par Pôle emploi ou une action concourant à son insertion professionnelle ;

• d'accomplir une période d'essai afférente à une offre d'emploi visant une embauche en CDI ou en CDD d'au moins 6 mois.
En cas d'embauche à l'issue de cette évaluation en milieu de travail ou de cette période d'essai, le contrat est rompu sans préavis.

➤ Le CUI-CAE

Le CUI-CAE, destiné aux employeurs du secteur « non marchand » (voir p. 30), a pour objet de faciliter l'insertion professionnelle des personnes sans emploi rencontrant des difficultés sociales et professionnelles particulières d'accès à l'emploi. La nécessité d'orienter les personnes concernées vers ce type de contrat est appréciée par Pôle emploi. Il ne peut être conclu pour pourvoir des emplois dans les services de l'État.

sachez-le *Dans le cadre du CUI-CAE, la demande d'aide à l'insertion professionnelle mentionnée page 31 fixe les modalités d'orientation et d'accompagnement professionnel de la personne sans emploi et prévoit les actions de formation professionnelle et de validation des acquis de l'expérience (VAE) nécessaires à la réalisation de son projet professionnel. Les actions de formation peuvent être menées pendant le temps de travail ou en dehors de celui-ci.*

• **Les caractéristiques du contrat** (art. L. 5134-24 à L. 5134-25-1). Le CUI-CAE est un contrat de droit privé, soit à durée déterminée (CDD conclus dans le cadre de la politique de l'emploi au titre de l'article L. 1242-3 du Code du travail), soit à durée indéterminée ; les collectivités territoriales et les autres personnes morales de droit public ne peuvent toutefois conclure que des CUI-CAE sous forme de CDD. Lorsqu'il est conclu sous la forme d'un CDD, les dispositions relatives au nombre maximum des renouvellements, prévues par l'article L. 1243-13, ne sont pas applicables (voir p. 64), de même que l'obligation faite à l'employeur de verser une indemnité de précarité (voir p. 68). Lorsqu'il est conclu pour une durée déterminée, la durée du CUI-CAE ne peut être inférieure à 6 mois, ou 3 mois pour les personnes ayant fait l'objet d'une condamnation et bénéficiant d'un aménagement de peine. Le contrat peut être prolongé dans la limite d'une durée totale de 24 mois, ou de 5 ans pour les salariés âgés de 50 ans et plus bénéficiaires du RSA, de l'ASS, de l'allocation temporaire d'attente (ATA) ou de l'AAH, ainsi que pour les personnes reconnues travailleurs handicapés (voir p. 38). En outre :
• à titre dérogatoire, ce contrat de travail peut être prolongé au-delà de la durée maximale prévue, en vue de permettre d'achever une action de formation professionnelle en cours de réalisation à l'échéance du contrat et définie dans la convention initiale men-

tionnée page 31. La durée de cette prolongation ne peut excéder le terme de l'action concernée, dans la limite de 60 mois ;
- à titre exceptionnel, lorsque des salariés âgés de 50 ans et plus ou des personnes reconnues travailleurs handicapés embauchées dans les ateliers et chantiers d'insertion rencontrent des difficultés particulières qui font obstacle à leur insertion durable dans l'emploi, ce contrat de travail peut être prolongé au-delà de la durée maximale prévue. Cette prolongation peut être accordée par Pôle emploi ou par le président du conseil général, lorsque celui-ci a attribué l'aide à l'insertion (voir p. 31), après examen de la situation du salarié au regard de l'emploi, de la capacité contributive de l'employeur et des actions d'accompagnement et de formation conduites dans le cadre de la durée initialement prévue du contrat.

sachez-le *La prolongation de l'aide à l'insertion professionnelle et, s'il est à durée déterminée, du CUI-CAE qui lui est associé est subordonnée à l'évaluation des actions réalisées au cours du contrat en vue de favoriser l'insertion durable du salarié.*

- **La durée du travail** (art. L. 5134-26). Elle ne peut être inférieure à 20 h/semaine, sauf nécessité de répondre aux difficultés particulièrement importantes de l'intéressé.

sachez-le *Lorsque le CUI-CAE a été conclu pour une durée déterminée avec une collectivité territoriale ou une autre personne de droit public, la durée hebdomadaire du travail peut varier sur tout ou partie de la période couverte par le contrat, sans être supérieure à la durée légale hebdomadaire. Cette variation est sans incidence sur le calcul de la rémunération due au salarié (« lissage » de la rémunération) ; pour le calcul de cette rémunération, le nombre d'heures hebdomadaires de travail accomplies est réputé égal à la durée du travail contractuelle. Le contrat doit préciser le programme prévisionnel de la répartition de la durée du travail sur l'année ou sur la période qu'il couvre ; ce programme prévisionnel peut être modifié si le contrat le prévoit : dans ce cas, sa modification éventuelle respecte un délai de prévenance de 15 jours au moins.*

➤ Le CUI-CIE

Le CUI-CIE, destiné aux employeurs du secteur « marchand » (voir p. 31), a pour objet de faciliter l'insertion professionnelle des personnes sans emploi rencontrant des difficultés sociales et professionnelles d'accès à l'emploi. À cette fin, il comporte des actions d'accompagnement professionnel. Les actions de formation nécessaires à la réalisation du projet professionnel de la personne peuvent être mentionnées dans la demande d'aide à l'insertion professionnelle (voir p. 31) ; elles sont

menées dans le cadre de droit commun d'accès à la formation professionnelle, défini à l'article L. 6312-1 du Code du travail : plan de formation, CIF, DIF, etc. (voir p. 104 et suiv.).
Les particuliers employeurs ne peuvent conclure de CUI-CIE.

● **Les caractéristiques du contrat** (art. L. 5134-69 à L. 5134-69-2). Le CUI-CIE est un contrat de travail de droit privé à durée indéterminée ou à durée déterminée conclu en application de l'article L. 1242-3 du Code du travail (contrats conclus au titre de la politique de l'emploi).
La durée du CUI-CIE ne peut être inférieure à 6 mois, ou 3 mois pour les personnes ayant fait l'objet d'une condamnation et bénéficiant d'un aménagement de peine.
Lorsqu'il est conclu pour une durée déterminée, ne lui sont pas applicables :

- les règles de renouvellement prévues à l'article L. 1243-13 du Code du travail (voir p. 64) ;
- l'obligation faite à l'employeur de verser une indemnité de précarité (voir p. 68), sauf dispositions conventionnelles ou contractuelles plus favorables.

Le CUI-CIE conclu pour une durée déterminée peut être prolongé dans la limite d'une durée totale de 24 mois, ou de 5 ans pour les salariés âgés de 50 ans et plus bénéficiaires du RSA, de l'ASS, de l'ATA ou de l'AAH, ainsi que pour les personnes reconnues travailleurs handicapés (voir p. 38) ; la condition d'âge s'apprécie à l'échéance de la durée maximale de l'aide.

● **La durée du travail** (art. L. 5134-70-1). La durée hebdomadaire du travail d'un salarié titulaire d'un CUI-CIE ne peut être inférieure à 20 heures. Le contrat peut, le cas échéant, être à temps plein.

➤ *Les emplois d'avenir*

Les emplois d'avenir sont destinés à proposer des solutions d'emploi aux jeunes sans emploi peu ou pas qualifiés, de leur ouvrir l'accès à une qualification et à une insertion professionnelle durable. Ces contrats s'inscrivent dans le cadre juridique du CUI et prennent la forme d'un CUI-CAE dans le secteur non marchand (associations, collectivités territoriales, hôpitaux, maisons de retraite, ateliers et chantiers d'insertion, établissements publics, etc.) et d'un CUI-CIE dans le secteur marchand (voir p. 31). En pratique, toutefois, l'immense majorité des emplois d'avenir s'inscrira dans le cadre du CUI-CAE. Ces emplois sont régis par les règles applicables aux CUI, CUI-CAE et CUI-CIE, et par certaines dispositions spécifiques dont les principales sont présentées ci-dessous ; pour plus de précisions (procédure, aide à l'employeur, formation et suivi du jeune, etc.), on peut se reporter au site : www.lesemploisdavenir.gouv.fr.

● **Les bénéficiaires.** Les emplois d'avenir s'adressent aux jeunes sans emploi de 16 à 25 ans à la date de signature du contrat ; cette limite d'âge est portée à 30 ans pour les jeunes bénéficiant de la reconnaissance de la qualité de travailleur handicapé (voir p. 38). Il faut également n'être titulaire d'aucun diplôme ou être titulaire d'un CAP/BEP et avoir été en recherche d'emploi 6 mois au cours des 12 derniers mois. À titre exceptionnel, les jeunes résidant dans une zone urbaine sensible (ZUS), une zone de revitalisation rurale (ZRR) ou en outre-mer peuvent accéder à un emploi d'avenir jusqu'au niveau bac + 3 s'ils ont été en recherche d'emploi 12 mois au cours des 18 derniers mois. Les jeunes intéressés doivent se rapprocher d'une mission locale, d'une agence Pôle emploi ou, s'ils sont reconnus travailleurs handicapés, du réseau Cap Emploi.

● **Les secteurs d'activité.** Les emplois d'avenir concernent les secteurs présentant un caractère d'utilité sociale ou environnementale et ceux ayant un fort potentiel de création d'emplois (services à la personne, métiers du numérique, de l'animation socioculturelle, du développement durable, etc.).

● **Les caractéristiques du contrat et le statut du titulaire.** L'emploi d'avenir est un contrat de travail de droit privé, conclu pour un temps plein sauf contraintes particulières (s'il est à temps partiel, il doit être au moins à mi-temps). Il peut s'agir d'un CDI ou d'un CDD de 12 à 36 mois, avec une possibilité de prolongation au-delà de 36 mois pour achever une action de formation. Lorsqu'il est à durée déterminée, le contrat peut être rompu pour l'un des motifs mentionnés aux articles L. 1243-1 (voir p. 68), L. 5134-28 et L. 5134-70 (voir p. 33). Il peut également être rompu à l'expiration de chacune des périodes annuelles de son exécution à l'initiative du salarié, moyennant le respect d'un préavis de 2 semaines, ou de l'employeur, s'il justifie d'une cause réelle et sérieuse, moyennant le respect d'un préavis de 1 mois et de la procédure d'entretien préa-lable prévue à l'article L. 1232 2 du Code du travail.

Le titulaire d'un emploi d'avenir est un salarié à part entière ; il perçoit une rémunération calculée sur la base du SMIC, même s'il a moins de 18 ans. Il bénéficie d'actions de formation, réalisées en principe pendant le temps de travail, qui doivent lui permettre d'acquérir la qualification ou les compétences définies lors de la conclusion du contrat.

sachez-le *Le titulaire d'un emploi d'avenir en CDD bénéficie d'une priorité d'embauche dans l'année qui suit le terme de son contrat. Il est informé par l'employeur de tout emploi disponible et compatible avec sa qualification ou ses compétences. Le salarié ainsi recruté est dispensé de période d'essai.*

4 Accès à l'emploi des handicapés

De nombreuses mesures existent en faveur des travailleurs handicapés, les unes destinées à faciliter leur insertion professionnelle, les autres visant à leur assurer le bénéfice d'allocations spécifiques (voir p. 255 et suiv.).

Les dispositions applicables figurent dans le Code du travail et dans le Code de l'action sociale et des familles ; elles font intervenir des acteurs de l'entreprise et d'autres extérieurs à elle.

➤ *Qu'est-ce qu'un travailleur handicapé ?*

Est considérée comme travailleur handicapé toute personne dont les possibilités d'obtenir ou de conserver un emploi sont effectivement réduites par suite de l'altération d'une ou plusieurs fonctions physiques, sensorielles, mentales ou psychiques (art. L. 5213-1). Cette qualité est reconnue par la Commission des droits et de l'autonomie des personnes handicapées (CDAPH), qui remplace les anciennes COTOREP.

➤ *Quel est le rôle de la CDAPH ?*

Pour obtenir la qualité de travailleur handicapé, il faut présenter une demande au secrétariat de la CDAPH du département où vous résidez. C'est cet organisme qui vous reconnaîtra comme travailleur handicapé (art. L. 241-6 du Code de l'action sociale et des familles). La CDAPH se prononcera aussi sur votre orientation et sur les mesures propres à assurer votre insertion professionnelle et sociale. Elle est également compétente pour :

- attribuer certaines allocations ou prestations : prestation de compensation, allocation aux adultes handicapés et compléments qui peuvent lui être associés (voir p. 255) ;
- délivrer la carte d'invalidité et la carte portant la mention « Priorité pour personne handicapée ».

➤ *L'emploi des handicapés*

En fonction de ses capacités, le travailleur handicapé est orienté :

- soit vers le marché du travail. En fonction de la gravité de son handicap, la CDAPH l'orientera :
  - vers une entreprise « ordinaire » du secteur privé ou public, où il aura le statut de salarié sans restriction,
  - vers une « entreprise adaptée » (ex. « atelier protégé ») ou un centre de distribution de travail à domicile (CDTD), où il bénéficiera d'un salaire qui ne peut être inférieur au SMIC ;
- soit vers le milieu protégé, c'est-à-dire vers un établissement et service d'aide par le travail (ESAT, ex-CAT), dans lequel il bénéficiera d'une « rémunération garantie » dont le montant est compris entre 55 % et 110 % du SMIC. Les ESAT ne sont pas des entreprises, mais des établissements sanitaires et sociaux.

La personne handicapée est liée à l'ESAT par un « contrat de soutien et d'aide par le travail » ; elle n'a pas le statut de salarié. Elle bénéficie du congé de présence parentale (voir p. 149) et des congés et autorisations d'absence prévus aux articles R. 243-11 à R. 243-13 du Code de l'action sociale et des familles (congé annuel, congé parental d'éducation, absences pour événements familiaux ...). L'ESAT doit, par ailleurs, offrir à la personne handicapée des actions destinées à l'entretien de ses connaissances, au maintien de ses acquis scolaires, des actions de formation professionnelle, des actions d'accès à l'autonomie et d'implication dans la vie sociale.

sachez-le *Pour plus de renseignements sur les droits des travailleurs handicapés, vous pouvez vous adresser à votre syndicat ou à l'union départementale CFDT de votre domicile (www.cfdt.fr).*

➤ *L'obligation d'emploi des personnes handicapées*

Toute entreprise d'au moins 20 salariés doit employer dans son effectif, à temps complet ou partiel, 6 % de travailleurs handicapés et assimilés (art. L. 5212-1 et suiv.). Sont concernés (art. L. 5212-13) :

1° les travailleurs reconnus handicapés par la CDAPH ;

2° les victimes d'accidents du travail ou de maladies professionnelles dont l'incapacité permanente est d'au moins 10 % et titulaires d'une rente ;

3° les titulaires d'une pension d'invalidité dont la capacité ou le gain sont réduits au moins des deux tiers ;

4° les personnes mentionnées à l'article L. 394 du Code des pensions militaires d'invalidité et des victimes de la guerre (CPMIVG) : certains invalides de guerre titulaires d'une pension militaire d'invalidité, les victimes civiles de la guerre ou d'un acte de terrorisme, les sapeurs-pompiers volontaires victimes d'un

accident ou atteints d'une maladie contractée en service, les personnes qui, dans le cadre de leurs fonctions professionnelles au service de la collectivité ou de leurs fonctions électives au sens du Code électoral, ou lors d'une mission d'assistance à personne en danger, ont subi une atteinte à leur intégrité physique, contracté ou vu s'aggraver une maladie induisant une incapacité permanente de poursuivre leur activité professionnelle, etc. ;
5° les personnes mentionnées aux articles L. 395 et L. 396 du même code : conjoints, concubins et partenaires liés par un PACS d'un militaire bénéficiant d'une pension pour aliénation mentale ou d'une personne mentionnée à l'article L. 394 décédée ou disparue dans les circonstances décrites dans cet article, personnes ayant la charge de l'enfant mineur d'une personne citée au 4°, etc. ;
6° les titulaires de la carte d'invalidité ;
7° les titulaires de l'allocation aux adultes handicapés.
Pour s'acquitter de cette obligation, les entreprises peuvent procéder à des embauches directes de travailleurs handicapés, accueillir des personnes handicapées dans le cadre d'un stage de formation professionnelle, sous-traiter certains travaux à des entreprises adaptées, des ESAT ou des CDTD, appliquer un accord collectif prévoyant la mise en œuvre d'un programme d'action en faveur des personnes handicapées, ou verser une contribution annuelle à l'AGEFIPH (voir notamment les articles L. 5212-6 et L. 5212-7 du Code du travail).

sachez-le *Les employeurs doivent prendre, en fonction des besoins dans une situation concrète, les mesures appropriées pour permettre aux travailleurs mentionnés aux 1°, 2°, 3°, 4°, 6° et 7° ci-dessus d'accéder à un emploi ou de conserver un emploi correspondant à leurs qualifications, de l'exercer ou d'y progresser, ou pour qu'une formation adaptée à leurs besoins leur soit dispensée, sous réserve que les charges consécutives à la mise en œuvre de ces mesures ne soient pas disproportionnées, compte tenu des aides (aménagement de poste, accès aux lieux de travail...) qui peuvent compenser tout ou partie des dépenses supportées à ce titre par l'employeur. Le refus de prendre ces mesures appropriées peut être constitutif d'une discrimination, et sanctionnable comme telle.*

➤ *Les aides de l'AGEFIPH*

L'AGEFIPH accorde des aides financières aux entreprises et aux travailleurs handicapés pour faciliter leur insertion professionnelle et leur maintien dans l'emploi : aide à l'insertion professionnelle, aide au contrat d'apprentissage, accompagnement dans le cadre d'une création d'activité, etc. Sur les bénéficiaires, les conditions d'attribution, la procédure à suivre, etc., il convient de consulter le site de l'AGEFIPH : www.agefiph.fr.

2 Contrat de travail

1 Le contrat de travail

Le contrat de travail est le contrat qui lie un salarié à un employeur, le premier percevant du second une rémunération en échange du travail qu'il fournit.

L'existence d'un tel contrat crée des droits et des obligations réciproques pour chacune des parties et oblige au respect d'un certain nombre de règles, fixées par le contrat lui-même, mais aussi par le Code du travail, les conventions collectives, les accords d'entreprise ou certains usages.

Définitions

Vous êtes salarié s'il existe un contrat de travail entre vous et celui qui vous emploie, c'est-à-dire votre employeur. Un certain nombre de garanties s'attachent à la reconnaissance de la qualité de salarié.

➤ *Quand y a-t-il contrat de travail ?*

Il n'y a pas de définition légale du contrat de travail. Pour les juges, celui-ci résulte des conditions de fait dans lesquelles s'exécute le travail : il y a contrat de travail dès lors qu'une personne travaille pour le compte et sous la direction d'une autre, moyennant une rémunération. Il en ressort trois éléments caractéristiques : la prestation de travail du salarié, la rémunération due en échange par l'employeur et le lien de subordination du salarié vis-à-vis de son employeur. Ce dernier élément est déterminant. En raison de la grande variété des situations, l'existence ou non du lien de subordination s'apprécie dans chaque cas d'espèce. Pour cela, les tribunaux utilisent une série d'indices dont aucun n'est décisif à lui seul, mais dont l'ensemble permet au juge d'apprécier s'il y a ou non subordination juridique, et par conséquent contrat de travail. Parmi les indices principaux, on peut relever :

- le comportement de celui qui bénéficie de la prestation de travail (remise de bulletins de paie...) ;
- l'exercice habituel du travail dans le cadre de l'entreprise ou d'un local précis ;
- le respect d'un horaire de travail déterminé ;
- le travail exclusif au service d'une seule personne ou entreprise ;
- le versement régulier de salaires ;
- la direction et le contrôle effectif du travail, le pouvoir de sanction...

Ainsi, dès lors que les conditions sont réunies, toute relation de travail, quelle que soit la qualification qui en est donnée par les parties (sous-traitance, stage...), peut être requalifiée en contrat de travail par le conseil de prud'hommes.

L'existence d'un écrit n'est obligatoire que pour certains contrats particuliers (voir p. 42). L'absence d'écrit n'est donc pas un obstacle à la reconnaissance du statut de salarié, si par ailleurs sont réunies les conditions du salariat.

➤ *Intérêt de la qualité de salarié*

Celle-ci est fondamentale, car le contrat de travail fait l'objet de règles particulières qui organisent la protection du salarié en raison de sa situation de dépendance vis-à-vis de l'employeur et lui reconnaissent un certain nombre de droits dans l'entreprise. Il suffit de citer : l'obligation de verser une rémunération au moins égale au SMIC, la réglementation protégeant la santé des travailleurs, le droit aux congés payés, les dispositions limitant la durée du travail, les garanties en cas de sanction disciplinaire ou de licenciement, le droit des salariés à être informés, à s'exprimer et à négocier dans l'entreprise... La qualité de salarié vous donne aussi droit à une protection sociale en cas de chômage, de maladie, de maternité, d'accident du travail, etc., comme indiqué dans les différents chapitres de cet ouvrage. Toutes ces raisons font que doit être rejetée toute tentation de travailler « au noir », sans être déclaré. Le droit du travail, même imparfait, est là pour protéger les salariés et il serait dommage de se priver de cette protection.

➤ *Les différentes formes de contrat de travail*

- **Le contrat à durée indéterminée.** C'est la forme normale et générale de la relation de travail (art. L. 1221-2). Par définition, il ne prévoit pas la date à laquelle il prend fin. Il peut être rompu à tout moment par le salarié (démission, voir p. 186), ou par l'employeur (licenciement, voir p. 188), ou d'un commun accord entre les deux parties (rupture conventionnelle, voir p. 216).

• Le contrat à durée déterminée et l'intérim. Il s'agit de contrats limités dans le temps, qui cessent automatiquement à la date ou à l'échéance prévues à l'embauche, mais ne peuvent, sauf cas énumérés par la loi, être rompus avant (voir p. 60 et suiv.).

• L'insertion des jeunes et la réinsertion des demandeurs d'emploi. Pour ces deux catégories, il existe des contrats de travail particuliers (voir p. 23 et suiv.).

• Le travail à temps partiel. Si le travail à plein temps est la situation courante, il est également possible de travailler à temps partiel et ce quelle que soit la forme du contrat : indéterminée, déterminée, intérim... (voir p. 102 et suiv.).

• L'existence d'un écrit. La rédaction d'un écrit n'est pas une condition de reconnaissance de la qualité de salarié (voir ci-dessus). Il est cependant évident que l'existence d'un contrat écrit offre des garanties dans la mesure où il permet de préciser l'étendue de votre engagement et de limiter ainsi les risques de conflit avec l'employeur.
Sauf cas particuliers visés ci-dessous, la loi n'impose pas la rédaction d'un contrat de travail. Elle impose uniquement à l'employeur de remettre à l'embauche un document dans lequel doivent figurer notamment son nom ou sa dénomination sociale, le code APE ou NAF (voir p. 48), ainsi que la date et l'heure de l'embauche (art. R. 1221-9). Elle impose également la délivrance d'un bulletin de paie sur lequel figurent des éléments importants (voir p. 85).
Doivent seuls faire l'objet d'un contrat écrit avec des mentions particulières : le contrat de travail à temps partiel (voir p. 102), le contrat à durée déterminée (à temps plein ou partiel), une mission d'intérim (voir p. 60), ou les formes spéciales d'emploi de jeunes et de demandeurs d'emploi (voir p. 23).

sachez-le *Tout contrat de travail non écrit est considéré comme un contrat à durée indéterminée à temps plein.*

➤ *Chèque service et autres dispositifs de simplification*

• Les particuliers qui emploient, à leur domicile, des salariés pour la réalisation de tâches entrant dans le cadre des « services à la personne » (tâches ménagères, garde d'enfants...) peuvent, avec l'accord du salarié, avoir recours au chèque emploi service universel (CESU) pour rémunérer la prestation de travail. L'employeur est, dans ce cas, dispensé de la délivrance d'un bulletin de paie.
La rédaction d'un contrat de travail écrit n'est alors obligatoire que si la durée du travail excède 4 semaines consécutives dans l'année, ou 8 heures par semaine. Le CESU constitue, pour l'employeur, un mode

simplifié de paiement du salaire et des cotisations et contributions sociales obligatoires. Il ne le dispense en aucune manière du respect des dispositions du Code du travail et de celles de la convention collective nationale applicable au salarié (selon le cas, CCN des « salariés du particulier employeur » ou CCN des « assistants maternels du particulier employeur » ; disponibles sur www.legifrance.gouv.fr).

● **Les associations et les petites entreprises** peuvent également, avec l'accord des salariés concernés, avoir recours à des dispositifs de simplification des formalités d'embauche et d'emploi.

● Les associations qui n'emploient pas plus de 9 salariés équivalents temps plein (cette condition ne s'applique pas aux associations de financement électoral) peuvent avoir recours au chèque emploi associatif (CEA). Celui-ci permet d'effectuer les diverses formalités liées à l'embauche (déclaration préalable, rédaction d'un contrat de travail écrit pour les salariés à temps partiel ou recrutés pour une durée déterminée...), de payer le salaire et les cotisations sociales correspondantes (www.cea.urssaf.fr).

● Le titre emploi-service entreprise (TESE) est destiné aux entreprises :
1° dont l'effectif n'excède pas 9 salariés, quel que soit leur contrat de travail (CDD, CDI, contrat d'apprentissage, etc.) ;
2° ou qui, quel que soit leur effectif, emploient des salariés dont l'activité dans la même entreprise n'excède pas la limite de 100 jours, consécutifs ou non, ou de 700 heures de travail par année civile. Lorsque l'effectif de l'entreprise dépasse 9 salariés, le TESE ne peut être utilisé qu'à l'égard de ces seuls salariés.

sachez-le *Ce service n'est pas accessible à certaines entreprises ou groupements (ex. : entreprises de 250 salariés et plus, comités d'entreprise ; voir le site www.letese.urssaf.fr).*

Le recours à ce dispositif permet aux employeurs de s'acquitter simplement des principales obligations administratives liées au recrutement et à l'emploi d'un salarié : immatriculation du salarié au régime général de Sécurité sociale, affiliation et déclaration auprès des organismes de retraite et de prévoyance complémentaire et de l'assurance chômage, établissement du contrat de travail, calcul des cotisations par l'organisme gestionnaire du TESE et prélèvement de ces cotisations sur le compte de l'employeur, délivrance d'un certificat de travail lors du départ du salarié, etc. Le TESE ne constitue pas un moyen de paiement du salaire, qui est versé selon les règles habituelles (voir p. 84 et suiv.).
Avant d'utiliser le TESE, l'employeur remplit un volet d'identification du salarié, délivré par l'organisme gestionnaire. Ce volet,

dont un exemplaire est remis au salarié, comporte, notamment, des mentions relatives à l'emploi occupé par le salarié : nature du contrat de travail (CDI, CDD, etc.), durée du travail, durée de la période d'essai, rémunération, etc. Toutefois, si lors de l'embauche un contrat de travail a été conclu entre les parties dans les formes prescrites par le Code du travail, les clauses contenues dans ce contrat s'appliquent en lieu et place des mentions figurant dans le volet d'identification du salarié.

sachez-le *Lorsque l'employeur utilise le TESE, le bulletin de paie est établi par l'organisme gestionnaire, puis adressé à l'employeur qui le remet au salarié concerné. Par exception, ce bulletin est adressé directement aux salariés mentionnés au 2° de la page 45 (travailleurs occasionnels) dont la période d'emploi n'excède pas 31 jours calendaires.*

Quelles sont les règles applicables ?

Les droits et obligations des salariés sont définis principalement par le Code du travail, les conventions et accords collectifs, le règlement intérieur de l'entreprise et par les usages nés de la pratique. Notez que des dispositions spécifiques peuvent s'appliquer en Alsace-Moselle.

➤ *Le Code du travail*

Le Code du travail comporte deux parties : la partie législative, qui regroupe les articles issus de lois votées par le Parlement ou issus d'ordonnances ratifiées par le Parlement (articles précédés de la lettre « L »), et la partie réglementaire, qui regroupe les articles issus de décrets élaborés par le gouvernement. Ces décrets peuvent être des décrets en Conseil d'État (articles précédés de la lettre « R ») ou des décrets « simples » (articles précédés de la lettre « D »).

Chaque partie, législative et réglementaire, est divisée en huit parties, chacune d'entre elles étant divisée en livres, titres et chapitres. Les articles de ce code font l'objet d'une numérotation à quatre chiffres correspondant à cette division. Exemple : L. 2122-1, R. 1221-5, D. 1225-8-1... La lettre précise s'il s'agit d'une loi (L), d'un décret en Conseil d'État (R) ou d'un décret simple (D). Le premier chiffre indique la partie du code, le deuxième le livre, le troisième le titre et le quatrième le chapitre.

sachez-le *Le Code du travail, comme tous les autes codes, peut être consulté librement et téléchargé au format PDF sur le site www.legifrance.gouv.fr.*

➤ Les conventions et accords collectifs

Les salariés ont un droit à la négociation collective de l'ensemble de leurs conditions d'emploi, de formation professionnelle et de travail, ainsi que de leurs garanties sociales (art. L. 2221-1). Les conventions et accords collectifs sont le résultat concret de ce droit à la négociation collective exercé en pratique par les organisations syndicales de salariés représentatives. Les conventions et accords collectifs fixent leur champ d'application professionnel, c'est-à-dire les secteurs d'activité concernés, et peuvent être conclus au niveau national, régional ou local. Exemples :

- accord national interprofessionnel du 11/01/2013 « pour un nouveau modèle économique et social au service de la compétitivité des entreprises et de la sécurisation de l'emploi et des parcours professionnels des salariés » ;
- convention collective nationale des ouvriers du bâtiment ;
- convention collective des industries métallurgiques, mécaniques et connexes de la région parisienne.

Des conventions et accords collectifs peuvent également être conclus dans le cadre de l'entreprise.

sachez-le *Une convention ou un accord collectif peuvent également être conclus, au niveau d'un groupe d'entreprises, dans les conditions fixées par les articles L. 2232-30 et suivants du Code du travail.*

- **La convention collective de branche.** C'est le type de convention le plus développé. Elle réglemente les conditions de travail et d'emploi dans une branche d'activité déterminée (par exemple, la métallurgie). Il existe trois sortes de conventions :

- la convention non étendue, qui ne s'impose qu'aux employeurs signataires ou membres des syndicats patronaux signataires de la convention ;
- la convention étendue, qui s'impose au contraire à tous les employeurs de la branche professionnelle et de la zone géographique concernées, à compter de la publication au *Journal officiel* de l'arrêté d'extension du ministre du Travail ;
- la convention élargie, rendue obligatoire dans une branche ou une zone géographique en cas de vide conventionnel persistant dû soit à l'absence d'organisations syndicales ou patronales, soit à l'impossibilité pour elles de conclure une convention.

La convention collective applicable à votre entreprise doit obligatoirement figurer sur votre bulletin de paie (art. R. 3243-1). Mais il peut arriver que cette indication manque ou soit douteuse. Si tel est le cas, il faut :

1 - Repérer le code « activité principale exercée » (APE). Ce code

(voir tableau ci-contre) est attribué par l'INSEE à chaque entreprise en fonction de son activité principale. Ce repérage est indispensable, car le champ d'application professionnel des conventions est souvent déterminé par référence au code APE. Il doit obligatoirement figurer sur votre bulletin de paie (art. R. 3243-1). On peut consulter la nomenclature d'activités française, dans sa version en vigueur depuis le 01/01/2008, sur le site Internet : www.insee.fr.
2 - Déterminer l'activité principale réellement exercée par votre entreprise. Si l'activité réelle ne correspond pas au code APE, c'est celle-ci qui détermine l'application de la convention (voir note du tableau ci-contre).
3 - Rechercher si l'activité principale est couverte par une convention collective. Pour cela, il faut examiner le champ d'application professionnel de la (ou des) convention(s) dont la dénomination correspond à l'activité de l'entreprise. Si l'entreprise est constituée de plusieurs établissements autonomes ayant chacun une activité distincte, la convention applicable à chaque établissement peut être différente.
Il faut également vérifier si la convention est étendue. Si ce n'est pas le cas, vous devrez rechercher si votre employeur est membre de l'organisation patronale signataire. Renseignez-vous auprès de votre syndicat ou de l'inspection du travail.

sachez-le *Vous pouvez vous procurer les conventions et accords collectifs auprès de votre délégué ou de votre syndicat (voir liste des unions départementales CFDT en fin d'ouvrage), sur le site www.legifrance.gouv.fr (conventions collectives nationales), ou encore auprès de la DIRECCTE (http://direccte.gouv.fr/) ou du greffe du conseil de prud'hommes du lieu de conclusion de l'accord.*

● **La convention collective d'entreprise.** Le droit des salariés à la négociation s'exerce également dans l'entreprise (art. L. 2232-11). De plus, dans les entreprises où sont constituées une ou plusieurs sections syndicales d'organisations représentatives et qui comportent au moins un délégué syndical, l'employeur a l'obligation d'engager chaque année une négociation sur les salaires réels, la durée effective et l'organisation du temps de travail (notamment la mise en place du travail à temps partiel ou l'augmentation de la durée du travail à la demande des salariés), les mesures relatives à l'insertion professionnelle et au maintien dans l'emploi des travailleurs handicapés, les objectifs en matière d'égalité professionnelle entre femmes et hommes ainsi que les moyens de les atteindre et, sous certaines conditions, sur la formation, la réduction du temps de travail, la mise en place d'un régime de prévoyance maladie et d'épargne salariale. Dans les entreprises et les groupes d'entre-

Code APE : extraits de la nomenclature des activités françaises

Divisions	Intitulés	Divisions	Intitulés
01	Culture et prod. animale	41	Construction
02	Sylviculture, expl. forest.	45	Comm. et répar. auto
03	Pêche, aquaculture	46	Comm. gros et intermédiaires
05	Extr. houille, lignite, tourbe	47	Comm. détail, réparation d'articles dom.
06	Extr. d'hydrocarbures...	49	Transports terrestres
07	Extr. min. métallique	50	Transports par eau
08	Autres ind. extractives	51	Transports aériens
10	Ind. alimentaires	53	Act. de poste et de courrier
12	Fab. de produits à partir du tabac	55	Hébergement
13	Fab. de textiles	56	Restauration
14	Ind. habillement	64	Services financiers
15	Ind. cuir et chaussure	65	Assurance
16	Travail du bois	66	Aux. financiers et d'assur.
17	Ind. du papier et du carton	68	Activités immobilières
18	Éd., imprimerie, reprod.	69	Activités jur. et compt.
19	Cokéfaction et raffinage	70	Activités sièges sociaux
20	Ind. chimique	72	Rech.-dévelop. scientif.
21	Ind. pharmaceutique	73	Pub. et études de marchés
22	Fab. caoutchouc, plast.	79	Agences de voyages
23	Fab. autres prod. minér. non métal.	85	Enseignement
24	Métallurgie	86	Act. pour la santé hum.
25	Fab. produits métal.	87	Hébergement social et médico-social
27	Fab. équip. électriques	93	Act. récré., culturelles et sport.
28	Fab. machines et équip.	94	Activités des organisations associatives
29	Industrie automobile	95	Rép. ord., biens personnels et domestiques
30	Fab. autres mat. de transp.	96	Autres services personnels
31	Fabrication de meubles	99	Activ. extra-territoriales
32	Autres ind. manufacturières		
35	Prod. distrib. élect., gaz, de vapeur et air cond.		
36	Captage, trait., distr. d'eau		

Les chiffres sont suivis d'une lettre (sans rapport avec l'activité de l'entreprise). La liste des groupes, classes et sous-classes constituant chaque division est disponible sur le site www.insee.fr. Activité principale : on détermine l'activité principale comme étant celle utilisant le plus de salariés (entreprise industrielle) ou générant le plus de chiffre d'affaires (entreprise commerciale). Une entreprise mixte sera considérée comme industrielle si le chiffre d'affaires industriel atteint au moins 25 % du CA total.

prises d'au moins 300 salariés (et celles et ceux de « dimension communautaire » au sens de l'article L. 2242-15), le champ de cette négociation obligatoire est étendu, tous les 3 ans, à la gestion prévisionnelle des emplois et à la prévention des conséquences des mutations économiques (voir articles L. 2242-15 à L. 2242-20) ; cette négocation peut également porter sur le contrat de génération.

● **L'information des salariés.** Les conditions d'information des salariés (et des représentants du personnel) sur le droit conventionnel qui leur est applicable sont définies par accord collectif. En l'absence d'un tel accord, les règles sont les suivantes :
- au moment de l'embauche, le salarié doit recevoir de l'employeur une notice d'information relative aux textes conventionnels applicables dans l'entreprise ou l'établissement ;
- dans les entreprises dotées d'un intranet, l'employeur doit mettre sur celui-ci, à disposition des salariés, un exemplaire à jour de la convention ou de l'accord collectif de travail par lequel il est lié.

En outre, l'employeur doit afficher sur les lieux de travail un avis précisant les conventions et accords collectifs applicables dans l'entreprise, le lieu où ils sont tenus à la disposition des salariés, ainsi que les modalités permettant de les consulter, dans une version à jour, pendant les heures et sur les lieux de travail (art. R. 2262-3). Par ailleurs, l'indication sur le bulletin de paie de la convention collective applicable dans l'entreprise est obligatoire (art. R. 3243-1).

➤ *Le règlement intérieur*

Obligatoire dans les entreprises et établissements d'au moins 20 salariés, le règlement intérieur est un document écrit élaboré et rédigé par l'employeur (art. L. 1311-2). Pour être applicable, il doit être affiché sur les lieux de travail ainsi que dans les locaux où se fait l'embauche (art. R. 1321-1).

● **Limitation du contenu** (art. L. 1321-1). Le règlement intérieur peut exclusivement fixer :
- les mesures d'application de la réglementation en matière d'hygiène et de sécurité dans l'entreprise ou l'établissement ;
- les règles générales et permanentes relatives à la discipline, notamment la nature et l'échelle des sanctions que peut prendre l'employeur.

Il doit également rappeler les dispositions du Code du travail relatives aux harcèlements moral et sexuel (voir p. 126). Il doit enfin rappeler les droits de chaque salarié en cas de sanction disciplinaire (voir p. 132 et suiv.).

● **Les clauses interdites** (art. L. 1321-3). Ce sont :
- les clauses contraires aux lois et règlements ;
- les clauses contraires aux dispositions des conventions et accords collectifs applicables dans l'entreprise ;
- les clauses discriminatoires, c'est-à-dire celles lésant les salariés dans leur emploi ou leur travail, à capacité professionnelle égale, en raison de leur origine, de leur sexe, de leurs mœurs, de leur orientation ou identité sexuelle, de leur âge, de leur situation de famille ou de leur grossesse, de leurs caractéristiques génétiques, de leur appartenance ou de leur non-appartenance, vraie ou supposée, à une ethnie, une nation ou une race, de leurs opinions politiques, de leurs activités syndicales ou mutualistes, de leurs convictions religieuses, de leur apparence physique, de leur nom de famille, ou en raison de leur état de santé ou de leur handicap ;
- les clauses apportant des restrictions aux droits et libertés des personnes non justifiées par la tâche à accomplir, ni proportionnées au but recherché. Ainsi, le port d'un uniforme se justifie pour certains emplois en contact avec la clientèle, mais serait illicite s'il était généralisé à tous les salariés de l'entreprise.

● **Les notes de service** (art. L. 1321-5). Lorsqu'elles instituent des règles générales et permanentes dans le domaine de l'hygiène, de la sécurité et des sanctions disciplinaires, ces notes sont soumises aux mêmes dispositions que le règlement intérieur.

● **Contrôles** de l'inspection du travail et du conseil de prud'hommes. Le règlement intérieur est communiqué à l'inspecteur du travail accompagné de l'avis des représentants du personnel. Celui-ci peut, à tout moment, exiger le retrait ou la modification des clauses interdites. De même, à l'occasion d'un litige individuel, le conseil de prud'hommes peut écarter de telles clauses (art. L. 1322-1 à L. 1322-4).

➤ *Les usages*

Il s'agit des habitudes, des pratiques courantes dans une profession, une région ou une entreprise. Les tribunaux déterminent le caractère obligatoire des usages en se référant à leur ancienneté, leur généralité, ainsi qu'à la constance des conditions prévues pour leur application.
L'employeur peut remettre en cause un usage établi dans l'entreprise en respectant un délai de dénonciation.

➤ *La combinaison des différentes règles applicables*

La loi définit le minimum social de protection auquel ont droit les salariés.

Sauf lorsque la loi l'autorise expressément, les clauses des conventions et accords collectifs ne peuvent être moins favorables aux salariés que les dispositions légales (art. L. 2251-1) : elles ne s'appliquent que si elles sont plus avantageuses que la loi. Ce principe est également valable pour les dispositions du règlement intérieur, les usages, ainsi que les conditions particulières de votre contrat de travail. En revanche, dans des conditions strictement définies par la loi, un accord peut déroger, dans un sens moins favorable aux salariés, aux clauses d'un accord de niveau supérieur : par exemple, un accord d'entreprise peut, sauf dans quelques domaines limitativement énumérés (salaires minima, classifications, garanties collectives en matière de protection sociale complémentaire, mutualisation des fonds destinés à la formation professionnelle), déroger dans un sens moins favorable aux salariés aux dispositions d'une convention de branche.

Votre contrat de travail

Aux dispositions générales du Code du travail, des conventions collectives, du règlement intérieur et des usages qui vous sont applicables s'ajoutent les conditions particulières de votre engagement fixées au moment de votre embauche : forme et durée du contrat, lieu de travail, qualification professionnelle, horaire de travail, rémunération, etc.

➤ *La période d'essai*

La période d'essai permet à l'employeur d'évaluer les compétences du salarié dans son travail, notamment au regard de son expérience, et au salarié d'apprécier si les fonctions occupées lui conviennent (art. L. 1221-20). Il s'agit ainsi d'une période « probatoire » après l'embauche, durant laquelle le contrat de travail peut être librement rompu par vous ou votre employeur, sous réserve du délai de prévenance fixé par la loi (voir ci-dessous). Les dispositions concernant le licenciement ne s'appliquent pas à la rupture du contrat pendant la période d'essai.

La durée de la période d'essai est réglementée pour les CDD (voir p. 66). Elle l'est également pour les CDI, étant précisé que des dispositions spécifiques fixent la durée de la période d'essai applicable aux apprentis, aux VRP et aux assistantes maternelles.

• **Existence de la période d'essai** (art. L. 1221-23). La période d'essai et la possibilité de la renouveler ne se présument pas. Elles sont expressément stipulées dans la lettre d'engagement ou le contrat de travail.

● **Durée de la période d'essai** (art. L. 1221-19). La période d'essai stipulée dans le contrat de travail ou la lettre d'engagement est d'une durée maximale :

- pour les ouvriers et les employés, de 2 mois ;
- pour les agents de maîtrise et les techniciens, de 3 mois ;
- pour les cadres, de 4 mois.

La période d'essai peut être renouvelée une fois si un accord de branche étendu le prévoit. Cet accord fixe les conditions et les durées de renouvellement. La durée de la période d'essai, renouvellement compris, ne peut pas dépasser (art. L. 1221-21) :

- 4 mois pour les ouvriers et employés ;
- 6 mois pour les agents de maîtrise et techniciens ;
- 8 mois pour les cadres.

Les durées des périodes d'essai ainsi fixées ont un caractère impératif, à l'exception (art. L. 1221-22) :

- de durées plus longues fixées par les accords de branche conclus avant le 26/06/2008, date de publication de la loi du 25/06/2008 ; en toute hypothèse toutefois, la période d'essai doit être d'une durée raisonnable, critère qui relève de l'appréciation des juges (ex. : est déraisonnable, au regard de la finalité de la période d'essai et de l'exclusion des règles du licenciement durant cette période, la période d'essai d'un directeur de magasin dont la durée, renouvellement inclus, atteint 1 an - arrêt de la Cour de cassation du 11/01/2012) ;
- de durées plus courtes fixées par des accords collectifs conclus après le 26/06/2008 ;
- de durées plus courtes fixées dans la lettre d'engagement ou le contrat de travail.

sachez-le *En cas d'embauche dans l'entreprise dans les 3 mois suivant l'issue du stage intégré à un cursus pédagogique réalisé lors de la dernière année d'études, la durée de ce stage est déduite de la période d'essai, sans que cela ait pour effet de réduire cette dernière de plus de la moitié, sauf accord collectif prévoyant des stipulations plus favorables. Lorsque cette embauche est effectuée dans un emploi en correspondance avec les activités qui avaient été confiées au stagiaire, la durée du stage est déduite intégralement de la période d'essai (art. L. 1221-24).*

● **Délai de prévenance** (art. L. 1221-25). Afin d'éviter les ruptures de période d'essai trop brutales, la loi impose, à la partie qui souhaite rompre cette période, de respecter un délai de prévenance (pour le CDD, voir p. 66).

1° - **Rupture par l'employeur.** Lorsqu'il est mis fin, par l'employeur, au contrat en cours ou au terme de la période d'essai définie aux articles L. 1221-19 à L. 1221-24 du Code du travail (dispositions visées ci-dessus), le salarié est prévenu dans un délai qui dépend de sa durée de présence dans l'entreprise (art. L. 1221-25). Ce délai ne peut être inférieur à :

- 24 heures en deçà de 8 jours de présence ;
- 48 heures entre 8 jours et 1 mois de présence ;
- 2 semaines après 1 mois de présence ;
- 1 mois après 3 mois de présence.

La période d'essai, renouvellement inclus, ne peut être prolongée du fait de la durée du délai de prévenance. À noter que, selon la Cour de cassation (arrêt du 23/01/2013), la rupture du contrat par l'employeur, avant le terme de la période d'essai mais sans respecter le délai de prévenance, ne s'analyse pas en un licenciement. En l'espèce, l'employeur avait pris soin de rémunérer le salarié pour la période correspondant au délai de prévenance ; s'il ne l'avait pas fait, on peut supposer que les juges l'auraient condamné au paiement de dommages-intérêts équivalents.

sachez-le *Même si, en matière de période d'essai, la liberté de rupture est la règle (sauf abus et sous réserve du respect du délai de prévenance), la Cour de cassation tend à poser des limites de plus en plus strictes à cette liberté. Ainsi :*

- *l'employeur qui met fin à la période d'essai pour un motif disciplinaire doit respecter la procédure disciplinaire ;*
- *la rupture de la période d'essai fondée sur un motif discriminatoire prohibé par la loi (état de santé, handicap, opinions politiques ou syndicales... voir p. 17) est nulle ;*
- *l'employeur doit obtenir l'autorisation de l'inspection du travail pour mettre fin à la période d'essai d'un salarié protégé.*

Plus généralement, la Cour de cassation considère que la résiliation du contrat de travail intervenue au cours de la période d'essai doit avoir un rapport avec l'appréciation des qualités professionnelles du salarié : à défaut, cette rupture peut être considérée comme abusive et ouvrir droit à des dommages-intérêts pour le salarié.

2° - Rupture par le salarié. Le salarié qui prend l'initiative de mettre fin à la période d'essai doit respecter un délai de prévenance de 48 heures. Ce délai est ramené à 24 heures si la durée de présence du salarié dans l'entreprise est inférieure à 8 jours (art. L. 1221-26).

➤ *Les éléments essentiels du contrat*

Un contrat écrit permet de fixer les éléments essentiels de votre engagement : les fonctions occupées et la qualification professionnelle, la durée du travail, la rémunération (salaire de base et élé-

ments complémentaires), le lieu de travail (voir p. 56 et suiv.), la convention collective applicable, l'existence d'une période d'essai et sa durée, les horaires de travail.
Il est important que ces informations, comme toutes les conditions auxquelles vous attachez de l'importance, soient consignées par écrit dans votre contrat. Elles seront alors plus facilement considérées comme des éléments ayant conduit à accepter le contrat, que l'employeur ne peut, sauf exceptions, modifier qu'avec votre accord (voir ci-dessous). Si elles ne sont pas consignées par écrit, il sera très difficile de faire reconnaître que votre employeur ne peut les modifier sans votre accord.

attention *Si votre contrat ou votre convention collective contiennent une disposition selon laquelle vous pouvez être amené à travailler dans un autre lieu, ou si vous faites partie d'une profession où la mobilité est d'usage (ex. : bâtiment), le lieu de travail, même stipulé au contrat, ne sera pas considéré comme un élément essentiel du contrat. Par ailleurs, des dispositions particulières peuvent s'appliquer si un accord de « mobilité interne » a été conclu dans l'entreprise (voir p. 57).*

➤ L'employeur peut-il modifier votre contrat ?

L'employeur peut vous proposer une modification des conditions de votre engagement initial. Si cette proposition porte sur des éléments essentiels (salaire, qualification, durée du travail, lieu de travail...), il doit recueillir votre acceptation. Mais si vous refusez, votre employeur doit soit renoncer, soit vous licencier (sur les dispositions applicables en présence d'un accord de « mobilité interne », voir précisions p. 57). En aucun cas votre refus ne peut être considéré comme une démission.
À l'inverse, si la modification ne porte pas sur un élément essentiel du contrat mais sur les conditions de travail, l'employeur peut vous l'imposer dans le cadre de son pouvoir de direction : votre refus est alors susceptible d'entraîner une sanction disciplinaire allant jusqu'au licenciement pour faute, voire faute grave (voir p. 191).
L'employeur qui, pour motif économique, vous propose une modification d'un élément essentiel de votre contrat de travail doit le faire par lettre recommandée avec demande d'accusé de réception (RAR). Si après un mois vous n'avez pas fait connaître votre réponse par lettre RAR, vous serez considéré comme ayant accepté la modification proposée, ce qui vaudra avenant à votre contrat de travail (art. L. 1222-6).
Lorsque cette modification n'est pas fondée sur un motif économique, votre acceptation ne peut se déduire de votre silence,

mais il est conseillé de faire connaître par écrit votre refus, en en précisant les motifs.

sachez-le *La seule diminution du nombre d'heures stipulé au contrat de travail, en application d'un accord de réduction de la durée du travail, ne constitue pas une modification du contrat de travail. Le refus du salarié d'accepter cette diminution peut donc conduire à son licenciement (voir précisions p. 190). Par ailleurs, la mise en place d'une répartition des horaires sur une période supérieure à la semaine et au plus égale à l'année prévue par un accord collectif (voir p. 100) ne constitue pas une modification du contrat de travail (cette disposition ne s'applique pas aux salariés à temps partiel).*

➤ Votre qualification

Il s'agit d'un élément essentiel de votre contrat de travail, et donc de la relation qui vous lie à votre employeur. Elle correspond à un niveau de responsabilités et à un ensemble de tâches précisément définies par la convention collective de branche dont vous relevez (c'est à celle-ci que vous devez vous référer en cas de problème). Elle est importante, notamment dans la mesure où elle vous permet de vous situer dans la grille de classification des emplois de la convention collective et sert à déterminer le salaire minimum conventionnel (voir p. 82) qui vous est applicable, ainsi, éventuellement, que d'autres avantages conventionnels.

attention *S'il y a contradiction entre les tâches régulièrement effectuées et celles décrites dans votre convention collective comme répondant à la qualification qui figure à votre contrat de travail, et que cette différence vous est préjudiciable (vous pourriez, en fonction des tâches que vous effectuez réellement, prétendre à une qualification supérieure), vous pouvez vous adresser à votre délégué du personnel afin qu'il engage une démarche en ce sens auprès de votre employeur. En dernier recours, une action devant le conseil de prud'hommes est possible.*

➤ Les clauses de non-concurrence et de mobilité

Ces clauses peuvent figurer dans votre contrat de travail ou être prévues par la convention collective qui vous est éventuellement applicable ; dans ce cas, pour qu'elles vous soient opposables, vous devez avoir été informé de l'existence de cette convention collective lors de votre embauche et mis en mesure d'en prendre connaissance.

- La clause de non-concurrence limite les emplois que vous pourriez exercer dans une autre entreprise après la rupture de votre contrat de travail.

Pour être valable, elle doit remplir les quatre conditions cumulatives suivantes :
- être indispensable à la protection des intérêts légitimes de l'entreprise,
- être limitée dans le temps (par exemple 2 ans) et dans l'espace (zone géographique déterminée),
- tenir compte des spécificités de l'emploi du salarié,
- comporter l'obligation pour l'employeur de vous verser une contrepartie financière.

En l'absence d'une de ces conditions, la clause est nulle et de nul effet. Elle ne doit pas, en outre, vous empêcher d'exercer toute activité correspondant à votre expérience professionnelle ou à votre formation.

● La clause de mobilité autorise l'employeur à modifier le lieu de travail du salarié. Le salarié qui ne se conforme pas à cette clause peut être licencié. Ce licenciement pourra être contesté devant le conseil de prud'hommes s'il est démontré que l'employeur a fait un usage abusif ou déloyal de cette clause (délai de prévenance trop bref, non-prise en compte d'une situation familiale difficile, etc.) ou que la clause ne remplissait pas les conditions requises pour sa validité (par exemple, elle ne définit pas précisément sa zone géographique d'application).

Si vous n'êtes soumis à aucune clause de mobilité, votre employeur peut toutefois vous imposer un changement de lieu de travail, dans la mesure où l'activité s'exerce dans le même secteur géographique ; l'employeur ne fait alors qu'user de son pouvoir de direction, et un refus de votre part pourrait constituer une faute justifiant un licenciement. Toujours en l'absence de clause de mobilité, les tribunaux considèrent que l'employeur peut imposer à un salarié un déplacement « occasionnel » en dehors du secteur géographique où il travaille habituellement, dès lors que cette décision est justifiée par l'intérêt de l'entreprise et que la spécificité des fonctions exercées par le salarié (chef de chantier, par ex.) implique de sa part une certaine mobilité géographique. Là encore, il ne s'agit pas d'une modification du contrat de travail lui-même, mais d'une simple modification des conditions de travail que le salarié ne peut, sauf abus de l'employeur, refuser sans commettre de faute.

➤ *Les accords de mobilité interne*

La loi du 14/06/2013 « relative à la sécurisation de l'emploi » permet à l'employeur de proposer aux organisations syndicales représentatives (OSR) de l'entreprise une négociation portant sur les conditions de la mobilité interne à l'entreprise dans le cadre de mesures collectives d'organisation courantes sans projet de réduction d'effectifs (art. L. 2242-21 à L. 2242-23). La mobilité interne se caractérise par un changement de poste et/ou de lieu de travail au sein de la même entreprise. Si une négociation s'engage (ce n'est pas une obligation), et aboutit à la conclusion d'un accord d'entreprise, celui-ci devra :

- comporter les éléments obligatoires mentionnés à l'article L. 2242-22 (limites géographiques à la mobilité, mesures visant à concilier la vie professionnelle et la vie personnelle et familiale, et à prendre en compte les situations liées aux contraintes de handicap et de santé, mesures d'accompagnement à la mobilité telles qu'actions de formation ou aides à la mobilité géographique) ; pour les salariés concernés, l'accord devra garantir le maintien ou l'amélioration de leur qualification professionnelle et ne pourra pas entraîner une diminution du niveau de leur rémunération ou de leur classification personnelle ;
- être porté à la connaissance de chacun des salariés concernés.

Les stipulations de l'accord seront applicables au contrat de travail, les clauses de ce dernier contraires à l'accord étant alors suspendues (ex. : une clause fixant le lieu de travail du salarié).

Lorsque, après une phase de concertation permettant à l'employeur de prendre en compte les contraintes personnelles et familiales de chacun des salariés potentiellement concernés, l'employeur souhaite mettre en œuvre une mesure individuelle de mobilité prévue par l'accord, il recueille l'accord du salarié selon la procédure prévue pour les propositions de modification du contrat de travail pour motif économique (voir p. 55).

sachez-le *Lorsqu'un ou plusieurs salariés refusent l'application à leur contrat de travail des stipulations d'un accord de mobilité interne, leur licenciement repose sur un motif économique et doit être prononcé selon les modalités d'un licenciement individuel pour motif économique (voir p. 198 et suiv.). Ce licenciement ouvre droit aux mesures d'accompagnement et de reclassement que doit prévoir l'accord, qui adapte le champ et les modalités de mise en œuvre du reclassement interne prévu aux articles L. 1233-4 et L. 1233-4-1 (voir p. 204).*

➤ La suspension du contrat de travail

● **Congés ou absences du salarié.** Certains événements entraînent la suspension (et non la rupture) du contrat de travail : un arrêt de travail pour maladie, maternité, accidents du travail ou de trajet, la grève, l'activité partielle, la plupart des congés, etc.

On précisera également que les jeunes salariés de 16 à 25 ans soumis à la journée « défense et citoyenneté » ont droit à une autorisation exceptionnelle d'absence d'une journée pour y parti-

ciper, sans réduction de la rémunération. Cette journée est en outre assimilée à une journée de travail effectif pour la détermination de leurs congés payés.
Au terme de la période de suspension de son contrat de travail, le salarié reprend normalement son activité.

● **Mobilité volontaire sécurisée.** Désormais, dans les entreprises et les groupes d'entreprises d'au moins 300 salariés, tout salarié justifiant d'une ancienneté minimale de 24 mois, consécutifs ou non, peut, avec l'accord de son employeur, bénéficier d'une période de mobilité volontaire sécurisée afin d'exercer une activité dans une autre entreprise, au cours de laquelle l'exécution de son contrat de travail est suspendue. Cette période de mobilité volontaire sécurisée s'organise selon les dispositions suivantes (art. L. 1222-12 à L. 1222-16, créées par la loi du 14/06/2013 « relative à la sécurisation de l'emploi ») :

- elle intervient à la demande et à l'initiative du salarié. L'employeur n'a pas l'obligation d'accepter cette demande mais, s'il oppose deux refus successifs au salarié, celui-ci bénéficie d'un accès de droit au CIF sans que puissent lui être opposées la durée d'ancienneté mentionnée page 111 ou les dispositions de report de congé pour absences simultanées (voir p. 112) ;
- si l'employeur accepte la demande du salarié, un avenant au contrat de travail est conclu entre les parties, qui détermine l'objet, la durée, la date de prise d'effet et le terme de la période de mobilité, ainsi que le délai dans lequel le salarié informe par écrit l'employeur de son choix éventuel de ne pas réintégrer l'entreprise. Cet avenant prévoit également les situations et modalités d'un retour anticipé du salarié, qui intervient dans un délai raisonnable et qui reste dans tous les cas possible à tout moment avec l'accord de l'employeur ;
- à son retour dans l'entreprise d'origine, le salarié retrouve de plein droit son précédent emploi ou un emploi similaire, assorti d'une qualification et d'une rémunération au moins équivalentes, ainsi que du maintien à titre personnel de sa classification ;
- lorsque le salarié choisit de ne pas réintégrer son entreprise d'origine au cours ou au terme de la période de mobilité, le contrat de travail qui le lie à son employeur est rompu. Cette rupture constitue une démission qui n'est soumise à aucun préavis autre que celui prévu par l'avenant mentionné ci-dessus.

sachez-le *Le salarié qui perd son emploi pendant une période de mobilité volontaire sécurisée dans l'entreprise qui l'accueillait et qui ne peut être réintégré immédiatement par son entreprise d'origine pourra bénéficier, sous certaines conditions, des allocations de chômage (voir le site www.unedic.fr).*

2 Le travail précaire

Le contrat de travail à durée indéterminée est la forme normale et générale de la relation de travail. Cependant, on assiste à un important développement du travail précaire, dont le contrat de travail à durée déterminée et le contrat de travail temporaire (ou intérim) sont les deux formes. Ces contrats sont notamment réglementés (cas de recours, statut des salariés...) par les dispositions des articles L. 1241-1 et suivants (CDD) et L. 1251-1 et suivants (intérim) du Code du travail.

Définition et règles communes

Au-delà de leurs différences, le contrat de travail à durée déterminée et le contrat de travail temporaire, qu'il convient de définir, sont soumis à un certain nombre de dispositions communes.

sachez-le *Un employeur ne peut embaucher des salariés en CDD ou recourir à l'intérim pour remplacer des salariés grévistes, pour effectuer des travaux particulièrement dangereux. En outre, sauf exceptions, il ne peut recourir au CDD ou à l'intérim au titre d'un accroissement temporaire de l'activité dans les 6 mois suivant un licenciement pour motif économique (art. L. 1242-5 et L. 1251-9).*

➤ *Le contrat à durée déterminée (CDD)*

Le contrat à durée déterminée (CDD) est un contrat de travail conclu pour un temps limité. Il cesse de plein droit à la date ou à l'échéance prévue à l'embauche. On parle aussi de « terme » du contrat. Les règles du licenciement ne sont pas applicables. En revanche, ni l'employeur ni le salarié ne peuvent en principe rompre le CDD avant le terme fixé (voir précisions p. 68). Ce terme est soit précisément défini par une date, soit lié à l'objet du contrat (retour du salarié remplacé, fin de la saison...).

➤ *L'intérim*

Le salarié intérimaire est employé par une entreprise de travail temporaire pour effectuer une mission dans une entreprise utilisatrice. Toute mission donne lieu à un contrat de travail temporaire conclu pour la mission entre le salarié mis à disposition et l'entreprise de travail temporaire, qui est son employeur. On parle aussi de contrat de mission.

sachez-le *Dans le cadre de l'ANI du 11/01/2013 mentionné page 47, les partenaires sociaux ont décidé de confier à la branche du travail temporaire une négociation visant à sécuriser les parcours professionnels des intérimaires. Deux objectifs sont assignés à cette négociation : créer un « CDI intérimaire » associé à un certain nombre de garanties pour le salarié (notamment les conditions d'indemnisation pendant les périodes non travaillées) ; pour les intérimaires qui ne pourront pas bénéficier de ce CDI, parvenir à un volume de missions proche des règles fixées par l'ANI pour les salariés à temps partiel. À défaut d'accord avant la mi-juillet 2013, les partenaires sociaux réexamineront, dans le cadre de la négociation sur la nouvelle convention d'assurance chômage (voir p. 270), les conditions dans lesquelles la sécurisation des parcours professionnels des intérimaires pourrait être améliorée. Toutes les précisions seront disponibles sur le site www.cfdt.fr.*

➤ *Les cas de recours*

Les contrats à durée déterminée et de travail temporaire, quel que soit leur motif, ne peuvent avoir ni pour objet, ni pour effet, de pourvoir durablement un emploi lié à l'activité normale et permanente de l'entreprise (ou de l'organisme, ou de la collectivité). Ils ne sont autorisés que dans les cas expressément prévus par la loi (voir tableau p. 74). En cas de litige sur le motif du recours à un tel contrat, il incombera à l'employeur de rapporter la preuve de la réalité du motif énoncé dans le contrat. Cette solution, dégagée à propos des CDD (arrêt de la Cour de cassation du 15/09/2010), doit pouvoir être transposée au travail temporaire.

sachez-le *Si le contrat ne comporte pas le motif pour lequel il est conclu, le salarié peut demander la requalification de son contrat en contrat à durée indéterminée (art. L. 1245-1). De la même façon, tout contrat conclu pour un motif ne figurant pas dans les cas de recours autorisés peut être requalifié en CDI par le juge. Enfin, l'employeur qui ne respecte pas les différentes dispositions propres aux CDD et au travail temporaire est passible de sanctions pénales (art. L. 1248-1 et suiv. et L. 1254-1 et suiv.).*

Les cas de recours sont les suivants (art. L. 1242-2 et L. 1251-6) :
1 - Remplacement d'un salarié dans l'une de ces trois situations :
- un salarié est temporairement absent (maladie, accident...), son contrat de travail est suspendu (maternité, congés...), ou il passe provisoirement à temps partiel ;
- un salarié quitte définitivement l'entreprise et son poste de travail doit être supprimé à terme (dans les 24 mois) ;
- un salarié quitte définitivement l'entreprise et il doit être remplacé par un salarié recruté par contrat à durée indéterminée, mais celui-ci n'est pas immédiatement disponible.

2 - Augmentation temporaire d'activité dans quatre hypothèses :
- l'accroissement temporaire d'activité (ex. : période des fêtes dans un grand magasin) ;
- l'exécution d'une tâche occasionnelle, définie avec précision et non durable, ne relevant pas de l'activité normale de l'entreprise (ex. : mise en place d'un système informatique) ;
- la survenance d'une commande exceptionnelle, notamment à l'exportation, nécessitant la mise en œuvre de moyens nettement supérieurs à ceux utilisés habituellement ;
- des travaux urgents dont l'exécution immédiate est nécessaire pour prévenir des accidents imminents, organiser des mesures de sauvetage ou remédier à une situation dangereuse.

3 - Emplois temporaires par nature, c'est-à-dire :
- les emplois à caractère saisonnier (tourisme, agriculture...) ;
- les emplois pour lesquels, dans certains secteurs, il est d'usage constant de ne pas recourir au contrat à durée indéterminée en raison de la nature de l'activité (art. D. 1242-1 et D. 1251-1).

4 - Remplacement d'un chef d'entreprise artisanale, industrielle ou commerciale, d'une personne exerçant une profession libérale, de son conjoint participant effectivement à l'activité de l'entreprise à titre professionnel et habituel, ou d'un associé non salarié d'une société civile professionnelle, d'une société civile de moyens ou d'une société d'exercice libéral.

5 - Remplacement du chef d'une exploitation agricole ou d'une entreprise agricole, d'un aide familial, d'un associé d'exploitation, ou de leur conjoint dès lors qu'il participe effectivement à l'activité de l'entreprise ou de l'exploitation agricole.

On mentionnera également l'existence du « contrat vendanges », CDD d'une durée maximale de 1 mois, avec possibilité de cumuler plusieurs contrats successifs, sans que le cumul des contrats n'excède une durée de 2 mois sur une période de 12 mois. Ce contrat est exonéré des cotisations d'assurances sociales à la charge du salarié.

6 - Politiques de l'emploi. L'embauche de personnes rencontrant des difficultés d'accès à l'emploi peut également être un cas de recours au CDD ou au contrat de travail temporaire. Ces contrats peuvent également être conclus lorsque l'employeur (CDD), ou l'entreprise de travail temporaire et l'utilisateur s'engagent à assurer un complément de formation professionnelle au salarié.

sachez-le *Afin de lutter contre la précarité en favorisant l'embauche en CDI, les partenaires sociaux ont, par un avenant du 29/05/2013 à la convention d'assurance chômage, décidé de majorer le taux de la cotisation due par les employeurs à l'UNEDIC pour certains CDD de moins de 3 mois. Alors que ce taux est, en règle générale, de 4 %, il est porté, au titre des CDD conclus depuis le 01/07/2013, à 7 % pour les CDD d'une durée inférieure ou égale à 1 mois, 5,5 % pour ceux d'une durée supérieure à 1 mois et inférieure ou égale à 3 mois et 4,5 % pour les CDD d'usage d'une durée inférieure ou égale à 3 mois. Les CDD de remplacement ou ceux conclus dans le cadre d'une activité saisonnière sont exclus de cette mesure. En outre, cette majoration ne sera pas appliquée si le salarié est embauché par l'employeur en CDI à l'issue de son CDD, ainsi que pour les contrats d'intérim et ceux conclus avec les employés de maison.*

➤ La durée du contrat

En principe, les CDD et les contrats de travail temporaire doivent comporter un terme fixé avec précision dès leur conclusion. On parle de contrat « de date à date » (ex. : du 1er février au 30 avril). Vous ne pouvez pas alors être embauché pour une durée dépassant, renouvellement éventuel compris, 9 mois, 18 mois ou 24 mois selon les cas (art. L. 1242-8 et L. 1251-12 ; voir tableau p. 74). Des dispositions particulières s'appliquent aux CDD conclus au titre de la politique de l'emploi (voir p. 23), aux CDD « senior » conclus pour le retour à l'emploi des salariés âgés (durée maximale de 18 mois renouvelable une fois dans la limite d'une durée totale de 36 mois ; voir les articles D. 1242-2 et D. 1242-7), ainsi qu'aux CDD à objet défini qui ont pu être conclus jusqu'au 26/06/2013 (durée comprise entre 18 mois et 36 mois non renouvelable ; voir l'article 6 de la loi n° 2008-596 du 25/06/2008).
La loi permet cependant que le contrat soit conclu sans terme précis dans les cas suivants : remplacement d'un salarié absent (ou du chef d'entreprise ou d'exploitation agricole, ou des personnes assimilées, voir ci-dessus), attente d'un recrutement, emplois saisonniers, emplois où d'usage on ne recourt pas à un CDI (voir tableau p. 74). Le contrat doit alors être conclu pour une durée minimale : il prend fin soit lorsque l'objet pour lequel il a été conclu a été réalisé, soit au

terme de la durée minimale si l'objet pour lequel il a été conclu a été réalisé avant (ex. : retour du salarié absent, fin de la saison...). Il n'est pas enfermé dans une durée maximale (sauf en cas d'attente d'un recrutement : 9 mois).

sachez-le *En cas de remplacement d'un salarié absent, le terme du contrat initialement prévu peut être reporté jusqu'au surlendemain du retour de ce salarié (art. L. 1243-7 et L. 1251-31).*

➤ *Le renouvellement du contrat*

Le contrat peut être renouvelé une fois pour une durée inférieure, égale ou supérieure à celle de la période initiale, à trois conditions (art. L. 1243-13 et L. 1251-35) :

- le contrat doit comporter un terme précis ;
- la durée totale du contrat, renouvellement compris, ne doit pas dépasser la durée maximale prévue par la loi ;
- si les conditions de renouvellement n'ont pas été prévues dans le contrat, elles doivent faire l'objet d'un avenant écrit soumis au salarié préalablement au terme initialement prévu.

À noter que des dispositions spécifiques s'appliquent aux CDD conclus dans le cadre de la politique de l'emploi (voir p. 23 et suiv.).

➤ *Les absences au cours du contrat*

En cas d'absence pour maladie, accident du travail, congé maternité..., l'exécution du contrat est simplement suspendue. Mais cette suspension n'a pas pour effet de prolonger le contrat. Celui-ci se termine donc à l'échéance prévue, qui peut fort bien, selon les cas, intervenir pendant l'absence du salarié (art. L. 1243-6 et L. 1251-29).

sachez-le *Pour les intérimaires, l'indemnisation complémentaire en cas de maladie et d'accident du travail et les modalités du congé maternité sont fixées par voie d'accords collectifs (voir p. 70).*

➤ *Les contrats successifs avec le même salarié*

Il faut distinguer selon que les contrats successifs ont ou non le même objet (art. L. 1244-3, L. 1244-4, L. 1251-36 et L. 1251-37).

- **Il s'agit de postes de travail différents.** L'employeur peut librement conclure avec un même salarié des contrats à durée déterminée pour des postes différents. De même, l'entreprise qui utilise un intérimaire peut librement lui confier plusieurs missions successives lorsqu'elles n'ont pas le même objet. La seule limite est que l'employeur ne cherche pas de cette manière à contourner le cadre légal.

● **Il s'agit du même poste de travail.** Il est interdit à l'employeur de conclure un nouveau CDD avant une période, calculée en jours d'ouverture de l'entreprise ou de l'établissement concernés, égale :
● au tiers de la durée du contrat initial, renouvellement inclus, si la durée de ce contrat, renouvellement inclus, est au moins égale à 14 jours ;
● à la moitié de la durée du contrat initial, renouvellement inclus, si la durée de ce contrat, renouvellement inclus, est inférieure à 14 jours.

De même, l'entreprise utilisatrice ne peut conserver un même intérimaire pour une autre mission sans laisser s'écouler une période dont la durée est déterminée comme pour les CDD. Cette règle ne joue pas, notamment, dans les cas suivants (voir tableau p. 74) :
● nouvelle absence d'un salarié absent ;
● travaux urgents pour remédier à une situation dangereuse ;
● emplois à caractère saisonnier ;
● embauches temporaires en CDD d'usage.

➤ *Les sanctions*

Embauché avec un CDD, vous pouvez revendiquer l'existence d'un contrat à durée indéterminée lorsque (art. L. 1245-1) :
● le contrat n'a pas été conclu pour l'un des cas de recours prévus par la loi, n'a pas été rédigé par écrit ou ne précise pas, ou mal, le motif de recours au CDD (voir ci-dessous) ;
● le contrat ne comporte pas de terme précis ou, à défaut, une durée minimale (lorsque les textes l'autorisent) ;
● le contrat dépasse la durée maximale autorisée, se poursuit au-delà du terme prévu ou succède à un autre de façon irrégulière.
De même, si vous êtes intérimaire, vous pouvez faire valoir que vous êtes lié par un contrat à durée indéterminée avec l'utilisateur lorsque ce dernier :
● continue de vous faire travailler après la fin de votre mission sans nouveau contrat de mise à disposition ou sans avoir conclu avec vous un contrat de travail ;
● vous utilise en dehors des cas prévus par la loi ;
● ne respecte pas la durée maximale autorisée.
Si vous avez été embauché de façon irrégulière sous contrat à durée déterminée ou de travail temporaire, vous pouvez saisir le conseil de prud'hommes selon une procédure d'urgence pour demander la requalification de votre contrat, c'est-à-dire sa transformation en CDI. L'affaire est directement portée devant le bureau de jugement, qui dispose d'un mois pour rendre sa décision. Si elle vous est favorable, le conseil de prud'hommes doit

vous accorder une indemnité au moins égale à un mois de salaire (art. L. 1245-2 et L. 1251-41) et requalifier la rupture du contrat (si elle est déjà consommée) en licenciement sans cause réelle et sérieuse. Les syndicats peuvent agir en justice en vos lieu et place (art. L. 1251-59).

Le contrat à durée déterminée (CDD)

➤ *Forme et contenu du contrat*

Sauf cas particuliers (utilisation du CESU, du CEA ou du TESE, voir p. 44), le CDD doit être écrit et signé par le salarié et l'employeur. À défaut, il est considéré comme étant conclu pour une durée indéterminée. Le contrat doit vous être transmis au plus tard dans les deux jours ouvrables qui suivent le jour de l'embauche : ni le jour de l'embauche, ni, le cas échéant, le dimanche ne comptent pour ce délai. Le CDD doit obligatoirement mentionner (art. L. 1242-12) :

- la définition précise de son objet, c'est-à-dire le motif du recours au CDD (voir les cas de recours, p. 61) ;
- le poste de travail ou l'emploi occupés et, en cas de remplacement, le nom et la qualification du salarié remplacé ;
- la date d'échéance du contrat et, le cas échéant, une clause sur les conditions de son renouvellement ou sa durée minimale s'il est conclu sans terme précis ;
- l'intitulé de la convention collective applicable ;
- la durée de la période d'essai éventuellement prévue ;
- le montant de la rémunération et de ses différentes composantes (y compris primes et accessoires de salaires) ;
- le nom et l'adresse de la caisse de retraite complémentaire et, le cas échéant, de l'organisme de prévoyance.

➤ *La période d'essai*

Le CDD peut comporter une période d'essai. À défaut d'usages ou de dispositions conventionnelles prévoyant des durées moindres, cette période d'essai ne peut pas dépasser (art. L. 1242-10) :

- une durée égale à 1 jour par semaine, dans la limite de 2 semaines maximum, lorsque la durée initialement prévue du contrat est inférieure ou égale à 6 mois (ex. : contrat de 4 semaines - période d'essai maximale possible de 4 jours) ;
- 1 mois lorsque la durée initialement prévue du contrat est supérieure à 6 mois.

Notez que, dans le cas d'un contrat sans terme précis, la période d'essai est calculée par rapport à la durée minimale.
Lorsque, en vertu des dispositions visées ci-dessus, le CDD prévoit une période d'essai d'au moins 1 semaine, l'employeur qui souhaite mettre fin à cette période d'essai doit respecter un délai de prévenance ; le salarié doit ainsi être prévenu dans un délai qui ne peut être inférieur à (art. L. 1221-25) :

- 24 heures s'il a moins de 8 jours de présence dans l'entreprise ;
- 48 heures entre 8 jours et 1 mois de présence ;
- 2 semaines après 1 mois de présence ;
- 1 mois après 3 mois de présence.

La période d'essai ne peut toutefois être prolongée du fait de la durée de ce délai de prévenance.

En cas d'inaptitude, mon CDD peut-il être rompu avant son terme ?

L'inaptitude constatée par le médecin du travail autorise l'employeur à rompre de manière anticipée le CDD, dans l'hypothèse où le reclassement du salarié se serait avéré impossible. Le salarié a alors droit à une indemnité dont le montant ne peut être inférieur à celui de l'indemnité légale de licenciement (montant doublé en cas d'inaptitude d'origine professionnelle). Cette indemnité s'ajoute à l'indemnité de précarité.

➤ *L'égalité des droits*

À l'exception des règles concernant le licenciement, les salariés embauchés sous CDD bénéficient des mêmes avantages légaux, conventionnels ou résultant d'un usage que les salariés sous CDI. Cela concerne en particulier la rémunération, qui ne peut être inférieure à celle que percevrait dans la même entreprise, après période d'essai, un salarié sous contrat à durée indéterminée de qualification équivalente et occupant les mêmes fonctions (art. L. 1242-14 à L. 1242-16).
S'agissant du congé individuel de formation, des dispositions particulières sont intervenues pour garantir aux salariés sous

contrat à durée déterminée des droits équivalant à ceux des salariés permanents.

La rupture anticipée du contrat

Le CDD cesse de plein droit à l'arrivée du terme prévu. Sauf accord du salarié et de l'employeur, et hors le cas de rupture pendant la période d'essai, le contrat ne peut être rompu avant ce terme qu'en cas de faute grave (ou lourde) du salarié, d'inaptitude constatée par le médecin du travail ou de force majeure. Il peut également être rompu avant terme, à l'initiative du salarié, si celui-ci justifie d'une embauche pour une durée indéterminée, sous réserve alors de respecter un préavis calculé comme pour un contrat de travail temporaire (voir p. 72), ou en cas de faute grave de l'employeur. Exception faite de ces cas, le salarié qui rompt le contrat avant terme peut être condamné à verser des dommages et intérêts à l'employeur (en fonction du préjudice subi). De son côté, l'employeur qui rompt le contrat avant terme s'expose à payer au salarié des dommages et intérêts d'un montant au moins égal aux rémunérations que celui-ci aurait perçues jusqu'au terme du contrat (art. L. 1243-1 à L. 1243-4).

sachez-le *L'insuffisance de rendement ne constitue ni une faute grave, ni une faute lourde, ni un cas de force majeure, et ne peut donc justifier la rupture avant terme.*

L'indemnité de précarité

Vous avez droit en principe à une indemnité de précarité lorsque le contrat se termine. Attention, cette indemnité n'est pas due dans certains cas : contrats saisonniers, y compris le contrat vendanges, CDD rompu avant son terme par un salarié qui justifie d'une embauche en CDI, CDD conclu avec un jeune pendant ses vacances scolaires ou universitaires, CDD qui se poursuit par un CDI, sauf dispositions conventionnelles plus favorables, contrat conclu au titre des mesures pour l'emploi ou la formation professionnelle (contrat de professionnalisation, CUI-CIE...), refus par le salarié en CDD d'un CDI pour occuper le même emploi ou un emploi similaire assorti d'une rémunération au moins équivalente.

Lorsqu'elle est due, l'indemnité est égale à 10 % (ou plus si une convention ou un accord collectif, ou un accord d'entreprise ou d'établissement le prévoient) de la rémunération totale brute perçue pendant la durée du contrat. Un accord collectif (branche ou entreprise) peut limiter ce taux à 6 % dès lors que des

contreparties sont offertes aux salariés concernés, notamment sous la forme d'un accès privilégié à la formation professionnelle : pour que ce taux de 6 % soit applicable, encore faut-il qu'une action de formation ait été effectivement proposée au salarié par l'employeur (arrêt de la Cour de cassation du 23/01/2008).
L'indemnité de précarité s'ajoute à la rémunération. Elle est versée avec le dernier salaire et doit figurer sur le bulletin de paie correspondant (art. L. 1243-8 à L. 1243-10).
S'il y a rupture anticipée non justifiée du fait de votre employeur (voir ci-dessus), l'indemnité se calcule sur l'ensemble des rémunérations, y compris celles qui auraient dû être perçues jusqu'au terme du contrat.

attention *Si la rupture anticipée est de votre fait ou si elle est justifiée par une faute grave ou lourde, l'indemnité n'est pas due.*

➤ *L'indemnité compensatrice de congés payés*

À la fin du contrat, l'employeur doit vous verser une indemnité compensatrice correspondant aux congés payés que vous avez acquis et que vous n'avez pas eu le temps de prendre. Elle ne peut être inférieure au 1/10 de la rémunération totale brute due (indemnité de précarité comprise) si vous n'avez pu prendre aucun congé.
L'employeur doit également vous remettre, à la fin de votre contrat, une attestation destinée à Pôle emploi qui vous permettra de percevoir, le cas échéant, les allocations du régime d'assurance chômage (sur ces allocations, voir p. 270 et suiv.) : dans ce domaine, les salariés dont le contrat de travail à durée déterminée a pris fin ont les mêmes droits que les salariés licenciés.

Le contrat de travail temporaire

➤ *La forme et le contenu du contrat*

Un contrat écrit doit être adressé au salarié intérimaire par l'entreprise de travail temporaire (ETT) au plus tard dans les 2 jours ouvrables suivant sa mise à disposition auprès de l'utilisateur. Ce contrat doit obligatoirement indiquer (art. L. 1251-16) :
- le motif précis de la mission avec, s'il y a lieu, le nom et la qualification du salarié remplacé ;
- la date à laquelle se termine la mission ou, à défaut, sa durée minimale et éventuellement la possibilité d'avancer ou de reculer le terme de la mission ;

- les caractéristiques du poste à pourvoir, la qualification professionnelle exigée, le lieu de la mission, les horaires ;
- la nature des équipements de protection individuelle que le salarié doit utiliser ;
- la qualification du salarié intérimaire ;
- le montant de la rémunération que percevrait dans l'entreprise utilisatrice, après période d'essai, un salarié de qualification équivalente occupant le même poste de travail ;
- les modalités de sa rémunération, y compris celles de l'indemnité de précarité ;
- la période d'essai éventuelle ;
- la garantie de rapatriement du salarié à la charge de l'entreprise de travail temporaire si la mission a lieu à l'étranger ;
- le nom et l'adresse de la caisse de retraite complémentaire et de l'organisme de prévoyance dont relève l'entreprise de travail temporaire ;
- la mention que l'embauche du salarié intérimaire par l'utilisateur à la fin de la mission n'est pas interdite.

sachez-le *L'examen médical d'embauche des intérimaires doit être effectué par le médecin du travail de l'entreprise de travail temporaire (art. R. 4625-9). En revanche, c'est au médecin de l'entreprise utilisatrice d'effectuer les examens complémentaires requis en cas de travaux comportant des risques spéciaux et de se prononcer sur l'aptitude du salarié à occuper le poste de travail.*

➤ La période d'essai

Le contrat de mission peut comporter une période d'essai dont la durée est fixée par accord collectif de travail (de branche étendu, d'entreprise ou d'établissement). À défaut, celle-ci ne peut dépasser (art. L. 1251-14) :

- 2 jours, si la durée du contrat est inférieure ou égale à 1 mois ;
- 3 jours, si la durée du contrat est comprise entre 1 et 2 mois ;
- 5 jours, si la durée du contrat est supérieure à 2 mois.

La rémunération pendant la période d'essai ne peut être inférieure à celle normalement prévue au contrat.

Lorsque la mission n'a pas de terme précis, la période d'essai se calcule par rapport à la durée minimale prévue.

➤ La rémunération

La rémunération du salarié intérimaire ne peut être inférieure à celle que perçoit ou percevrait dans l'entreprise utilisatrice, après période d'essai, un salarié de qualification équivalente occupant le même poste (art. L. 1251-18). La comparaison doit prendre en compte l'ensemble des éléments de rémunération : salaire de base, primes, indemnités...

➤ *Le paiement des jours fériés*

Les jours fériés doivent être payés au salarié intérimaire, quelle que soit son ancienneté, dès lors que les salariés de l'entreprise utilisatrice en bénéficient (art. L. 1251-18).

➤ *Les périodes d'intempéries*

Les salariés intérimaires ont droit, en cas d'arrêt de travail pour intempéries, quelle que soit leur ancienneté, à la même indemnisation que les salariés de l'entreprise utilisatrice occupés sur le même chantier (art. L. 1251-20).

➤ *Les absences en cours de mission*

En cas d'absence pour maladie, congé maternité..., l'exécution de la mission est simplement suspendue. Mais cette suspension n'a pas pour effet de prolonger la mission, qui se termine donc à l'échéance prévue (art. L. 1251-29).

➤ *Les conditions d'exécution du travail*

Les salariés intérimaires sont soumis aux dispositions applicables dans les entreprises utilisatrices pour ce qui est de la durée du travail, du travail de nuit, du repos hebdomadaire et des jours fériés, de l'hygiène et de la sécurité, du travail des femmes et des mineurs (art. L. 1251-21). Par ailleurs, ils doivent bénéficier des équipements sociaux de l'entreprise utilisatrice, notamment les transports collectifs, la cantine, etc. (art. L. 1251-24). Ils peuvent également faire présenter par les délégués du personnel de l'entreprise utilisatrice leurs réclamations portant sur leur rémunération, les conditions d'exécution de leur travail, l'accès aux moyens de transport collectif et aux installations collectives (cantine...). Les équipements de protection individuelle contre les risques (casques, bottes...) sont fournis par l'entreprise utilisatrice. À noter que, selon la Cour de cassation (arrêt du 22/09/2010), les travailleurs temporaires, même lorsqu'ils sont exclusivement mis à disposition d'entreprises utilisatrices, sont comme les autres salariés éligibles au CHSCT de l'entreprise qui les emploie (c'est-à-dire l'entreprise de travail temporaire).

Les accords collectifs spécifiques à l'intérim

Les salariés intérimaires, placés dans une situation particulière du fait de leurs conditions d'emploi, se trouvent en pratique exclus d'un certain nombre de garanties reconnues aux travailleurs permanents. Pour leur garantir des droits équivalents, les organisations syndicales et patronales de l'intérim ont conclu une série d'accords collectifs portant notamment sur :

- la santé et la sécurité au travail (26 septembre 2002) ;
- l'aménagement-réduction du temps de travail (27 mars 2000) ;
- l'exercice du droit syndical (8 novembre 1984) ;
- le détachement à l'étranger (2 décembre 1986) ;
- les titres de transport en région parisienne (9 juin 1983) ;
- la représentation du personnel (27 octobre 1988) ;
- la retraite complémentaire (9 janvier 1991) ;
- la protection sociale : indemnisation complémentaire en cas de maladie, accident, maternité, régime de prévoyance (2 décembre 1992) ;
- la formation professionnelle (8 juillet 2004) ;
- la non-discrimination, l'égalité de traitement et la diversité dans le cadre des activités de mise à l'emploi des entreprises de travail temporaire (6 juillet 2007).

Ces accords sont tenus à la disposition des salariés intérimaires par les entreprises de travail temporaire. À défaut, il est possible de les consulter auprès de l'inspection du travail.

La rupture anticipée du contrat de mission

L'entreprise de travail temporaire qui rompt le contrat avant le terme prévu est tenue, sauf faute grave de l'intéressé ou cas de force majeure, de proposer à l'intérimaire un nouveau contrat équivalent prenant effet dans un délai maximum de 3 jours ouvrables. À défaut, le salarié a droit à une rémunération correspondant à celle qu'il aurait perçue jusqu'au terme du contrat (y compris l'indemnité de précarité). Le salarié ne peut, de sa propre initiative, rompre par anticipation son contrat de travail temporaire, exception faite du cas où il peut justifier d'une embauche pour une durée indéterminée. Dans cette hypothèse, il doit alors respecter un préavis dont la durée est calculée à raison d'1 jour par semaine compte tenu soit de la durée totale du contrat, renouvellement inclus, si celui-ci comporte un terme précis, soit de la durée effectuée lorsque le contrat ne comporte pas un terme précis. Quelle que soit la situation, le préavis ne saurait être ni inférieur à 1 jour, ni supérieur à 2 semaines (art. L. 1251-26 à L. 1251-28). Il peut être réduit, voire supprimé, par accord entre les parties.

sachez-le *Hormis le cas visé ci-dessus, le salarié qui rompt le contrat avant la fin de la mission s'expose à devoir verser à l'entreprise de travail temporaire des dommages-intérêts en réparation du préjudice subi tel qu'il sera évalué par le conseil de prud'hommes.*

➤ La rupture au terme du contrat

Normalement, le contrat de travail temporaire cesse à l'arrivée du terme prévu. En fin de mission, le travailleur intérimaire a droit :

1 - à une indemnité de précarité, encore appelée indemnité de fin de mission, venant s'ajouter à son salaire, égale au moins à 10 % de sa rémunération totale brute (art. L. 1251-32). Cette indemnité n'est toutefois pas due dans certains cas : emploi saisonnier, embauche dans le cadre d'un usage, embauche immédiate de l'intérimaire par l'utilisateur, rupture anticipée du fait du salarié, rupture pour faute grave du salarié, etc. (voir art. L. 1251-33).

2 - à une indemnité compensatrice de congés payés, due, quelle que soit la durée du contrat, dès lors qu'il n'a pu les prendre effectivement, au moins égale au 1/10 de sa rémunération totale brute, indemnité de précarité comprise (art. L. 1251-19).

sachez-le *À la fin de la mission, l'entreprise de travail temporaire doit remettre à l'intérimaire une attestation destinée à Pôle emploi lui permettant, le cas échéant, de percevoir des allocations de chômage (voir p. 262 et suiv.). L'entreprise peut toutefois ne remettre cette attestation que sur demande du salarié, à la condition que le contrat de travail mentionne le droit pour le salarié d'obtenir sans délai ces documents dès le jour d'expiration du contrat (art. R. 2134-11).*

➤ L'embauche par l'utilisateur

Le salarié intérimaire peut être embauché par l'utilisateur à la fin de la mission. Dans ce cas, la durée des missions effectuées chez l'utilisateur dans les 3 mois précédents doit être prise en compte pour le calcul de l'ancienneté et déduite de la période d'essai éventuelle (art. L. 1251-38).

	Cas de recours (1)	Terme (2)	Durée minimale (3)	Renouvellement	Durée maximale (4)	Contrats successifs (5)
Remplacement d'un salarié	• Absence temporaire	TP ou TNP	Oui si TNP	1 renouvel. si TP	Si TP : 18 mois Si TNP : pas de maximum	Pas de délai de carence
	• Remplacement sur un poste devant disparaître	TP	Non	1 renouvel.	24 mois	Délai de carence (calcul : voir précisions p. 65)
	• Attente d'un recrutement	TP ou TNP	Oui si TNP	1 renouvel. si TP	9 mois	*Idem*
Augmentation temporaire d'activité	• Accroissement temporaire	TP	Non	1 renouvel.	18 mois	*Idem*
	• Exécution d'une tâche occasionnelle	TP	Non	1 renouvel.	18 mois	*Idem*
	• Commande exceptionnelle à l'exportation	TP	6 mois	1 renouvel.	24 mois	*Idem*
	• Travaux urgents	TP	Non	1 renouvel.	9 mois	Pas de délai de carence
	• Emplois saisonniers	TP ou TNP	Oui si TNP	1 renouvel. si TP	Durée de la saison	*Idem*
Emplois temporaires par nature	• Emplois où d'usage on ne recourt pas au CDI	TP ou TNP	Oui si TNP	1 renouvel. si TP	En fonction des usages	*Idem*

(1) Ne figurent pas ici les cas de recours liés à la politique de l'emploi et à la formation (voir p. 23 et suiv.), ni les dispositions spécifiques applicables aux CDD « à objet défini » (voir p. 63).
(2) TP = terme précis ; TNP = terme non précis.
(3) Terme précis : pas de durée minimale, sauf en cas de commande exceptionnelle. Terme imprécis : durée minimale obligatoire.
(4) Durée maximale renouvellement compris. Elle est portée à 24 mois lorsque le contrat est exécuté à l'étranger.
(5) Contrats successifs ayant le même objet (voir p. 64).

3 Vie dans l’entreprise

1 L'égalité des droits

Le principe d'égalité professionnelle entre les femmes et les hommes s'inscrit dans le cadre, plus global, de la lutte contre toutes les formes de discrimination, qu'elles soient liées au sexe, à l'appartenance syndicale, à la religion… et qu'elles interviennent lors de l'embauche (voir p. 16) ou au cours de la relation de travail. Le Code du travail assigne une place particulière à la négociation collective dans le processus de réduction des écarts de rémunération entre les femmes et les hommes.

➤ *Définition des discriminations*

L'égalité professionnelle se définit d'abord par l'interdiction de toute discrimination. Il est ainsi interdit de (art. L. 1142-1) :

1 - Mentionner ou faire mentionner le sexe ou la situation de famille du candidat recherché dans une offre d'emploi ou dans toute autre forme de publicité. Les seuls emplois pour lesquels le sexe peut être déterminant concernent les artistes du spectacle, les mannequins et les modèles (art. R. 1142-1).

2 - Refuser d'embaucher une personne, prononcer une mutation, résilier ou refuser de renouveler le contrat de travail d'un salarié en considération du sexe, de la situation de famille ou de la grossesse, ou sur la base de critères de choix différents selon le sexe, la situation de famille ou la grossesse.

3 - Prendre, en considération du sexe ou de la grossesse, toute mesure en matière de rémunération, de formation, d'affectation, de qualification, de mutation, etc. (voir art. L. 1142-1).

En cas de litige, le salarié concerné, ou le candidat à un recrutement, présente des éléments de fait laissant supposer l'existence d'une discrimination, directe ou indirecte, fondée sur le sexe, la situation de famille ou la grossesse. Au vu de ces éléments, il incombe à l'employeur de prouver que sa décision est justifiée par des éléments objectifs étrangers à toute discrimination. Le juge forme sa conviction après avoir ordonné, en cas de besoin, toutes les mesures d'instruction qu'il estime utiles.

➤ *Égalité de rémunération*

Le principe est l'égalité de rémunération pour un travail égal ou de valeur égale. Non seulement la rémunération (salaire de base, mais aussi tout avantage) doit être égale, mais les différents éléments qui la composent doivent être fixés selon les mêmes critères. Cela signifie une même définition des catégories d'emploi et de qualification, des grilles de salaire et des règles de promotion.

Pour la mise en œuvre de ce principe (art. L. 3221-2 et suiv.) :

1° sont considérés comme ayant une valeur égale les travaux qui exigent des salariés un ensemble comparable de connaissances professionnelles, de capacités découlant de l'expérience acquise, de responsabilités et de charge physique ou nerveuse ;

2° les différences de salaires pouvant exister entre les établissements d'une même entreprise ne sauraient avoir pour raison l'appartenance à l'un ou l'autre sexe.

En cas de litige, les règles applicables sont celles visées ci-contre.

On signalera également l'existence d'une garantie de « rattrapage salarial » au profit des salariées en congé de maternité (ou des salarié(e)s en congé d'adoption). Ainsi (art. L. 1225-26) :

- si l'entreprise est couverte par un accord collectif de branche ou d'entreprise déterminant des garanties d'évolution de la rémunération des salariées pendant leur congé de maternité et à la suite de ce congé, ce sont les dispositions de cet accord qui s'appliquent (si l'accord a été conclu depuis le 25/04/2006, elles doivent être aussi favorables que celles prévues par la loi, voir ci-dessous) ;
- si l'entreprise n'est pas couverte par un tel accord, la rémunération de la salariée est majorée, à la suite du congé de maternité, des augmentations générales appliquées dans l'entreprise ainsi que de la moyenne des augmentations individuelles perçues pendant la durée de ce congé par les salariés relevant de la même catégorie professionnelle ou, à défaut, de la moyenne des augmentations individuelles dans l'entreprise.

➤ *Les moyens d'application dans l'entreprise*

Outre l'application de sanctions pénales (art. L. 1146-1 et suiv., et R. 3221-1 et suiv.) et l'obligation d'affichage, dans l'entreprise, des textes relatifs à l'égalité professionnelle et à la prohibition des discriminations (art. L. 1142-6), la loi prévoit différents moyens pour faire respecter l'égalité des droits dans les entreprises :

- aucune disposition discriminatoire ne doit figurer dans les contrats de travail et les conventions collectives (art. L. 1142-3) ;
- les syndicats peuvent agir en justice en faveur d'un salarié sans justifier d'un mandat de sa part, pourvu que celui-ci ait été averti par écrit et ne s'y soit pas opposé dans un délai de

15 jours à compter de la date à laquelle l'organisation syndicale lui a notifié son intention (art. L. 1144-2) ;

- tout licenciement prononcé à la suite d'une action en justice relative à l'égalité professionnelle est nul (art. L. 1144-3).

➤ *Comment faire progresser l'égalité professionnelle ?*

- **L'information des représentants du personnel.** Chaque année, l'employeur présente au CE (à défaut, aux DP) un rapport écrit sur la situation comparée des conditions d'emploi et de formation des femmes et des hommes. Ce rapport comporte une analyse permettant d'apprécier la situation respective des femmes et des hommes en matière d'embauche, de formation, de rémunération effective et d'articulation entre l'activité professionnelle et l'exercice de la responsabilité familiale... Dans les entreprises de moins de 300 salariés, ces éléments sont intégrés au rapport sur la situation économique de l'entreprise établi par l'employeur (art. L. 2323-47 et L. 2323-57). Le CE doit formuler un avis motivé sur ce rapport. Les entreprises peuvent également conclure avec l'État des contrats pour la mixité des emplois et l'égalité professionnelle entre les femmes et les hommes (art. D. 1143-7 et suiv.).
- **La négociation collective.** Au niveau de la branche comme de l'entreprise, la négociation annuelle sur les salaires doit viser à définir et à programmer les mesures permettant de supprimer les écarts de rémunération entre les femmes et les hommes. Les conventions collectives qui ne comprennent pas de clause relative à la suppression des écarts de rémunération entre les femmes et les hommes ne peuvent pas être étendues. S'agissant des négociations d'entreprise sur la suppression des écarts de rémunération, leur existence conditionne la possibilité de déposer les accords sur les salaires effectifs au sein desquels elles prennent place. Une négociation périodique doit également être engagée sur les objectifs d'égalité professionnelle entre les femmes et les hommes, et sur les mesures permettant de les atteindre (art. L. 2241-3 et L. 2242-5).

sachez-le *Dans les conditions fixées par les articles R. 2242-2 et suivants du Code du travail, les entreprises d'au moins 50 salariés sont soumises à une pénalité à la charge de l'employeur lorsqu'elles ne sont pas couvertes par un accord relatif à l'égalité professionnelle visé à l'article L. 2242-5 ou, à défaut d'accord, par les objectifs et les mesures constituant le plan d'action défini dans les rapports prévus par les articles L. 2323-47 et L. 2323-57. Pour plus de précisions, on peut se reporter au site www.cfdt.fr ou au site dédié à l'égalité professionnelle : www.ega-pro.fr.*

2 La rémunération

La rémunération comprend un salaire de base, auquel s'ajoutent éventuellement des primes, gratifications ou avantages divers.

Le plus souvent, le salaire de base est fixé par l'employeur seul. Toutefois, celui-ci doit respecter certains principes : les règles relatives au SMIC, les salaires minimaux conventionnels, le principe d'égalité de rémunération entre hommes et femmes, la non-discrimination (notamment syndicale), le principe « à travail égal, salaire égal ». L'employeur doit également négocier chaque année les salaires effectifs dans l'entreprise.

Les éléments de rémunération

➤ *Le salaire de base*

C'est la rémunération stable que l'employeur doit verser au salarié. La plupart des salariés sont aujourd'hui soumis au principe de la mensualisation, c'est-à-dire qu'ils bénéficient d'un paiement mensuel de salaire calculé sur la base de l'horaire hebdomadaire de travail ; dans ce cas, la rémunération ne dépend pas du nombre de jours travaillés dans le mois (art. L. 3242-1).

Comment calculer votre salaire mensuel ?

Exemple pour un salarié travaillant à temps plein dans une entreprise appliquant les 35 heures :

$$\frac{35 \text{ x } 52 \text{ semaines}}{12 \text{ mois}} = 151{,}666 \text{ heures x taux horaire}$$

Quels sont les salariés exclus du principe de la mensualisation ?

Restent exclus de la mensualisation : les travailleurs à domicile, les saisonniers, les intermittents et les intérimaires. Pour ces salariés, la rémunération mensuelle se calcule en multipliant le taux horaire par la durée mensuelle de travail, ce qui, d'un mois à l'autre, peut donc donner lieu à un montant de salaire différent.

➤ *Les primes et gratifications*

Il en existe une grande variété : prime de rendement, prime d'ancienneté, prime d'assiduité, prime de fin d'année, prime de pénibilité, prime de vacances, prime de bilan, prime de mariage, 13e mois, etc. Elles constituent des compléments de salaire et sont obligatoires lorsqu'elles sont prévues par la convention collective ou votre contrat de travail. Quand une prime résulte d'un usage, elle doit réunir trois conditions. Elle doit être :

- constante : la prime doit être payée régulièrement, même si l'employeur la qualifie d'exceptionnelle ;
- générale : la prime doit être versée à l'ensemble du personnel, une catégorie professionnelle, un service ou un atelier de l'entreprise ;
- fixe : le montant de la prime ne doit pas varier d'une fois sur l'autre par la seule volonté de l'employeur. Elle doit suivre un mode de calcul préalablement établi, ou connu et constant.

sachez-le *L'employeur peut toujours revenir sur une prime résultant d'un usage, à condition de prévenir suffisamment à l'avance.*

➤ *Les avantages en nature*

L'employeur fournit, dans certains cas, un logement, le chauffage, des repas, etc. Il s'agit là de compléments de salaire, à condition qu'ils ne correspondent pas à des frais professionnels imposés au salarié par ses conditions d'emploi. Ils sont évalués forfaitairement par la Sécurité sociale ou le Code du travail et sont soumis aux cotisations sociales.

➤ *Les heures supplémentaires*

En principe, les heures effectuées au-delà de la durée légale de travail hebdomadaire donnent lieu soit à une majoration du salaire horaire soit à un repos (sur les heures supplémentaires, voir le chapitre « Durée du travail »).

➤ *Les remboursements de frais*

Les remboursements de frais professionnels ne constituent pas un complément de salaire. Ils ne sont pas soumis aux cotisations sociales. Le remboursement peut se faire aux frais réels, mais prend parfois la forme d'une indemnité forfaitaire. Exemple : prime de panier ou de transport, indemnité de déplacement.

attention *Le caractère de prime ou de remboursement de frais est indépendant du nom donné par l'employeur. Exemple : prime de panier représentant en réalité un remboursement de frais, indemnité de marteau-piqueur constituant en fait une prime.*

sachez-le *Ces sommes seront considérées comme des salaires malgré leur dénomination lorsqu'elles ne correspondent pas à des dépenses effectives.*

Le SMIC

Le SMIC (salaire minimum interprofessionnel de croissance) est le salaire horaire minimum en dessous duquel vous ne pouvez pas être payé (art. L. 3231-1 et suiv.). Il indique un salaire brut avant déduction des cotisations sociales et s'applique, exception faite des VRP dans certains cas, à l'ensemble des salariés.

➤ *Le montant du SMIC*

Le SMIC augmente chaque fois que l'indice des prix augmente de 2 % (art. L. 3231-4 et suiv.). Le SMIC est également revalorisé tous les 1er janvier (voir précisions ci-dessous).
Montant du SMIC (horaire brut) au 1er janvier 2013 : 9,43 €, soit 1 430,22 € (sur la base de 35 heures hebdomadaires). Sur les cotisations et contributions sociales, voir le tableau récapitulatif de la page 91.

sachez-le *Les modalités de revalorisation du SMIC ont été modifiées par un décret du 07/02/2013 (JO du 8) afin de mieux prendre en compte les dépenses de consommation réelles des salariés à faible revenu (par exemple, les dépenses de loyer).*

Les jeunes travailleurs ont-ils droit au SMIC ?

Le SMIC s'applique à tous les travailleurs, y compris aux jeunes, sauf ceux titulaires de certains contrats d'insertion (voir p. 23 et suiv.). Toutefois, l'employeur peut appliquer un abattement de 20 % si le jeune est âgé de moins de 17 ans, et de 10 % s'il a entre 17 et 18 ans. À noter que cet abattement peut être supprimé par convention ou accord collectif, ou par une clause du contrat de travail. Il l'est, en tout état de cause, dès que le jeune justifie de 6 mois de pratique professionnelle dans la branche d'activité.

➤ *La rémunération mensuelle minimale*

Tout salarié a droit à une rémunération mensuelle minimale égale au produit du SMIC par son horaire mensuel (art. L. 3232-3).
Les heures supplémentaires doivent être payées en plus, et la compensation d'un mois sur l'autre est interdite. Cette rémunération mensuelle minimale doit également être garantie en cas d'activité partielle (voir p. 174).

➤ *Comment savoir si vous percevez le SMIC ?*

Pour vérifier si votre rémunération est au moins égale au SMIC, vous devez prendre en compte le versement de certaines primes (voir ci-contre). En cas de litige, la question de la prise en compte de telle ou telle prime relève de l'appréciation des tribunaux.

Les minima conventionnels

Les conventions et accords collectifs déterminent les salaires minima applicables à l'ensemble des salariés d'une branche d'activité ou d'une profession.

Comparaison du salaire avec le SMIC	Prise en compte	
	OUI	NON
Salaire de base	x	
Avantages en nature	x	
Primes de rendement ou de productivité, lorsqu'elles constituent un élément prévisible de rémunération	x	
Primes ou majorations aléatoires liées au résultat, à la production, à la productivité, au chiffre d'affaires, au bénéfice de l'entreprise		x
Primes accordées en raison des conditions particulières de travail (primes de danger, de froid, d'insalubrité, travail de nuit, dimanche et jours fériés...)		x
Rémunération des temps de pause ne correspondant pas à du temps de travail effectif		x
Remboursement de frais, indemnités de déplacement, primes de panier ou de repas, prime de transport		x
Majorations pour travail de nuit, du dimanche ou jours fériés		x
Majorations pour heures supplémentaires		x
Primes d'ancienneté, d'assiduité : • présentant un caractère uniforme et sans véritable lien avec l'ancienneté ou l'assiduité réelle du salarié	x	
• calculées en fonction de l'ancienneté ou de l'assiduité réelle du salarié et variant avec celles-ci		x
Primes ou gratifications de fin d'année, 13e mois, prime de vacances et toutes primes dont la périodicité du versement est supérieure à la périodicité de la paie		x
Primes exceptionnelles, aléatoires		x
Autres primes (que ci-dessus) accordées régulièrement	x	

➤ *Comment sont établis les salaires minima ?*

Les salaires minima sont établis en fonction des qualifications professionnelles, et notamment du coefficient hiérarchique affecté à chaque emploi.
La base de calcul de ces salaires diffère selon les conventions collectives (valeur du point, taux horaire...). Si les salaires minima sont définis par des taux horaires, vous pouvez déterminer les salaires minima qui vous sont applicables en multipliant le taux horaire de votre catégorie professionnelle par votre horaire mensuel.
Les salaires minima ne sont pas toujours actualisés et peuvent être inférieurs au SMIC ; un complément différentiel est alors versé aux salariés rémunérés en dessous du SMIC.

➤ *Comment comparer votre rémunération aux salaires-minima ?*

Vous devez prendre en compte « toutes les sommes versées en contrepartie ou à l'occasion du travail et ayant le caractère de salaire », sauf les majorations pour heures supplémentaires. Toutefois, votre convention collective peut préciser que certaines primes ne sont pas prises en compte, notamment les primes de pénibilité, d'assiduité ou d'ancienneté...

➤ *Salaires minima et salaires réels*

Dans la pratique, les salaires minima sont nettement inférieurs (de l'ordre de 30 % en moyenne) aux salaires effectivement pratiqués dans la profession. Cependant, l'employeur a l'obligation d'engager chaque année une négociation sur les salaires effectifs (s'il existe une section syndicale d'organisation représentative dans votre entreprise). Une négociation doit également être engagée au niveau de la branche, dans les conditions prévues par l'article L. 2241-2-1. Enfin, on signalera que la loi du 03/12/2008 a mis en place différents mécanismes destinés à inciter les entreprises à engager réellement la négociation annuelle sur les salaires, et les branches à réajuster régulièrement leurs grilles salariales pour les porter à un niveau au moins égal au SMIC.

Le paiement du salaire

➤ *Quand devez-vous être payé ?*

Le principe est celui du paiement du salaire une fois par mois (art. L. 3242-1). Les salariés qui en font la demande peuvent recevoir un acompte par quinzaine. Des exceptions existent pour les VRP (paiement au moins une fois par trimestre) et pour les salariés non mensualisés. Ces derniers doivent être payés au moins deux fois par mois, à 16 jours au plus d'intervalle.

➤ *Comment devez-vous être payé ?*

Le salaire ou l'acompte peuvent être payés en espèces si le montant mensuel est inférieur à 1 500 €, et si le salarié en fait la demande. Au-delà, le paiement doit être effectué par virement ou par chèque. Certains salariés peuvent être payés, avec leur accord, au moyen du CESU ou du chèque emploi associatif (voir p. 44) : ils reçoivent alors, de l'organisme qui gère ce dispositif, une attestation d'emploi qui tient lieu de bulletin de salaire et doit être conservée sans limitation de durée.

➤ *Le bulletin de salaire*

Sauf cas particuliers visés ci-dessus (en cas d'utilisation du titre emploi-service entreprise, voir p. 44), le versement du salaire doit obligatoirement s'accompagner de la remise, par l'employeur, d'un bulletin de salaire précisant (art. L. 3243-1 et suiv. et R. 3243-1 et suiv.) :

- le nom et l'adresse de l'employeur, ainsi que l'établissement dont vous dépendez ;
- les références de l'organisme auquel l'employeur verse les cotisations de Sécurité sociale, ainsi que son numéro de cotisant ;
- le code APE de l'entreprise ou de l'établissement ;
- si elle existe, l'intitulé de la convention collective qui vous est applicable, et à défaut les articles du Code du travail relatifs à la durée des congés payés et de préavis en cas de rupture du contrat de travail ;
- votre nom, l'emploi occupé et votre position dans la classification conventionnelle ;
- la période et le nombre d'heures de travail correspondant au salaire payé, en distinguant, s'il y a lieu, les heures qui sont payées au taux normal et celles qui comportent une majoration pour heures supplémentaires ou pour toute autre cause ;
- la nature et le volume du forfait auquel se rapporte le salaire des salariés dont la rémunération est déterminée sur la base d'un forfait hebdomadaire ou mensuel en heures, d'un forfait annuel en heures ou en jours ;
- la nature de la base de calcul du salaire lorsque, par exception, cette base de calcul n'est pas la durée du travail ;
- la nature et le montant des divers accessoires de salaire qui vous sont versés ;

- la rémunération brute avant déduction des cotisations sociales ;
- la nature et le montant de toutes les déductions légales et conventionnelles : CSG, CRDS, cotisations Sécurité sociale, assurance chômage, retraite complémentaire, régime de prévoyance, mutuelle ; le regroupement des cotisations salariales est possible si ces prélèvements sont appliqués à une même assiette et destinés à un même organisme collecteur. Le taux, le montant et la composition de chacun de ces prélèvements sont communiqués au salarié au moins une fois par an ou lorsque prend fin le contrat de travail, soit sur le bulletin de paie, soit sur un document pouvant lui être annexé ;
- la nature et le montant de tous les ajouts et retenues réalisés sur la rémunération brute ;
- le montant de la somme effectivement reçue par le salarié ;
- la date du paiement de cette somme ;
- les dates de congés et le montant de l'indemnité correspondante, lorsqu'une période de congé annuel est comprise dans la période de paie considérée ;
- le montant de la prise en charge des frais de transport public ou des frais de transport personnels.

Le bulletin de paie, ou un récapitulatif annuel remis au salarié, doit mentionner la nature, le montant et le taux des cotisations patronales assises sur la rémunération brute. Lorsque ces cotisations sont mentionnées sur le bulletin de paie, elles peuvent être regroupées dans les mêmes conditions et selon les mêmes modalités de communication au salarié que celles prévues pour les cotisations salariales (voir ci-dessus).

En annexe au bulletin de salaire doivent figurer notamment les droits au repos compensateur de remplacement et à la contrepartie obligatoire en repos (voir p. 95 et suiv.).

attention *Les bulletins de salaire doivent être conservés précieusement ; quand on vous les réclame, envoyez une photocopie. L'employeur peut les adresser aux salariés, avec leur accord, sous forme électronique, dans des conditions qui garantissent l'intégrité des données (renseignements sur www.cfdt.fr).*

➤ Les réclamations concernant votre salaire

L'acceptation d'un bulletin de paie sans protestation ni réserve ne vous retire pas la possibilité de contester par la suite les salaires perçus (art. L. 3243-3). Sauf cas de discrimination salariale, la réclamation concernant les salaires peut être faite pendant 3 ans à compter du jour où celui qui l'exerce a connu ou aurait dû connaître les faits lui permettant de l'exercer. La demande peut porter sur les sommes dues au titre des 3 dernières années à compter de ce jour ou, lorsque le contrat de travail est rompu, sur les sommes dues au titre des 3 années précédant la rupture du contrat. (art. L. 3245-1 modifié par la loi n° 2013-504 du 14/06/2013). Au-delà, la réclamation n'est plus possible. A noter que, pour les instances en cours à la date de sa promulgation (soit le 14/06/2013), des dispositions transitoires ont été prévues par la loi du 14/06/2013 précitée ; sur ce point, voir le site www.cfdt.fr.

➤ *Les saisies sur salaire*

Toute personne à qui vous devez de l'argent peut, avec l'autorisation du juge d'instance, faire saisir une partie de votre salaire (art. L. 3252-1 et suiv., R. 3252-1 et suiv.). Le salaire à prendre en considération est le salaire annuel net, et la part saisissable est, pour l'année 2013, de (s'il s'agit d'une dette alimentaire, il n'est pas fait application de ces tranches) :

- le vingtième, sur la tranche inférieure ou égale à 3 670 € ;
- le dixième, sur la tranche supérieure à 3 670 € et inférieure ou égale à 7 180 € ;
- le cinquième, sur la tranche supérieure à 7 180 € et inférieure ou égale à 10 720 € ;
- le quart, sur la tranche supérieure à 10 720 € et inférieure ou égale à 14 230 € ;
- le tiers, sur la tranche supérieure à 14 230 € et inférieure ou égale à 17 760 € ;
- les deux tiers, sur la tranche supérieure à 17 760 € et inférieure ou égale à 21 330 € ;
- la totalité, sur la tranche supérieure à 21 330 €.

Les tranches sont augmentées de 1 390 € par personne à charge.

sachez-le *Il doit être laissé au salarié une somme égale au montant forfaitaire du RSA fixé pour un foyer composé d'une seule personne (voir p. 263).*

La participation et l'intéressement

Ces deux dispositifs distincts ont pour objet d'associer les salariés aux performances de leur entreprise : bénéfice annuel de l'entreprise pour la participation, et résultat, gain de productivité ou autre pour l'intéressement (art. L. 3311-1 et suiv.).
Les sommes attribuées aux salariés n'ont pas la nature de salaire. Elles constituent un complément aléatoire de rémunération, distinct du salaire, non soumis à cotisations sociales (sauf CSG et CRDS), et bénéficient, sous conditions, d'un régime fiscal avantageux.

Les mécanismes d'intéressement et de participation doivent être mis en place soit par accord collectif, soit par accord entre le chef d'entreprise et les représentants d'organisations syndicales représentatives, soit par accord au sein du comité d'entreprise, soit par référendum. Chaque accord détermine des modalités particulières d'application. Il convient donc de vous reporter au contenu de l'accord applicable dans votre entreprise. Cependant, la loi impose le respect d'un certain nombre de règles impératives.

➤ *La participation*

Toute entreprise comptant au moins 50 salariés doit mettre en place un système de participation ; celles qui ne le font pas alors qu'elles y sont assujetties sont soumises à un régime dit d'« autorité ». Cette obligation s'impose également aux unités économiques et sociales (UES) employant au moins 50 salariés, qu'elles aient été reconnues par convention ou accord collectif, ou par une décision de justice. Toutefois, pour les entreprises ayant conclu un accord d'intéressement et qui viennent à dépasser le seuil de 50 salariés, l'obligation de mettre en place la participation ne s'applique qu'à l'expiration de cet accord.

Le mécanisme est le suivant : une fraction des bénéfices annuels réalisés par l'entreprise est affectée à la participation. Cette réserve spéciale de participation (RSP) est répartie, en principe, en proportion de leur salaire à tous les salariés, bien que l'accord de participation puisse prévoir d'autres modalités de répartition (notamment une répartition uniforme, une répartition proportionnelle à la durée de présence dans l'entreprise, ou une répartition combinant ces différents critères).

À l'occasion de chaque versement effectué au titre de la RSP, le salarié peut (art. R. 3324-21-1 et suiv.) :

- soit demander le versement immédiat de tout ou partie des sommes qui lui sont attribuées, sachant alors que ces sommes seront assimilées à du salaire sur le plan fiscal ;
- soit les laisser bloquées pendant 5 ans (8 ans dans le cadre du régime d'« autorité »), avec des possibilités de déblocage anticipé en cas d'événements particuliers (rupture du contrat de travail, mariage, divorce, invalidité, etc.). Les sommes bloquées bénéficient alors de tous les avantages fiscaux et sociaux attachés à la participation.

sachez-le *L'accord de participation doit prévoir les modalités d'information de chaque bénéficiaire (sommes attribuées, montant dont le versement peut être demandé, etc.). Sur ces questions, on peut également se renseigner auprès de ses délégués.*

➤ *L'intéressement*

L'intéressement est un système facultatif. L'intéressement peut être réservé aux salariés d'une catégorie, d'un établissement ou d'une unité de travail, tant qu'il conserve un caractère collectif. La détermination et la répartition des sommes à affecter à l'intéressement sont fixées librement dans l'accord collectif d'entreprise. La répartition sera alors soit uniforme parmi les salariés visés, soit fonction de critères tels que le salaire, l'ancienneté, la qualification, qui peuvent être combinés. À la différence de la participation, les sommes perçues sont disponibles immédiatement.

➤ *Les plans d'épargne*

Il s'agit de dispositifs facultatifs, qui peuvent être mis en place dans les entreprises afin de permettre aux salariés (et à certains autres bénéficiaires non salariés) de se constituer une épargne volontaire, notamment en vue de leur retraite. Il pourra s'agir, par exemple, d'un plan d'épargne entreprise (PEE), d'un plan d'épargne interentreprises (PEI), ou encore d'un plan d'épargne pour la retraite collectif (PERCO). Ces plans peuvent recevoir des versements provenant de l'intéressement ou de la participation, ainsi que, dans certaines limites, des versements volontaires des salariés, complétés le cas échéant par un abondement de l'entreprise, le tout étant assorti d'avantages sociaux et fiscaux.
Sur ces différents dispositifs d'épargne salariale, vous pouvez vous renseigner auprès de vos délégués.

En cas de procédures collectives (l'AGS)

L'AGS (assurance garantie des salaires), gérée par l'UNEDIC, protège les salariés contre l'insolvabilité de leur employeur en cas de procédures collectives (sauvegarde, redressement ou liquidation judiciaire). L'AGS fait l'avance des salaires et indemnités lorsque l'entreprise ne dispose pas des fonds nécessaires pour les payer.

➤ *Les procédures collectives*

Elles débutent par l'ouverture, sur décision du tribunal de commerce (TC), d'une procédure de sauvegarde, de redressement ou de liquidation judiciaire.
Dès l'ouverture de la procédure, un mandataire judiciaire (représentant des créanciers) est désigné par le TC afin, notamment, d'établir un relevé des créances salariales. Ce relevé est établi sous le contrôle

d'un représentant des salariés désigné par le CE, à défaut par les DP, ou à défaut encore par les salariés. Le mandataire judiciaire doit informer, par tout moyen, chaque salarié de la nature et du montant des créances admises ou rejetées, lui indiquer la date du dépôt au greffe du relevé des créances et lui rappeler l'existence du délai pour agir : le salarié dont la créance ne figure pas en tout ou en partie sur le relevé des créances dispose, en effet, pour saisir le conseil de prud'hommes, d'un délai de 2 mois à compter de la publication, dans un journal d'annonces légales, de l'avis indiquant que l'ensemble des créances a été déposé auprès du greffe du TC ; il peut demander au représentant des salariés de l'assister ou de le représenter devant les prud'hommes.

➤ *Les sommes garanties par l'AGS*

En cas de sauvegarde, l'AGS couvre les créances résultant des licenciements pour motif économique prononcés pendant la période d'observation ou pendant le mois suivant l'arrêté du plan de sauvegarde (art. L. 3253-6 et suiv.). En cas de redressement ou de liquidation judiciaire, l'AGS garantit notamment (voir art. L. 3253-8) :

1. Toutes les sommes dues aux salariés à l'ouverture de la procédure de redressement judiciaire. Les rémunérations des 60 derniers jours de travail et les congés payés bénéficient d'un superprivilège qui permet un versement accéléré (disposition également applicable en cas de sauvegarde).

2. Les indemnités de licenciement, de préavis et de congés payés, en cas de licenciement : pendant la période d'observation ; dans le mois suivant l'adoption du plan de redressement ou de cession ; dans les 15 jours suivant la liquidation et pendant la poursuite provisoire de l'activité.

3. Lorsque la liquidation est prononcée, et dans la limite de 1,5 mois de salaire, les rémunérations dues : pendant la période d'observation ; pendant les 15 jours suivant la liquidation et pendant la poursuite provisoire de l'activité.

Sur les plafonds de garantie et les délais de versement des sommes dues, il convient de se renseigner auprès de Pôle emploi.

sachez-le *L'AGS ne couvre pas les sommes qui concourent à l'indemnisation du préjudice causé par la rupture du contrat de travail dans le cadre d'un licenciement pour motif économique, en application d'un accord d'entreprise ou d'établissement ou de groupe, ou d'une décision unilatérale de l'employeur, lorsque l'accord a été conclu et déposé ou la décision notifiée moins de 18 mois avant la date du jugement d'ouverture de la procédure.*

Principales cotisations sociales au 01/07/2013			
Risques ou charges	Part employeur [1] %	Part salarié %	Assiette
CSG	-	7,50	98,25 % du salaire brut [2]
CRDS	-	0,50	*Idem* [2]
Contribution solidarité autonomie	0,30	-	Totalité du salaire
Sécurité sociale			
• Assurance maladie, maternité, invalidité, décès	12,80	0,75	Totalité du salaire
• Assurance vieillesse	8,40 [3]	6,75 [3]	Tranche A
	1,60	0,10	Totalité du salaire
• Allocations familiales	5,40	-	*Idem*
• Accident du travail	Variable	-	*Idem*
Assurance chômage	4,00	2,40	Jusqu'à 4 PSS
• AGS	0,30	-	*Idem*
Retraite complémentaire			
• Non-cadres (minimum) [4]	4,50	3	Jusqu'à 1 PSS
	12	8	Entre 1 et 3 PSS
• Cadres (minimum) [5] [6] [7]	4,50	3	Tranche A
	12,60 [8]	7,70	Tranche B
• Cotisation AGFF	1,20	0,80	Tranche A
	1,30	0,90	Tranche B [9]

Tranche A : partie du salaire inférieure au plafond Sécurité sociale (PSS) : 3 086 € pour l'année 2013.
Tranche B : salaire compris entre 1 et 4 fois le plafond de la Sécurité sociale.
(1) L'employeur doit mentionner sur le bulletin de salaire la nature et le montant des cotisations patronales versées au titre du salaire, ou remettre chaque année au salarié un récapitulatif faisant apparaître ces mêmes éléments.
(2) L'abattement de 1,75 % au titre des frais professionnels est limité à 4 fois le PSS.
(3) Ces taux devraient être portés respectivement à 8,45 % et 6,80 % au 01/01/2014.
(4) Ces taux devraient être portés respectivement à 4,58 % et 3,05 %, 12,08 % et 8,05 % au 01/01/2014.
(5) Ces taux devraient être portés respectivement à 4,58 % et 3,05 % au 01/01/2014.
(6) S'ajoute une cotisation au taux global de 20,3 % (20,43 % en principe à compter du 01/01/2014 ; répartition libre entre employeur et salarié) sur le salaire compris entre 4 et 8 fois le PSS.
(7) S'ajoute une contribution exceptionnelle temporaire au taux de 0,35 % (0,22 % employeur, 0,13 % salarié) prélevée sur le salaire jusqu'à 8 fois le PSS.
(8) Ces taux devraient être portés respectivement à 12,68 % et 7,75 % au 01/01/2014.
(9) Pour les non-cadres, la tranche B correspond au salaire compris entre 1 et 3 fois le plafond de la Sécurité sociale ; pour les cadres, de 1 à 4 fois ce plafond.

3 La durée du travail

La réglementation de la durée du travail fait l'objet d'adaptations régulières, en dernier lieu par la loi du 14/06/2013 « relative à la sécurisation de l'emploi » qui vise, notamment, à mieux garantir les droits des salariés à temps partiel. Nous donnons ici les règles communes à tous les salariés. De nombreuses dispositions peuvent toutefois être aménagées par branches d'activité ou au sein même de l'entreprise (par accord ou par l'employeur). Renseignez-vous auprès de vos délégués ou de l'inspection du travail.

La durée légale du travail

➤ *Qu'est-ce que la durée légale ?*

C'est la durée qui sert de base de référence pour le déclenchement des heures supplémentaires. La durée réelle du travail ne correspond pas obligatoirement à la durée légale. Les conventions et accords collectifs peuvent prévoir une durée inférieure. On parle alors de durée conventionnelle. La durée réelle du travail peut aussi être supérieure à la durée légale ; la différence constitue alors des heures supplémentaires.

➤ *Quelle est la durée légale du travail ?*

Dans toutes les entreprises, quel que soit leur nombre de salariés, la durée légale du travail est, en principe, fixée à 35 heures par semaine civile (art. L. 3121-10), c'est-à-dire, en principe, du lundi à 0 heure au dimanche à 24 heures (voir précisions p. 95).

➤ *Que signifie « travail effectif » ?*

Il s'agit du temps pendant lequel le salarié est à la disposition de l'employeur et se conforme à ses directives sans pouvoir vaquer

librement à des occupations personnelles (art. L. 3121-1). Sauf accord collectif ou usage, seul le temps de travail effectif est pris en compte pour l'appréciation des durées de travail (durée maximale, heures supplémentaires...).
Sont ainsi exclues, en principe, du temps de travail effectif les périodes suivantes :

- les temps de pause et de restauration quand le salarié n'est pas à la disposition de l'employeur ;
- les temps d'astreinte (voir ci-dessous) ;
- les temps d'habillage et de déshabillage ; mais quand une tenue de travail est imposée, et que l'habillage et le déshabillage doivent être réalisés dans l'entreprise ou sur le lieu de travail, ces temps doivent faire l'objet d'une contrepartie financière ou d'un repos ;
- le temps de déplacement professionnel pour se rendre sur le lieu d'exécution du contrat de travail. Toutefois, s'il dépasse le temps normal de trajet entre le domicile et le lieu habituel de travail, il doit faire l'objet d'une contrepartie soit sous forme de repos, soit financière, déterminée par convention ou accord collectif ou, à défaut, par décision unilatérale de l'employeur prise après consultation du CE ou des DP, s'ils existent. La part de ce temps de déplacement professionnel coïncidant avec l'horaire de travail ne doit pas entraîner de perte de salaire. Mais le temps de trajet entre différents lieux de travail est considéré comme du temps de travail effectif.

➤ *L'astreinte*

Il s'agit d'une période pendant laquelle le salarié, sans être à la disposition permanente et immédiate de l'employeur, a l'obligation de demeurer à son domicile ou à proximité afin d'être en mesure d'intervenir pour effectuer un travail au service de l'entreprise. Seule l'intervention est considérée comme du temps de travail effectif (art. L. 3121-5). Les temps d'astreinte sans intervention peuvent avoir lieu durant les périodes de repos quotidien ou hebdomadaire.

sachez-le *La période d'astreinte sans intervention n'est pas considérée comme du temps de travail effectif. Elle doit, toutefois, donner lieu à une compensation financière ou à un repos.*

➤ *Les heures d'équivalence*

Dans certaines professions (ex. : jeux et casinos, transport sanitaire), il existe un régime dit des « heures d'équivalence » qui assimile à une semaine de 35 heures un temps de travail supérieur en raison de périodes d'inactivité (art. L. 3121-9).

Salariés	Durée journalière maximale	Dérogation à la durée journalière maximale	Durée hebdomadaire maximale	Dérogation à la durée hebdomadaire maximale
À partir de 18 ans	**10 heures** (art. L. 3121-34). Au-delà de 6 heures consécutives de travail, une pause d'au moins 20 min. doit être accordée (art. L. 3121-33)	• En cas de surcroît temporaire d'activité, sur autorisation de l'inspecteur du travail, après avis du comité d'entreprise ou des délégués du personnel (art. D. 3121-15 et D. 3121-16)	**48 heures** au cours d'une même semaine (art. L. 3121-35)	Exceptionnelle jusqu'à 60 heures, sur autorisation du Direccte après avis du comité d'entreprise ou des délégués du personnel (art. L. 3121-35, L. 3121-37, R. 3121-21)
		• Jusqu'à 12 heures par convention collective étendue ou accord d'entreprise ou d'établissement (art. D. 3121-19)	**44 heures** sur 12 semaines consécutives (art. L. 3121-36) [1]	Exceptionnelle jusqu'à 60 heures, sur autorisation de l'inspecteur du travail ou du Direccte (selon les cas), après avis du comité d'entreprise ou des délégués du personnel (art. L. 3121-35 à L. 3121-37, R. 3121-21 à R. 3121-28)
Moins de 18 ans	**8 heures** (art. L. 3162-1), avec un maximum de 4 h 30 consécutives (art. L. 3162-3) [2]	Exceptionnelle, sur autorisation de l'inspecteur du travail, après avis conforme du médecin du travail et dans la limite de 5 heures par semaine (art. L. 212-13)	**35 heures** au cours d'une même semaine (art. L. 3162-1) [1]	Exceptionnelle, sur autorisation de l'inspecteur du travail, après avis conforme du médecin du travail et dans la limite de 5 heures par semaine (art. L. 3162-1)

(1) Salariés travaillant en équipes successives selon un cycle continu : 35 heures en moyenne sur l'année sans dérogation possible (art. L. 3132-15).
(2) Lorsque leur temps de travail quotidien est supérieur à 4 h 30, les salariés de moins de 18 ans doivent bénéficier d'un temps de pause d'au moins 30 minutes consécutives (art. L. 3162-3). La durée du travail des jeunes de moins de 16 travaillant pendant les vacances scolaires ne peut excéder 7 h/jour et 35 h/semaine

La durée maximale du travail

La loi fixe les limites maximales, journalières et hebdomadaires, de la durée réelle du travail. Reportez-vous au tableau page 92.

sachez-le *Dès que le temps de travail quotidien atteint 6 heures, le salarié bénéficie d'un temps de pause d'une durée minimale de 20 minutes consécutives. Des dispositions conventionnelles plus favorables peuvent fixer un temps de pause supérieur. Ces pauses ne sont pas obligatoirement rémunérées, sauf lorsqu'elles peuvent être assimilées à du travail effectif ou lorsque le contrat de travail, un accord collectif ou un usage le prévoient.*

Les heures supplémentaires

Les heures supplémentaires sont les heures effectuées au-delà de la durée légale de travail ou de la durée équivalente (voir ci-dessus).

➤ Le décompte des heures supplémentaires

Les heures supplémentaires se décomptent par semaine civile. Sauf stipulations contraires d'un accord d'entreprise ou d'établissement, la semaine civile débute le lundi à 0 heure et se termine le dimanche à 24 heures. Dans les entreprises dont la durée collective hebdomadaire de travail est supérieure à 35 heures, la rémunération mensuelle due au salarié peut être calculée en multipliant la rémunération horaire par les 52/12 de la durée collective hebdomadaire de travail, sans préjudice des majorations dues. Des règles spécifiques peuvent également s'appliquer lorsque, en application d'un accord collectif ou, à défaut, des dispositions du Code du travail, le temps de travail est organisé dans un cadre autre que celui de la semaine (renseignements auprès de vos délégués). Sauf accord plus favorable, seul le temps de travail effectif (voir ci-dessus) est compris dans le décompte.

Le décompte des heures supplémentaires et leur majoration doivent être indiqués sur le bulletin de paie.

➤ La rémunération des heures supplémentaires

• **Principe.** Chaque heure supplémentaire donne droit soit à une majoration du salaire horaire, soit à un repos (art. L. 3121-22).

Le taux de majoration des heures supplémentaires peut être fixé par accord de branche étendu, ou par accord d'entreprise ou d'établissement. Il ne peut être inférieur à 10 %. À défaut d'accord, et quel que soit l'effectif de l'entreprise, la majoration est de 25 % pour les huit premières heures supplémentaires (de la 36e à la 43e heure) et de 50 % pour les suivantes (à partir de la 44e).

• **Remplacement par un repos compensateur.** En toute hypothèse, en application d'une convention ou d'un accord collectif d'entreprise ou d'établissement ou, à défaut, d'une convention ou d'un accord de branche, le paiement des heures ainsi que la majoration peuvent être remplacés par un repos appelé « repos compensateur de remplacement » (RCR). Dans les entreprises dépourvues de délégués syndicaux et non soumises à l'obligation annuelle de négocier, ce remplacement peut être mis en place par l'employeur à condition que le comité d'entreprise ou les délégués du personnel, s'ils existent, ne s'y opposent pas.
Le remplacement peut être total (ex. : repos de 1 h 15 pour 1 heure majorée à 25 %) ou partiel (ex. : repos de 1 heure pour toute heure supplémentaire, et paiement des seules majorations).
Les modalités de prise du repos compensateur de remplacement sont définies par l'accord ou la décision de l'employeur ; à défaut, elles obéissent à celles de la contrepartie obligatoire en repos (voir ci-dessous).
Les heures supplémentaires donnant lieu à un repos compensateur équivalent ne s'imputent pas sur le contingent annuel d'heures supplémentaires mentionné page 95.

➤ *Le salaire au forfait*

Lorsqu'un salarié est amené à effectuer régulièrement des heures supplémentaires, il peut être convenu que son salaire mensuel intègre les majorations pour heures supplémentaires. Il s'agit alors d'une convention de forfait qui peut être une convention de forfait en heures sur la semaine ou sur le mois, une convention de forfait annuel en heures ou une convention de forfait annuel en jours. Les premières (forfait en heures sur la semaine ou le mois) peuvent être conclues avec tout salarié, cadre ou non cadre, même en l'absence d'un accord collectif, et prévoient la rémunération d'un nombre d'heures supplémentaires accomplies de manière régulière par le salarié : la rémunération versée au salarié ne peut ainsi être inférieure au salaire horaire dûment majoré des heures supplémentaires effectuées dans le mois. Les heures supplémentaires éventuellement accomplies au-delà du forfait sont rémunérées au taux majoré. Les autres conventions de forfait (forfait annuel en heures ou en jours) ne peuvent être conclues qu'avec certaines catégories de salariés et supposent la conclusion préalable d'un accord collectif d'entreprise ou d'établissement ou, à défaut, d'une convention ou d'un accord de branche ; sur ces questions, il convient de se renseigner auprès de ses délégués. On signalera simplement que, lorsqu'un salarié ayant conclu une convention de forfait en jours perçoit une rémunération manifestement sans rapport avec

les sujétions qui lui sont imposées, il peut, nonobstant toute clause contraire, conventionnelle ou contractuelle, saisir le juge judiciaire afin que lui soit allouée une indemnité calculée en fonction du préjudice subi, eu égard notamment au niveau du salaire pratiqué dans l'entreprise et correspondant à sa qualification (L. 3121-47) ; plus généralement, les conventions de forfait en jours sur l'année doivent, pour produire effet, être conformes aux principes (suivi de la charge de travail, respect des temps de repos, etc.) posés par la Cour de cassation dans un arrêt du 29/06/2011 (disponible sur le site www.legifrance.gouv.fr).
Quel que soit le type de forfait, la conclusion d'une convention individuelle de forfait doit faire l'objet d'un écrit et requiert l'accord du salarié.

➤ *Le contingent annuel d'heures supplémentaires*

Votre employeur dispose d'un « contingent annuel d'heures supplémentaires », qu'il peut faire effectuer à chaque salarié après simple information du CE ou, à défaut, des DP s'il en existe (art. L. 3121-11). Le volume de ce contingent est fixé par convention ou accord collectif d'entreprise ou d'établissement ou, à défaut, par convention ou accord de branche. Cet accord fixe également l'ensemble des conditions d'accomplissement d'heures supplémentaires au-delà du contingent annuel, ainsi que les caractéristiques et les conditions de prise de la contrepartie obligatoire en repos (COR, voir p. 98). En l'absence d'accord, le contingent est fixé par décret (soit, actuellement, 220 heures par an et par salarié), de même que les caractéristiques et les conditions de prise de la COR.
Au-delà du contingent annuel, l'employeur peut vous faire effectuer des heures supplémentaires (dites « hors contingent »), après avis du CE ou, à défaut, des DP, s'il en existe (art. L. 3121-11-1).
Les heures correspondant à la « journée de solidarité » (voir p. 147) ne s'imputent pas, dans la limite de 7 heures (avec proratisation pour les salariés à temps partiel), sur le contingent annuel d'heures supplémentaires. Ne sont également pas imputables sur le contingent les heures supplémentaires effectuées afin de faire face à des travaux urgents destinés à prévenir ou à réparer un accident, ainsi que celles dont le paiement est remplacé, avec sa majoration, par un repos compensateur équivalent.
À défaut de détermination du contingent annuel d'heures supplémentaires par voie conventionnelle, les modalités de son utilisation et de son éventuel dépassement donnent lieu au moins une fois par an à une consultation du CE ou des DP, s'il en existe.

➤ *La contrepartie obligatoire en repos (COR)*

La contrepartie obligatoire en repos (COR) est due pour toute heure supplémentaire accomplie au-delà du contingent annuel. Son taux, fixé par la loi, est de 50 % pour les entreprises de 20 salariés au plus et 100 % pour les entreprises de plus de 20 salariés (un accord collectif ne peut prévoir de taux inférieur). Par exemple, dans une entreprise de 20 salariés au plus, une heure supplémentaire effectuée au-delà du contingent applicable ouvre droit à 1/2 heure de COR.

Les caractéristiques et les conditions de prise de la COR sont fixées par l'accord collectif qui fixe le volume du contingent d'heures supplémentaires (voir p. 97) : période pendant laquelle peut être prise la COR, situation en cas de demandes multiples, etc. Cet accord peut également instaurer une COR pour les heures supplémentaires (ou une partie d'entre elles) accomplies dans la limite du contingent.

À défaut d'accord collectif applicable à l'entreprise, les conditions de mise en œuvre de la COR sont fixées par le Code du travail. Dans ce cas, et pour l'essentiel :

- le droit à la COR est réputé ouvert dès que la durée de ce repos atteint 7 heures ; la COR est prise dans un délai maximum de 2 mois suivant l'ouverture du droit, sous réserve des dispositions de l'article D. 3121-12 permettant à l'employeur de différer la prise de la COR. La COR est prise par journée entière ou par demi-journée à la convenance du salarié ;
- la demande, précisant la date et la durée du repos, doit être adressée à l'employeur au moins une semaine à l'avance. Dans les 7 jours suivant la réception de la demande, l'employeur informe le salarié de son accord ou, après consultation des DP, des raisons liées au fonctionnement de l'entreprise qui motivent le report de la demande. En cas de report, l'employeur propose au salarié une autre date, sans pouvoir toutefois différer la date du congé de plus de 2 mois ;
- le salarié dont le contrat de travail prend fin avant qu'il ait pu bénéficier de la COR à laquelle il a droit ou avant qu'il ait acquis des droits suffisants pour pouvoir prendre ce repos reçoit une indemnité en espèces dont le montant correspond à ses droits acquis.

sachez-le *Si le repos n'est pas pris dans les 2 mois, le droit n'est pas perdu ; l'employeur doit demander au salarié de prendre son repos dans un délai maximal de 1 an.*

Répartition et aménagement du temps de travail

Les horaires de travail sont fixés par l'employeur, qui doit respecter la réglementation sur la durée du travail et les accords applicables dans l'entreprise. Ils doivent être affichés dans chaque établissement.

➤ *L'horaire de travail*

L'horaire de travail fixe les heures de début et de fin de travail, ainsi que les heures et la durée des repos. Le principe selon lequel l'horaire de travail est organisé dans le cadre de la semaine et de manière collective connaît de nombreuses exceptions.
Si l'horaire de travail est en principe collectif, des dérogations sont possibles, notamment en cas d'horaires individualisés (voir ci-dessous) ou de travail à temps partiel.

➤ *Le nombre de jours de travail par semaine*

La règle de répartition des heures de travail dans la semaine est prévue généralement soit dans le cadre de la branche professionnelle par décret, et éventuellement accord collectif, soit directement dans le cadre de l'entreprise par accord collectif. Elle est le plus souvent prévue sur 5 jours, 5,5 jours ou 6 jours. Elle est possible sur 4 jours ou 4,5 jours, si aucune convention ou accord collectif ne s'y opposent, si l'accord du comité d'entreprise ou des délégués du personnel a été obtenu et après information de l'inspecteur du travail.

➤ *Les équipes de suppléance*

Les entreprises industrielles ont la possibilité de mettre en place des équipes spéciales qui travaillent uniquement pendant que les autres salariés sont en repos de fin de semaine, ou encore à l'occasion des jours fériés ou des congés annuels (art. L. 3132-16 à L. 3132-19).

➤ *Les horaires individualisés*

Ils permettent aux salariés d'aménager individuellement leurs horaires de travail, tout en respectant les limites fixées par l'accord les instituant ou, à défaut, le Code du travail. Ils peuvent être mis en place dans l'entreprise, à la demande des salariés, après information de l'inspecteur du travail, et si le comité d'entreprise ou les délégués du personnel ne s'y sont pas opposés. S'il n'y a pas de représentants du personnel, il faut l'autorisation de l'inspecteur du travail après consultation du personnel (art. L. 3122-23 à L. 3122-25).

➤ La récupération des heures perdues

L'employeur peut imposer la récupération des heures perdues en raison d'un pont chômé dans l'entreprise, d'une interruption collective de travail résultant de causes accidentelles ou d'un cas de force majeure, ou encore d'inventaire ou d'intempéries. La récupération doit se faire dans les 12 mois précédant ou suivant la perte des heures (art. L. 3122-27, L. 3133-2 et R. 3122-4 à R. 3122-7).

➤ Le travail de nuit

Sauf exceptions prévues par les articles L. 3122-29 et L. 3122-30, tout travail entre 21 heures et 6 heures est considéré comme travail de nuit ; le travailleur de nuit est défini à l'article L. 3122-31. Les conditions de recours au travail de nuit sont identiques pour les hommes et les femmes (art. L. 3122-29 à L. 3122-47) :

- le recours au travail de nuit doit rester exceptionnel et ne pas porter atteinte à la sécurité et à la santé des salariés ;
- des contreparties sous forme de repos compensateur ou de compensation salariale doivent être attribuées aux salariés effectuant un travail de nuit ; la loi prévoit que le repos doit être accordé de manière prioritaire par rapport à la compensation salariale ;
- l'introduction, dans une entreprise, du travail de nuit est subordonnée à la conclusion préalable d'un accord collectif de branche étendu ou d'un accord d'entreprise ;
- à défaut d'accord collectif, l'employeur peut recourir au travail de nuit après autorisation de l'inspection du travail.

➤ Les autres modalités d'aménagement du temps de travail

Indépendamment des dispositions visées ci-dessus, un accord collectif d'entreprise ou d'établissement ou, à défaut, une convention ou un accord de branche peuvent définir les modalités d'aménagement du temps de travail et organiser la répartition de la durée du travail sur une période supérieure à la semaine et au plus égale à l'année (voir aussi p. 56). Cet accord prévoit les conditions et délais de prévenance des changements de durée ou d'horaire de travail (en principe, 7 jours), les limites pour le décompte des heures supplémentaires et les conditions de prise en compte, pour la rémunération des salariés, des absences ainsi que des arrivées et départs en cours de période.
Lorsque l'accord s'applique aux salariés à temps partiel, il prévoit les modalités de communication et de modification de la répartition de la durée et des horaires de travail.

À défaut d'accord collectif relatif à l'aménagement du temps de travail, l'employeur peut, dans les conditions fixées par les articles D. 3122-7-1 à 3122-7-3 du Code du travail, organiser un tel aménagement sous forme de périodes de travail, chacune d'une durée maximale de 4 semaines ; dans ce cas, afin d'éviter les fluctuations de salaire d'un mois à l'autre, la rémunération mensuelle des salariés est indépendante de l'horaire réel effectué et reste calculée sur la base de 35 heures hebdomadaires (renseignements auprès de vos délégués).
Par ailleurs, dans les entreprises fonctionnant « en continu », l'organisation du temps de travail peut être établie sur plusieurs semaines par décision de l'employeur, sans nécessité d'un accord collectif.

Les périodes de repos

Comme les durées maximales de travail effectif, les périodes de repos ont été instituées pour préserver la santé des travailleurs.

➤ *Le repos quotidien*

Entre deux journées de travail, tout salarié doit bénéficier d'un repos quotidien d'une durée minimale de 11 heures consécutives (art. L. 3131-1). Ce repos peut être réduit dans les cas suivants :

- pour surcroît exceptionnel d'activité, sur autorisation de l'inspecteur du travail et après avis du CE ou des DP (art. D. 3131-4 et D. 3121-16) en l'absence d'accord collectif ;
- pour travaux urgents, afin d'assurer la sécurité des biens ou des personnes (art. D. 3131-5) ;
- pour certaines activités, par accord collectif (art. D. 3131-1).

Tout salarié dont le repos quotidien a été réduit a droit à une période équivalente de repos ou à une contrepartie équivalente.

➤ *Le repos hebdomadaire*

Il est interdit d'occuper un même salarié plus de 6 jours par semaine (art. L. 3132-1). Le repos hebdomadaire doit être d'au moins 24 heures consécutives (art. L. 3132-2). Dans l'intérêt des salariés, il doit, en principe, être donné le dimanche (art. L. 3132-3). Mais la loi permet de nombreuses dérogations au principe du repos dominical : travail en continu, hôpitaux, hôtels, restaurants, zones touristiques, périmètre d'usage de consommation exceptionnel (zones dites « PUCE »), etc. (art. L. 3132-4 et suiv.). À défaut de respect des règles légales, la fermeture de l'établissement peut être ordonnée par le juge des référés. Le travail du dimanche ne donne en principe pas lieu à majoration particulière de salaire, sauf équipe de suppléance (voir ci-dessus). Des contreparties peuvent toutefois être prévues par accord collectif ; elles sont obligatoires dans les « PUCE », ou lorsque le travail du dimanche est autorisé pour éviter un préjudice au public ou de compromettre le fonctionnement normal de l'établissement (contreparties fixées par accord collectif ou, à défaut, doublement du salaire ; art. L. 3132-25-3).

Le travail à temps partiel

Le salarié à temps partiel est celui dont l'horaire de travail est inférieur à la durée légale ou conventionnelle hebdomadaire, mensuelle ou annuelle. Si vous êtes dans ce cas, vous avez les mêmes droits que les salariés à plein temps (congés, ancienneté…) ; votre salaire est simplement proportionnel à votre temps de travail.

sachez-le *Les organisations liées par une convention de branche ou, à défaut, par des accords professionnels ouvrent une négociation sur les modalités d'organisation du temps partiel dès lors qu'au moins 1/3 de l'effectif de la branche professionnelle occupe un emploi à temps partiel. Cette négociation porte notamment sur la durée minimale d'activité hebdomadaire ou mensuelle, le nombre et la durée des périodes d'interruption d'activité, le délai de prévenance préalable à la modification des horaires et la rémunération des heures complémentaires (art. L. 2241-13). Elle est ouverte dans les 3 mois à compter de la promulgation de la loi n° 2013-504 du 14/06/2013 (soit le 14/06/2013) ou dans les 3 mois à compter de la date à partir de laquelle, dans les organisations liées par une convention de branche ou, à défaut, par des accords professionnels, au moins 1/3 de l'effectif de la branche professionnelle occupe un emploi à temps partiel.*

➤ *Le droit au temps partiel*

Le temps partiel est réservé en priorité aux salariés de l'entreprise travaillant à plein temps et inversement (art. L. 3123-8). Il est de droit pour tout salarié qui crée ou reprend une entreprise, et qui justifie d'une ancienneté d'au moins 24 mois, consécutifs ou non ; la période de temps partiel est alors fixée à 1 an, renouvelable une fois, ce droit ne pouvant être exercé pour une nouvelle création ou reprise d'entreprise intervenant moins de 3 ans après la précédente (art. L. 3142-78). Des règles identiques s'appliquent aux salariés qui participent à la direction d'une « jeune entreprise innovante ». Sur le temps partiel dans le cadre d'un congé parental, voir page 155.

sachez-le *Le temps partiel peut être organisé sous la forme d'un horaire à temps plein, mais avec des semaines de congé réparties sur l'année. Le salarié qui en fait la demande peut ainsi bénéficier d'une réduction de la durée du travail sous forme d'une ou plusieurs périodes d'au moins 1 semaine en raison des besoins de sa vie familiale. Pendant les périodes travaillées, le salarié est occupé selon l'horaire collectif applicable dans l'entreprise ou l'établissement. Un avenant au contrat de travail précise alors la ou les périodes non travaillées et peut également prévoir les modalités de calcul de la rémunération mensualisée indépendamment de l'horaire réel du mois (L. 3123-7).*

➤ Le contrat de travail à temps partiel

Sauf lorsque l'employeur a recours à un dispositif de simplification administrative (CESU, chèque emploi associatif, TESE, etc.), un contrat écrit est obligatoire. Il doit mentionner :

- la qualification du salarié, les éléments de la rémunération, la durée hebdomadaire ou mensuelle prévue et, sauf pour les salariés des associations et entreprises d'aide à domicile et les salariés relevant d'un accord collectif d'aménagement du temps de travail, la répartition de la durée du travail entre les jours de la semaine ou les semaines du mois ;
- les cas dans lesquels une modification éventuelle de cette répartition peut intervenir ainsi que la nature de cette modification ;
- les modalités selon lesquelles les horaires de travail pour chaque journée travaillée sont communiqués par écrit au salarié. Dans les associations et entreprises d'aide à domicile, les horaires de travail sont communiqués par écrit chaque mois au salarié ;
- les limites dans lesquelles peuvent être accomplies des heures complémentaires au-delà de la durée de travail fixée par le contrat.

attention *La durée du travail fixée dans votre contrat peut, à certaines conditions, être modifiée automatiquement lorsque vous effectuez régulièrement des heures complémentaires (voir p. 105).*

sachez-le *Au cours d'une journée de travail, les salariés à temps partiel ne peuvent se voir imposer plus d'une interruption d'activité ou une interruption supérieure à 2 heures que si une convention ou un accord collectif de branche étendu ou un accord d'entreprise, ou d'établissement, le prévoient (L. 3123-16).*

➤ La durée minimale de travail

- **Le principe.** La durée minimale de travail du salarié à temps partiel est fixée à 24 heures/semaine ou, le cas échéant, à l'équivalent mensuel de cette durée, ou à l'équivalent calculé sur la période prévue par un accord collectif de temps partiel aménagé mentionné page 107. Ce principe, fixé par le nouvel article L. 3123-14-1 du Code du travail, issu de la loi du 14/06/2013 mentionnée page 102, vise à sécuriser la situation des salariés à temps partiel en leur garantissant un volume minimum d'activité et de salaire correspondant. Il s'appliquera, dans les conditions précisées ci-dessous, aux contrats de travail à temps partiel conclus à compter du 01/01/2014. Pour les contrats de travail en cours à cette date, et jusqu'au 01/01/2016, sauf convention ou accord de branche conclu au titre de l'article L. 3123-14-3 fixant une durée inférieure (voir ci-dessous), cette durée minimale est applicable au salarié qui en fait la demande, sauf refus de l'employeur justifié par l'impossibilité d'y faire droit compte tenu de l'activité économique de l'entreprise (ce refus de l'employeur devra être motivé ; il pourra être contesté par le salarié devant le conseil de prud'hommes).

sachez-le *Cette durée minimale de travail ne s'applique pas aux salariés âgés de moins de 26 ans poursuivant leurs études. Pour ces salariés, une durée inférieure peut être prévue par accord avec l'employeur, indépendamment des cas de dérogation mentionnés ci-dessous.*

● **Les dérogations.** Une durée minimale inférieure à celle de 24 heures/semaine (ou la durée équivalente) peut être fixée à la demande du salarié ou être prévue par un accord collectif, dans les conditions suivantes :

- si la demande émane du salarié, elle doit être écrite et motivée, et être destinée à lui permettre soit de faire face à des contraintes personnelles, soit de cumuler plusieurs activités afin d'atteindre une durée globale d'activité correspondant à un temps plein ou au moins égale à la durée minimale prévue à l'article L. 3123-14-1 (art. L. 3123-14-2) ; l'employeur informe chaque année le CE ou, à défaut, les délégués du personnel du nombre de demandes de dérogation individuelle
- si une durée inférieure à la durée minimale de l'article L. 3123-14-1 est prévue par un accord collectif (convention ou accord de branche étendu), celui-ci devra comporter des garanties quant à la mise en œuvre d'horaires réguliers ou permettant au salarié de cumuler plusieurs activités afin d'atteindre une durée globale d'activité correspondant à un temps plein, ou au moins égale à la durée minimale mentionnée au même article (art. L. 3123-14-3).

sachez-le *Dans les deux situations mentionnées ci-dessus, il ne pourra être dérogé à la durée minimale de travail prévue à l'article L. 3123-14-1 (24 heures/semaine ou la durée équivalente, voir p. 103) qu'à la condition de regrouper les horaires de travail du salarié sur des journées ou des demi-journées régulières ou complètes ; l'objectif est ainsi de permettre au salarié concerné de cumuler plus facilement plusieurs emplois à temps partiel. Un accord de branche étendu ou d'entreprise peut déterminer les modalités selon lesquelles s'opère ce regroupement.*

➤ Les heures complémentaires

● **Définition et limites.** Les heures complémentaires sont les heures effectuées au-delà du temps de travail prévu au contrat. Le nombre d'heures complémentaires accomplies par un salarié à temps partiel au cours d'une même semaine ou d'un même mois, ou sur la période prévue par un accord collectif conclu sur le fondement de l'article L. 3122-2 du Code du travail (voir p. 107), ne peut, en principe, être supérieur au 1/10 de la durée hebdomadaire ou mensuelle de travail prévue dans son contrat calculée, le cas échéant, sur la période prévue par l'accord collectif.

sachez-le *Les heures complémentaires ne peuvent avoir pour effet de porter la durée du travail accomplie par un salarié à temps partiel au niveau de la durée légale du travail ou à la durée fixée conventionnellement.*

Une convention ou un accord collectif de branche étendu, ou une convention ou un accord d'entreprise ou d'établissement peuvent porter jusqu'au 1/3 de la durée stipulée au contrat la limite dans laquelle peuvent être accomplies des heures complémentaires.

sachez-le *Si vous êtes employé à temps partiel et que, pendant une période de 12 semaines consécutives ou pendant 12 semaines au cours d'une période de 15 semaines (ou sur la période prévue par un accord collectif mentionné p. 107), l'horaire moyen que vous avez réellement effectué a dépassé de 2 heures au moins par semaine (ou de l'équivalent mensuel de cette durée) l'horaire prévu dans votre contrat, celui-ci est automatiquement modifié, sous réserve d'un préavis de 7 jours et sauf opposition de votre part. Votre horaire à temps partiel devient alors l'horaire fixé initialement, majoré de la différence entre cet horaire et l'horaire moyen que vous avez réellement effectué.*

● **Rémunération.** Les conditions de rémunération des heures complémentaires diffèrent selon les heures concernées :

● sauf dispositions conventionnelles ou contractuelles plus favorables, les heures complémentaires effectuées jusqu'au 31/12/2013 dans la limite du 1/10 de la durée de travail prévue au contrat sont rémunérées au taux normal. Celles effectuées à compter du

01/01/2014 ouvriront droit à une majoration de 10 %, dès la première heure et quelle que soit la date de conclusion du contrat de travail à temps partiel. Cette disposition favorable aux salariés à temps partiel résulte de l'ANI du 11/01/2013, dont les dispositions ont été transposées dans le Code du travail par la loi du 14/06/2013 mentionnée page 102 ;

- les heures complémentaires effectuées au-delà de la limite du 1/10 mentionnée ci-dessus, et jusqu'au 1/3 de la durée de travail stipulée au contrat (voir p. 105), donnent lieu à une majoration de salaire de 25 %. Une convention ou un accord de branche étendu peuvent toutefois prévoir un taux de majoration différent, qui ne peut être inférieur à 10 % (art. L. 3123-19).

➤ *Les compléments d'heures par avenant*

Afin d'échapper à la réglementation encadrant les heures complémentaires, certains employeurs faisaient signer à leurs salariés à temps partiel des avenants à leur contrat de travail permettant d'augmenter temporairement leur durée de travail, sans aucune contrepartie pour les salariés concernés. Cette possibilité est désormais strictement encadrée par la loi du 14/06/2013 mentionnée page 102, qui transpose dans le Code du travail (art. L. 3123-25) les dispositions de l'ANI du 11/01/2013. Concrètement, depuis le 17/06/2013, date d'entrée en vigueur de la loi précitée, le recours au complément d'heures par avenant permettant d'augmenter temporairement la durée du travail prévue par le contrat ne peut intervenir que si une convention ou un accord de branche étendu le prévoient. Cette convention ou cet accord :

- déterminent le nombre maximal d'avenants pouvant être conclus, dans la limite de 8 par an et par salarié, en dehors des cas de remplacement d'un salarié absent nommément désigné ;
- peuvent prévoir la majoration salariale des heures effectuées dans le cadre de cet avenant ;
- déterminent les modalités selon lesquelles les salariés peuvent bénéficier prioritairement des compléments d'heures.

Si un avenant au contrat est conclu, il devra mentionner les modalités selon lesquelles des compléments d'heures peuvent être accomplis au-delà de la durée fixée par le contrat.

sachez-le *Les compléments d'heures effectués dans le cadre de l'avenant ne sont pas des heures complémentaires ; ces heures peuvent toutefois faire l'objet d'une majoration si l'accord le prévoit. En revanche, les heures accomplies au-delà de la durée déterminée par l'avenant sont des heures complémentaires, et donnent lieu à une majoration de salaire qui ne peut être inférieure à 25 % (art. L. 3123-25).*

➤ *Le temps partiel aménagé*

Le « temps partiel aménagé sur tout ou partie de l'année » est instauré par accord collectif d'entreprise ou d'établissement ou, à défaut, par convention ou accord de branche. Ce dispositif vise à permettre la variation, sur tout ou partie de l'année, de la durée du travail hebdomadaire ou mensuelle fixée dans le contrat de travail sur une période supérieure à la semaine et au plus égale à l'année.

L'accord collectif doit notamment prévoir (L. 3122-2) :

- les conditions et délais de prévenance des changements de durée ou d'horaire de travail ;
- les conditions de prise en compte, pour la rémunération des salariés, des absences ainsi que des arrivées et départs en cours de période ;
- les modalités de communication et de modification de la répartition de la durée et des horaires de travail.

Pour éviter la variation de la rémunération d'un mois à l'autre, l'accord peut prévoir que la rémunération mensuelle des salariés des entreprises organisant la variation de la durée de travail hebdomadaire sur tout ou partie de l'année est indépendante de l'horaire réel.

sachez-le *Dans le cadre du temps partiel aménagé, chaque salarié concerné doit conclure un contrat de travail comportant les mentions obligatoires prévues par la loi (éléments de rémunération, durée hebdomadaire ou mensuelle de travail, etc.).*

➤ *Le contrat de travail intermittent*

Il s'agit d'un contrat à durée indéterminée conclu pour pourvoir un poste qui répond à des besoins permanents mais comportant, par nature, une alternance de périodes travaillées et non travaillées (art. L. 3123-31 à L. 3123-37). Sont donc concernées les seules activités caractérisées par une telle alternance (ex. : le tourisme saisonnier). Un accord collectif préalable est obligatoire ; par dérogation, toutefois, les entreprises de moins de 50 salariés appartenant à trois secteurs définis (organismes de formation, à l'exception des salariés formateurs en langues, commerces d'articles de sport et d'équipements de loisirs, détaillants et/ou fabricants de confiserie, chocolaterie et biscuits) pourront conclure des contrats de travail intermittents jusqu'au 31/12/2014 en l'absence de convention ou d'accord collectif, après information des délégués du personnel. Ces contrats devront indiquer que la rémunération versée mensuellement au salarié est indépendante de l'horaire réel effectué et est lissée sur l'année.

4 La formation

La formation professionnelle s'adresse à toute personne déjà entrée dans la vie active ou qui s'y engage. Elle peut être réalisée à l'initiative de l'employeur dans le cadre du plan de formation, ou à l'initiative du salarié dans le cadre du congé individuel de formation ou du « droit individuel à la formation ». Les salariés ont, en outre, la possibilité de faire valider leur expérience professionnelle, en vue de l'obtention de tout ou partie d'un titre ou diplôme. Les demandeurs d'emploi relèvent, pour leur part, de dispositifs spécifiques (voir p. 290).

sachez-le *S'inspirant directement des dispositions prévues par l'ANI du 11/01/2013 mentionné page 47, la loi du 14/06/2013 crée le dispositif du « compte personnel de formation » dont toute personne, indépendamment de son statut, disposera dès son entrée sur le marché du travail. Ce compte personnel de formation est comptabilisé en heures et mobilisé par la personne lorsqu'elle accède à une formation à titre individuel, qu'elle soit salariée ou demandeuse d'emploi. Il est intégralement transférable en cas de changement ou de perte d'emploi, et ne peut en aucun cas être débité sans l'accord exprès de son titulaire. Ce compte sera appelé à se substituer au DIF, avec transfert des droits déjà acquis à ce titre par le salarié ; les modalités concrètes de sa mise en œuvre doivent être définies par les partenaires sociaux en principe avant la fin de l'année 2013. La loi du 14/06/2013 crée également le dispositif de « conseil en évolution professionnelle », consistant en un accompagnement personnalisé devant permettre à tout salarié qui le souhaitera d'améliorer sa qualification. Grâce à ce dispositif mis en œuvre au niveau local dans le cadre du service public de l'orientation, le salarié pourra, notamment, être informé sur son environnement professionnel et l'évolution des métiers sur le territoire, mieux connaître ses compétences, de les valoriser et identifier les compétences utiles à acquérir pour favoriser son évolution professionnelle, identifier les emplois correspondant aux compétences qu'il a acquises et être informé des différents dispositifs qu'il peut mobiliser pour réaliser un projet d'évolution professionnelle. Il appartiendra à l'employeur d'informer chaque salarié de la possibilité de recourir à ce dispositif. Toutes les précisions seront disponibles sur le site www.cfdt.fr.*

Le plan de formation

➤ *Définition et contenu du plan*

Il s'agit du programme annuel des actions de formation que l'employeur prévoit d'organiser. Il peut comprendre différents types d'actions de formation :

- actions visant à assurer l'adaptation du salarié au poste de travail, ou liées à l'évolution ou au maintien dans l'emploi dans l'entreprise ;
- actions ayant pour objet le développement des compétences des salariés. Celles-ci peuvent, en application d'un accord écrit entre le salarié et l'employeur, qui peut être dénoncé dans les 8 jours de sa conclusion, se dérouler hors du temps de travail effectif dans la limite de 80 heures par an et par salarié ou, pour les salariés dont la durée de travail est fixée par une convention de forfait en jours ou de forfait en heures sur l'année, dans la limite de 5 % de leur forfait. En outre, si l'action de formation doit se dérouler en dehors du temps de travail, le refus du salarié d'y participer ou la dénonciation de son accord dans les 8 jours ne constituent ni une faute ni un motif de licenciement.

Le plan peut également comporter des actions d'entretien et de perfectionnement des connaissances (y compris des actions de lutte contre l'illettrisme) et de validation des acquis de l'expérience (VAE) ou un bilan de compétences (art. L. 6313-1 et suiv.). L'employeur est seul juge des formations qui seront réalisées dans ce cadre et des salariés qui y participeront. Il peut imposer aux salariés le suivi d'un stage compris dans le plan, le refus étant considéré comme une faute, sauf formation réalisée en partie hors du temps de travail (voir ci-dessus), ou bilan de compétences (art. L. 6313-10), ou une VAE.

sachez-le *L'employeur a l'obligation d'assurer l'adaptation des salariés à leur poste de travail. Il doit veiller au maintien de leur capacité à occuper un emploi, au regard notamment de l'évolution des emplois, des technologies et des organisations (art. L. 6321-1). Cette disposition présente l'intérêt de rendre plus facilement contestable devant les tribunaux le licenciement d'un salarié pour inaptitude professionnelle alors même que son employeur ne lui aurait pas proposé une formation lui permettant de s'adapter à l'évolution de son emploi.*

➤ *Statut du salarié en formation*

Le temps passé en formation dans le cadre du plan de formation est considéré comme du temps de travail effectif. Le statut et le salaire restent inchangés, et le pouvoir disciplinaire est maintenu. La formation se déroule en principe sur le temps de travail. Pour les actions de formation qui se déroulent en dehors du temps de travail, les salariés perçoivent, au titre des heures ainsi effectuées, une allocation de formation (art. L. 6321-10 ; voir p. 116).

Pour ces formations :

- l'entreprise doit également définir avec le salarié, avant son départ en formation, la nature des engagements (notamment l'accès à un nouveau poste correspondant aux qualifications acquises) auxquels elle souscrit dès lors que l'intéressé aura suivi avec assiduité la formation et satisfait aux évaluations prévues ;
- si l'accord instituant le compte épargne-temps le prévoit, les salariés peuvent, le cas échéant, utiliser les droits à rémunération « capitalisés » sur ce compte.

sachez-le *Le salarié qui part en formation peut être engagé par une clause de dédit-formation. Ces clauses imposent au salarié qui suit une formation financée par l'employeur de rester dans l'entreprise pendant une certaine durée, ou de lui verser une indemnité compensatrice en cas de départ anticipé. Sauf exceptions (voir p. 28), ces clauses sont licites, dès lors que les dépenses engagées par l'employeur vont au-delà de celles prévues par la loi ou la convention collective et qu'elles font l'objet d'une convention particulière conclue avant la formation.*

Le congé individuel de formation

Le congé individuel de formation (CIF) offre aux salariés une réponse à leurs besoins de formation les plus divers, professionnels ou non : changement d'activité ou de profession, ouverture plus large à la culture et à la vie sociale... La durée du congé est celle de la formation, avec un maximum de 1 an s'il s'agit d'un stage continu à temps plein, de 1 200 heures s'il s'agit de stages constitués d'enseignements discontinus ou à temps partiel.

sachez-le *La loi du 24/11/2009 élargit les modalités d'accès au CIF en prévoyant la possibilité de prise en charge des seuls coûts pédagogiques pour des formations hors du temps de travail, et donc sans obligation de congé et de versement d'une rémunération. Le salarié doit avoir 1 an d'ancienneté dans l'entreprise et s'adresser à l'organisme collecteur paritaire agréé au titre du congé individuel de formation (OPACIF) dont dépend son entreprise. La durée minimale de la formation ouvrant droit à une telle prise en charge est fixée à 120 heures. Pendant la durée de cette formation, le salarié bénéficie de la législation de la Sécurité sociale relative à la protection en matière d'accidents du travail et de maladies professionnelles.*

➤ Conditions d'ouverture du droit

Votre ancienneté en qualité de salarié doit être de 24 mois (36 pour les salariés d'une entreprise artisanale de moins de 10 salariés), dont 12 mois dans l'entreprise. Cette ancienneté peut être continue ou non, et est acquise quelle que soit la nature des contrats de travail (art. L. 6322-4, L. 6322-5, R. 6322-1 et R. 6322-2).

sachez-le *Ces conditions d'ancienneté ne s'appliquent pas aux salariés ayant changé d'emploi suite à un licenciement pour motif économique et qui n'ont pas suivi de stage de formation entre le moment de leur licenciement et celui de leur nouvel emploi.*

Un délai de franchise doit être respecté entre votre CIF et tout précédent congé de formation obtenu dans votre entreprise (exception faite du bilan de compétences, du congé-examen et du congé de formation économique, sociale et syndicale). Ce délai, calculé en mois, est égal au douzième de la durée, exprimée en heures, du congé de formation précédemment suivi. Il est de 6 mois minimum à 6 ans maximum (art. R. 6322-10).

attention *Des conditions particulières ont été prévues pour que les salariés ayant travaillé sous CDD puissent accéder à ce droit, hors de leurs périodes d'activité (voir p. 113). Les intérimaires bénéficient également, en vertu d'accords particuliers, de différentes possibilités d'accès à la formation.*

➤ La demande de congé

Vous devez tout d'abord obtenir une autorisation d'absence de votre employeur. La demande doit lui être adressée par lettre recommandée avec demande d'accusé de réception (LRAR) au plus tard (art. L. 6322-7 à L. 6322-11 et R. 6322-3 et suiv.) :

- 120 jours avant l'ouverture d'un stage de plus de 6 mois (s'effectuant en une seule fois à temps plein) ;
- 60 jours avant l'ouverture d'un stage de moins de 6 mois, ou s'effectuant en plusieurs périodes, ou à temps partiel.

Votre employeur est tenu de vous répondre dans un délai de 30 jours. Dès lors que vous remplissez les conditions d'ouverture, il ne peut vous le refuser. Toutefois, il peut reporter le congé si :

- dans une entreprise (ou un établissement) d'au moins 200 salariés, 2 % des effectifs seraient simultanément absents au titre du CIF à la date demandée ;
- dans une entreprise (ou un établissement) de moins de 200 salariés, le nombre total d'heures de congé demandées dépasse 2 % des heures de travail effectuées dans l'année ;
- dans une entreprise de moins de 10 salariés, le congé aboutit à l'absence simultanée de 2 salariés au titre du CIF ;
- votre départ est préjudiciable à la bonne marche de l'entreprise.

Le report ne peut alors excéder 9 mois ; il doit avoir été décidé après avis du CE ou des délégués du personnel, et peut faire l'objet d'un arbitrage par l'inspecteur du travail (art. R. 6322-7).

➤ *Le financement du CIF*

Des organismes paritaires ont été spécialement créés pour la collecte et la gestion des fonds versés par les entreprises pour financer le CIF. Ces organismes, appelés OPACIF (ou FONGECIF), peuvent prendre en charge tout ou partie du financement de votre formation : frais d'inscription, perte de salaire au cours du congé, et éventuellement frais de transport et d'hébergement. Pour cela, il faut, une fois obtenue l'autorisation d'absence de votre employeur, adresser une demande de financement à l'organisme compétent (celui auquel cotise votre employeur).

Il est conseillé d'adresser sa demande écrite par lettre RAR au moins 6 semaines avant le début de la formation, car c'est le délai fixé à l'OPACIF pour vous donner une réponse. Dans tous les cas, un recours contre une décision négative est possible.

➤ *Le statut du salarié durant le congé*

Votre contrat de travail est suspendu pendant la durée du congé. La durée du congé est assimilée à du travail effectif pour la détermination des droits résultant du contrat de travail (congés payés, ancienneté...) et votre protection sociale reste inchangée.

Si la demande de financement a été acceptée, votre employeur devra maintenir votre rémunération à hauteur, selon les cas, de 90 %, 80 % ou 60 % (renseignez-vous auprès de l'OPACIF). Si votre demande a été refusée, votre salaire ne pourra être maintenu, mais l'État financera le maintien de votre protection sociale.

➤ *La situation des salariés en CDD*

Les salariés titulaires (ou ayant été titulaires) d'un contrat à durée déterminée (CDD) doivent remplir des conditions d'ancienneté assouplies pour obtenir le financement de leur formation au cours d'une période d'inactivité (C. trav., art. L. 6322-25 et suiv. et R. 6322-20). Il faut avoir accompli :

- pendant les 5 dernières années : 24 mois consécutifs ou non d'activité salariée, quel qu'ait été le type de contrat de travail ;
- pendant les 12 derniers mois : 4 mois consécutifs ou non sous CDD, à l'exception des contrats d'apprentissage, de professionnalisation, des CUI (voir p. 31), des contrats conclus avec les jeunes au cours de leur cursus scolaire ou universitaire, et des CDD se poursuivant par un CDI.

sachez-le *Dans le cadre de l'ANI du 11/01/2013 mentionné page 47, les partenaires sociaux ont souhaité assouplir les conditions d'accès des salariés de moins de 30 ans au CIF-CDD. Pour ces salariés, les deux conditions cumulatives mentionnées ci-dessus sont ramenées à une seule condition de 4 mois de travail, consécutifs ou non, en CDD au cours des 28 derniers mois. Cette disposition sera applicable dès la publication du décret modifiant le Code du travail (publication prévue en principe au début du 2nd semestre 2013 ; renseignements sur le site www.cfdt.fr).*

Un bordereau individuel d'accès à la formation (BIAF) doit être remis au salarié au moment de la signature du CDD, cela afin de l'informer de ses droits particuliers au CIF.

attention *Les salariés en cours de CDD peuvent également se prévaloir des conditions de droit commun (voir p. 111) si elles leur sont plus favorables.*

- **Le début de la formation** peut se situer au cours du dernier CDD si le salarié a obtenu une autorisation d'absence (voir ci-dessus). Mais la formation ne peut débuter au-delà du 12e mois suivant l'expiration du CDD.
- **La demande de financement** doit être adressée à l'OPACIF dont relève l'entreprise dans laquelle vous avez exécuté votre dernier CDD. Il faut produire les bulletins de salaire justifiant de vos conditions d'ancienneté. Le financement de la formation, en cas d'accord de l'OPACIF, est assuré dans les conditions de droit commun (voir p. 112).
- **La protection sociale** (Sécurité sociale, assurance chômage et retraite complémentaire) est la même que celle dont vous bénéficiez au cours de votre dernier CDD.

➤ Le congé-examen

Le congé-examen est une modalité particulière du CIF, permettant de s'absenter pour préparer et passer un titre ou un diplôme de l'enseignement technologique homologué (liste des homologations disponible sur le site du Centre inffo : www.centre-inffo.fr).

- **Les conditions** d'ancienneté, d'obtention de l'autorisation d'absence et de demande de financement sont les mêmes que pour le CIF (voir p. 110). En revanche, le délai de franchise n'est pas applicable. De plus, les demandes de congé-examen reportées devront être satisfaites en priorité.
- **La durée du congé** est égale à la durée de l'examen, augmentée de 24 heures de temps de travail maximum par année civile pour la préparation de cet examen.
- **Le statut du salarié** en congé-examen est également le même que pour un CIF (voir p. 112). Mais, dès lors que la demande de financement est acceptée par l'OPACIF, l'employeur doit maintenir intégralement la rémunération antérieure (art. L. 6322-19).

➤ Le congé de bilan de compétences

Le bilan de compétences permet d'analyser ses compétences afin d'élaborer un projet professionnel et, le cas échéant, un projet de formation. Il peut s'exercer dans le cadre du plan de formation, à l'initiative de l'employeur (voir p. 109), ou bien sous la forme d'un congé spécifique « bilan de compétences » dans la limite de 24 heures de temps de travail, consécutives ou non. Dans ce cas, le financement du bilan et l'autorisation d'absence ne sont ouverts qu'aux salariés qui justifient d'une ancienneté en qualité de salarié d'au moins 5 ans, consécutifs ou non, dont 12 mois dans l'entreprise. La demande doit indiquer les dates et la durée du bilan de compétences et la dénomination de l'organisme prestataire choisi par le salarié. Elle doit parvenir à l'employeur au plus tard 60 jours avant le début du bilan de compétences. Dans les 30 jours suivant la réception de la demande, l'employeur doit faire connaître par écrit à l'intéressé son accord, ou les raisons de service motivant le report de l'autorisation d'absence. Ce report ne peut excéder 6 mois (art. L. 6322-42).

sachez-le *Dans les entreprises et les groupes d'entreprises employant au moins 50 salariés, l'employeur organise, pour chacun de ses salariés, dans l'année qui suit leur 45e anniversaire, un entretien professionnel au cours duquel il informe le salarié notamment sur ses droits en matière d'accès à un bilan d'étape professionnel, à un bilan de compétences ou à une action de professionnalisation.*

Le droit individuel à la formation

Ce droit, qui s'inscrit dans la logique du principe de formation tout au long de la vie professionnelle, est ouvert aux salariés titulaires d'un CDI à temps complet ou à temps partiel, ayant au moins 1 an d'ancienneté dans l'entreprise. Les salariés titulaires d'un CDD bénéficient également du DIF *prorata temporis*, dès lors qu'ils justifient de 4 mois, consécutifs ou non, en CDD, au cours des 12 derniers mois : sauf précision particulière, les règles applicables sont les mêmes que pour les salariés en CDI.
Pour le calcul des droits ouverts au titre du DIF, la période d'absence du salarié pour un congé de maternité, d'adoption, de présence parentale ou pour un congé parental d'éducation est intégralement prise en compte.
Les salariés titulaires d'un contrat en alternance (voir p. 23) ne sont pas concernés par le DIF.

➤ Mise en œuvre du DIF

● **Initiative.** Le DIF étant un droit, son initiative est confiée au salarié. Sa mise en œuvre requiert toutefois l'accord de l'employeur sur le choix de la formation : ce choix doit en effet, sauf hypothèse visée ci-dessous, faire l'objet d'un accord écrit conclu entre les deux parties (art. L. 6323-9).
Lorsque le salarié prend l'initiative de faire valoir ses droits au titre du DIF, en précisant la formation qu'il envisage de suivre, l'employeur dispose d'un délai de 1 mois pour notifier sa réponse : l'absence de réponse dans ce délai vaut acceptation du choix effectué par le salarié.
En cas de désaccord entre l'employeur et le salarié sur le choix de l'action de formation pendant deux exercices civils consécutifs, le salarié « bascule » dans le dispositif du CIF et bénéficie d'une priorité d'instruction et de prise en charge financière par le Fonds pour la gestion du congé individuel de formation (FONGECIF) dont relève l'entreprise, sous réserve que cette action corresponde aux priorités et aux critères définis par cet organisme (art. L. 6323-12). L'employeur est alors tenu de verser au FONGECIF le montant de l'allocation de formation (voir ci-dessous) correspondant aux droits acquis par l'intéressé au titre du DIF, ainsi que les frais de formation ; la durée de la formation ainsi réalisée est déduite du contingent d'heures de formation acquis au titre du DIF.

● **Durée.** Le DIF permet de bénéficier de 20 heures de formation sur l'année, cette durée pouvant être supérieure si un accord collectif le prévoit. Pour les salariés à temps partiel et les salariés en CDD, elle est calculée *prorata temporis*. Par exemple, un salarié effectuant un mi-temps pourra prétendre à 10 heures de formation par an. Si le salarié n'utilise pas ses droits à formation, il peut les cumuler pendant 6 années maximum, sans dépasser un plafond de 120 heures. Le plafond est le même pour les salariés à temps partiel : il est déterminé quel que soit le nombre d'années cumulées sur la base des droits annuels acquis *prorata temporis*. Par exemple, un salarié à mi-temps pourra cumuler ses droits sur une période de 12 ans.

attention *Chaque salarié est informé par écrit annuellement du total des droits acquis au titre du DIF. Il ne peut, en aucune façon, demander une compensation salariale pour la non-utilisation des droits à formation acquis au titre du DIF.*

● **Déroulement.** Les actions de formation mises en œuvre dans le cadre du DIF ont lieu en dehors du temps de travail, sauf accord collectif prévoyant qu'elles se déroulent, en partie, pendant le temps de travail. Pour la formation hors temps de travail, le salarié perçoit de l'employeur une allocation de formation égale, dans le cas général, à 50 % de la rémunération nette de référence (art. L. 6323-11). Le salaire horaire de référence est déterminé en divisant le total des rémunérations nettes versées au salarié par son entreprise au cours des 12 mois précédant le début de la formation par le nombre total d'heures rémunérées au cours de ces mêmes 12 derniers mois. Lorsque le salarié ne dispose pas de l'ancienneté suffisante dans l'entreprise pour ce calcul, sont pris en compte le total des rémunérations et le total des heures rémunérées depuis son arrivée dans l'entreprise. Pour leur part, les heures consacrées à la formation pendant le temps de travail ouvrent droit au maintien de la rémunération par l'employeur.
Pendant la durée de la formation, le salarié bénéficie de la législation de la Sécurité sociale relative à la protection en matière d'accidents du travail et de maladies professionnelles.

➤ Situation en cas de rupture du contrat de travail

Les articles L. 6323-17 à L. 6323-21 prévoient les conditions de la « portabilité » du DIF en cas de licenciement non consécutif à une faute lourde (voir p. 191) ou de rupture du contrat de travail non consécutive à une faute lourde ouvrant droit à une prise en charge par l'assurance chômage. Il s'agit de permettre au salarié de bénéficier d'actions de formation ou assimilées qui seront financées par les droits à DIF qu'il avait acquis et qu'il n'avait pas encore utilisés. Des dispositions sont également prévues en cas de démission ou de départ à la retraite.

● **Les droits du salarié en cas de démission.** Le salarié démissionnaire peut demander à bénéficier de son DIF, à condition que l'action de formation, de bilan de compétences ou de VAE soit engagée avant la fin du préavis. En cas d'accord, les frais de formation correspondant aux droits ouverts au titre du DIF sont à la charge de l'employeur. Les heures consacrées à la formation pendant le temps de travail donnent lieu au maintien de la rémunération. Pour celles suivies en dehors du temps de travail, le salarié bénéficie du versement, par l'employeur, de l'allocation de formation (voir p. 116). Les heures de formation qui seraient effectuées après la rupture du contrat de travail ne donnent lieu ni au maintien de la rémunération, ni au paiement de l'allocation de formation.

● **Les droits du salarié en cas de départ à la retraite.** En cas de départ ou mise à la retraite, les droits non utilisés au titre du DIF sont perdus.

● **Les droits du salarié en cas de licenciement.** En cas de licenciement non consécutif à une faute lourde, et si le salarié en fait la demande avant la fin du préavis, la somme correspondant au solde du nombre d'heures acquises au titre du DIF et non utilisées par le salarié, multiplié par le montant forfaitaire visé à l'article L. 6332-14 (al. 2) (montant fixé par accord collectif, ou, à défaut, à 9,15 €), permet de financer tout ou partie d'une action de bilan de compétences, de validation des acquis de l'expérience (VAE) ou de formation. À défaut d'une telle demande, la somme n'est pas due par l'employeur (art. L. 6323-17).

Lorsque cette action est réalisée pendant l'exercice du préavis, elle se déroule durant le temps de travail.

Si le salarié est licencié pour faute grave (faute entraînant la privation du préavis, voir p. 191), il ne peut, en pratique, faire connaître sa demande dans les conditions prévues à l'article L. 6323-17, c'est-à-dire avant la fin du préavis (voir ci-dessus). Dans ce cas, afin de ne pas le priver de ses droits à DIF, le ministère du Travail préconise de faire droit à la demande du salarié dès lors qu'elle est effectuée pendant une période égale à celle du préavis qui aurait été applicable s'il n'avait pas été licencié pour faute grave.

● **Les droits du salarié auprès du nouvel employeur ou pendant une période de chômage.** En cas de rupture de son contrat de travail non consécutive à une faute lourde ou d'échéance à terme du contrat de travail qui ouvrent droit à une prise en charge par le régime d'assurance chômage (licenciement, rupture conventionnelle du CDI, démission « légitime » visée p. 272, fin de CDD, etc.), la somme correspondant au solde du nombre d'heures acquises au titre du DIF et non utilisées par le salarié, multiplié par le montant mentionné page 117 (9,15 € à défaut d'accord collectif), est utilisée dans les conditions suivantes (art. L. 6323-18) :

1° Lorsque le salarié en fait la demande auprès d'un nouvel employeur, au cours des 2 années suivant son embauche, la somme permet de financer soit, après accord de l'employeur, tout ou partie d'une action de bilan de compétences, de VAE ou de formation, soit, sans l'accord de l'employeur, tout ou partie d'une action de bilan de compétences, de VAE ou de formation relevant des priorités définies au premier alinéa de l'article par accord collectif. Lorsque le salarié et l'employeur sont en désaccord, l'action se déroule hors temps de travail et l'allocation de formation mentionnée page 116 n'est pas due par l'employeur.

2° Lorsque le demandeur d'emploi en fait la demande, la somme permet de financer tout ou partie d'une action de bilan de compétences, de VAE ou de formation. La mobilisation de la somme a lieu en priorité pendant la période de prise en charge de l'intéressé par le régime d'assurance chômage et se fait après avis du référent chargé de l'accompagnement de l'intéressé dans le cadre de son PPAE (voir p. 280).

sachez-le *Le salarié licencié pour motif économique, qui adhère au dispositif du contrat de sécurisation professionnelle (CSP, voir p. 202), ne peut se prévaloir des dispositions des articles L. 6323-17 et L. 6323-18 du Code du travail mentionnées page 112 et suivantes. Le reliquat des droits qu'il a acquis au titre du DIF et qu'il n'a pas utilisés est affecté au financement des mesures du contrat de sécurisation professionnelle. La durée des droits correspondant à ce reliquat, plafonné à 20 heures par année de travail et à 120 heures sur 6 années, est doublée.*

Dans la lettre lui notifiant son licenciement, l'employeur informe le salarié, s'il y a lieu, de ses droits en matière de DIF. Cette information comprend les droits visés à l'article L. 6323-17 (voir p. 117).

sachez-le *Selon la Cour de cassation, le manquement de l'employeur à son obligation d'informer le salarié qu'il licencie de ses droits en matière de DIF lui cause nécessairement un préjudice dont le montant est souverainement apprécié par les juges du fond (Cass. soc., 17/02/2010). De même, selon une cour d'appel (CA Rouen, 27/04/2010), les droits acquis en matière de DIF doivent être mentionnés dans la convention de rupture conclue dans le cadre d'une rupture conventionnelle de CDI ; à défaut, la* *cour a considéré que cette omission avait causé un préjudice au salarié (la perte du bénéfice des heures de formation), qui devait être réparé par l'attribution de dommages-intérêts.*

Les périodes de professionnalisation

Certaines catégories de salariés en CDI (ceux dont la qualification est insuffisante, ceux comptant au moins 20 ans d'activité professionnelle ou âgés d'au moins 45 ans avec au minimum 1 an de présence dans l'entreprise, les bénéficiaires de l'obligation d'emploi visée p. 38...) peuvent bénéficier de « périodes de professionnalisation » ayant pour objet de favoriser, par des actions de formation, leur maintien dans l'emploi (art. L. 6324-1 à L. 6324-10). Ce dispositif est également ouvert aux salariés bénéficiaires du « contrat unique d'insertion » (voir p. 35), conclu sous forme de CDD ou de CDI. Renseignements auprès de vos délégués du personnel ou sur le site www.cfdt.fr.

Le congé de formation syndicale

Ce congé permet à tout salarié de suivre ou d'animer une formation économique ou sociale, ou une formation syndicale.

sachez-le *Outre le congé de formation syndicale, vous pouvez demander à bénéficier, selon votre situation, du congé de formation de cadres et animateurs pour la jeunesse si vous avez moins de 25 ans (art. L. 3142-43), qui est non rémunéré, et du congé de formation des jeunes travailleurs (art. L. 6322-59 et suiv.), qui est rémunéré.*

➤ *Bénéficiaires*

Ce congé est ouvert à tout salarié, syndiqué ou non, pour une durée de 12 jours (18 jours pour les animateurs de stage ou les salariés appelés à exercer des responsabilités syndicales) au plus par an (art. L. 2145-1, L. 3142-7 et suiv.). Le congé peut être fractionné, mais chaque absence ne peut être inférieure à 2 jours. Les demandeurs d'emploi y ont également droit (cumul possible avec les allocations de chômage). Les stages ou sessions doivent être organisés par les syndicats représentatifs au plan national ou assurés par les instituts du travail (Strasbourg, Sceaux, Lille, Grenoble, Aix-en-Provence, Lyon, Nancy, Bordeaux, Saint-Étienne, Rennes) ou l'INFA de Nogent-sur-Marne.

➤ Procédure

La demande doit être faite par LRAR au moins 30 jours avant le début du stage (voir modèle de lettre sur le site www.cfdt.fr). L'employeur doit répondre dans les 8 jours et ne peut refuser ou reporter la demande que pour des motifs d'effectifs simultanément absents ou des raisons de service (art. L. 3142-13 et R. 3142-4). Le refus peut être contesté devant le conseil de prud'hommes, qui statue en dernier ressort selon les formes applicables au référé.

➤ Le statut du salarié durant le congé

Dans les entreprises occupant au moins 10 salariés, les congés de formation économique, sociale et syndicale sont rémunérés par l'employeur dans la limite de 0,08 pour 1 000 de la masse salariale de l'année en cours (art. R. 3142-1).
La durée du congé est assimilée à du travail effectif pour la détermination des droits résultant du contrat de travail (congés payés, ancienneté, prestations sociales... ; art. L. 3142-12).

La validation des acquis de l'expérience (VAE)

Ce dispositif permet de faire valider son expérience professionnelle dans le but d'obtenir un titre ou diplôme homologués. Peuvent en bénéficier toutes les personnes capables de justifier d'une expérience professionnelle, quel que soit leur statut : salarié (en CDI, CDD, intérim...), demandeur d'emploi, non-salarié, fonctionnaire, bénévole (par exemple dans une association ou un syndicat)...

attention *La VAE est un droit reconnu aux salariés et non une obligation. Un employeur ne peut donc obliger un salarié qui ne le souhaite pas à s'engager dans une telle démarche.*

➤ Les conditions d'accès à la VAE

Les acquis susceptibles d'être validés au titre de la VAE sont ceux qui correspondent à l'exercice, continu ou non, pendant une durée cumulée d'au moins 3 ans, d'activités salariées, non salariées ou bénévoles. Les acquis dont la validation est demandée doivent être en rapport avec le diplôme, le titre à finalité professionnelle ou le certificat de qualification des branches professionnelles que l'intéressé souhaite se voir reconnaître.

Les titres ou diplômes susceptibles d'être obtenus, en totalité ou en partie, au titre de la VAE sont notamment les suivants :

- les diplômes de l'enseignement technologique (CAP, bac pro, bac technologique, BTS...),
- les diplômes délivrés, au nom de l'État, par les établissements d'enseignement supérieur (DUT, DEUG...),
- certains diplômes ou titres des ministères de l'Agriculture (CAPA, BTSA...), ou en charge de la Jeunesse et des Sports (BEES, BEATEP...), ou de l'Emploi,
- les titres ou diplômes homologués par la Commission nationale de la certification professionnelle,
- les diplômes délivrés par les grandes écoles.

En revanche, la VAE ne peut s'appliquer pour demander l'obtention du baccalauréat général.

➤ *La procédure*

- **La demande** de VAE doit être adressée à l'autorité ou à l'organisme qui délivrent le diplôme, le titre ou le certificat de qualification, dans les délais et les conditions qu'ils ont préalablement fixés et rendus publics. Pour l'enseignement supérieur, cette demande doit être adressée au chef d'établissement. Pour plus de précisions, on peut se renseigner auprès de Pôle emploi, ou sur le site Internet www.vae.gouv.fr.

Au cours d'une même année civile, une seule demande peut être déposée pour le même diplôme, titre ou certificat de qualification. S'il s'agit de diplômes ou titres différents, le nombre de demandes au cours de la même année civile est limité à trois.

La demande doit être accompagnée d'un dossier constitué par le candidat, qui comprend les documents rendant compte des expériences acquises dans les activités (salariées, non salariées, bénévoles) qu'il a exercées, en rapport avec le titre ou le diplôme demandés, et de leur durée. Le contenu précis de ce dossier est fixé par l'autorité ou l'organisme qui délivrent le titre ou le diplôme.

- **Évaluation.** La demande de validation est soumise au jury constitué et présidé conformément au règlement et aux dispositions régissant le diplôme ou le titre auxquels le demandeur postule. Le jury procède à une évaluation destinée à vérifier si les acquis dont fait état le candidat correspondent aux compétences, aptitudes et connaissances exigées par le règlement visé ci-dessus pour la délivrance du titre, ou du diplôme, demandé. Le cas échéant, une mise en situation professionnelle, réelle ou reconstituée, peut être organisée, de même que peut être prévu un entretien avec le candidat.

• **Décision.** Le jury peut attribuer la totalité du titre, diplôme ou certification demandés, s'il considère que l'expérience acquise le justifie. Il peut également estimer que l'expérience ne correspond qu'à une partie des diplôme, titre ou certification demandés et ne procéder alors qu'à une validation partielle. Dans ce cas, il doit préciser la nature des compétences, aptitudes et connaissances devant faire l'objet d'un contrôle complémentaire pour obtenir la totalité du titre, ou du diplôme, demandé. Le demandeur dispose alors d'un délai de 5 ans pour se soumettre à ce contrôle complémentaire (pas de délai pour les diplômes de l'enseignement supérieur).

sachez-le *Les salariés peuvent bénéficier d'un congé spécifique d'une durée maximale de 24 heures, consécutives ou non, en vue de participer aux épreuves de validation ou à leur préparation. Renseignements auprès des délégués du personnel ou de l'inspection du travail.*

Le bilan d'étape professionnel et le « passeport orientation et formation »

➤ *Le bilan d'étape professionnel*

À l'occasion de son embauche, le salarié est informé que, dès lors qu'il dispose de 2 ans d'ancienneté dans la même entreprise, il bénéficie à sa demande d'un bilan d'étape professionnel. Toujours à sa demande, ce bilan peut être renouvelé tous les 5 ans (voir art. L. 6315-1). Les conditions de mise en œuvre du bilan d'étape professionnel seront fixées par un accord national interprofessionnel étendu.

➤ *Le passeport orientation et formation*

Afin de favoriser sa mobilité interne ou externe, chaque salarié doit être en mesure d'identifier et de faire certifier ses connaissances, ses compétences et ses aptitudes professionnelles, acquises soit par la formation initiale ou continue, soit du fait de ses expériences professionnelles. Tel est l'objet du « passeport orientation et formation » dont un exemplaire est mis à disposition de toute personne et qui recense les éléments mentionnés à l'article L. 6315-2 du Code du travail. Les modalités de mise en œuvre de ce dispositif seront précisées par décret (à paraître). Tous les renseignements seront disponibles sur le site www.cfdt.fr.

5 Les conditions de travail

Le travail ne doit présenter aucun risque pour votre santé et l'employeur est tenu d'appliquer un certain nombre de règles impératives pour qu'il en soit ainsi, notamment en matière de prévention. Si au cours des dernières décennies cette réglementation portait exclusivement sur l'hygiène et la sécurité, la tendance actuelle est de prendre en considération les conditions de travail dans leur ensemble, y compris en luttant contre certains comportements (par exemple, toutes les formes de harcèlement).

Les obligations de l'employeur

L'employeur est tenu d'assurer aux salariés qu'il emploie des conditions de travail qui ne portent atteinte ni à leur sécurité ni à leur santé.

➤ *Les obligations en matière de santé et de sécurité*

L'employeur a la responsabilité de mettre en œuvre les mesures destinées à garantir la santé physique et mentale et la sécurité des travailleurs dans l'entreprise. À ce titre, par exemple, il doit aménager les établissements et locaux de travail de manière à ce que leur utilisation garantisse la sécurité des travailleurs (art. L. 4221-1). Il doit également respecter, et faire respecter, les dispositions concernant les locaux affectés au travail, les repas et boissons, les installations sanitaires, les sièges, les substances et machines dangereuses, la prévention des incendies, l'interdiction de fumer, etc. (sur le règlement intérieur, voir p. 50).
L'employeur doit également organiser et dispenser une information des travailleurs sur les risques pour la santé et la sécurité et les mesures prises pour y remédier, et leur assurer, notamment au moment de leur embauche ou en cas de changement de poste ou de technique, une formation pratique et appropriée à la sécurité (art. L. 4141-1 et L. 4141-2). Il doit aussi organiser et dispenser

une information des travailleurs sur les risques que peuvent faire peser sur la santé publique ou l'environnement les produits ou procédés de fabrication utilisés ou mis en œuvre par l'établissement, ainsi que sur les mesures prises pour y remédier.

➤ *Les sanctions pénales*

L'employeur, ou l'un de ses représentants (titulaire d'une délégation de pouvoir), qui ne respecte pas les règles de santé et de sécurité dans l'entreprise est passible d'une amende de 3 750 €, appliquée autant de fois qu'il y a de salariés concernés par l'infraction (1 an d'emprisonnement et 9 000 € s'il y a récidive ; art. L. 4741-1). En cas d'accident du travail, ou de risque d'accident du travail, l'employeur est en outre passible des sanctions prévues par le Code pénal, notamment pour mise en danger de la personne, ou pour atteinte volontaire ou non à l'intégrité de la personne.

➤ *Le rôle du CHSCT*

Un comité d'hygiène, de sécurité et des conditions de travail (CHSCT) doit être mis en place dans tout établissement d'au moins 50 salariés (art. L. 4611-1).
Sa mission générale est de contribuer à la protection de la santé physique et mentale et de la sécurité des travailleurs de l'établissement et de ceux mis à sa disposition par une entreprise extérieure, ainsi qu'à l'amélioration de leurs conditions de travail (art. L. 4612-1). Concrètement, le CHSCT :

- vérifie que les règles de santé et de sécurité sont appliquées ;
- inspecte à intervalles réguliers les locaux et les machines ;
- enquête sur les accidents du travail ou les maladies professionnelles ;
- propose toutes les actions de prévention qu'il juge utiles, y compris des actions de prévention contre le harcèlement moral et sexuel ;
- procède à l'analyse des risques professionnels auxquels peuvent être exposés les travailleurs de l'établissement, notamment les femmes enceintes, et à l'analyse de l'exposition des salariés à des facteurs de pénibilité.

Le CHSCT peut faire appel à un expert agréé (voir L. 4131-2). Il doit être consulté par l'employeur avant toute modification importante des conditions de travail (art. L. 4612-8).

➤ *L'interdiction de fumer sur les lieux de travail*

L'employeur est tenu de faire respecter la législation sur l'interdiction de fumer sur les lieux de travail (bureaux, locaux clos et couverts affectés à l'ensemble des salariés).

Dans ces lieux, l'employeur peut, après consultation du CHSCT (ou des DP et du médecin du travail en l'absence de CHSCT), décider (rien ne l'y oblige) de créer des emplacements réservés aux fumeurs. Ces emplacements doivent répondre à des normes (ventilation, accès, etc.) très précises ; ils ne peuvent ni être accessibles aux mineurs, ni être créés dans certains établissements (ex. : CFA).
Les salariés qui ne respectent pas l'interdiction de fumer sur les lieux de travail encourent des sanctions pénales (amende) et des sanctions disciplinaires ; les employeurs qui ne respectent pas leurs obligations ou qui favorisent sciemment le non-respect de l'interdiction de fumer encourent des sanctions pénales. Les infractions peuvent être relevées, notamment, par les agents de l'inspection du travail.

Les droits des salariés

En matière de conditions de travail, les salariés disposent d'un droit de retrait en cas de situation dangereuse et d'un droit d'expression.

➤ *Le droit de retrait*

Tout salarié a le droit de se retirer d'une situation de travail dont il a un motif raisonnable de penser qu'elle présente un danger grave et imminent pour sa vie ou sa santé. Il signale immédiatement la situation dangereuse à l'employeur. Celui-ci ne peut l'obliger à reprendre son activité tant que le danger persiste et, dès lors que le retrait est légitime, n'a pas le droit de le sanctionner, ni d'opérer une retenue sur son salaire pour cette raison. Selon la Cour de cassation (arrêt du 09/02/2009), « le licenciement prononcé par l'employeur pour un motif lié à l'exercice légitime par le salarié du droit de retrait de son poste de travail dans une situation de danger est nul ». Par ailleurs, tout membre du CHSCT ayant connaissance d'un tel danger doit en avertir l'employeur. Celui-ci (ou son représentant) doit immédiatement prendre les mesures nécessaires pour y remédier (art. L. 4131-1 et suiv.).

sachez-le *Lorsque l'inspecteur du travail constate, sur un chantier du bâtiment et des travaux publics, qu'un salarié ne s'est pas retiré d'une situation de travail comportant un danger grave et imminent, il peut prendre toutes les mesures utiles et, notamment, prescrire l'arrêt temporaire de la partie des travaux en cause (art. L. 4731-1).*

Il existe également désormais un droit d'alerte en matière de santé publique et d'environnement permettant à tout travailleur d'alerter immédiatement l'employeur s'il estime, de bonne foi, que les produits ou procédés de fabrication utilisés ou mis en œuvre par l'établissement font peser un risque grave sur la santé publique ou l'environnement (voir les articles L. 4133-1 à L. 4133-5).

➤ *Le droit d'expression*

Tous les salariés ont un droit à l'expression directe et collective sur le contenu, les conditions d'exercice et l'organisation de leur travail (art. L. 2281-1 et suiv.). Cette expression a pour objet de définir les actions de travail, l'organisation de l'activité et la qualité de la production dans l'entreprise. Les opinions que les salariés, quelle que soit leur place dans la hiérarchie, émettent dans l'exercice de ce droit ne peuvent motiver une sanction ou un licenciement. Le droit s'exerce sur les lieux et pendant le temps de travail. Le temps consacré à l'expression est payé comme temps de travail.

La lutte contre le harcèlement

Le Code du travail prévoit des dispositions spécifiques visant à prévenir les pratiques de harcèlement moral ou sexuel et à les réprimer.

➤ *La lutte contre le harcèlement sexuel*

Les dispositions qui suivent s'appliquent à toutes les victimes de harcèlement sexuel, femmes ou hommes.

• **Définition.** Le harcèlement sexuel est le fait d'imposer à une personne, de façon répétée, des propos ou comportements à connotation sexuelle qui soit portent atteinte à sa dignité en raison de leur caractère dégradant ou humiliant, soit créent à son encontre une situation intimidante, hostile ou offensante.
Est assimilé au harcèlement sexuel le fait, même non répété, d'user de toute forme de pression grave dans le but réel ou apparent d'obtenir un acte de nature sexuelle, que celui-ci soit recherché au profit de l'auteur des faits ou au profit d'un tiers.
Cette définition est donnée par l'article 222-33 du Code pénal ; elle est reprise par l'article L. 1153-1 du Code du travail, qui pose l'interdiction de faire subir au salarié de tels faits.

• **Sanction.** Tout salarié ayant procédé à des faits de harcèlement sexuel est passible d'une sanction disciplinaire que l'employeur, tenu à une obligation de sécurité de résultat en matière de protection de la santé et de la sécurité des travailleurs, doit prendre. Selon la Cour de cassation, le harcèlement sexuel est nécessairement constitutif d'une faute grave (arrêt du 05/03/2002, à propos d'un harcèlement commis par un supérieur hiérarchique) et les faits sanctionnables peuvent avoir été commis hors du temps et du lieu de travail (arrêt du 19/10/2011).

Des sanctions pénales (art. 222-33 du Code pénal : 2 ans d'emprisonnement et 30 000 € d'amende) sont également prévues à l'encontre de l'auteur de l'infraction (salarié, employeur, etc.). Les peines sont portées à 3 ans d'emprisonnement et 45 000 € d'amende dans certains circonstances énumérées par l'article 222-33 précité, par exemple lorsque les faits sont commis par une personne qui abuse de l'autorité que lui confèrent ses fonctions, ou sur une personne dont la particulière vulnérabilité ou dépendance résultant de la précarité de sa situation économique ou sociale est apparente ou connue de leur auteur.

➤ *La lutte contre le harcèlement moral*

● **Définition.** Le harcèlement moral consiste à faire subir à un salarié des agissements répétés qui ont pour objet ou pour effet une dégradation de ses conditions de travail susceptible de porter atteinte à ses droits et à sa dignité, d'altérer sa santé physique ou mentale, ou de compromettre son avenir professionnel (art. L. 1152-1). Le harcèlement moral n'est pas nécessairement le fait de l'employeur ou d'un supérieur hiérarchique de la victime.

● **Sanction.** Tout salarié qui se rend coupable de harcèlement moral est passible d'une sanction disciplinaire (art. L. 1152-5). Des sanctions pénales (2 ans d'emprisonnement et 30 000 € d'amende) sont également prévues à l'encontre de toute personne qui se rend coupable de harcèlement moral.

● **Intervention d'un médiateur.** Une procédure de médiation peut être mise en œuvre par toute personne de l'entreprise s'estimant victime de harcèlement moral ou par la personne mise en cause. Il s'agit là d'une possibilité et non d'une obligation, qui peut être utilisée même en l'absence de toute procédure devant les tribunaux. Le recours au médiateur s'effectue dans les conditions suivantes :

- le choix du médiateur doit faire l'objet d'un accord entre les parties. Il peut s'agir d'une personne salariée de l'entreprise ou extérieure à l'entreprise, y compris un conseiller prud'homal en activité ;
- le médiateur s'informe de l'état des relations entre les parties, tente de les concilier et leur soumet des propositions qu'il consigne par écrit en vue de mettre fin au harcèlement ;
- en cas d'échec de sa mission de conciliation, le médiateur informe les parties des éventuelles sanctions pénales et disciplinaires encourues et des garanties procédurales prévues en faveur de la victime.

➤ *Dispositions communes*

Ces dispositions visent principalement la prévention, la protection des victimes ou témoins, ainsi que les règles de preuve.

sachez-le *Si vous estimez être victime de harcèlement sexuel ou moral au sein de votre entreprise, vous pouvez demander l'intervention de vos délégués du personnel. Vous pouvez également vous adresser à l'inspecteur du travail (les faits peuvent être constatés sur procès-verbal par les inspecteurs et contrôleurs du travail) ou, si vous décidez de porter l'affaire devant les tribunaux, autoriser les organisations syndicales représentatives dans votre entreprise à agir en justice pour votre compte (voir ci-dessous).*

● **Prévention.** L'employeur doit prendre toutes les dispositions nécessaires en vue de prévenir les actes de harcèlement sexuel ou moral et, plus généralement, protéger la santé physique et mentale des salariés. Il doit également afficher dans les lieux de travail le texte de l'article 222-33-2 du Code pénal (définition et sanctions pénales du harcèlement moral) et, dans les lieux de travail ainsi que dans les locaux ou à la porte des locaux où se fait l'embauche, le texte de l'article 222-33 du même code (définition et sanctions pénales du harcèlement sexuel). De son côté, le CHSCT peut proposer des actions de prévention en matière de harcèlement sexuel ou moral (voir également p. 48 et 164).

● **Protection des victimes ou des témoins.** Dans un souci d'efficacité, la loi organise la protection des victimes et des témoins de harcèlement sexuel ou moral en prohibant, notamment, toute mesure discriminatoire prise à leur encontre. Ainsi :

- aucun salarié, aucune personne en formation ou en stage ne peut être sanctionné, licencié ou faire l'objet d'une mesure discriminatoire, directe ou indirecte, notamment en matière de rémunération, de formation, de reclassement, d'affectation, de qualification, de classification, de promotion professionnelle, de mutation ou de renouvellement de contrat, pour avoir subi ou refusé de subir des agissements répétés de harcèlement moral ou des faits de harcèlement sexuel, pour avoir témoigné de ces faits et agissements ou les avoir relatés ; la protection s'applique également au candidat à un recrutement, à un stage ou à une formation en entreprise victime de faits de harcèlement sexuel ;
- toute rupture du contrat de travail, toute disposition ou tout acte contraires aux règles qui précèdent sont nuls de plein droit. Par exemple, le licenciement d'un salarié au motif qu'il aurait subi des faits de harcèlement moral ou sexuel, ou qu'il aurait témoigné de tels faits, serait nul de plein droit (le salarié qui relate des faits de harcèlement ne peut être sanctionné que s'il est de mauvaise foi, c'est-à-dire s'il connaissait la fausseté des faits qu'il dénonce). En présence d'une cause de nullité de licenciement, le juge doit soit prononcer la réintégration du salarié si celui-ci en fait la demande, soit lui attribuer des dommages-intérêts qui ne

peuvent être inférieurs à ceux accordés en cas de licenciement sans cause réelle et sérieuse (voir p. 192) et qui viendront s'ajouter aux autres indemnités auxquelles le salarié peut éventuellement prétendre (indemnité de licenciement, indemnité compensatrice de congés payés, indemnité de préavis...).

sachez-le *Les faits de discriminations commis à la suite d'un harcèlement moral ou sexuel sont punis de 1 an d'emprisonnement et d'une amende de 3 750 €. Des peines complémentaires (ex. : affichage du jugement) peuvent être prononcées par le juge. La discrimination commise à l'égard des victimes ou témoins de faits de harcèlement sexuel peut également relever des dispositions du Code pénal (art. 225-2), ce qui sera le cas, par exemple, lorsqu'elle consiste à refuser d'embaucher, à sanctionner ou à licencier une personne ; dans ce cas, ce sont les sanctions plus élevées prévues par ce code qui s'appliqueront (3 ans d'emprisonnement et 45 000 € d'amende).*

• **Intervention des délégués du personnel (DP) ou des organisations syndicales.** Si un DP constate, notamment par l'intermédiaire d'un salarié, qu'il existe une atteinte aux droits des personnes, à leur santé physique et mentale qui ne serait pas justifiée par la nature de la tâche à accomplir ni proportionnée au but recherché, il en saisit immédiatement l'employeur. Celui-ci, ou son représentant, doit procéder sans délai à une enquête avec le délégué et prendre les dispositions nécessaires pour remédier à cette situation. En cas de carence de l'employeur ou de divergence sur la réalité de cette atteinte et à défaut de solution trouvée avec l'employeur, le salarié, ou le délégué si le salarié concerné averti par écrit ne s'y oppose pas, saisit le bureau de jugement du conseil de prud'hommes, qui statue selon les formes applicables au référé. Le juge peut ordonner toutes les mesures propres à faire cesser cette atteinte et assortir sa décision d'une astreinte qui sera liquidée au profit du Trésor (art. L. 2313-2).
De leur côté, les organisations syndicales représentatives dans l'entreprise peuvent exercer en justice, en faveur d'un salarié de l'entreprise, toutes les actions qui naissent des dispositions relatives à la protection des victimes ou des témoins de harcèlement sexuel ou moral. Elles doivent pour cela justifier d'un accord écrit de l'intéressé, ce dernier pouvant en outre toujours intervenir à l'instance engagée par le syndicat et y mettre fin à tout moment (art. L. 1154-2).

• **Charge de la preuve.** En cas de litige relatif à l'application des dispositions relatives au harcèlement sexuel ou moral, le salarié (ou, le cas échéant, le candidat à un emploi, à un stage ou à une période de formation en entreprise) établit des faits qui permettent de présumer l'existence d'un tel harcèlement. Au vu de ces éléments, il incombe à la partie défenderesse de prouver que les agissements qui lui sont reprochés ne sont pas constitutifs d'un tel harcèlement et que sa décision est justifiée par des éléments objectifs étrangers à tout harcèlement. Le juge forme ensuite sa conviction après avoir ordonné, en cas de besoin, toutes les mesures d'instruction qu'il estime utiles (art. L. 1154-1).

attention *Il ne faut pas confondre harcèlement moral et discrimination syndicale. Si la frontière entre les deux est parfois difficile à établir, il est conseillé d'aller sur le terrain de la discrimination syndicale : la procédure est moins complexe et les chances d'obtenir gain de cause plus nombreuses.*

Prévention de la pénibilité

Plusieurs dispositions visent à prévenir la pénibilité et à assurer cer taines contreparties aux salariés concernés (voir aussi p. 302 et suiv.). L'employeur doit, par ailleurs, établir une fiche individuelle de suivi de l'exposition du salarié à un ou plusieurs facteurs de risques professionnels (voir les articles L. 4121-3-1 et D. 4121-5).

➤ *Accord et plan d'action relatifs à la pénibilité*

Un mécanisme de pénalité financière a été mis en place afin d'inciter les entreprises à conclure des accords ou des plans d'action relatifs à la prévention de la pénibilité. Ce dispositif repose sur les principes suivants :

- les entreprises employant, pour au moins 50 % de leur effectif, des salariés exposés aux facteurs de risques professionnels mentionnés à l'article D. 4121-5 doivent être couvertes par un accord ou un plan d'action relatif à la prévention de la pénibilité. Sont concernées les entreprises mentionnées aux articles L. 2211-1 et L. 2233-1 du Code du travail (employeurs de droit privé, établissements publics à caractère industriel et commercial, établissements publics à caractère administratif qui emploient du personnel dans les conditions du droit privé, etc.), employant au moins 50 salariés ou appartenant à un groupe (au sens de l'article L. 2331-1 relatif à la mise en place d'un comité de groupe) dont l'effectif comprend au moins 50 salariés ;
- cet accord, ou ce plan d'action, est conclu pour une durée maximale de 3 ans et doit traiter les thèmes figurant à l'article D. 138-27 du Code de la Sécurité sociale, dans les conditions prévues par cet article. Le plan d'action, élaboré après avis du CE ou, à défaut, des DP, en l'absence d'accord d'entreprise ou de groupe, doit faire l'objet d'un dépôt auprès de l'autorité administrative ;

- à défaut d'être couvertes par un tel accord ou plan d'action, et au terme de la procédure fixée par les articles R. 138-33 à R. 138-35 du Code de la Sécurité sociale, ces entreprises doivent s'acquitter d'une pénalité. Son montant sera fixé par l'autorité administrative en fonction des efforts constatés dans l'entreprise en matière de prévention de la pénibilité ; au maximum, il sera de 1 % des rémunérations ou gains versés aux travailleurs salariés ou assimilés concernés au cours des périodes au titre desquelles l'entreprise n'est pas couverte par l'accord ou le plan d'action.

sachez-le *Les entreprises dont l'effectif comprend au moins 50 salariés et est inférieur à 300 salariés, ou appartenant à un groupe dont l'effectif comprend au moins 50 salariés et est inférieur à 300 salariés, ne sont pas soumises à cette pénalité lorsqu'elles sont couvertes par un accord de branche étendu dont le contenu est conforme à l'article D. 138-27 précité.*

➤ Compensation de la pénibilité

Dès lors qu'ils ne sont pas en mesure de faire liquider leur retraite à taux plein (voir p. 300 et suiv.), les salariés occupés à des travaux pénibles peuvent bénéficier d'un allègement ou d'une compensation de leur charge de travail. Ce dispositif, ouvert à titre expérimental, peut être mis en place jusqu'au 31/12/2013 (et au-delà en cas de prorogation) par un accord collectif de branche qui doit, notamment, définir :

- la durée minimale d'exposition des salariés à un des facteurs de pénibilité prévus par l'article D. 4121-5 (voir ci-contre) ;
- la durée pendant laquelle ces salariés devront avoir cumulé au moins deux de ces facteurs ;
- les conditions d'application du dispositif d'allègement ou de compensation de la charge de travail des salariés temporaires occupés à des travaux pénibles.

L'allègement de la charge de travail peut prendre la forme :

- d'un passage à temps partiel pour toute la durée restant à courir jusqu'à ce que le salarié puisse faire valoir ses droits à retraite, durée pendant laquelle le salarié bénéficie d'une indemnité complémentaire fixée par l'accord ;
- de l'exercice d'une mission de tutorat au sein de l'entreprise du salarié, mission au titre de laquelle le salarié bénéficie d'une indemnité complémentaire fixée par l'accord.

La compensation de la charge de travail peut prendre la forme :

- du versement d'une prime ;
- de l'attribution de journées supplémentaires (repos ou congés).

Les droits attribués au titre de cette compensation peuvent être versés sous forme d'un abondement au CET mentionné page 159.

6 Sanctions et pouvoir disciplinaire

La loi organise la protection des salariés en matière de sanctions disciplinaires. Elle définit cette notion, interdit certaines sanctions, oblige l'employeur à respecter une procédure destinée à informer le salarié concerné et à lui permettre de se défendre. Enfin, elle prévoit la possibilité de saisir le conseil de prud'hommes pour contester les sanctions prononcées.

Définition des sanctions

➤ *Qu'est-ce qu'une sanction ?*

Constitue une sanction toute mesure prise par l'employeur à la suite d'un agissement qu'il considère comme fautif, que cette mesure soit de nature à affecter immédiatement ou non la présence du salarié dans l'entreprise, sa fonction, sa carrière ou sa rémunération (art. L. 1331-1). Les simples observations verbales ne sont pas des sanctions. La définition de la loi est très large : la sanction peut être un avertissement, un blâme, une mise à pied, une mutation, une rétrogradation... Ce qui compte, c'est la volonté de l'employeur de sanctionner le salarié en raison d'un agissement considéré comme fautif.

sachez-le *Les règles protectrices en matière de sanctions disciplinaires doivent être respectées par l'employeur quelles que soient la taille de l'entreprise et l'ancienneté du salarié concerné.*

➤ *Le rôle du règlement intérieur*

Le règlement intérieur, obligatoire dans toutes les entreprises ou établissements d'au moins 20 salariés, doit, s'agissant du droit disciplinaire, fixer les règles générales et permanentes relatives à la discipline, et notamment la nature et l'échelle des sanctions (art. L. 1321-1) : avertissement, blâme, mise à pied, licenciement...

Lorsqu'un règlement intérieur existe, l'employeur ne peut prendre d'autres sanctions que celles prévues par ce règlement. En outre, selon la Cour de cassation, « une mise à pied prévue par le règlement intérieur n'est licite que si ce règlement précise sa durée maximale » (Cass. soc., 26/10/2010). Plus généralement, la Cour de cassation a décidé, dans un arrêt du 09/05/2012, que le règlement intérieur et les notes de service qui le complètent ne peuvent produire effet que si l'employeur a accompli les diligences prévues par l'article L 1321-4 du Code du travail, c'est-à-dire s'il l'a soumis, avant son entrée en vigueur, à l'avis du CE ou, à défaut, des DP et, pour les matières relevant de sa compétence, à l'avis du CHSCT.

➤ *Les sanctions interdites*

Sont interdites par la loi les amendes et les sanctions pécuniaires (art. L. 1331-2). L'employeur ne peut donc pratiquer de retenue sur les salaires en raison d'une faute ou d'un agissement qu'il considère comme fautifs.

attention *Ne sont pas considérées comme des sanctions pécuniaires interdites : les mises à pied disciplinaires avec suspension de la rémunération, les rétrogradations ou mutations disciplinaires dans un autre poste entraînant une diminution de salaire dès lors que la rémunération versée correspond bien à l'emploi occupé. Toutefois, comme la rétrogradation ou la mutation s'analysent en une modification de son contrat de travail, le salarié est en droit de les refuser, sachant que dans ce cas l'employeur a la possibilité, au titre de son pouvoir disciplinaire, de prononcer une autre sanction qui peut être le licenciement !*

Par ailleurs, la loi interdit toute sanction (mais aussi tout licenciement, tout refus d'un stage..., voir p. 17) fondée sur l'origine, le sexe, les mœurs, l'orientation ou l'identité sexuelle, l'âge, la situation de famille ou la grossesse, les caractéristiques génétiques, l'appartenance ou la non-appartenance, vraie ou supposée, à une ethnie, une nation ou une race, les opinions politiques, les activités syndicales ou mutualistes, les convictions religieuses, l'apparence physique, le patronyme, l'état de santé ou le handicap, ou encore l'exercice normal du droit de grève (art. L. 1132-1).
Toute décision contraire prise par l'employeur est nulle de plein droit (sur la protection des victimes ou témoins de harcèlement moral ou sexuel, voir précisions p. 128).

sachez-le *Une sanction disciplinaire ne peut être prononcée qu'en raison de faits constituant un manquement du salarié à ses obligations professionnelles envers l'employeur (Cass. soc., 30/06/2010).*

La procédure disciplinaire

➤ *Les délais*

Toute poursuite disciplinaire doit être impérativement engagée par l'employeur dans les 2 mois qui suivent le jour où il a eu connaissance du fait considéré comme fautif, sauf si ce fait a donné lieu dans le même délai à l'exercice de poursuites pénales (art. L. 1332-4).
Par ailleurs, une sanction vieille de plus de 3 ans ne peut plus être invoquée par l'employeur à l'appui d'une nouvelle sanction, y compris un licenciement (art. L. 1332-5).

➤ *L'entretien préalable*

L'employeur qui envisage de prendre une sanction doit vous convoquer préalablement à un entretien, sauf s'il s'agit d'un avertissement ou d'une sanction de même nature qui n'ont pas d'incidence (immédiate ou non) sur votre présence dans l'entreprise, votre fonction, votre carrière ou votre rémunération (art. L. 1332-2). Le cas échéant, l'employeur peut prononcer une mise à pied immédiate à titre conservatoire, mais il ne peut pas prendre de sanction définitive sans que l'entretien préalable ait eu lieu.
La convocation doit être faite par lettre recommandée (ou lettre remise en main propre contre décharge) précisant l'objet, la date, l'heure et le lieu de l'entretien, ainsi que le droit de vous faire assister par une personne de votre choix appartenant à l'entreprise (art. R. 1332-1) ; il pourra s'agir, par exemple, d'un représentant élu du personnel (membre du CE, délégué du personnel) ou d'un délégué syndical. Un délai suffisant doit s'écouler entre la convocation et l'entretien pour vous permettre de préparer votre défense. Lors de l'entretien, l'employeur doit vous indiquer les motifs de la sanction envisagée et recueillir vos explications.

➤ *Notification et motivation de la sanction*

Dans tous les cas, l'employeur ne peut vous infliger de sanction sans vous avoir informé par écrit des griefs retenus contre vous. La sanction doit toujours être motivée et notifiée par lettre recommandée ou remise en main propre. Elle ne peut intervenir moins de 2 jours ouvrables, ni plus d'un mois après le jour fixé pour l'entretien (art. L. 1332-2). Passé ce délai, les faits pour lesquels le salarié a été convoqué à l'entretien préalable ne peuvent plus être sanctionnés, sous peine de nullité de la sanction.

➤ *Le licenciement disciplinaire*

En cas de licenciement pour motif disciplinaire, les règles spécifiques exposées ci-dessus s'ajoutent à la procédure de lienciement pour motif personnel exposée en page 190 et suivantes.

Les recours

➤ *La contestation auprès de l'employeur*

En cas de désaccord avec l'employeur, la première démarche doit être de contester, par lettre recommandée avec demande d'accusé de réception, la sanction qui vous a été notifiée, en conservant un double du courrier (un modèle de lettre, qui doit être adapté à chaque situation particulière, est à votre disposition sur le site www.cfdt.fr). Vos délégués peuvent vous aider dans cette démarche.

➤ *La contestation devant les prud'hommes*

Si l'employeur refuse de revenir sur la sanction, vous pouvez saisir le conseil de prud'hommes (voir p. 174). Celui-ci vérifiera la régularité de la procédure suivie et appréciera si les faits qui vous sont reprochés sont de nature à justifier la sanction prononcée. L'employeur doit fournir au conseil de prud'hommes les éléments qu'il a retenus pour prendre sa sanction. Au vu de ces éléments, de ceux fournis par le salarié et de ceux résultant de mesures d'instruction qu'il peut ordonner, le conseil forme sa conviction. Si un doute subsiste, il doit profiter au salarié (art. L. 1333-1). Le conseil de prud'hommes peut annuler la sanction si celle-ci est :

- irrégulière (procédure non respectée) ;
- illicite (sanctions interdites ou non prévues par le règlement intérieur) ;
- injustifiée (les faits reprochés ne sont pas établis) ;
- disproportionnée avec la faute commise. Dans ce cas, l'employeur peut prononcer une nouvelle sanction, qui doit être notifiée au salarié dans le mois suivant l'annulation de la première sanction.

Si le conseil de prud'hommes valide la sanction, le fait pour le salarié de refuser de s'y soumettre constitue une cause réelle et sérieuse de licenciement.

attention *En cas de licenciement disciplinaire irrégulier (non-respect des règles de procédure), seule une indemnité peut être obtenue et non une annulation (voir p. 197 et suiv.).*

7 La représentation des salariés

Afin de permettre la représentation des salariés dans l'entreprise, la loi a mis en place trois institutions distinctes : la section syndicale d'entreprise, le comité d'entreprise (CE), les délégués du personnel (DP). Chacune de ces institutions est pourvue d'une mission particulière et dotée de moyens d'action qui lui sont propres. Est également présenté dans ce chapitre le CHSCT, qui exerce des fonctions spécifiques dans le domaine de la sécurité et des conditions de travail.

La section syndicale

La section syndicale est le regroupement de plusieurs salariés d'une entreprise adhérant à un même syndicat. Aucune condition d'effectif n'est exigée pour la création d'une section syndicale. Toute section syndicale fait partie d'un syndicat. Le syndicat a vocation à réunir et animer les sections syndicales d'un secteur d'activité déterminé et d'un champ géographique donné.

➤ *Liberté syndicale dans l'entreprise*

La liberté syndicale est le droit reconnu, à tout syndicat, de se constituer, de s'organiser et de mener des actions dans l'entreprise dans le respect du cadre légal, sans autorisation de l'employeur. Ce dernier ne peut exercer de pressions à l'encontre d'une organisation syndicale, sous peine de sanctions pénales. Il ne peut, non plus, prendre en considération l'appartenance à un syndicat ou l'exercice d'une activité syndicale pour arrêter ses décisions en matière d'emploi (art. L. 2141-1 et suiv.) : embauche, carrière, licenciement... La liberté syndicale est aussi le droit pour tout salarié d'adhérer au syndicat de son choix, dans le respect des principes défendus par ce syndicat.

➤ *Possibilité de constituer une section syndicale*

Dès lors qu'ils ont plusieurs adhérents (au moins 2) dans l'entreprise ou dans l'établissement, chaque syndicat qui y est représentatif, chaque syndicat affilié à une organisation syndicale représentative au niveau national et interprofessionnel (soit la CFDT, la CGT, la CGT-FO, la CFTC et la CFE-CGC) ou chaque organisation syndicale qui satisfait aux critères de respect des valeurs républicaines et d'indépendance, qui est légalement constituée depuis au moins 2 ans et dont le champ professionnel et géographique couvre l'entreprise concernée, peut constituer, au sein de l'entreprise ou de l'établissement, une section syndicale qui assure la représentation des intérêts matériels et moraux de ses membres.

➤ *Rôle de la section syndicale*

La section syndicale représente les intérêts matériels et moraux de l'ensemble des salariés de l'entreprise auprès de l'employeur (art. L. 2142-1). Toutefois, son rôle dans l'entreprise ne se confond pas avec celui des représentants élus. Elle a pour vocation d'organiser collectivement les salariés de l'entreprise en vue d'améliorer leurs conditions de travail et d'emploi.

➤ *Moyens de la section syndicale*

Pour exercer ses fonctions, la section syndicale dispose d'un certain nombre de moyens (art. L. 2142-3 à L. 2142-11).

● **Panneaux d'affichage**. L'employeur doit mettre à la disposition de chaque section syndicale, selon des modalités fixées par accord, des panneaux réservés aux informations syndicales, distincts de ceux dont disposent les représentants élus du personnel.

● **Publications et tracts**. Les publications et tracts de nature syndicale peuvent être librement diffusés aux salariés dans l'enceinte de l'entreprise, aux heures d'entrée et de sortie du travail. Un accord d'entreprise peut également autoriser la mise à disposition de ces publications et tracts soit sur un site syndical mis en place sur l'intranet de l'entreprise, soit par diffusion sur la messagerie électronique de l'entreprise.

● **Local syndical**. Dans les entreprises ou établissements d'au moins 200 salariés, l'employeur met un local commun à la disposition des sections syndicales. Dans les entreprises ou établissements d'au moins 1 000 salariés, l'employeur met en outre à la disposition de chaque section syndicale constituée par une organisation syndicale représentative dans l'entreprise ou l'établissement un local convenable, aménagé et doté du matériel nécessaire à son fonctionnement.

● **Réunion de la section**. La section syndicale a la possibilité de se réunir mensuellement. Des réunions peuvent également avoir lieu à l'occasion de l'invitation de personnalités extérieures (syndicales ou non).

• **Crédit d'heures**. Chaque section dispose, au profit de son ou de ses délégués syndicaux et des salariés de l'entreprise appelés à négocier la convention ou l'accord d'entreprise, en vue de la préparation de la négociation de cette convention ou de cet accord, d'un crédit global spécifique, dans la limite de 10 heures par an dans les entreprises d'au moins 500 salariés et de 15 heures par an dans celles d'au moins 1 000 salariés (art. L. 2143-16).

➤ *Le délégué syndical*

Le délégué syndical (DS) représente le syndicat auprès de l'employeur. Chaque organisation syndicale représentative (OSR) dans l'entreprise ou l'établissement d'au moins 50 salariés peut en désigner un. Celui-ci doit être choisi parmi les candidats aux élections professionnelles qui ont recueilli au moins 10 % des suffrages exprimés au 1er tour des dernières élections au CE, ou de la délégation unique du personnel ou des DP, quel que soit le nombre de votants. S'il ne reste, dans l'entreprise ou l'établissement, plus aucun candidat aux élections professionnelles qui remplit cette condition, ou si aucun candidat présenté par l'OSR n'a atteint le score de 10 %, l'OSR peut désigner un DS parmi les autres candidats ou, à défaut, parmi ses adhérents au sein de l'entreprise ou de l'établissement.
Le DS participe notamment aux négociations dans l'entreprise. Il bénéficie d'un crédit d'heures (art. L. 2143-13), de la liberté de déplacement (art. L. 2143-20) et de la protection contre le licenciement (art. L. 2411-3).
Un DS peut également être désigné, sous certaines conditions, dans des entreprises de moins de 50 salariés : accord collectif plus favorable, DP désigné comme délégué syndical (art. L. 2143-6).

➤ *Le représentant de la section syndicale*

Chaque syndicat qui constitue une section syndicale au sein de l'entreprise ou de l'établissement d'au moins 50 salariés peut, s'il n'est pas représentatif dans l'entreprise ou l'établissement, désigner un représentant de la section syndicale (RSS) pour le représenter au sein de l'entreprise ou de l'établissement. Dans les entreprises qui emploient moins de 50 salariés, un DP peut, dans les mêmes conditions et pour la durée de son mandat, être désigné comme RSS. Les syndicats représentatifs dans l'entreprise ne peuvent pas désigner de RSS ; ils disposent de la faculté de désigner un DS, aux prérogatives plus étendues.
La fonction du RSS est d'animer la section syndicale en utilisant les moyens mis à la disposition de celle-ci par la loi (voir p. 137), afin de faire connaître son syndicat et que ce dernier obtienne, aux élections professionnelles suivantes, les résultats lui permettant

d'être reconnu comme représentatif, ce qui lui permettra alors de désigner un délégué syndical (art. L. 2142-1-1 à L. 2142-1-4).
Le RSS bénéficie de la même protection contre le licenciement que le DS et d'un crédit d'heures spécifique de 4 heures par mois minimum, sauf lorsque le DP fait office de RSS. À la différence du DS, et sauf exceptions, il ne peut pas négocier des accords collectifs.
À noter que, selon la Cour de cassation (arrêt du 31/05/2011), « un syndicat non représentatif peut créer une section syndicale et désigner un représentant de cette section soit au niveau de l'entreprise, soit au niveau de chacun des établissements distincts de cette entreprise ».

Les élections

Les élections professionnelles permettent la mise en place dans l'entreprise des délégués du personnel et des membres du CE. Les résultats au 1er premier tour des élections au CE, ou de la délégation unique du personnel, ou à défaut des DP, constituent l'un des critères déterminants pour reconnaître à une organisation syndicale sa représentativité dans l'entreprise ou l'établissement.

sachez-le *Dans les conditions précisées par les articles R. 2122-8 et suivants du Code du travail, une mesure de l'audience des organisations syndicales est organisée auprès des salariés des entreprises de moins de 11 salariés. Ce scrutin spécifique est organisé sur sigle tous les 4 ans au niveau régional ; il s'est déroulé pour la première fois à la fin de l'année 2012, et ses résultats ont été pris en compte pour l'appréciation de la représentativité des organisations syndicales au niveau de la branche et aux niveaux national et interprofessionnel (voir le site www.travail-emploi.gouv.fr).*

➤ *Périodicité des élections*

Les élections professionnelles ont lieu tous les 4 ans (art. L. 2314-2 et L. 2324-3). Elles se déroulent selon un scrutin de liste à deux tours. Au 1er tour, les candidats peuvent être présentés par les organisations syndicales reconnues représentatives dans l'entreprise ou l'établissement, celles ayant constitué une section syndicale dans l'entreprise ou l'établissement, les syndicats affiliés à une organisation syndicale représentative aux niveaux national et interprofessionnel, ainsi que par les organisations syndicales qui satisfont aux critères de respect des valeurs républicaines et d'indépendance, légalement constituées depuis au moins 2 ans et dont le champ professionnel et géographique couvre l'entreprise ou l'établissement concernés. Un 2e tour de scrutin doit avoir lieu si le nombre de votants est inférieur à la moitié des électeurs

inscrits ou en cas d'absence de listes syndicales. Au 2e tour, les candidatures sont libres.
Pour chaque élection, le personnel est réparti en deux collèges électoraux : celui des « ouvriers et employés » et celui des « ingénieurs, chefs de service, techniciens, agents de maîtrise ». Dans les entreprises qui comptent au moins 25 cadres, un collège spécial « cadres » doit obligatoirement être constitué. Les listes sont présentées par collège.

➤ La préparation des élections

L'employeur doit informer le personnel, par voie d'affichage, de l'organisation des élections. Le 1er tour doit, en principe, se tenir au plus tard le 45e jour suivant le jour de l'affichage (ou au plus tard le 90e jour lorsque l'organisation de l'élection est consécutive au franchissement du seuil de 11 salariés - DP - ou de 50 salariés - CE). L'employeur doit inviter les organisations syndicales à établir leurs listes de candidats (art. L. 2314-2 et suiv.) ; il doit fixer, avec les syndicats, les modalités d'organisation et de déroulement des opérations électorales. L'ensemble de ces règles figure dans le « protocole d'accord préélectoral ».

sachez-le *Les organisations syndicales intéressées doivent examiner, à l'occasion de l'élaboration du protocole d'accord préélectoral, les voies et moyens pour atteindre une représentation équilibrée des femmes et des hommes sur les listes de candidatures.*

➤ Électorat et éligibilité

● **Pour être électeur,** il faut être âgé d'au moins 16 ans et :
- être salarié de l'entreprise dans laquelle les élections ont lieu ;
- avoir au moins 3 mois d'ancienneté dans l'entreprise ;
- ne pas avoir encouru de condamnation privative du droit de vote politique.

● **Pour être éligible,** il faut :
- être électeur, avoir travaillé dans l'entreprise depuis au moins 1 an et avoir 18 ans accomplis ;
- ne pas avoir de lien de parenté avec l'employeur (conjoint, partenaire d'un PACS, concubin, ascendant, descendant, frère, sœur et allié au même degré de l'employeur), ni en être un représentant.

➤ Déroulement du vote

L'employeur doit assurer les moyens matériels et le secret du vote : bulletins de vote en nombre suffisant et égal pour chaque liste, enveloppes uniformes sans signes distinctifs, isoloirs, deux urnes par collège pour les titulaires et les suppléants.

sachez-le *Les articles L. 2314-21, L. 2324-19, R. 2314-8 et suivants, R. 2324-4 et suivants du Code du travail ainsi que l'arrêté du 25/04/2007 (JO du 27) fixent les conditions dans lesquelles l'élection des DP et des représentants du personnel au CE peut être réalisée par vote électronique. Le recours au vote électronique n'est possible que si un accord d'entreprise ou un accord de groupe comportant un cahier des charges précis le prévoient. La mise en place du vote électronique n'interdit pas le vote à bulletin secret sous enveloppe si l'accord collectif visé ci-dessus n'exclut pas cette modalité. Entre autres obligations, l'employeur doit mettre à la disposition de chaque salarié une notice d'information détaillée sur le déroulement des opérations électorales.*

Les délégués du personnel

Quand l'entreprise compte au moins 11 salariés, l'employeur doit organiser la mise en place et l'élection des délégués du personnel.

➤ *Les missions du délégué du personnel*

Le délégué du personnel (DP) est un représentant élu des salariés auprès de l'employeur ; il a pour mission (art. L. 2313-1) :

- de présenter à l'employeur les réclamations, individuelles ou collectives, relatives aux salaires et à l'application dans l'entreprise de l'ensemble des textes organisant la relation de travail (Code du travail, lois, règlements, conventions, accords collectifs...) ;
- de saisir l'inspection du travail quand l'employeur ne respecte pas ses obligations. Il peut accompagner l'inspecteur du travail lors de ses visites dans les locaux de l'entreprise.

➤ *Les moyens des délégués du personnel*

- **Crédit d'heures** (art. L. 2315-1). Les délégués du personnel disposent chaque mois d'un « crédit d'heures » (en principe, 10 heures si l'entreprise compte de 11 à moins de 50 salariés, 15 heures au-delà) pour exercer leur mandat. Chaque délégué a une totale liberté dans l'utilisation de ces heures, sous réserve d'un lien direct avec sa mission ; elles sont payées comme s'il s'agissait d'heures de travail.
- **Local et panneaux d'affichage** (art L. 2315-6 et L. 2315-7). L'employeur doit mettre à la disposition des délégués du personnel le local nécessaire à l'accomplissement de leurs missions. Il doit également prévoir des panneaux réservés aux informations que les délégués du personnel souhaitent porter à la connaissance du personnel.
- **Liberté de déplacement** (art L. 2315-5). Durant leurs heures de délégation ou en dehors de leurs heures de travail, les délé-

gués du personnel peuvent se déplacer librement dans l'entreprise, et notamment prendre des contacts avec les salariés sur leur poste de travail. Cette faculté ne doit pas occasionner de gêne importante dans l'accomplissement du travail des salariés.

● **Réunion avec l'employeur** (art L. 2315-8). Une fois par mois, l'employeur, ou son représentant, doit recevoir collectivement les DP. En dehors de cette réunion, ils peuvent également être reçus, soit collectivement, en cas d'urgence, soit individuellement, par catégorie professionnelle ou service, selon les questions qu'ils ont à traiter.

● **La protection** (art. L. 2421-3). Pour assurer aux délégués une sécurité et une indépendance dans l'exercice de leurs fonctions, tout projet de licenciement les concernant doit être soumis à une autorisation préalable de l'inspection du travail. Toute entrave à leurs fonctions peut être sanctionnée pénalement.

Le comité d'entreprise

Quand l'entreprise compte au moins 50 salariés, l'employeur doit organiser la mise en place et l'élection d'un comité d'entreprise (CE).

sachez-le *Dans les conditions fixées par l'article L. 2323-7-2, qui seront précisées par décret, l'employeur devra mettre à disposition du CE et, à défaut, des DP, une base de données économiques et sociales, mise régulièrement à jour. Cette base sera également accessible en permanence aux membres du CCE, du CHSCT et aux délégués syndicaux. Elle comportera une série d'informations regroupées en 8 thèmes recouvrant les principaux aspects de la vie économique et sociale d'une entreprise (investissements, fonds propres et endettement, sous-traitance, éléments de la rémunération des salariés et dirigeants, etc.). Cette base de données sera mise en place dans un délai de 1 an à compter du 14/06/2013 (date de promulgation de la loi du 14/06/2013) dans les entreprises de 300 salariés et plus, et de 2 ans dans les entreprises de moins de 300 salariés. ; tous les renseignements seront disponibles en temps utile sur le site www.cfdt.fr.*

➤ *Les attributions économiques du CE*

Le CE a vocation à exprimer l'intérêt collectif des salariés. Pour l'exercice de cette fonction, il doit être informé et consulté sur les décisions relatives à la marche générale de l'entreprise.

● La loi peut prévoir une simple information du CE. Exemple : un mois après chaque élection du CE, l'employeur doit l'informer de la situation économique et financière de l'entreprise.

● Dans d'autres cas, la loi organise une procédure de consultation du CE avec pour but d'instaurer un dialogue entre l'employeur et les

représentants des salariés. Exemples : le CE est consulté préalablement à tout projet de licenciement pour motif économique (voir p. 198 et suiv.) ou après notification à l'entreprise de l'attribution directe, par une personne publique, de subventions (au-delà de 200 000 €), ou de prêts ou avances remboursables (au-delà de 1 500 000 €).
Il est également consulté, chaque année, sur les orientations stratégiques de l'entreprise et sur leurs conséquences sur l'activité, l'emploi, l'évolution des métiers et des compétences, l'organisation du travail, le recours à la sous-traitance, à l'intérim, à des contrats temporaires et à des stages. Il émet un avis sur ces orientations et peut proposer des orientations alternatives. La base de données mentionnée ci-contre sera le support de préparation de cette consultation sur les orientations stratégiques. En vue de l'examen de ces orientations stratégiques, le CE peut se faire assister de l'expert-comptable de son choix ; sauf accord avec l'employeur, il contribue, sur son budget de fonctionnement, au financement de cette expertise à hauteur de 20 %, dans la limite du tiers de son budget annuel (art. L. 2323-7-1).
Le CE est également informé et consulté, avant le 1er juillet de chaque année, sur l'utilisation, par l'entreprise, du crédit d'impôt compétitivité emploi (CICE) (art. L. 2323-26-1).
Pour lui permettre de formuler un avis motivé, le CE dispose d'informations précises et écrites transmises par l'employeur, et de la réponse motivée de l'employeur à ses propres observations ; ses membres élus peuvent, s'ils estiment ne pas disposer d'éléments suffisants, saisir le président du TGI statuant en la forme des référés, pour qu'il ordonne la communication par l'employeur des éléments manquants : le juge statue dans un délai de 8 jours (voir art. L. 2323-4).
Avant d'émettre un avis, le CE doit disposer d'un délai d'examen suffisant, fixé selon les modalités prévues à l'article L. 2323-3, qui ne peut être inférieur à 15 jours : à l'expiration de ce délai, le CE est réputé avoir été consulté et avoir rendu un avis négatif.

- Enfin, la loi attribue au CE un droit d'alerte. Exemple : s'il a connaissance de faits susceptibles de caractériser un recours abusif aux CDD ou à l'intérim, ou lorsqu'il constate dans l'entreprise un accroissement important du nombre de salariés occupés sous ces statuts, le CE peut saisir l'inspecteur du travail afin que celui-ci effectue les constatations qu'il estime utiles.

sachez-le *En cas de dépôt d'une offre publique d'acquisition, les CE de l'« entreprise cible » et de l'entreprise auteur de l'offre doivent être informés selon les modalités particulières fixées par les articles L. 2323-21 à L. 2323-26.*

➤ *La gestion des activités sociales et culturelles*

Les activités sociales et culturelles dans l'entreprise au bénéfice des salariés sont confiées par la loi au comité d'entreprise.
Il s'agit d'activités qui ont pour but d'améliorer les conditions collectives d'emploi, de travail et de vie du personnel au sein de l'entreprise (art. L. 2323-83 et suiv.) : activité sportive, exposition, activité en faveur des enfants du personnel, etc.

➤ *Comités d'établissement et comité central d'entreprise*

Dans les entreprises qui comportent des établissements distincts, des comités d'établissement et un comité central d'entreprise (CCE) doivent être mis en place. Les œuvres sociales sont, en principe, gérées par les différents comités d'établissement. En matière économique, les comités d'établissement ont les mêmes attributions que les comités d'entreprise. Le CCE est compétent pour les questions qui concernent l'ensemble de l'entreprise et qui excèdent ainsi les pouvoirs des chefs d'établissement.

➤ *Les membres du comité d'entreprise*

Le comité d'entreprise est composé de l'employeur (ou de son représentant) et des représentants du personnel. Chaque organisation syndicale ayant des élus au CE y nomme un représentant, choisi parmi les membres du personnel de l'entreprise et remplissant les conditions d'éligibilité au CE (voir p. 140). Ce représentant syndical (dans les entreprises de moins de 300 salariés, il s'agit du DS) assiste aux réunions avec voix consultative et non délibérative.
L'employeur (ou l'un de ses représentants) préside le CE. Mais la direction et la représentation du comité d'entreprise appartiennent au secrétaire du comité d'entreprise, qui est désigné parmi les membres élus du comité d'entreprise.

sachez-le *Dans les entreprises de moins de 200 salariés, les délégués du personnel peuvent également être les représentants du personnel au comité d'entreprise (DUP) ; dans ce cas, le nombre de représentants élus est réduit, mais les deux institutions conservent leurs attributions et modes de fonctionnement.*

➤ *Les moyens et les réunions du comité d'entreprise*

Comme les délégués du personnel, les membres élus du CE disposent de moyens pour exercer leur mandat : local, crédit d'heures, liberté de déplacement, protection contre le licenciement (voir p. 142)...

Le CE peut également se faire assister d'un expert financé par l'entreprise (expert-comptable ou expert technique) dans les situations visées aux articles L. 2325-35 à 2325-38 (voir aussi p. 143). L'expert doit remettre son rapport dans un délai raisonnable fixé par un accord entre l'employeur et le CE ou, à défaut d'accord, par décret (à paraître). L'accord (ou, à défaut, le décret) devra également déterminer, au sein du délai de remise de son rapport par l'expert, le délai dans lequel l'expert désigné par le CE pourra demander à l'employeur toutes les informations qu'il jugera nécessaires à la réalisation de sa mission et le délai de réponse de l'employeur à cette demande. Le délai de remise du rapport par l'expert pourra être prorogé d'un commun accord.

S'agissant des réunions, les règles suivantes s'appliquent :

- dans les entreprises d'au moins 150 salariés, le CE se réunit au moins une fois par mois ;
- dans les entreprises de moins de 150 salariés, il se réunit au moins une fois tous les 2 mois, sauf lorsque l'employeur a opté pour la mise en place de la DUP (art. L. 2325-14).

Les délibérations adoptées lors de cette réunion sont consignées dans un procès-verbal établi par le secrétaire. Ce procès-verbal peut être porté à la connaissance des salariés selon des modalités fixées par le comité.

Le CHSCT

La loi impose la présence d'un comité d'hygiène, de sécurité et des conditions de travail (CHSCT) dans tous les établissements comptant au moins 50 salariés. Dans des conditions qui seront précisées par décret, l'employeur aura la possibilité de mettre en place une instance temporaire de coordination des CHSCT lorsqu'un projet concernera plusieurs établissements ; cette instance aura pour mission d'organiser le recours à une expertise unique par un expert agréé (art. L. 4616-1 à L. 4616-5).

sachez-le *Sans condition d'effectif, l'inspecteur du travail peut imposer la création d'un CHSCT dans tout établissement où il estime cette mesure nécessaire en raison de la nature des travaux effectués, de l'agencement et de l'équipement des locaux.*

➤ *À quoi sert un CHSCT ?*

Le CHSCT a deux domaines de compétence (art. L. 4612-1 et suiv.) :

- la protection de la santé physique et mentale et de la sécurité des travailleurs de l'établissement et de ceux mis à sa disposition par une entreprise extérieure. L'intervention du CHSCT consiste principalement à remédier aux situations dommageables constatées (ex. : une cadence de production trop soutenue). Il peut également proposer des mesures de prévention en matière de harcèlement sexuel et moral ;

- l'amélioration des conditions de travail, en vue notamment, comme le précise le Code du travail, de faciliter l'accès des femmes à tous les emplois et de répondre aux problèmes liés à la maternité. L'action du CHSCT consiste à intervenir, même en l'absence de danger, dans le but d'améliorer le bien-être des travailleurs pendant leur temps de travail (ex. : il peut proposer une étude sur l'aménagement des locaux de travail).

Il est également chargé de veiller à l'observation des prescriptions légales prises en ces matières (voir aussi p. 124).

➤ *Les membres du CHSCT*

Le CHSCT est présidé par l'employeur ou son représentant.
La délégation du personnel est désignée par un collège réunissant les élus au CE et les délégués du personnel (art. L. 4613-1 et suiv.). Les représentants sont désignés pour 2 ans et bénéficient d'un crédit d'heures minimum mensuel, qui varie avec l'effectif de l'établissement (art. L. 4614-3). Le licenciement d'un représentant du personnel au CHSCT ne peut intervenir qu'après autorisation de l'inspecteur du travail. Cette autorisation est également requise pour le salarié ayant siégé en qualité de représentant du personnel dans ce comité pendant les 6 premiers mois suivant l'expiration de son mandat ou la disparition de l'institution (art. L. 2411-13).
Des personnes sont membres de droit du CHSCT, mais avec voix consultative (ex. : le médecin du travail assurant la surveillance du personnel). Pour sa part, l'inspecteur du travail peut assister à toutes les réunions et doit recevoir les mêmes informations que les autres membres.

➤ *Le fonctionnement du CHSCT*

L'employeur doit fournir au CHSCT les informations et moyens nécessaires à l'exercice de ses fonctions et à la préparation des réunions. Le CHSCT doit pouvoir disposer d'un local approprié.
Toutefois, il n'a pas de budget de fonctionnement propre et ne peut utiliser celui du comité d'entreprise. Le CHSCT se réunit :

- au moins une fois par trimestre, à l'initiative de l'employeur, ou plus fréquemment en cas de besoin (notamment dans les branches d'activité à haut risque) ;
- à la suite d'un accident ayant eu ou ayant pu avoir des conséquences graves ;
- à la demande motivée de deux membres au moins du CHSCT.

Les congés

Les principaux congés auxquels vous avez droit figurent dans ce chapitre, avec les jours fériés. Certains congés spécifiques (pour maternité, paternité, maladie, formation...) sont traités dans d'autres parties de votre guide : reportez-vous à l'index, en page 7.
Pendant le congé, le contrat de travail est simplement suspendu ; au terme du congé, vous devez retrouver votre emploi dans l'entreprise. Notez qu'il est toujours plus sûr de demander à l'employeur de formaliser son accord par écrit pour votre départ en congé.

Les jours fériés

➤ *Les 11 jours fériés légaux*

Les 11 jours fériés légaux prévus par l'article L. 3133-1 du Code du travail sont : le 1er janvier, le lundi de Pâques, le 1er mai, le 8 mai, l'Ascension, le lundi de Pentecôte, le 14 juillet, l'Assomption (15 août), la Toussaint (1er novembre), le 11 novembre, le 25 décembre. Peuvent s'ajouter à cette liste des jours fériés pour fête professionnelle ou locale. Ex. : la Saint-Éloi dans la métallurgie, le Vendredi saint et le 26 décembre en Alsace-Moselle.

➤ *Les conséquences de la journée de solidarité*

La journée de solidarité est destinée à assurer le financement des actions en faveur de l'autonomie des personnes âgées ou handicapées (art. L. 3133-7). Pour les salariés, cette journée prend la forme d'une journée supplémentaire de travail (avec proratisation pour les salariés à temps partiel), dont la date est fixée par accord d'entreprise ou d'établissement ou, à défaut, par accord de branche. Il peut s'agir soit d'un jour férié précédemment chômé autre que le 1er mai, soit d'un jour de RTT, soit de toute autre modalité permettant le travail de 7 heures précédemment non travaillées en application de dispositions conventionnelles ou des modalités d'organisation des entreprises. À défaut d'accord collectif, c'est à l'employeur

qu'il appartient de définir les modalités d'accomplissement de la journée de solidarité, après consultation du comité d'entreprise ou, à défaut, des délégués du personnel s'ils existent (art. L. 3133-8). Notez que des dispositions particulières sont en vigueur dans les départements de la Moselle, du Haut-Rhin et du Bas-Rhin (renseignements auprès des représentants du personnel).
La journée de solidarité s'applique à tous les salariés. Toutefois, si elle est fixée un jour férié, elle ne concerne pas les jeunes travailleurs de moins de 18 ans ; si un accord collectif fixe un jour non férié comme journée de solidarité, c'est aux partenaires sociaux qu'il revient de fixer les conditions dans lesquelles ces salariés effectueront cette journée.

sachez-le *Le travail de la journée de solidarité dans les conditions légales ne constitue pas une modification du contrat de travail.*

Cette journée, dans la limite de 7 heures (proratisée pour les salariés à temps partiel), ne donne pas lieu à rémunération lorsque le salarié est mensualisé (voir p. 79) ainsi que, dans la limite de la valeur d'une journée de travail, pour les salariés dont la rémunération est calculée par référence à un nombre annuel de jours de travail (« forfait jours ») (art. L. 3121-45). Les salariés non mensualisés sont rémunérés normalement pour le travail accompli durant cette journée.

sachez-le *Si vous avez déjà accompli, au titre de l'année en cours, une journée de solidarité, telle que définie ci-dessus, et que vous devez effectuer une nouvelle journée en raison d'un changement d'employeur, les heures travaillées ce jour donnent lieu à rémunération supplémentaire. La loi vous autorise également à refuser d'exécuter cette journée supplémentaire de travail sans que ce refus constitue une faute ou un motif de licenciement (art. L. 3133-12).*

➤ Le repos pendant les jours fériés

Sauf pour les salariés de moins de 18 ans (avec des exceptions), la loi n'impose pas le chômage des jours fériés autres que le 1er mai. Le repos des jours fériés dépend de la convention collective ou des usages applicables. Le repos du 1er mai est en principe obligatoire pour tous les salariés, avec des exceptions pour les établissements ou services qui ne peuvent interrompre le travail : hôpitaux, usines à feu continu, par exemple. La journée du 1er mai est alors payée double (art. L. 3133-4 et L. 3133-6).

sachez-le *La plupart des conventions collectives prévoient le chômage des jours fériés ; renseignez-vous.*

➤ *Le paiement des jours fériés chômés*

Le paiement des jours fériés chômés est obligatoire pour les salariés totalisant au moins 3 mois d'ancienneté dans l'entreprise ou l'établissement (art. L. 3133-3). Les conventions collectives peuvent prévoir des conditions plus favorables. Pour les salariés exclus de la « mensualisation » (voir p. 80), aucune rémunération n'est due, sauf convention ou accord collectif plus favorables. En revanche, le 1er mai doit être payé à tous les salariés, sans aucune condition (art. L. 3133-5). La récupération des jours fériés chômés est interdite (art. L. 3133-2).

➤ *Les « ponts »*

On parle de «pont» lorsque l'employeur accorde le repos d'une journée comprise entre un jour férié chômé et les jours de repos hebdomadaire (ex. : pont de l'Ascension). La pratique des ponts résulte soit des dispositions d'une convention collective de branche ou d'entreprise, soit des usages, soit d'une décision unilatérale de l'employeur. Les heures de travail perdues en raison d'un pont peuvent faire l'objet d'une récupération, à condition d'avoir fait chuter l'horaire hebdomadaire en dessous de la durée légale.

Les congés payés

Tout salarié a droit chaque année à un congé payé à la charge de l'employeur (art. L. 3141-1 et suiv.). La condition imposant d'avoir travaillé chez le même employeur pendant un temps équivalant à un minimum de 10 jours de travail effectif a été supprimée par la loi du 22/03/2012.

➤ *Qu'appelle-t-on «année de référence» ?*

L'année de référence pour l'acquisition des congés va du 1er juin de l'année précédente au 31 mai de l'année en cours. Une autre date peut toutefois être fixée par convention ou accord collectif de travail conclu en application de l'article L. 3122-2 du Code du travail (aménagement du temps de travail sur plus d'une semaine et au plus sur l'année, voir p. 100). En outre, dans les professions où sont instituées des caisses de congés payés (bâtiment et travaux publics, dockers, spectacle...), l'année de référence va du 1er avril au 31 mars. Dans ces professions, les congés ne sont pas payés directement par l'employeur, mais par la caisse de congés payés.

➤ *À combien de jours de congés avez-vous droit ?*

Vous avez droit à 2,5 jours ouvrables de congé par mois de travail effectif chez le même employeur (art. L. 3141-3).

Ainsi, pour 12 mois de travail effectif pendant l'année de référence, vous aurez droit à 30 jours ouvrables, pour 10 mois à 25 jours ouvrables, pour 6 mois à 15 jours ouvrables, etc. Lorsque le calcul des congés n'aboutit pas à un nombre entier, la durée des congés est arrondie au chiffre supérieur. Ex. : 9 mois de travail ouvrent droit à un congé de 23 jours ouvrables (22,5 arrondi à 23), 5 mois ouvrent droit à 13 jours...

sachez-le *Les jours ouvrables sont tous les jours de la semaine, à l'exception du dimanche et des jours fériés chômés. Le samedi, même non travaillé, est un jour ouvrable. Ainsi, les 30 jours ouvrables auxquels vous avez droit pour 12 mois de travail effectif correspondent à 5 semaines de vacances. Il ne faut pas confondre les jours « ouvrables » et les jours « ouvrés », qui sont les jours effectivement travaillés de la semaine (lundi au vendredi, en général).*

➤ Que signifie « travail effectif » ?

Il s'agit du travail effectivement accompli au cours de l'année de référence. La loi assimile certaines absences à des périodes de travail effectif : les congés payés de l'année précédente, la contrepartie obligatoire en repos, les périodes de congé maternité, paternité et d'adoption, les congés de formation économique, sociale et syndicale, les arrêts pour accident de travail, de trajet ou pour maladie professionnelle, etc. (voir art. L. 3141-5 et L. 6322-13).
Les périodes de maladie et les jours de grève ne sont pas légalement assimilés à un temps de travail effectif, mais peuvent l'être par la convention collective ou l'accord de l'employeur.

➤ Comment calculer vos congés ?

Pour le calcul des congés, la loi assimile à 1 mois de travail effectif les périodes équivalant à 4 semaines ou 24 jours de travail (art. L. 3141-4). Attention : les 24 jours correspondent à une semaine de 6 jours ; il faut retenir une équivalence de 22 jours pour une semaine de 5,5 jours et de 20 jours pour une semaine de 5 jours (ou encore de 16 jours pour une semaine de 4 jours).
Trois bases de calcul existent donc :

1. Les mois entiers de travail accomplis de date à date (ex. : 1er juillet au 1er août, 13 septembre au 13 octobre, 21 février au 21 mars...) ;

2. Les périodes de 4 semaines complètes (qui ne se suivent pas obligatoirement, ex. : 1 semaine en juin, 1 en juillet, 2 en octobre) ;

3. Les périodes de 20 jours de travail (qui ne se suivent pas obligatoirement).

Chacune de ces bases de calcul donne droit à 2,5 jours ouvrables de congés. La plus favorable doit être retenue.

➤ *Jours fériés et maladie durant les congés*

La présence, pendant vos congés, d'un jour férié chômé dans l'entreprise a pour effet de prolonger ceux-ci d'une journée, sauf si le jour férié est un dimanche. S'agissant de la maladie pendant les congés, elle est, en l'état actuel de la jurisprudence de la Cour de cassation, sans incidence sur leur durée. Sauf accord de l'employeur ou disposition plus favorable de la convention collective, vous ne pourrez donc ni prolonger vos congés, ni en demander le report à une date ultérieure : vous aurez toutefois la possibilité de cumuler l'indemnité de congés payés et les indemnités journalières de la Sécurité sociale. En revanche, si vous vous êtes trouvé dans l'impossibilité de prendre vos congés payés annuels au cours de l'année prévue par le Code du travail ou une convention collective en raison d'une absence liée à une maladie, un accident du travail ou une maladie professionnelle, ces congés doivent être reportés après la date de reprise du travail ou donner lieu au versement d'une indemnité compensatrice.

➤ *Les congés supplémentaires*

Tout salarié de moins de 21 ans au 30 avril de l'année précédente a droit, s'il le demande, à un congé de 30 jours ouvrables. Toutefois, aucune indemnité de congé n'est due pour les jours de congé dont il réclame le bénéfice en plus de ceux acquis à raison du travail accompli au cours de la période de référence (art. L. 3164-9).
Toute femme salariée de moins de 21 ans au 30 avril de l'année précédente bénéficie d'un congé supplémentaire de 2 jours par enfant à charge lorsque son congé légal est supérieur à 6 jours. Lorsque son congé légal est inférieur à 6 jours, le congé supplémentaire est réduit à 1 jour par enfant (art. L. 3141-9).
Par ailleurs, des congés supplémentaires en raison de l'âge ou de l'ancienneté peuvent être accordés par convention ou accord collectif de travail (art. L. 3141-8).

➤ *Quand pouvez-vous prendre vos congés ?*

Les congés peuvent être pris dès l'ouverture des droits, c'est-à-dire avant la période normale fixée par la loi (1er mai au 31 octobre), en cas d'accord avec l'employeur. Cette disposition ne remet toutefois pas en cause le principe selon lequel, à défaut de convention ou d'accord collectif les fixant, la période et l'ordre des départs en congé sont arrêtés par l'employeur, qui doit respecter les usages et consulter le comité d'entreprise ainsi que les délégués du personnel (art. L. 3141-13). En tout état de cause, cette période doit comprendre la période légale qui court du 1er mai au 31 octobre et être portée à la connaissance des salariés 2 mois avant son ouverture. L'employeur ne peut obliger un salarié à prendre ses vacances en dehors de cette période, sauf accord du salarié ou application des dispositions d'une convention collective ou d'un accord collectif d'établissement.

sachez-le *Les salariés de retour d'un congé de maternité ou d'adoption ont droit à leur congé payé annuel, quelle que soit la période de congé payé retenue, par accord collectif ou par l'employeur, pour le personnel de l'entreprise. Ainsi, les salarié(e)s dont le congé de maternité ou d'adoption aura coïncidé avec la période de prise des congés payés applicable dans l'entreprise pourront bénéficier de leurs congés payés à leur retour de congé, même si ladite période a expiré.*

Lorsqu'il a fixé vos dates de congé, l'employeur ne peut plus, dans le mois précédant votre départ, les modifier sans votre accord (sauf circonstances exceptionnelles, art. L. 3141-16). Vous devez impérativement respecter les dates fixées.

sachez-le *Les conjoints et les partenaires liés par un PACS travaillant dans la même entreprise ont droit à un congé simultané.*

La répartition des congés dans le temps fait l'objet de règles devant, en tout état de cause, être respectées (art. L. 3141-17 à L. 3141-20) :

1 - Chaque salarié doit bénéficier d'un congé principal d'au moins 12 jours ouvrables continus, compris entre 2 jours de repos hebdomadaires. Lorsque le droit à congé est inférieur à 12 jours, le congé doit être pris en une seule fois. Ce congé principal et continu doit en principe être attribué pendant la période légale, sauf dérogation prévue par convention ou accord collectif, ou acceptation du salarié. Les jours restant dus peuvent donner droit, à défaut de convention collective ou d'accord du salarié, à 2 jours supplémentaires de congé lorsque vous prenez au moins 6 jours ouvrables en dehors de la période légale, et 1 jour si vous prenez entre 3 et 5 jours ouvrables.

2 - Le congé principal continu ne peut excéder 24 jours ouvrables. La « 5e semaine » devra donc être prise à part du congé principal. Seuls les salariés justifiant de contraintes géographiques particulières, comme les travailleurs étrangers retournant dans leur pays d'origine pendant leurs congés, peuvent accoler la 5e semaine à ce congé.
Le fractionnement de la 5e semaine ne donne pas droit à des congés supplémentaires.

➤ *Le paiement des congés*

Pendant vos congés, l'employeur doit vous verser une indemnité de congés payés. Celle-ci a un caractère de salaire ; elle est soumise aux cotisations sociales. Elle peut se calculer selon deux méthodes (maintien de salaire ou règle du dixième), l'employeur devant retenir la plus avantageuse pour vous (art. L. 3141-22).

- **La règle du maintien de salaire :** l'employeur vous verse une indemnité égale à la rémunération que vous auriez perçue si vous aviez travaillé pendant vos congés.
- **La règle du dixième :** l'employeur vous verse une indemnité égale au dixième de la rémunération totale perçue au cours de l'année de référence écoulée (1er juin - 31 mai, voir p. 149).

La rémunération prise en compte pour le calcul de l'indemnité de congés payés comprend tous les salaires perçus (salaire de base, primes...), à l'exception, notamment, des remboursements de frais, et des des primes semestrielles ou annuelles dont le montant n'est pas diminué par les congés (ex. : 13e mois, prime de vacances...).

sachez-le *Si votre contrat est rompu avant la prise de vos congés, quelle que soit la situation (démission, licenciement sauf faute lourde, fin de CDD ou de mission d'intérim), l'employeur doit vous verser une indemnité compensatrice de congés payés égale au montant des rémunérations ou de l'indemnité que vous auriez perçues si vous aviez pris les congés que vous avez acquis.*

Les congés légaux pour événements familiaux

Ces congés s'appliquent à défaut de dispositions conventionnelles plus favorables (pour les congés maternité, paternité ou adoption, voir p. 165).

➤ *Congés rémunérés*

Tout salarié a le droit de s'absenter sans perte de salaire (art. L. 3142-1) : 4 jours pour son mariage (ou remariage), 2 jours pour le décès du conjoint ou d'un enfant (disposition également applicable aux partenaires liés par un PACS), 1 jour pour le mariage d'un enfant, 1 jour pour le décès du père, de la mère, du beau-père, de la belle-mère, d'un frère ou d'une sœur, 3 jours pour la naissance d'un enfant (congé qui vient s'ajouter au congé de paternité auquel le salarié a droit, voir p. 167).

➤ *Congés non rémunérés*

Tout salarié a droit à un congé non rémunéré en cas de maladie ou d'accident constatés par certificat médical d'un enfant de moins de 16 ans dont il a la charge. La durée est de 3 jours/an, voire 5 jours si

l'enfant est âgé de moins de 1 an ou si le salarié a la charge d'au moins 3 enfants âgés de moins de 16 ans (art. L. 1225-61). La convention collective peut toutefois prévoir la rémunération de ce congé.
Par ailleurs, tout salarié dont l'un des proches (ascendant, descendant, frère ou sœur, personne qui partage son domicile, personne l'ayant désigné comme « personne de confiance » au sens de l'article L. 1111-6 du Code de la santé publique) souffre d'une pathologie mettant en jeu le pronostic vital ou qui se trouve en phase avancée ou terminale d'une affection grave et incurable, quelle qu'en soit la cause, peut bénéficier d'un congé de solidarité familiale d'une durée maximale de 3 mois, renouvelable une fois. Ce congé peut, avec l'accord de l'employeur, être transformé en temps partiel ou être fractionné (art. L. 3142-16 et L. 3142-17). Son bénéficiaire peut, dans les conditions fixées par les articles L. 168-1 à L. 168-7 du Code de la Sécurité sociale, percevoir l'allocation journalière d'accompagnement d'une personne en fin de vie, pour une durée maximale de 21 jours. Sur ce congé et cette allocation, on peut se reporter aux précisions figurant sur le site www.ameli.fr.

Le congé de présence parentale

Ce congé s'adresse aux parents d'un enfant malade, accidenté ou handicapé, qui a besoin d'une présence parentale à ses côtés.

➤ *Les conditions*

Le droit au congé de présence parentale (CPP) est ouvert, sans condition d'ancienneté, à tout salarié dont un enfant à charge au sens des prestations familiales (voir p. 242) est atteint d'une maladie, d'un handicap ou qui est victime d'un accident d'une particulière gravité rendant indispensables une présence soutenue et des soins contraignants (art. L. 1225-62) ; cette condition est attestée par un certificat médical qui précise la durée prévisible du traitement.
Le CPP n'est pas rémunéré mais ouvre droit, sous certaines conditions, à l'allocation journalière de présence parentale (voir p. 253).

➤ *La durée du congé*

Le nombre de jours de congé dont peut bénéficier le salarié au titre du CPP est au maximum de 310 jours ouvrés, au sein d'une période maximale de droit de 3 ans pour un même enfant et pour une même maladie, un même accident ou handicap. Aucun de ces jours de congé ne peut être fractionné. Au-delà de cette période de 3 ans, le salarié peut à nouveau bénéficier d'un CPP, en cas de rechute ou de récidive de la pathologie de l'enfant au titre de laquelle un premier congé a été accordé (art. L. 1225-62). La durée initiale de la période au cours de laquelle le salarié peut bénéficier du droit à congé est définie dans le certificat médical établi par le médecin qui suit l'enfant. Cette durée fait l'objet d'un nouvel examen tous les 6 mois.

➤ *La demande*

Le salarié doit informer son employeur par lettre RAR, ou remise en main propre contre décharge, au moins 15 jours avant sa première absence, à laquelle est joint le certificat médical visé page 154 (voir modèle sur le site www.cfdt.fr). Ensuite, lorsqu'il souhaite prendre un ou plusieurs jours de congé qui s'imputeront sur les 310 jours ouvrés dont il dispose, il doit en informer son employeur au moins 48 heures à l'avance (art. L. 1225-63). Si les conditions sont réunies, la demande ne peut être refusée.
À l'issue du CPP, le salarié retrouve son précédent emploi ou un emploi similaire assorti d'une rémunération au moins équivalente. En cas de décès de l'enfant ou de diminution importante des ressources du ménage, le salarié retrouve également son précédent emploi ou un emploi similaire assorti d'une rémunération au moins équivalente, sous réserve d'adresser une demande motivée à son employeur par lettre RAR un mois au moins avant la date souhaitée de son retour (art. L. 1225-64).

Le congé parental

Ce congé (ou l'exercice d'une activité à temps partiel dans ce cadre) est de droit, si le salarié a au moins 1 an d'ancienneté dans l'entreprise à la date de la naissance de l'enfant ou de son arrivée au foyer pour adoption. Ce congé n'est pas rémunéré, mais ouvre droit, sous certaines conditions, au complément de libre choix d'activité (voir p. 246).

➤ *Quand peut-on prendre un congé parental ?*

Vous pouvez le faire, au moment que vous choisirez, pendant une période qui va de la fin du congé maternité ou d'adoption pris par vous-même ou votre conjoint jusqu'au 3e anniversaire de l'enfant ou de l'arrivée au foyer s'il s'agit de l'adoption d'un enfant de moins de 3 ans.
Si la demande est faite dans les règles (voir ci-dessous), votre employeur ne peut la refuser (art. L. 1225-47).

➤ *La durée*

La durée initiale du congé ou de l'activité à temps partiel ne peut excéder 1 an. Elle peut ensuite être prolongée deux fois pour prendre fin au plus tard au 3e anniversaire de l'enfant ou de son arrivée au foyer en cas d'adoption. Toutefois, si l'enfant adopté a plus de 3 ans et moins de 16 ans, le congé parental ou la période à temps partiel ne peuvent excéder 1 an à compter de son arrivée au foyer (art. L. 1225-48).

➤ *La demande*

Au moment de la demande, vous devez choisir entre le temps partiel et le congé. Le temps partiel s'entend d'une durée de travail qui ne peut être inférieure à 16 heures hebdomadaires.
Vous pouvez toujours passer d'une formule à l'autre au moment de la prolongation. La demande doit être faite par lettre RAR (voir modèle sur le site www.cfdt.fr) ou remise contre récépissé (art. R. 1225-13). Lorsque le congé ou l'activité à temps partiel suivent immédiatement la fin du congé de maternité ou d'adoption, la demande doit être adressée au moins 1 mois avant. En dehors de ce cas, le délai est de 2 mois. Pour une prolongation, le délai est de 1 mois. À la fin ou en cours de congé, le salarié peut de sa propre initia-tive suivre un bilan de compétences et une action de formation. La formation lui est due en cas de changement de techniques ou de méthodes de travail sur son poste de travail.

Le congé de soutien familial

Ce congé s'adresse aux salariés qui souhaitent pouvoir s'occuper temporairement d'un de leurs proches présentant un handicap ou une perte d'autonomie d'une particulière gravité. Ce congé est de droit dès lors que les conditions sont réunies ; il n'est pas rémunéré par l'employeur.

➤ *Les conditions*

Pour pouvoir bénéficier d'un congé de soutien familial, le salarié doit justifier d'une ancienneté minimale de 2 ans dans l'entreprise.
Le congé doit être demandé pour s'occuper d'un proche présentant un handicap ou une perte d'autonomie d'une gravité particulière, qui peut être (art. L. 3142-22) :

- le conjoint, le concubin ou la personne avec laquelle le salarié a conclu un PACS ;
- l'ascendant, le descendant, l'enfant dont le salarié assume la charge au sens des prestations familiales ;
- le collatéral jusqu'au 4e degré (frère, sœur, oncle, tante, neveu, nièce, grand-oncle et grande-tante, petit-neveu et petite-nièce, cousine et cousin germains) ;
- l'ascendant, le descendant ou le collatéral jusqu'au 4e degré

du conjoint, du concubin ou de la personne avec laquelle le salarié a conclu un PACS.
La personne que le salarié souhaite aider doit résider en France de façon stable et régulière, et ne doit pas être placée en établissement ou chez un tiers autre que le salarié lui-même.

➤ *La demande*

La demande doit être adressée à l'employeur, au moins 2 mois avant le début du congé, par lettre RAR, ou remise en main propre contre décharge (art. D. 3142-9). Dans ce courrier, le salarié doit indiquer qu'il souhaite bénéficier de ce congé et indiquer la date de son départ en congé. Le délai de 2 mois est ramené à 15 jours en cas d'urgence liée notamment à une dégradation soudaine de l'état de santé de la personne aidée, attestée par certificat médical.

sachez-le *L'article D. 3142-12 du Code du travail donne la liste des documents qui doivent être produits par le salarié avec sa demande.*

➤ *La durée*

Le congé de soutien familial est prévu pour une durée de 3 mois (art. L. 3142-24). Il peut être prolongé, sous réserve que l'employeur en soit averti au moins 1 mois avant le terme initialement prévu, par lettre RAR. Si le salarié reprend son travail et demande un nouveau congé, y compris pour aider la même personne qu'au titre d'un congé précédent, la procédure est la même que s'il s'agissait d'un nouveau congé. Sur l'ensemble de la carrière, le congé de soutien familial ne peut excéder une durée de 1 an.
La durée du congé est prise en compte pour la détermination des avantages liés à l'ancienneté. Le salarié conserve, en outre, le bénéfice de tous les avantages qu'il avait acquis avant le début du congé.
Le salarié en congé de soutien familial ne peut exercer aucune activité professionnelle ; il peut simplement être employé par la personne aidée si celle-ci bénéficie de l'allocation personnalisée d'autonomie (APA) ou de la prestation de compensation du handicap (PCH), dans les conditions prévues par la réglementation propre à ces prestations sociales.
Dans un certain nombre de situations, énumérées par l'article L. 3142-25 du Code du travail (décès de la personne aidée, diminution importante des ressources du salarié, etc.), le salarié peut mettre fin de façon anticipée au congé de soutien familial ou, s'il n'a pas encore débuté, y renoncer. Il doit, pour cela, adresser une demande motivée à son employeur par lettre RAR ou par lettre remise contre récépissé (c'est-à-dire en main propre contre décharge),

au moins 1 mois avant la date à laquelle il entend bénéficier de ces dispositions. Ce délai est ramené à 2 semaines en cas de décès de la personne aidée (art. D. 3142-13).

sachez-le *À l'issue du congé de soutien familial, le salarié retrouve son emploi ou un emploi similaire assorti d'une rémunération au moins équivalente. Avant son congé, comme lors de son retour, il a droit à un entretien avec son employeur afin de faire le point sur son orientation professionnelle.*

Les autres congés

➤ *Congés pour activité d'intérêt général*

L'employeur est tenu d'accorder le temps nécessaire à l'exercice de diverses fonctions ou activités : conseiller ou défenseur prud'homme, conseiller du salarié, juré d'assises ou témoin à un procès, participation à des instances de la formation professionnelle, au conseil d'administration d'une caisse de Sécurité sociale ou d'Allocations familiales, représentation d'une association ou d'une mutuelle.

➤ *Congé sabbatique*

Il s'agit d'un congé non rémunéré d'une durée comprise entre 6 et 11 mois. Pour en bénéficier, le salarié doit avoir au moins 6 années d'activité professionnelle, dont 3 ans d'ancienneté dans l'entreprise à la date du congé, et n'avoir pas bénéficié dans les 6 années précédentes d'un congé sabbatique ou pour création d'entreprise, ou d'un congé-formation d'au moins 6 mois. La demande doit être faite à l'employeur (par lettre RAR ou remise contre récépissé) au moins 3 mois à l'avance, en précisant la durée du congé. L'employeur peut refuser (uniquement dans les entreprises de moins de 200 salariés) ou différer au maximum pendant 6 mois le départ en congé (9 mois dans les entreprises de moins de 200 salariés). À l'issue du congé, le salarié retrouve son emploi ou un emploi similaire assorti d'une rémunération au moins équivalente (art. L. 3142-91 et suiv.). Une reprise avant la date prévue nécessite l'accord de l'employeur.

➤ *Congé ou temps partiel pour création d'entreprise*

Ce congé (ou cette période à temps partiel) non rémunéré est ouvert à tout salarié ayant une ancienneté d'au moins 2 ans, consécutifs ou non, dans l'entreprise (art. L. 3142-78 et suiv.). La demande doit être faite par lettre RAR ou remise contre récépissé, et elle doit préciser l'activité que le salarié prévoit de créer ou de reprendre.

sachez-le *Si l'employeur ne répond pas dans les 30 jours qui suivent la demande, il est réputé avoir donné son accord. Sous certaines conditions, il peut différer le départ en congé.*

La durée maximale du congé (ou de la période à temps partiel) est de 1 an, renouvelable une fois si le salarié en fait la demande 2 mois avant son terme (le renouvellement ou la prolongation du temps partiel est de 1 an maximum). À l'issue du congé (ou de la période d'activité à temps partiel), le salarié doit retrouver son précédent emploi ou un emploi similaire assorti d'une rémunération au moins équivalente. Il peut également rompre son contrat de travail (démission), sans avoir à respecter de préavis. Dans l'un ou l'autre cas, il doit informer l'employeur de ses intentions 3 mois avant la fin de son congé ou de sa période à temps partiel. Le congé pour création d'entreprise n'est pas rémunéré. Le salarié qui en bénéficie peut cependant demander le déblocage anticipé de sa participation (ou des sommes inscrites sur son plan d'épargne entreprise ou interentreprise), ou utiliser son compte épargne temps (CET).

sachez-le *Ces dispositions s'appliquent également au salarié qui souhaite exercer des responsabilités de direction au sein d'une entreprise répondant, au moment où il sollicite son congé, aux critères de jeune entreprise innovante (JEI). Ce statut, défini par l'article 44 sexies-0 A du Code général des impôts, est accordé aux PME de moins de 8 ans qui, entre autres conditions, engagent des dépenses de recherche-développement représentant au moins 15 % de leurs charges totales.*

➤ Compte épargne temps (CET)

Le CET, mis en place par accord collectif d'entreprise ou d'établissement, ou, à défaut, de branche, permet aux salariés d'accumuler des droits à congé rémunéré ou de bénéficier d'une rémunération, immédiate ou différée, en contrepartie des périodes de congé ou de repos non prises ou des sommes qu'il y a affectées. Il peut être alimenté, notamment, par le report d'une partie des congés payés annuels, le temps libéré par la réduction du temps de travail, la conversion en jours de primes et indemnités, d'augmentations de salaire... Les droits affectés sur le CET peuvent être utilisés, à l'initiative du salarié, notamment pour compléter sa rémunération ou cesser, de manière progressive, son activité, alimenter un plan d'épargne salariale, indemniser en tout ou partie un congé (congé parental d'éducation, congé pour création ou reprise d'entreprise, congé sabbatique...), un passage à temps partiel, une formation en dehors du temps de travail... Renseignements auprès des représentants du personnel.

9 La maladie

La maladie du salarié, dès lors qu'elle l'oblige à interrompre son activité et l'empêche ainsi de fournir le travail pour lequel il est normalement payé, pose deux questions principales :

- la maladie entraîne-t-elle la rupture du contrat de travail ?
- de quels revenus disposera le salarié pendant son arrêt maladie ?

Notez que des règles spécifiques s'appliquent en cas d'interruption de travail due à un accident du travail ou à une maladie professionnelle (voir p. 169).

Les effets sur le contrat de travail

➤ *La suspension ou la rupture du contrat de travail*

Les absences pour maladie ou accident ne constituent pas une rupture du contrat de travail. Celui-ci est simplement suspendu et vous devez retrouver votre emploi à la fin de votre absence.

Il arrive cependant que la maladie ou l'accident puissent entraîner la rupture du contrat de travail.

1 - La maladie de courte durée n'est pas une cause de rupture de votre contrat, qu'il s'agisse d'un contrat à durée indéterminée, à durée déterminée ou d'un contrat de mission. Vous pouvez néanmoins être licencié pour d'autres motifs : économique, faute personnelle, etc.

2 - L'employeur peut vous licencier lorsque votre absence, prolongée ou répétée, du fait d'une maladie perturbe le bon fonctionnement de l'entreprise et entraîne la nécessité pour l'employeur de procéder à un remplacement définitif.

3 - En cas d'inaptitude physique constatée par le médecin du travail, l'employeur ne peut vous licencier avant d'avoir préalablement tenté de vous reclasser (voir p. 171).
Pour les règles concernant le licenciement (procédure et indemnités), reportez-vous en page 188 et suivantes.

sachez-le *Si vous êtes malade, n'hésitez pas à vous reporter à votre convention collective pour connaître les dispositions spécifiques qu'elle peut prévoir (clause de garantie d'emploi, complément d'indemnisation, etc.) dans cette situation.*

Existe-t-il des dispositions spécifiques en cas de longue maladie ?

Tout salarié atteint d'une maladie de longue durée au sens de la Sécurité sociale (infection par le VIH-Sida, cancer, tuberculose active, sclérose en plaques...) bénéficie d'autorisations d'absence pour suivre les traitements médicaux rendus nécessaires par son état de santé (art. L. 1226-5). Sauf dispositions conventionnelles plus favorables, ces autorisations d'absence n'ouvrent pas droit à rémunération.

➤ *Les obligations du salarié*

En cas d'absence pour maladie, vous devez :

- informer votre employeur dans les plus brefs délais (en général 48 heures) du motif et de la durée probable de votre absence et lui adresser un certificat médical ;
- respecter votre obligation de loyauté à l'égard de votre employeur ;
- reprendre votre travail à la date prévue, sauf prolongation de votre arrêt établie par certificat médical envoyé à l'employeur.

Le non-respect de ces obligations constitue une faute susceptible de justifier une sanction pouvant aller jusqu'au licenciement.

Vis-à-vis de la Sécurité sociale, vous êtes également tenu aux obligations suivantes, sous peine de suppression totale ou partielle des indemnités journalières (voir p. 231) : transmettre à votre CPAM, dans les 48 heures, l'arrêt de travail remis par votre médecin (arrêt de travail initial ou prolongation établie, en principe, par le médecin ayant prescrit l'arrêt initial ou le médecin traitant) ; respecter les heures de sortie autorisées, dans les limites indiquées par le médecin sur l'arrêt de travail ; répondre aux convocations du service du contrôle médical de la CPAM ; vous abstenir de toute activité non autorisée par le médecin.

Les revenus en cas d'arrêt maladie

Ils sont composés des indemnités journalières de Sécurité sociale et, le cas échéant, d'un complément d'indemnisation versé par l'employeur.

➤ *Les indemnités journalières*

Sous réserve de remplir un certain nombre de conditions, les salariés en arrêt de travail pour maladie peuvent percevoir des indemnités journalières de la Sécurité sociale (voir p. 231 et suiv.).

➤ *Le complément d'indemnisation*

Un complément d'indemnisation à la charge de l'employeur est la plupart du temps prévu par les conventions collectives. Il prend la forme d'un maintien total ou partiel de la rémunération, après un délai de carence de quelques jours. Le montant, le point de départ et la durée du maintien de la rémunération ainsi que les conditions d'ancienneté varient selon les conventions collectives.

En toute hypothèse, les salariés mensualisés (voir p. 79 et 80) et ayant au moins 1 an d'ancienneté dans l'entreprise bénéficient au minimum, à compter du 8e jour d'arrêt, de l'indemnité complémentaire légale prévue par le Code du travail (voir les articles L. 1226-1 et D. 1226-1 et suiv.) : maintien de 90 % de la rémunération brute pendant 30 jours et des 2/3 de la rémunération brute pendant les 30 jours suivants. Les durées d'indemnisation sont augmentées de 10 jours par période entière de 5 ans d'ancienneté au-delà de la première année, dans la limite de 90 jours pour chacune (soit 180 jours au total). Notez que ces conditions d'ancienneté ne s'appliquent pas aux femmes salariées mentionnées dans le « *Sachez-le* » de la page 164.

Attention, il s'agit de jours d'arrêt de travail, donc de jours « calendaires » comprenant les samedis et les dimanches. La rémunération brute à prendre en compte est celle que vous auriez perçue si vous aviez travaillé.

En cas d'arrêt de travail dû à un accident du travail ou à une maladie professionnelle, les conventions collectives prévoient parfois des compléments d'indemnisation plus favorables. Pour les salariés mensualisés (voir p. 79 et 80), le maintien de la rémunération (voir ci-dessus) s'applique dès le 1er jour d'arrêt et non dès le 8e (art. D. 1226-3).

sachez-le *À défaut d'usage, de convention ou d'accord le précisant, la cure thermale, même prescrite par le médecin, ne donne pas lieu à versement des indemnités conventionnelles, sauf incapacité de travail.*

10 Maternité, paternité et adoption

Les femmes enceintes qui exercent une activité salariée bénéficient, à l'occasion de leur grossesse, d'un certain nombre de dispositions spécifiques : interdiction des discriminations, réglementation de leurs conditions de travail, limitation des possibilités de licenciement, droit à un congé rémunéré avant et après l'accouchement. Certaines de ces dispositions s'appliquent en cas d'adoption. De leur côté, les salariés peuvent bénéficier, sous certaines conditions, d'un congé de paternité et d'accueil de l'enfant.

Les droits de la femme enceinte

La femme enceinte bénéficie, en application des dispositions du Code du travail, d'un certain nombre de garanties et protections dès lors que l'employeur est informé de son état de grossesse.

➤ *Les dispositions protectrices*

1 - L'employeur ne doit pas prendre en considération l'état de grossesse d'une femme pour refuser de l'embaucher, résilier son contrat de travail pendant la période d'essai ou, sous réserve de ce qui est dit ci-contre, prononcer une mutation (art. L. 1225-1). Il lui est interdit de faire des recherches d'une quelconque manière sur l'état de grossesse. De même, une femme enceinte candidate à un emploi n'est pas tenue de révéler son état.
En cas de litige, l'employeur doit communiquer au juge tous les éléments justifiant sa décision. Si un doute subsiste, il profite à la salariée en état de grossesse (art. L. 1225-3).
La grossesse fait également partie des motifs de discrimination prohibés par la loi (voir p. 17 et 76).

2 - Lorsque son état de santé l'exige (certificat médical), la salariée enceinte peut être affectée temporairement dans un autre emploi, à sa demande ou à l'initiative de l'employeur. Dans ce cas, son salaire doit être maintenu. Si l'affectation est proposée dans un autre établissement, la salariée doit donner son accord. En cas de désaccord, il appartient au médecin du travail d'arbitrer. La salariée retrouve son emploi initial à la fin de la grossesse ou dès que son état de santé le permet.

3 - Elle a droit à une autorisation d'absence sans perte de salaire pour se rendre aux examens médicaux obligatoires dans le cadre de la grossesse et des suites de l'accouchement (art. L. 1225-16).

4 - Elle a droit à un congé maternité (sur l'indemnisation, voir p. 233) pendant lequel son contrat est suspendu (art. L. 1225-17). Sa durée est prise en compte pour l'acquisition des droits liés à l'ancienneté (art. L. 1225-24).

5 - La femme en état de grossesse médicalement constaté peut démissionner sans avoir à respecter le préavis qui lui est imposé, et sans devoir d'indemnité de rupture (art. L. 1225-34).

sachez-le *Dans certaines conditions, les femmes enceintes ou ayant accouché, travaillant la nuit, peuvent demander à être affectées temporairement à un poste de jour (la demande peut également émaner du médecin du travail). Si l'employeur ne peut donner suite à cette demande, le contrat de travail de la salariée est suspendu jusqu'à la date du début du congé légal de maternité. La salariée bénéficie alors d'une garantie de rémunération, composée d'une indemnité journalière versée par la Sécurité sociale dans les conditions prévues en matière d'assurance maladie (voir p. 231) et d'un complément de rémunération versé par l'employeur, selon les mêmes modalités qu'en matière de mensualisation (voir p. 161). Des dispositions semblables s'appliquent aux femmes enceintes ou de retour de congé de maternité qui occupent des postes de travail les exposant à des risques particuliers (art. L. 1225-12 et suiv. et R. 1225-4).*

➤ La protection spécifique contre le licenciement

Il faut distinguer deux périodes :

1 - Au cours de toute la durée de la grossesse, et après la naissance (ou l'adoption), y compris pendant toute la durée légale du congé de maternité (ou d'adoption) ainsi que pendant les 4 semaines suivantes, l'employeur ne peut licencier la salariée que si elle a commis une faute grave non liée à l'état de grossesse, ou si l'employeur se trouve dans l'impossibilité, pour un motif étranger à la grossesse, à l'accouchement ou à l'adoption, de maintenir le contrat de travail (art. L. 1225-4).

Le licenciement qui n'obéit pas à l'un de ces deux motifs est nul si, dans les 15 jours suivant sa notification, la salariée envoie à l'employeur (par lettre recommandée avec demande d'AR) un certificat médical justifiant son état de grossesse ou une attestation délivrée par le service départemental d'aide sociale à l'enfance ou l'œuvre d'adoption autorisée qui a procédé au placement. La réintégration est alors de droit, si la salariée la demande. À défaut, l'employeur pourra être condamné à verser les salaires que la salariée aurait perçus jusqu'à l'expiration des périodes de protection, et au paiement de dommages et intérêts.

2 - Pendant toute la durée du congé maternité ou du congé d'adoption, le licenciement, même s'il est prononcé pour l'un des deux seuls motifs autorisés (voir ci-dessus), ne peut prendre effet. Le contrat de travail ne pourra prendre fin, au plus tôt, qu'à l'expiration de la période de suspension du contrat de travail (art. L. 1225-4).

attention *Ces dispositions ne font pas échec à l'arrivée du terme d'un CDD et ne s'appliquent pas pendant la période d'essai.*

Le congé de maternité ou d'adoption

➤ *Durée du congé de maternité*

La salariée enceinte a le droit de suspendre son contrat de travail pendant une durée variable (voir tableau ci-contre), avec les précisions suivantes (art. L. 1225-17 et suiv.) :

- **État pathologique :** en cas de « grossesse pathologique » médicalement constatée, le congé prénatal peut être augmenté de 2 semaines. De même, en cas de « couches pathologiques », le congé postnatal peut être augmenté de 4 semaines.
- **Hospitalisation de l'enfant :** la salariée peut reprendre son activité à la fin de la 6e semaine suivant l'accouchement si son enfant est hospitalisé depuis la naissance et reporter à la date où l'enfant sortira de l'hôpital le congé auquel elle a encore droit.
- **Accouchement prématuré :** la durée totale du congé maternité n'est pas modifiée - le congé postnatal est allongé de la durée du congé prénatal qui n'a pu être pris. En outre, les mères dont l'accouchement survient plus de 6 semaines avant la date prévue et exige l'hospitalisation postnatale de l'enfant bénéficient d'une période supplémentaire indemnisée. Celle-ci est égale au nombre de jours compris entre la date réelle de l'accouchement et la date initialement prévue de début du congé maternité. Elle ne peut être prise séparément du congé de maternité.

● **Accouchement tardif :** la durée du congé postnatal n'est pas modifiée ; la durée totale du congé maternité s'en trouve donc allongée.

● **Repos obligatoire :** la salariée peut ne pas prendre l'intégralité du congé auquel elle a droit, mais il lui est interdit de travailler pendant une période de 8 semaines entourant l'accouchement, dont au moins 6 après la date de celui-ci. Sous cette réserve, elle peut réduire, à sa demande et après avis favorable du médecin qui suit la grossesse, la période de congé prénatal d'une durée maximale de 3 semaines (la période de congé postnatal est augmentée d'autant).

● **Décès de la mère :** lorsque la mère décède lors de l'accouchement ou au cours du congé postnatal, le père peut bénéficier du congé maternité restant à courir (art. L. 1225-28). Il bénéficie alors de la protection contre le licenciement et, s'il en remplit les conditions, des indemnités journalières (voir le site www.ameli.fr). Lorsque le père de l'enfant n'exerce pas son droit, le bénéfice de celui-ci est accordé au conjoint salarié de la mère ou à la personne liée à elle par un PACS ou vivant maritalement avec elle.

Durée du congé de maternité (en semaines)

	Naissance unique		Naissances multiples (3)	
	1er ou 2e enfant	3e enf. et + (2)	2 enfants	+ de 2 enfants
Congé prénatal (1)	6	8	12	24
Congé postnatal (1)	10	18	22	22
Total	16	26	34	46

(1) La durée du congé pré- et postnatal peut être prolongée respectivement de 2 et 4 semaines maximum en raison de l'état pathologique.
(2) Ont droit à ce congé les femmes qui ont déjà mis au monde deux enfants ou qui assument la charge d'au moins deux enfants.
(3) Il est possible d'allonger le congé prénatal de 2 semaines en cas d'attente d'un 3e enfant, de 4 semaines en cas d'attente de jumeaux. Le congé postnatal sera écourté d'autant.

À la fin de son congé de maternité (ou d'adoption), la salariée doit retrouver son emploi ou un emploi similaire assorti d'une rémunération au moins équivalente ; elle a également droit à un entretien avec son employeur en vue de son orientation professionnelle.

➤ *Durée du congé d'adoption*

Le salarié (le père adoptif ou la mère adoptive) qui adopte un enfant a le droit de prendre un congé à partir de la date d'arrivée de l'enfant au foyer : il peut même, afin de préparer l'arrivée de l'enfant, demander que son congé d'adoption commence au maxi-

mum 7 jours calendaires avant cette arrivée (art. L.1225-37).
La durée maximale du congé d'adoption est égale à celle du congé postnatal, soit 10 semaines. Elle est portée à 18 semaines lorsque l'adoption porte à 3 ou plus le nombre d'enfants dont le salarié, ou le foyer, assume la charge et à 22 semaines en cas d'adoptions multiples.
Si les deux parents décident de se répartir ce congé, sa durée, telle que fixée ci-dessus, est majorée de 11 jours (ou 18 jours en cas d'adoptions multiples). Cette durée ne peut alors être fractionnée en plus de deux périodes, qui peuvent être simultanées (les deux parents peuvent donc être en même temps auprès de leur enfant) et dont la plus courte ne peut être inférieure à 11 jours. Ainsi, par exemple, l'un des parents salariés peut prendre le congé principal (10, 18 ou 22 semaines selon les cas) et l'autre le congé de 11 jours (ou 18 jours selon les cas).
Le congé ouvre droit à la protection spéciale contre le licenciement (voir p. 164), et aux indemnités journalières de Sécurité sociale lorsque les conditions sont remplies (voir p. 233).

attention *Pour bénéficier du congé d'adoption, il faut avertir votre employeur du motif de votre absence, lui adresser l'attestation justifiant de l'arrivée au foyer de l'enfant adopté et lui préciser la date à laquelle vous entendez mettre fin à votre congé et retrouver votre emploi. Le plus sûr est d'effectuer cette formalité par lettre recommandée avec demande d'accusé de réception.*

sachez-le *Si, pour adopter un ou plusieurs enfants, vous devez vous rendre à l'étranger ou dans un DOM, une collectivité d'outre-mer ou en Nouvelle-Calédonie, depuis un département métropolitain, un autre DOM ou depuis Saint-Barthélemy, Saint-Martin ou Saint-Pierre-et-Miquelon, vous pouvez prendre, avant votre congé d'adoption, un congé de 6 semaines maximum, non rémunéré. Il faut pour cela être titulaire de l'agrément d'adoption et faire la demande (par lettre recommandée avec AR ou par lettre remise en main propre contre décharge) à l'employeur au moins 2 semaines avant la date de départ, en précisant cette date et celle du retour dans l'entreprise.*

Le congé de paternité et d'accueil de l'enfant

Après la naissance de l'enfant, le père salarié ainsi que, le cas échéant, le conjoint salarié de la mère ou la personne salariée liée à elle par un PACS ou vivant maritalement avec elle bénéficient d'un congé de paternité et d'accueil de l'enfant (art. L. 1225-35 et L. 1225-36). Ce congé peut être indemnisé par la Sécurité sociale.

➤ *Les bénéficiaires*

Ce congé s'adresse aux salariés mentionnés ci-dessus, quelle que soit leur ancienneté dans l'entreprise. Pour en bénéficier, ils doivent avertir leur employeur (de préférence par lettre recommandée avec demande d'AR) au moins un mois avant la date à laquelle ils entendent faire débuter leur congé. Cette lettre doit préciser la date de début et de fin du congé (un modèle est disponible sur le site www.cfdt.fr ou sur le site www.ameli.fr).
Le congé doit être pris dans les 4 mois qui suivent la naissance. Il peut donc être accolé au congé de naissance de 3 jours, mais également être pris plus tard, sous réserve de respecter la limite des 4 mois suivant la naissance. En outre, si l'enfant est hospitalisé, ou si la mère est décédée avant la fin de son congé de maternité, le congé peut être pris dans les 4 mois qui suivent, selon le cas, la fin de l'hospitalisation ou la fin du congé dont bénéficie le père en cas de décès de la mère (voir p. 166).

➤ *La durée et l'indemnisation du congé de paternité*

● **Durée maximale.** La durée maximale (le salarié peut prendre moins) du congé est de 11 jours consécutifs et passe à 18 jours consécutifs en cas de naissances multiples (tous les jours de la semaine sont comptés, y compris le dimanche). Ce congé ne peut pas être fractionné ; il s'ajoute au congé de naissance de 3 jours mentionné ci-desssus et en page 153. À l'issue de son congé de paternité, le salarié retrouve son précédent emploi ou un emploi similaire assorti d'une rémunération au moins équivalente.

● **Indemnisation du congé.** Pendant le congé de paternité, le contrat de travail est suspendu et le salarié n'est pas rémunéré. Toutefois, pendant ce congé, la Sécurité sociale pourra lui verser des indemnités journalières, sous réserve qu'il remplisse les conditions d'ouverture des droits aux prestations d'assurance maternité (voir p. 233). Ces indemnités sont du même montant que celles versées en cas de maternité (voir p. 233) ; une simulation de leur montant peut être effectuée sur le site www.ameli.fr. Le cumul est impossible avec une indemnité d'assurance maladie, d'accident du travail, d'assurance chômage. Le versement des indemnités doit être demandé auprès de la CPAM dont relève le salarié.
Sous certaines conditions, peuvent également bénéficier d'une indemnisation au titre de ce congé les demandeurs d'emploi, les artistes auteurs, les stagiaires de la formation profes-sionnelle, etc. (voir le site www.ameli.fr).

11 Accidents du travail Inaptitude

Les salariés victimes d'un accident du travail ou reconnus atteints d'une maladie professionnelle bénéficient d'une protection particulière de leur emploi, leur contrat de travail ne pouvant, en principe, être rompu. Ils bénéficient également de prestations de Sécurité sociale (indemnités journalières, remboursement des soins) plus favorables que celles servies en cas de maladie non professionnelle (voir p. 237).

Définitions

➤ *L'accident du travail et l'accident de trajet*

• **L'accident du travail** est défini par la loi comme l'accident survenu, quelle qu'en soit la cause, par le fait ou à l'occasion du travail, à toute personne travaillant, à quelque titre ou en quelque lieu que ce soit, pour un ou plusieurs employeurs. L'accident survenu à un salarié en mission pour son employeur, en France ou à l'étranger, est présumé être un accident de travail, qu'il survienne ou non à l'occasion d'un acte professionnel, sous réserve du droit pour l'employeur ou la Sécurité sociale de prouver que le salarié avait interrompu sa mission pour un motif personnel.

• **L'accident de trajet** est celui qui survient pendant l'horaire normal du trajet, à l'aller ou au retour entre le lieu habituel du travail et la résidence du salarié, ou le lieu dans lequel il prend habituellement ses repas. Le trajet peut ne pas être le plus direct lorsque le détour effectué est rendu nécessaire (ex. : covoiturage régulier).

attention *Sauf cas de force majeure, impossibilité absolue ou motifs légitimes, l'accident de travail, ou de trajet, doit être déclaré à l'employeur (ou à l'un de ses préposés) dans la journée de sa survenance, ou au plus tard dans les 24 heures. Dans la mesure du possible, vous avez intérêt à vous assurer le témoignage des personnes présentes lors de l'accident.*

➤ *Les maladies professionnelles*

Leur liste est fixée de façon limitative par décret, en fonction des produits dangereux utilisés (ex. : plomb, amiante) ou des situations nuisibles pour la santé (ex. : radioactivité). Il existe en outre une procédure spéciale de reconnaissance complémentaire fondée sur l'expertise individuelle.

Effets sur le contrat de travail

➤ *La suspension du contrat*

Le contrat de travail est suspendu pendant toute la durée de l'arrêt de travail ainsi que pendant le délai d'attente et la durée du stage éventuel de réadaptation, de rééducation ou de formation professionnelle. Cette période est prise en compte pour la détermination de tous les avantages légaux ou conventionnels liés à l'ancienneté et, dans la limite d'une durée ininterrompue d'un an, pour le calcul des droits à congés payés (art. L. 1226-7 et L. 3141-5). Au terme de l'arrêt de travail, le salarié qui est déclaré apte à reprendre son travail par le médecin du travail doit retrouver son emploi ou un emploi similaire assorti d'une rémunération équivalente (art. L. 1226-8). À défaut de se conformer à cette obligation, l'employeur peut être condamné à réintégrer le salarié ou à lui verser une indemnité correspondant à 12 mois de salaire minimum (art. L. 1226-15). Si le médecin du travail déclare le salarié inapte à reprendre son poste, l'employeur est tenu de rechercher une solution de reclassement.
Pour les salariés victimes d'accidents de trajet, le régime de la suspension est celui de la maladie.

➤ *La protection contre le licenciement*

Au cours de la suspension du contrat de travail consécutive à un accident du travail ou à une maladie professionnelle (AT-MP), l'employeur ne peut rompre le contrat que s'il justifie soit d'une faute grave de l'intéressé, soit de son impossibilité de maintenir ce contrat pour un motif étranger à l'accident ou à la maladie (art. L. 1226-9). La règle s'applique même si la procédure de licenciement a été engagée avant l'accident. Elle ne fait pas obstacle à l'échéance du terme d'un CDD.
Tout licenciement intervenu pendant la période de suspension pour un motif non autorisé est nul : l'employeur sera tenu de réintégrer le salarié si ce dernier en fait la demande. Dans le cas contraire, il devra verser au salarié, en plus des indemnités de rupture (licenciement et préavis), une indemnité réparant le préjudice subi, dont le montant ne peut être inférieur à l'indemnité due en cas de licenciement sans cause réelle et sérieuse (voir p. 192).

L'inaptitude

Pour des raisons de santé (accident du travail ou non, maladie professionnelle ou non), le salarié peut être reconnu inapte à occuper son emploi habituel. La loi prévoit alors des mesures destinées à protéger l'emploi de ces salariés. Le classement en invalidité ou l'attribution d'un taux d'incapacité ne valent pas inaptitude ; seul le médecin du travail peut se prononcer sur l'inaptitude d'un salarié.

➤ *L'avis d'inaptitude*

Le médecin du travail est fréquemment amené à se prononcer sur l'aptitude des salariés à occuper ou reprendre leur poste de travail. Lorsqu'il délivre un avis d'inaptitude (sur la procédure, voir les articles R. 4624-31 à R. 4624-36), il désigne dans des conclusions écrites les tâches que le salarié ne peut plus accomplir. L'avis d'inaptitude interdit à l'employeur d'occuper le salarié à son poste de travail.

➤ *L'obligation de reclassement*

L'employeur a l'obligation de reclasser tout salarié reconnu inapte par le médecin du travail à occuper son poste de travail. Cette obligation s'impose aussi bien quand l'inaptitude est temporaire que lorsqu'elle est définitive, et même si le médecin du travail a prononcé l'inaptitude à tout emploi dans l'entreprise.

L'employeur doit rechercher un emploi approprié aux capacités du salarié, qui soit aussi comparable que possible à l'emploi précédemment occupé. À cet effet, il doit, au besoin, mettre en œuvre les mutations ou transformations de poste de travail nécessaires, ou un aménagement du temps de travail, et tenir compte des conclusions écrites du médecin du travail et des indications qu'il formule. Dans les entreprises d'au moins 50 salariés, le médecin du travail formule également des indications sur l'aptitude du salarié à bénéficier d'une formation destinée à lui proposer un poste adapté (art. L. 1226-10). La recherche des possibilités de reclassement doit être effectuée au sein de l'entreprise et, le cas échéant, du groupe auquel elle appartient. Si l'entreprise fait partie d'une franchise, l'employeur doit également rechercher s'il existe des permutations possibles du personnel entre les sociétés relevant de cette franchise (Cour de cassation, 20/02/2008). En cas d'inaptitude professionnelle, l'employeur doit, avant de proposer un reclassement au salarié, consulter les DP, pour avis, sur ce reclassement,

Si le salarié n'est pas reclassé dans l'entreprise à l'issue d'un délai de 1 mois à compter de la date de l'examen de reprise du travail ou s'il n'est pas licencié, l'employeur est tenu de verser à l'intéressé,

dès l'expiration de ce délai, le salaire correspondant à l'emploi que celui-ci occupait avant la suspension de son contrat de travail (art. L. 1226-11). Pendant ce délai de 1 mois, jusqu'à son reclassement ou son licenciement, le salarié déclaré inapte par le médecin du travail à la suite d'un accident ou d'une maladie d'origine professionnelle bénéficie d'une « indemnité temporaire d'inaptitude » (ITI) versée selon les mêmes modalités que les indemnités journalières AT-MP et de même montant (voir p. 237). La demande doit être adressée à la CPAM dont relève l'assuré.
Le salarié peut refuser une proposition de reclassement compatible avec son état de santé si celle-ci entraîne une modification de son contrat de travail (nouveau statut, diminution de sa rémunération...). Si l'employeur a procédé au licenciement du salarié, il pourra être condamné au versement d'indemnités pour licenciement sans cause réelle et sérieuse.

➤ *Le licenciement*

L'employeur ne peut prononcer un licenciement fondé sur l'inaptitude qu'en cas d'impossibilité de procéder au reclassement ou en cas de refus, par le salarié, du reclassement proposé, ce refus ne pouvant toutefois constituer une faute grave (voir également précisions ci-dessous). Pour procéder à ce licenciement, l'employeur devra se conformer à la procédure applicable au licenciement pour motif personnel (voir p. 194).
Les sommes dues au salarié dépendent de l'origine de l'inaptitude.
● Inaptitude d'origine professionnelle : sauf refus abusif de reclassement, le salarié a droit à une indemnité de licenciement correspondant au double de l'indemnité légale de licenciement (art. L. 1226-14), ainsi qu'à une indemnité compensatrice d'un montant égal à celui de l'indemnité compensatrice de préavis (voir p. 207). L'employeur devra par ailleurs faire connaître par écrit les motifs qui s'opposent au reclassement (art. L. 1226-12).
L'employeur qui ne respecte pas l'obligation de reclassement pourra être condamné au versement d'une indemnité d'un montant minimum de 12 mois de salaire (art. L. 1226-15).
● Autres cas : l'indemnité de licenciement versée correspond à l'indemnité légale ou conventionnelle (voir p. 208). Le contrat de travail est rompu à la date de notification du licenciement, sans exécution d'un préavis (aucune indemnité compensatrice n'est due) ; celui-ci est toutefois pris en compte pour le calcul de l'indemnité de licenciement.
S'il y avait une possibilité de reclassement ou en cas de refus non abusif du reclassement proposé, l'employeur pourra être condamné à verser une indemnité pour licenciement sans cause réelle et sérieuse (voir p. 192).

10 La médecine du travail

Tout salarié doit pouvoir bénéficier de la médecine du travail, désormais désignée sous l'appellation de « services de santé au travail » (SST) (art. L. 4621-1 et suiv.). Selon l'importance des entreprises, ces services peuvent être propres à une seule entreprise ou communs à plusieurs (art. L. 4622-5). Les SST sont assurés par un ou plusieurs médecins du travail dont le rôle, exclusivement préventif, est de veiller à la protection de la santé des travailleurs (art. L. 4622-3).

➤ *La mission du médecin du travail*

Le médecin du travail est le conseiller de l'employeur, des travailleurs, des représentants du personnel et des services sociaux pour les questions mentionnées à l'article R. 4623-1 : amélioration des conditions de vie et de travail dans l'entreprise, adaptation des postes, des techniques et des rythmes de travail à la santé physique et mentale, protection des travailleurs contre l'ensemble des nuisances, et notamment contre les risques d'accidents du travail. Il peut proposer des mutations ou transformations de poste, notamment lorsque l'âge, la résistance physique ou l'état de santé physique ou mentale du salarié le justifient. Il constitue, pour chaque salarié, un dossier médical en santé au travail.

➤ *Les examens médicaux*

Le médecin du travail procède aux examens médicaux obligatoires destinés, notamment, à s'assurer de l'aptitude du salarié au poste proposé, occupé ou repris : visite d'embauche, visite périodique, qui a lieu sauf exceptions (voir art. R. 4624-16) au moins tous les 24 mois, visite de reprise après une maternité, une absence pour maladie professionnelle ou une absence d'au moins 30 jours pour accident du travail, maladie ou accident non professionnel. Tout salarié peut, en outre, bénéficier d'un examen médical à la demande de l'employeur ou à sa demande, cette dernière ne pouvant motiver une sanction. Le temps et les frais de transport des examens médicaux sont à la charge de l'employeur.

13 Dispositifs de maintien de l'emploi

Afin de limiter l'impact sur l'emploi de difficultés conjoncturelles, deux dispositifs principaux sont prévus par le Code du travail :

- l'activité partielle (ex.- « chômage partiel ») largement simplifié et amélioré par la loi du 14/06/2013 (*JO* du 16) ;
- les accords de maintien de l'emploi, créés par la loi précitée.

Sont présentées ici les principales règles applicables, dont certaines seront précisées par décret ; tous les renseignements seront disponibles sur le site www.cfdt.fr

L'activité partielle

L'activité partielle est une mesure provisoire de réduction collective d'horaires ou de fermeture de l'établissement destinée à permettre aux entreprises de faire face à des difficultés économiques d'ordre conjoncturel ou à des circonstances exceptionnelles. Elle donne lieu à une indemnisation des salariés concernés, à travers le versement, par l'employeur, d'une indemnité d'activité partielle et, le cas échéant, d'un complément au titre de la « rémunération mensuelle minimale ». En contrepartie de l'indemnité d'activité partielle qu'il verse aux salariés, l'employeur perçoit une allocation financée par l'État et l'UNEDIC (sur ce point, voir le site www.unedic.fr).

➤ *Qu'est-ce que l'indemnité d'activité partielle ?*

Si l'horaire de travail devient inférieur à la durée légale, la perte des heures peut donner lieu au versement, par l'employeur, d'une indemnité d'activité partielle. La réduction de l'horaire de travail (qu'il y ait ou non fermeture temporaire de l'établissement ou d'une partie de l'établissement) doit être due à la conjoncture économique, à des difficultés d'approvisionnement en matières premières ou en énergie, à des intempéries de caractère exceptionnel, à un sinistre, à une transformation, restructuration ou modernisation de l'entreprise, ou à toute autre circonstance exceptionnelle (sauf cas

particuliers, par exemple un conflit collectif propre à l'établissement). Le montant de l'indemnité horaire versée au salarié en activité partielle sera fixé par décret (à paraître) ; il devrait correspondre à 70 % de sa rémunération brute ramenée à un montant horaire sur la base de la durée légale du travail applicable dans l'entreprise ou, lorsqu'elle est inférieure, la durée collective du travail ou la durée stipulée au contrat de travail. Les salariés placés en activité partielle peuvent bénéficier, pendant les périodes où ils ne sont pas en activité, d'actions de formation, réalisées notamment dans le cadre du plan de formation ; pendant les actions ainsi mises en œuvre, leur indemnité horaire est portée à 100 % de la rémunération nette antérieure du salarié (renseignements sur le site www.cfdt.fr). L'employeur doit impérativement respecter la procédure prévue par les articles R. 5122-1 et suivants ; il doit, notamment, avant le placement des salariés en activité partielle, consulter le CE (ou, à défaut, les DP) et obtenir une décision administrative (expresse ou tacite) de l'unité territoriale de la DIRECCTE l'autorisant à recourir à l'activité partielle (en cas de sinistre ou d'intempéries, voir R. 5122-3). Le décret mentionné ci-dessus précisera la durée maximale de la période d'activité partielle ainsi que les engagements (formation, maintien de l'emploi, etc.) qui pourront être demandés à l'employeur.
Le contrat de travail des salariés placés en activité partielle est suspendu pendant les périodes où ils ne sont pas en activité. La durée des périodes d'activité partielle est prise en compte en totalité pour le calcul de la durée des congés payés.

sachez-le *Les indemnités d'activité partielle sont imposables et soumises à la CSG et à la CRDS, avec des possibilités d'exonération ou d'application d'un taux réduit. Elles ne sont pas soumises à cotisations sociales et peuvent être saisies ou cédées comme les salaires.*

➤ *Qu'est-ce que la rémunération mensuelle minimale ?*

Les salariés mensualisés qui se trouvent dans une situation d'activité partielle, indemnisée ou non, bénéficient d'une garantie de rémunération minimale (voir p. 82), sous réserve que leur durée habituelle de travail soit au moins égale à la durée légale hebdomadaire. La rémunération mensuelle minimale ainsi garantie est égale au produit du SMIC par le nombre d'heures correspondant à la durée légale du travail pour le mois considéré. Le salarié qui se trouve en activité partielle bénéficie, le cas échéant, d'une indemnité complémentaire égale à la différence entre cette rémunération mensuelle garantie et le montant du salaire et de l'indemnité d'activité partielle qu'il a perçus. Cette indemnité complémentaire est versée mensuellement par l'employeur.

Les accords de maintien de l'emploi

Les accords de maintien de l'emploi constituent un outil à la disposition des partenaires sociaux dans l'entreprise, pour éviter les licenciements en cas de dégradation de la conjoncture économique.

attention *Pour une présentation complète du dispositif des accords de maintien de l'emploi, on se reportera au site www.cfdt.fr.*

➤ Dans quelles circonstances peuvent-ils être conclus ?

Ces accords d'entreprise peuvent être conclus dans les entreprises rencontrant de graves difficultés économiques conjoncturelles, dont le diagnostic est analysé avec les organisations syndicales représentatives dans l'entreprise. Un expert-comptable peut être mandaté par le CE pour accompagner les organisations syndicales dans l'analyse du diagnostic et dans la négociation de l'accord.
L'accord doit être un accord majoritaire, conclu selon les modalités prévues par l'article L. 5125-4. Sa durée ne peut excéder 2 ans ; il peut être suspendu par le président du TGI, notamment lorsque l'une des parties n'exécute pas loyalement ses obligations (L. 5125-5).

➤ Quel est le contenu de l'accord ?

L'accord comporte l'engagement de l'employeur de maintenir les emplois pendant sa durée de validité avec, en contrepartie, la possibilité, pour les salariés occupant ces emplois, de voir aménager leur durée de travail, ses modalités d'organisation et de répartition, ainsi que leur rémunération (ex. : une augmentation du temps de travail sans augmentation de salaire). Ces aménagements doivent se faire dans le respect de l'ordre public social (SMIC, durée maximale de travail, droit aux congés payés, etc. ; voir L. 5125-1). En outre, les plus bas salaires (en deçà de 1,2 SMIC) ne pourront pas être concernés par une diminution de salaire. Les dirigeants et actionnaires devront eux-mêmes participer à l'effort, notamment en termes de rémunération. Pendant sa durée, l'employeur ne peut, en principe, procéder à aucune rupture du contrat de travail pour motif économique des salariés auxquels l'accord s'applique (voir L. 5125-2).
Le salarié doit donner son accord pour que l'accord lui soit applicable ; s'il accepte, les clauses de son contrat de travail contraires à l'accord sont suspendues pendant la durée d'application de celui-ci. Lorsque un ou plusieurs salariés refusent l'application de l'accord à leur contrat de travail, leur licenciement repose sur un motif économique, est prononcé selon les modalités d'un licenciement individuel pour motif économique et ouvre droit aux mesures d'accompagnement que doit prévoir l'accord.

14 Les litiges

En cas de désaccord ou de litige avec votre employeur, parlez-en le plus tôt possible à vos délégués du personnel ou à vos délégués syndicaux afin d'organiser avec eux la défense de vos droits et d'examiner les actions et démarches possibles auprès de votre employeur. Prenez également contact avec l'inspection du travail, qui pourra vous renseigner et, dans certains cas, intervenir auprès de votre employeur. Si ce dernier ne modifie pas sa position, vous pouvez porter le litige devant le conseil de prud'hommes.

L'inspection du travail

L'adresse et le nom de l'inspecteur qui contrôle votre entreprise doivent obligatoirement être affichés dans les locaux de travail. À défaut, vos délégués du personnel ou vos délégués syndicaux peuvent facilement vous communiquer cette adresse.

➤ *Pourquoi faire appel à l'inspecteur du travail ?*

Vous pouvez solliciter l'inspecteur du travail dont dépend votre entreprise pour une information ou pour une intervention auprès de votre employeur.

- **Une simple information :** des permanences sont souvent organisées par l'inspection du travail à jours et heures fixes. Il suffit de vous renseigner. S'il vous est impossible de vous déplacer, vous pouvez toujours écrire ou encore, pour une information très simple, téléphoner.

- **Une intervention auprès de votre employeur :** celle-ci est possible si l'employeur ne respecte pas une disposition légale ou réglementaire, ou encore refuse d'appliquer la convention collective. Il est préférable que la demande d'intervention soit formulée par l'intermédiaire d'un délégué. Vous pouvez aussi prendre rendez-vous avec l'inspecteur du travail et venir accompagné d'un délégué. Dans tous les cas, l'inspecteur du travail est tenu de garder secrète l'origine des plaintes et réclamations.

➤ Les attributions

Les inspecteurs du travail sont chargés de contrôler l'application de la législation et de la réglementation du travail, ainsi que des conventions et accords collectifs. Ils veillent en particulier au respect des règles relatives aux conditions de travail (art. L. 8112-1 et suiv.). Ils sont assistés par des contrôleurs du travail.

sachez-le *Les inspecteurs du travail disposent de différents moyens d'intervention quand la sécurité des salariés est en cause (art. L. 4132-3, voir p. 119). Ils peuvent mettre en demeure l'employeur (art. L. 4721-5), saisir le juge des référés pour obtenir la fermeture temporaire d'un atelier ou d'un chantier (art. L. 4732-2), ou prendre toute mesure pour soustraire un salarié d'une situation de danger grave et imminent.*

➤ Les pouvoirs de décision

Ils concernent notamment :

- l'autorisation de licenciement des représentants du personnel ;
- le retrait des dispositions illégales des règlements intérieurs ;
- la répartition des sièges au CHSCT entre les catégories de personnel.

Une décision de l'inspecteur du travail est toujours susceptible d'un recours hiérarchique devant le ministre du Travail (ou parfois devant le directeur régional des entreprises, de la concurrence, de la consommation, du travail et de l'emploi) et d'un recours contentieux devant le tribunal administratif. Les jugements rendus par les tribunaux administratifs sont susceptibles de recours devant le Conseil d'État.

sachez-le *Il existe des délais à respecter pour introduire les recours (en général 2 mois).*

attention *En dehors des décisions qu'il a légalement le droit de prendre, l'inspecteur du travail ne donne qu'un avis, un conseil, une opinion ou une interprétation.*

➤ En cas d'infraction

Chaque fois qu'une loi ou un règlement sont assortis de sanctions pénales, l'inspecteur du travail peut dresser un procès-verbal en cas d'infraction (non-respect des règles d'hygiène et de sécurité, harcèlement moral ou sexuel, discrimination, etc.). Dans certains cas, il doit préalablement adresser une mise en demeure à l'employeur. Les procès-verbaux sont transmis au procureur de la République, qui décide de la suite à donner (art. L. 8113-7 et suiv.). Les infractions sont jugées, selon les cas, par le tribunal de police ou par le tribunal correctionnel.

➤ *Le droit d'entrée*

Les inspecteurs et les contrôleurs du travail ont le droit d'entrer dans les établissements et locaux de travail compris dans leur champ d'attribution territorial (art. L. 8113-1). L'employeur ne peut s'y opposer. Ils ont également accès aux documents et registres obligatoires prévus par le Code du travail (par exemple, le registre du personnel). Lorsqu'ils effectuent une visite de l'entreprise, ils doivent se faire accompagner par le délégué du personnel compétent, si ce dernier le souhaite (art. L. 2313-11), et informer de leur présence les membres du CHSCT.

Les conseils de prud'hommes

Les conseils de prud'hommes sont, sauf cas exceptionnels (par exemple les litiges concernant les marins embarqués), les seuls tribunaux compétents pour régler les litiges individuels qui peuvent survenir entre employeurs et salariés à l'occasion du contrat de travail (art. L. 1411-1). Bien que le contrat n'ait pas encore été conclu, la Cour de cassation considère que le conseil de prud'hommes, juge naturel du travail, est également compétent pour connaître d'une demande de dommages-intérêts fondée sur une discrimination raciale dans une procédure de recrutement (Chambre sociale, 20/12/2006).

sachez-le *Toute personne qui saisit la justice (en matière prud'homale, civile, administrative, etc.) doit s'acquitter d'une contribution de 35 €. Quelques exonérations existent, notamment pour les bénéficiaires de l'aide juridictionnelle.*

➤ *Organisation et fonctionnement*

Les conseils de prud'hommes sont composés de juges élus, les conseillers prud'hommes, qui représentent en nombre égal les salariés et les employeurs (art. L. 1421-1 et suiv.). Les conseils sont divisés en cinq sections spécialisées : industrie, commerce, agriculture, activités diverses, encadrement.
Chaque section comprend au moins un « bureau de conciliation » et un « bureau de jugement » (art. R. 1423-24). Chaque affaire

passe d'abord en principe devant le bureau de conciliation. Le bureau de jugement est saisi lorsque la conciliation n'a pas abouti. Par ailleurs, il existe dans chaque conseil de prud'hommes une formation de référé commune à l'ensemble des sections (art. L. 1423-1).

Chaque conseil de prud'hommes est doté d'un « secrétariat-greffe » auprès duquel vous pouvez obtenir tout renseignement sur le fonctionnement de ce conseil.

sachez-le *L'aide juridictionnelle peut être accordée à l'occasion d'une action devant le conseil de prud'hommes, puis éventuellement en appel et en cassation. Il faut remplir pour cela les conditions d'accès à cette aide, notamment la condition de ressources (voir le site www.vos-droits.justice.gouv.fr).*

➤ Avant d'aller aux prud'hommes

Même si votre affaire vous paraît claire et la position de votre employeur injuste, vous n'en devez pas moins préparer soigneusement votre dossier, examiner ce que vous voulez obtenir et apprécier vos chances de succès avant de saisir le conseil de prud'hommes.

Pour cela, il est important de commencer par réunir et classer par ordre chronologique tous les éléments en votre possession se rapportant au litige : lettres de l'employeur, doubles de vos courriers, témoignages, bulletins de paie, etc. Prenez ensuite contact avec votre syndicat au plan local, qui vous conseillera et pourra vous mettre en relation avec un défenseur pour vous assister dans votre procès. Le syndicat pourra aussi vous recommander le nom d'un avocat compétent en droit du travail.

sachez-le *Vous pouvez également défendre votre affaire seul. Vous faire assister, c'est augmenter vos chances de succès ; mais, dans tous les cas, n'oubliez pas que cela reste votre affaire personnelle...*

➤ Quel conseil de prud'hommes saisir ?

Vous pouvez vous adresser à votre choix (art. R. 1412-1) :

1 - au conseil du lieu de votre établissement ou au conseil du lieu de votre domicile si vous travaillez en dehors de tout établissement ;

2 - au conseil du lieu où vous avez été engagé ;

3 - au conseil du siège social de votre entreprise.

Si vous avez des difficultés pour trouver l'adresse du conseil de prud'hommes, adressez-vous à vos délégués du personnel ou syndicaux, ou à la mairie.

➤ Dans quels délais faut-il saisir les prud'hommes ?

Pour être recevable, une action devant le conseil de prud'hommes doit intervenir avant l'expiration d'un certain délai appelé « délai de prescription », qui diffère selon la nature de la demande.
Les règles applicables ont été modifiées en dernier lieu par la loi du 14/06/2013 « relative à la sécurisation de l'emploi » (*JO* du 16/06/2013), qui a procédé à une réduction des délais de prescription (de 5 ans à 2 ans dans le cas général, de 5 ans à 3 ans pour les salaires), sous réserve des exceptions mentionnées ci-dessous.

sachez-le *Cette loi est entrée en vigueur le 17/06/2013 ; ses dispositions s'appliquent aux prescriptions en cours à compter de la date de sa promulgation (soit le 14/06/2013), sans que la durée totale de la prescription puisse excéder la durée prévue par la loi antérieure (soit, dans le cas général, 5 ans). Toutefois, lorsqu'une instance a été introduite avant le 14/06/2013, l'action est poursuivie et jugée conformément à la loi ancienne, et cette dernière s'applique également en appel et en cassation.*

• **Principe général.** Toute action portant sur l'exécution ou la rupture du contrat de travail se prescrit par 2 ans à compter du jour où celui qui l'exerce a connu ou aurait dû connaître les faits lui permettant d'exercer son droit (art. L. 1471-1).

• **Exceptions.** Le délai de prescription de 2 ans mentionné ci-dessus n'est pas applicable :

- aux actions en réparation d'un dommage corporel causé à l'occasion de l'exécution du contrat de travail (accident du travail, violation des règles d'hygiène et de sécurité, etc.),
- aux actions en paiement ou en répétition du salaire (prescription de 3 ans, voir ci-dessous),
- aux actions exercées en application des dispositions du Code du travail relatives aux discriminations (prescription de 5 ans à compter de la révélation de la discrimination), au harcèlement sexuel ou moral (prescription de 5 ans).

sachez-le *L'action en paiement ou en répétition du salaire se prescrit par 3 ans à compter du jour où celui qui l'exerce a connu ou aurait dû connaître les faits lui permettant de l'exercer. La demande peut porter sur les sommes dues au titre des trois dernières années à compter de ce jour ou, lorsque le contrat de travail est rompu, sur les sommes dues au titre des trois années précédant la rupture du contrat.*

Le Code du travail peut également prévoir des délais de prescription plus courts, ce qui est notamment le cas au titre des articles L. 1233-67 (contestation de la rupture du contrat de travail résultant de l'adhésion à un contrat de sécurisation professionnelle ; prescription de 12 mois), L. 1234 20 (dénonciation du reçu pour solde de tout compte ; prescription de 6 mois), L. 1235-7 (action portant sur la régularité de la procédure de licenciement pour motif économique en raison de l'absence ou de l'insuffisance d'un plan de sauvegarde de l'emploi ; prescription de 12 mois) et L. 1237-14 (recours en matière de rupture conventionnelle homologuée ; prescription de 12 mois).

➤ *Rédaction et dépôt de votre demande*

En général, les secrétariats-greffes des conseils de prud'hommes mettent à votre disposition des formulaires à remplir. Vous devez indiquer vos différents « chefs de demande » en les chiffrant (art. R. 1452-2). Exemple :

- indemnité de licenciement, 1 000 € ;
- indemnité compensatrice de préavis (2 mois), 2 000 € ;
- rappel de salaire, 400 € ;
- remise d'un certificat de travail...

Vous n'êtes pas limité par les chefs de demande prévus sur les imprimés. Une fois votre demande rédigée, vous pouvez soit vous rendre au secrétariat-greffe pour la déposer, soit l'envoyer par lettre recommandée avec accusé de réception.

attention *Le jugement n'est pas susceptible d'appel lorsque la valeur totale des prétentions d'aucune des parties ne dépasse pas 4 000 €. Dans ce cas, le jugement ne pourra être contesté que devant la Cour de cassation, qui appréciera seulement si le jugement est conforme au droit.*

➤ *Représentation et assistance*

Que ce soit en conciliation, devant le bureau de jugement ou en référé, votre présence est obligatoire sauf raison légitime (maladie, problèmes familiaux, etc.), auquel cas vous devez vous faire représenter. Il en est de même pour votre employeur.

Par ailleurs, vous pouvez vous faire assister. Les personnes susceptibles de vous assister ou de vous représenter devant les prud'hommes sont : tout salarié appartenant à la même branche d'activité ; votre conjoint, votre concubin ou la personne à laquelle vous êtes lié par un PACS ; les délégués, permanents ou non, des organisations syndicales (défenseurs syndicaux) ; un avocat (art. R. 1453-2).

Sauf s'il s'agit de votre avocat, la personne qui vous représente doit impérativement être munie d'un pouvoir signé de votre main (voir modèle sur le site www.cfdt.fr).

➤ La conciliation

Sauf si vous avez choisi de saisir la formation de référé (voir page suivante), votre affaire passe d'abord en principe devant le bureau de conciliation (art. R. 1454-7 et suiv. ; voir aussi p. 193 en cas de litige lié à un licenciement).
Les principales étapes de l'audience de conciliation sont les suivantes :

1 - Le bureau recueille vos explications ainsi que celles de votre employeur et s'efforce d'aboutir à une conciliation qui peut être partielle ou totale.

2 - Si une conciliation totale se révèle impossible, le bureau doit instruire l'affaire et la mettre en état d'être jugée. Pour cela, il peut ordonner toute mesure d'instruction, et en particulier désigner un conseiller rapporteur pour faire une enquête et réunir les éléments d'information nécessaires (art. R. 1454-1 et suiv.).

3 - Par ailleurs, le bureau de conciliation peut prendre, à titre provisoire, des décisions immédiatement applicables telles que la remise d'un certificat de travail ou de bulletins de paie, ou encore le versement d'une provision sur les salaires et indemnités qui vous sont dus lorsque l'obligation de l'employeur n'est pas sérieusement contestable (art. R. 1454-14).

sachez-le *Ces décisions pourront être remises en cause par le bureau de jugement lorsqu'il jugera l'affaire sur le fond.*

4 - Le bureau établit un procès-verbal de l'audience de conciliation et renvoie l'affaire devant le bureau de jugement.

➤ Le jugement

Lors de l'audience de jugement, chaque partie expose son point de vue en rappelant ses demandes et dépose son dossier.
À l'issue des débats, le bureau de jugement (BJ) peut soit rendre sa décision immédiatement (ce qui est rare), soit fixer une date ultérieure pour le prononcé du jugement. Celui-ci vous sera ensuite notifié par lettre recommandée avec accusé de réception (art. R. 1454-19 et suiv.).

attention *En cas de partage des voix, le BJ peut décider la reprise des débats sous la présidence d'un juge du tribunal d'instance dans le ressort duquel est situé le conseil de prud'hommes.*

➤ *Le référé prud'homal*

Le référé prud'homal permet d'obtenir une décision rapide et immédiatement applicable lorsque vos demandes ne sont pas sérieusement contestables (art. R. 1455-5 et suiv.). La formation de référé peut décider, par exemple, la remise d'un certificat de travail ou de bulletins de paie, le versement d'une provision sur des salaires dus et non payés, la réintégration de salariés licenciés lorsque leur licenciement est interdit sous peine de nullité. Les ordonnances de référé sont provisoires : le bureau de jugement peut rendre une décision différente s'il est appelé à juger l'affaire sur le fond.

➤ *L'exécution des décisions*

Vous avez reçu la notification officielle de la décision (ordonnance de référé, décision du bureau de conciliation, jugement) ; comment la faire exécuter ? Le problème ne se pose pas si votre adversaire exécute spontanément la décision. C'est en général son avocat qui s'en occupe ; vous pouvez donc le contacter en cas de retard. En cas de difficultés persistantes, vous devez demander au secrétariat-greffe une copie du jugement en vue de l'exécution (la « grosse ») et la remettre à un huissier de justice qui pourra procéder, si besoin, à une saisie.

sachez-le *Les ordonnances de référé et les décisions du bureau de conciliation peuvent toujours être exécutées immédiatement. Ce n'est pas le cas des jugements, dont l'exécution est suspendue lorsque votre adversaire fait appel. Vous devez donc vous renseigner. Toutefois, même en cas d'appel, vous pouvez obtenir l'exécution immédiate du jugement en ce qui concerne le paiement des salaires et indemnités auquel a été condamné l'employeur (à l'exclusion des dommages et intérêts, et dans la limite de 9 mois de salaire) (art. R. 1454-28 et R. 1454-14).*

➤ *Les voies de recours*

Le jugement précise si la décision est rendue en premier ou dernier ressort : en premier ressort, le jugement est susceptible d'appel ; en dernier ressort, seul un pourvoi en cassation est possible. Les délais pour agir sont précisés par le jugement. Le délai est en principe de 1 mois, à compter de la notification du jugement, pour faire appel d'une décision rendue en premier ressort (délai fixé à 15 jours si la décision a été rendue en référé) ; il est fixé à 2 mois pour un pourvoi en cassation contre une décision rendue par la cour d'appel ou par le conseil de prud'hommes statuant en dernier ressort (art. R. 1462-1 et suiv.).

4 Départ de l'entreprise

1 La démission

La démission est l'acte par lequel le salarié prend l'initiative de rompre son contrat de travail à durée indéterminée. Elle doit résulter d'une volonté claire et non équivoque du salarié. À l'inverse du licenciement, la démission n'est pas réglementée par la loi, mais le salarié doit, en principe, respecter un délai de préavis. Pour être valable, la démission n'a besoin ni d'être motivée, ni d'être acceptée par l'employeur.

Les conditions de la démission

➤ *Les conditions de validité de la démission*

La démission du salarié ne peut se présumer : pour être valable, elle doit résulter d'une volonté claire et non équivoque du salarié. Cela signifie qu'il ne doit y avoir aucun doute sur la décision du salarié de démissionner, et que cette décision doit résulter du libre choix du salarié et non de contraintes ou de pressions extérieures (notamment de l'employeur ou de ses représentants). C'est en fonction de ces éléments que les tribunaux ont pu considérer que ne constituaient pas des démissions valablement formulées :

- le simple fait pour un salarié de ne pas reprendre son travail à la suite d'un arrêt maladie ou de ses congés payés ;
- une démission donnée par écrit par un salarié sujet à un état dépressif de nature à altérer son jugement ;
- une démission provoquée par le comportement fautif d'un employeur (reproches incessants, imputation au salarié d'une faute non justifiée, etc.).

sachez-le *La démission, une fois donnée, est en principe définitive. La rétractation peut toutefois être admise par les tribunaux s'il est démontré que la démission ne reflétait pas la volonté claire et non équivoque du salarié et si la rétractation « suit » de très près la démission (une rétractation par écrit est préférable).*

➤ *La procédure*

Aucune procédure n'est prévue par la loi. Une démission verbale est donc tout à fait valable. Toutefois, pour d'évidentes raisons de preuve, il est préférable de signifier votre démission à votre employeur par lettre recommandée avec accusé de réception (un modèle de lettre est à votre disposition sur le site www.cfdt.fr). Cette formalité peut même être rendue obligatoire par la convention collective qui vous est applicable ou les dispositions de votre contrat de travail : n'hésitez donc pas à relire attentivement l'une et l'autre. La démission n'a pas à être motivée ; elle n'a pas non plus à être acceptée par l'employeur pour être valable.

Les effets de la démission

➤ *Faut-il effectuer un préavis ?*

Le salarié qui démissionne doit en principe effectuer un préavis dont la durée est fixée soit par la loi (pour les assistantes maternelles, les VRP et les journalistes), soit par la convention collective ou les usages applicables dans la localité du lieu de travail ou la profession. Le contrat de travail peut prévoir un délai inférieur au préavis fixé par la convention ou les usages, mais jamais un délai plus long. En l'absence de telles dispositions, l'employeur ne peut exiger du salarié démissionnaire qu'il effectue un préavis. Notez aussi que certains salariés peuvent démissionner sans avoir à observer de préavis, même si celui-ci est prévu (ex. : les femmes enceintes).

➤ *Quelles sont les indemnités dues ?*

Le salarié qui démissionne n'a droit à aucune indemnité particulière, si ce n'est, le cas échéant, l'indemnité compensatrice de congés payés (s'il lui restait des congés à prendre), l'indemnité compensatrice de préavis (si un préavis était dû et qu'il en a été dispensé par son employeur, à l'initiative de ce dernier), le versement d'éventuelles primes prévues par la convention ou l'accord d'entreprise. Le salarié démissionnaire peut également demander le déblocage anticipé de sa participation. Au terme du contrat, l'employeur doit remettre au salarié un certificat de travail et une attestation destinée à Pôle emploi (voir p. 210).

attention *Sauf cas particuliers (voir p. 272), la démission n'est pas assimilée à une perte involontaire d'emploi ouvrant droit, à ce titre, au versement des allocations de chômage. D'où la nécessité de bien réfléchir avant de prendre une telle décision.*

2 Le licenciement

Le licenciement est la décision la plus grave que peut prendre l'employeur à l'encontre d'un salarié puisqu'elle a pour conséquence directe la perte de l'emploi. C'est la raison pour laquelle cette décision fait l'objet d'une réglementation très stricte, tant sur la procédure qui l'entoure que sur les raisons qui la motivent, cela afin de protéger les salariés contre les risques d'arbitraire et les conséquences de la perte trop brutale de leur emploi.

Définition du licenciement

Le licenciement est la rupture par l'employeur d'un contrat de travail à durée indéterminée (CDI). Il est réglementé par les articles L. 1232-1 et suivants du Code du travail, qui définissent les règles et garanties applicables en cas de licenciement pour motif personnel, et par les articles L. 1233-1 et suivants, qui concernent les dispositions applicables aux seuls licenciements économiques. Tout licenciement, pour motif personnel ou pour motif économique, doit être motivé dans les conditions définies par le Code du travail et être justifié par une cause réelle et sérieuse.

➤ *Licenciement, démission, rupture d'un commun accord*

Si vous prenez l'initiative de rompre votre contrat, il ne s'agit pas d'un licenciement mais d'une démission (voir p. 186). Vous pouvez également convenir, avec votre employeur, des conditions de rupture de votre contrat de travail, soit dans le cadre d'une rupture d'un commun accord de droit commun, soit dans le cadre d'une « rupture conventionnelle » entourée alors d'un certain nombre de garanties (voir p. 216).

➤ *Licenciement, CDD, intérim*

Les CDD et les contrats de mission dans l'intérim cessent automatiquement à la date ou à l'échéance prévues à l'embauche. Il ne s'agit alors pas d'un licenciement. La rupture anticipée du CDD ou du contrat de mission obéit à des règles particulières (voir p. 60 et suiv.).

sachez-le *Si votre contrat de travail est rompu pour cas de force majeure en raison d'un sinistre (ex. : incendie entraînant la destruction totale de l'entreprise), vous aurez droit, si vous êtes titulaire d'un CDI, à une indemnité égale à l'indemnité compensatrice de préavis (voir p. 207) et à l'indemnité minimale de licenciement visée en page 208. Si vous êtes en CDD, vous aurez droit à l'indemnité due en cas de rupture anticipée du contrat.*

➤ Licenciement et période d'essai

Pendant la période d'essai, les dispositions concernant le licenciement ne s'appliquent pas : le contrat peut, en principe, être rompu librement par l'une ou l'autre des parties (voir p. 52 et suiv.).

➤ Licenciement et retraite

Le départ ou la mise à la retraite suivent des règles propres, distinctes de la démission ou du licenciement (voir p. 220).

➤ Licenciement et prise d'acte de la rupture

Lorsqu'il estime que son employeur manque gravement à ses obligations légales ou contractuelles (absence de paiement régulier du salaire, conditions de travail susceptibles de porter atteinte à sa santé ou à sa sécurité...), le salarié peut prendre acte de la rupture de son contrat de travail aux torts de son employeur. Dans ce cas, le contrat est rompu immédiatement, dès présentation de la lettre de rupture à l'employeur. Cette modalité de rupture du contrat, qui tend à se développer, doit toutefois être utilisée par le salarié avec d'infinies précautions puisque c'est au juge qu'il appartiendra, en dernier lieu, d'apprécier la réalité et l'importance des griefs invoqués par le salarié et de se prononcer sur l'imputabilité de la rupture. Ainsi, si les faits invoqués par le salarié sont jugés suffisamment graves, la rupture produira tous les effets d'un licenciement sans cause réelle et sérieuse (ou d'un licenciement nul s'il s'agit d'un salarié protégé) ; mais, dans le cas contraire, elle sera assimilée à une simple démission avec, pour le salarié, toutes les conséquences qui en découlent (voir p. 186).
L'employeur ne peut avoir recours au procédé de la prise d'acte de la rupture pour mettre fin au contrat de travail. S'il considère que le salarié manque gravement à ses obligations (abandon de poste, absences injustifiées...), il doit, s'il souhaite rompre le contrat, mettre en œuvre la procédure de licenciement ; à défaut, la rupture s'analysera en un licenciement sans cause réelle et sérieuse.

La justification du licenciement

Tout licenciement, pour motif personnel ou pour motif économique, doit être motivé et justifié par une cause réelle et sérieuse. À défaut, l'employeur peut être condamné à verser des dommages et intérêts au salarié licencié. Par ailleurs, certaines situations et certains motifs interdisent absolument le licenciement : s'il est tout de même prononcé par l'employeur, il pourra alors être annulé par le juge.

➤ *L'exigence d'une cause réelle et sérieuse*

Quels que soient l'ancienneté du salarié, l'effectif de l'entreprise et le motif invoqué (personnel ou économique), le licenciement doit obligatoirement reposer sur une cause réelle et sérieuse (art. L. 1232-1 et L. 1233-2).

La loi ne donne pas de définition de la cause réelle et sérieuse. Ce sont donc les conseils de prud'hommes qui en apprécient l'existence en cas de litige, au vu des éléments fournis par les parties et au besoin par des mesures d'instruction. La loi précise cependant que « si un doute subsiste, il profite au salarié » (art. L. 1235-1 et L. 1235-9).

La cause est réelle si elle se fonde sur des faits objectifs et incontestables. Elle doit encore être exacte, c'est-à-dire que le licenciement ne doit pas avoir pour origine un autre motif (avouable ou non). Elle doit également être sérieuse, c'est-à-dire être suffisante pour justifier un licenciement. Dans tous les cas, les motifs s'apprécient au moment du licenciement ; ils ne peuvent reposer sur des faits ou éléments postérieurs à la décision de licencier.

Seuls les motifs qui figurent dans la lettre de notification du licenciement (voir p. 195) sont ceux qui, en cas de litige, seront examinés par le juge pour apprécier la justification du licenciement. Ainsi, s'il apparaît que ce sont d'autres motifs ou faits qui ont fondé la décision de l'employeur, le licenciement sera considéré comme injustifié. Par ailleurs, la précision des motifs invoqués dans cette lettre par l'employeur est importante. Si l'employeur se contente d'énoncer qu'il vous licencie pour motif économique, ou pour faute, ou pour perte de confiance sans plus de précision, le juge estimera également qu'il n'y a pas de cause réelle.

➤ *Le motif du licenciement, personnel ou économique*

Il faut distinguer licenciement pour motif personnel et licenciement pour motif économique.

● **Le motif personnel du licenciement.** On parle de licenciement pour motif personnel lorsque la raison première de ce licenciement

est liée à la personne du salarié. C'est le cas lorsque le licenciement repose par exemple sur une faute disciplinaire, une insuffisance professionnelle ou un refus fautif d'exécuter le contrat de travail (sur la situation en cas d'inaptitude, voir p. 166 et suiv.).
Pour être justifié, le motif invoqué doit toujours être effectivement imputable au salarié et non à l'entreprise, ou à un proche du salarié. Il doit également relever de son activité professionnelle et non de sa vie privée, à moins que le comportement de l'intéressé, compte tenu de ses fonctions et de la finalité propre de l'entreprise, ait créé un trouble caractérisé au sein de cette dernière.
Lorsque la cause du licenciement est une faute professionnelle, les garanties du droit disciplinaire relatives aux délais de prise en considération et de poursuite des faits fautifs sont applicables (voir p. 134). On doit distinguer :

- la faute sérieuse, qui justifie le licenciement avec respect d'un préavis et le paiement de l'indemnité de licenciement ;
- la faute grave, qui rend impossible, même temporairement, la poursuite du contrat de travail et justifie le licenciement sans préavis ni indemnité de licenciement (art. L. 1234-1, L. 1234-9) ;
- la faute lourde, caractérisée par l'intention de nuire qui justifie le licenciement sans préavis, ni indemnité de licenciement, ni indemnité de congés payés (art. L. 3141-26).

● **Le motif économique du licenciement.** Le motif économique est celui qui est lié à la situation de l'entreprise ; il est donc étranger à la personne du salarié. Il doit être le résultat d'une véritable transformation ou suppression d'emploi qui a pour origine, notamment, des difficultés économiques, des mutations technologiques, la réorganisation nécessaire pour sauvegarder la compétitivité de l'entreprise (art. L. 1233-3). Il peut résulter également du refus d'un salarié d'accepter la modification d'un élément essentiel de son contrat de travail motivée par l'une des raisons évoquées ci-dessus (voir aussi p. 58 et 176).
Dans tous les cas, le licenciement ne peut viser un salarié en particulier qu'après application des critères d'ordre des licenciements (voir p. 205).
En cas de licenciement économique, l'employeur doit respecter non seulement les règles et garanties individuelles applicables à tout licenciement, mais également une procédure spécifique destinée à informer les représentants du personnel ainsi que l'administration.
Le licenciement pour motif économique d'un salarié ne peut intervenir que lorsque tous les efforts de formation et d'adaptation ont été réalisés et que le reclassement de l'intéressé (sur un emploi relevant de la même catégorie que celui qu'il occupe ou sur un emploi équivalent assorti d'une rémunération équivalente ou, à défaut,

et sous réserve de l'accord exprès du salarié, sur un emploi d'une catégorie inférieure) ne peut être réalisé dans le cadre de l'entreprise ou, le cas échéant, dans les entreprises du groupe auquel l'entreprise appartient. Les offres de reclassement proposées au salarié doivent être écrites et précises (art. L. 1233-4). Le licenciement prononcé sans que l'employeur ait respecté cette obligation de formation, d'adaptation et de reclassement est dépourvu de cause réelle et sérieuse. En outre, lorsque l'entreprise ou le groupe auquel elle appartient sont implantés hors du territoire national, l'employeur doit, préalablement au licenciement, respecter la procédure spécifique prévue par l'article L. 1233-4-1.

attention *Aux termes de l'article L. 1222-8 du Code du travail, lorsqu'un ou plusieurs salariés refusent la modification de leur contrat de travail résultant d'un accord de réduction de la durée du travail, leur licenciement est soumis aux dispositions relatives à la rupture du contrat de travail pour motif personnel. Ces licenciements ont une cause réelle et sérieuse pour autant que l'accord de réduction de la durée du travail est légal. La procédure visée page 194 doit donc s'appliquer (convocation à un entretien préalable, notification du licenciement par lettre motivée...), mais l'employeur n'a pas l'obligation d'établir un plan de sauvegarde de l'emploi, ni de faire jouer une éventuelle priorité de réembauchage. Les salariés bénéficient de toutes les indemnités qui leur sont dues, et peuvent, bien entendu, contester le bien-fondé de leur licenciement devant le conseil de prud'hommes.*

• **Les licenciements pour fin de chantier.** Lorsqu'ils ont un caractère normal selon les règles habituelles pratiquées dans la profession (art. L. 1236-8, cas du bâtiment et des travaux publics par exemple), ils suivent les dispositions applicables aux licenciements pour motif personnel. Lorsque le contrat a été conclu pour la durée d'un chantier, l'achèvement du chantier constitue une cause de licenciement.

➤ *Les sanctions en l'absence de cause réelle et sérieuse*

• **Les principes.** Lorsque le licenciement est dépourvu de cause réelle et sérieuse, le salarié peut demander soit la réintégration dans l'entreprise si l'employeur ne s'y oppose pas, soit une indemnité. Lorsque le salarié a moins de 2 ans d'ancienneté au moment du licenciement, ou qu'il est employé dans une entreprise de moins de 11 salariés, cette indemnité est fixée par le juge en fonction du préjudice subi, étant précisé que ce préjudice existe nécessairement, quelle que soit la qualification professionnelle du salarié, dès lors que le licenciement a été prononcé en l'absence de cause réelle et sérieuse. Pour les autres salariés (ceux ayant au moins 2 ans d'ancienneté et travaillant dans une entreprise d'au moins 11 salariés), l'indemnité est également fonction du préjudice subi, mais doit être au minimum égale aux salaires des 6 derniers mois (art. L. 1235-3).

sachez-le *Les syndicats peuvent agir en justice suite à un licenciement économique à la place du salarié, sous réserve que celui-ci ait été préalablement informé et ne s'y soit pas opposé.*

• **La possibilité d'une indemnisation forfaitaire.** En cas de contestation d'un licenciement, lors de la phase de conciliation devant les prud'hommes (voir p. 183), l'employeur et le salarié peuvent convenir, ou le bureau de conciliation proposer, d'y mettre un terme par accord (art. L. 1235-1 ; loi du 14/06/2013). Cet accord prévoit le versement par l'employeur au salarié d'une indemnité forfaitaire dont le montant est déterminé, sans remise en cause du droit aux indemnités légales, conventionnelles ou contractuelles (indemnité de licenciement, indemnités compensatrice de congés payés, de préavis, etc.), en référence à un barème fixé par décret en fonction de l'ancienneté du salarié. Ce barème devrait être le suivant (pour confirmation de ce barème, voir le site www.cfdt.fr) : 2 mois de salaire pour une ancienneté inférieure à 2 ans, 4 mois de salaire pour une ancienneté comprise entre 2 et 8 ans, 8 mois de salaire pour une ancienneté comprise entre 8 et 15 ans, 10 mois de salaire pour une ancienneté comprise entre 15 et 25 ans, 14 mois de salaire pour une ancienneté de plus de 25 ans. Sur le traitement fiscal et social de cette indemnité forfaitaire, il convient de se reporter respectivement au site www.impots.gouv.fr et www.urssaf.fr.
Une conciliation pourra toujours se faire sur une base supérieure dès lors que les préjudices subis le justifient. Si un accord est trouvé entre les parties, un procès-verbal est établi pour constater cet accord ; ce document vaut alors renonciation des parties à toutes réclamations et indemnités relatives à la rupture du contrat de travail prévues au titre des irrégularités de procédure (voir p. 197) ou de l'absence de cause réelle et sérieuse.
À défaut d'accord, l'affaire est portée devant le bureau de jugement.

➤ *Les licenciements interdits par la loi*

Est nul tout licenciement prononcé en raison de l'origine, du sexe, de la situation de famille ou de la grossesse, des mœurs, de l'orientation ou de l'identité sexuelle, de l'âge, des caractéristiques génétiques, de l'appartenance ou de la non-appartenance, vraie ou supposée, à une ethnie, une nation ou une race, des opi-

nions politiques, des activités syndicales ou mutualistes, de l'exercice normal du droit de grève, des convictions religieuses, de l'apparence physique, du patronyme, de l'état de santé ou du handicap (art. L. 1132-1 et L. 1132-4). Les salariés victimes d'un tel licenciement peuvent saisir le conseil de prud'hommes pour demander leur réintégration et le paiement de l'ensemble des salaires qui ne leur ont pas été versés.
Sont également interdits par la loi les licenciements (se reporter aux chapitres concernés pour plus de précisions) :

- prononcés en raison d'une action en justice relative à l'égalité professionnelle ou à la lutte contre les discriminations ;
- d'une femme enceinte pendant la période de protection légale ;
- d'un salarié victime d'un accident du travail pendant la suspension de son contrat ;
- d'un salarié qui s'est exprimé dans le cadre de l'exercice normal du droit d'expression ;
- d'un salarié qui a refusé, subi ou témoigné d'agissements de harcèlement moral ou de faits de harcèlement sexuel ;
- d'un salarié ayant exercé son droit de retrait d'une situation dangereuse ;
- d'un salarié qui a refusé, en raison de son orientation sexuelle, une mutation géographique dans un État incriminant l'homosexualité.

Les procédures individuelles de licenciement

Dans tous les cas de licenciement, la loi prévoit une procédure individuelle destinée à vous informer et vous permettre de vous défendre.

➤ *L'entretien préalable au licenciement*

Lorsqu'un licenciement est envisagé (sauf pour les licenciements économiques de 10 salariés et plus dans une période de 30 jours, dans une entreprise ayant des représentants du personnel), celui-ci doit obligatoirement être précédé d'un entretien préalable (art. L. 1232-2 et L. 1233-11). Cet entretien n'est pas une simple formalité, il est destiné à vous permettre de vous expliquer sur la mesure de licenciement envisagée ; l'employeur doit vous indiquer le ou les motifs de la décision envisagée et également recueillir vos explications. À cet effet, vous avez intérêt à être assisté. La loi vous autorise à l'être par une personne de votre choix appartenant au personnel de l'entreprise ; si cette dernière est dépourvue de représentants du personnel, vous pouvez également choisir d'être assisté par un conseiller de votre choix

extérieur à l'entreprise (art. L. 1232-4 et L. 1233-13). Cette information doit figurer dans la convocation (voir ci-dessous). Les conseillers du salarié sont des personnes inscrites sur une liste dressée par le préfet du département, que vous pouvez consulter à l'inspection du travail ou à la mairie.
Lors de l'entretien préalable à un licenciement économique, l'employeur doit informer le salarié des conditions de mise en œuvre du congé de reclassement lorsqu'un tel congé doit lui être proposé (voir p. 214). Pour les entreprises soumises à l'obligation de proposer un contrat de sécurisation professionnelle (CSP), c'est au cours de l'entretien préalable que le document d'information sur ce contrat doit être remis au salarié, contre récépissé (voir p. 212).

➤ *La convocation à l'entretien préalable*

L'employeur doit vous informer de cet entretien par le biais d'une convocation, adressée par lettre recommandée ou remise en main propre contre décharge. Elle doit mentionner l'objet, la date, l'heure, le lieu de l'entretien et la possibilité de vous faire assister selon les modalités décrites ci-dessus (art. R. 1232-1). L'entretien préalable ne peut avoir lieu moins de 5 jours ouvrables après la présentation de la lettre recommandée ou la remise en main propre de la lettre de convocation.
La convocation doit mentionner, sans équivoque, qu'un licenciement est envisagé.

sachez-le *La convocation à l'entretien préalable en dehors du temps de travail du salarié ne constitue pas une irrégularité de procédure, ce dernier pouvant seulement prétendre à la réparation du préjudice subi, c'est-à-dire, en pratique, au paiement comme temps de travail du temps passé à l'entretien préalable.*

➤ *La lettre de licenciement*

Tout licenciement doit être notifié par lettre recommandée avec accusé de réception, signée par l'employeur ou son représentant. Un délai doit être respecté avant l'envoi de cette lettre.

- Lorsqu'il s'agit d'un licenciement pour motif personnel, l'employeur ne peut expédier la lettre de licenciement moins de 2 jours ouvrables après la date pour laquelle le salarié a été convoqué à l'entretien préalable (art. L. 1232-6).
- Si le salarié est licencié individuellement pour motif économique ou s'il est inclus dans un licenciement collectif économique concernant moins de 10 salariés dans une même période de 30 jours, la lettre de licenciement ne peut lui être adressée moins de 7 jours ouvrables (15 jours ouvrables pour un cadre) à

compter de la date pour laquelle il a été convoqué à l'entretien préalable (art. L. 1233-15). Ces dispositions ne sont toutefois pas applicables en cas de redressement et de liquidation judiciaires.

- Si le licenciement économique concerne 10 salariés et plus dans une même période de 30 jours, dans une entreprise de moins de 50 salariés, le délai pour envoyer les lettres individuelles de licenciement est décompté à partir de la notification à l'administration du projet de licenciement (voir p. 199) et ne peut être inférieur à 30 jours. Une convention ou un accord collectif de travail peuvent prévoir des délais plus favorables aux salariés.
- Si le licenciement économique concerne 10 salariés et plus dans une même période de 30 jours, dans une entreprise d'au moins 50 salariés, l'employeur notifie le licenciement après la notification par la DIRECCTE de la décision de validation de l'accord collectif fixant le contenu du plan de sauvegarde de l'emploi (PSE) ou de la décision d'homologation du document unilatéral de l'employeur fixant ce contenu, ou à l'expiration des délais valant homologation ou validation tacites (voir p. 212 et suiv.) ; la rupture des contrats intervenue avant ces échéances est nulle (art. L. 1233-39).

attention *Lorsque, à la date prévue pour l'envoi de la lettre de licenciement, le délai de réflexion de 21 jours dont dispose le salarié pour faire connaître sa réponse à la proposition de CSP n'est pas expiré (voir p. 212), l'employeur doit lui adresser une lettre recommandée avec AR lui rappelant la date d'expiration de ce délai de 21 jours et lui précisant que, en cas de refus du CSP, cette lettre recommandée constituera la notification de son licenciement.*

➤ L'énonciation des motifs du licenciement

Dans tous les cas, l'employeur est tenu d'énoncer dans la lettre de licenciement le ou les motifs précis qui le justifient (art. L. 1232-6 et L. 1233-16). À défaut d'énonciation du motif dans la lettre, ou en cas d'énonciation d'un motif imprécis, les juges considèrent que le licenciement est sans cause réelle et sérieuse (sur les conséquences, voir p. 192).

sachez-le *Les motifs de licenciement énoncés dans la lettre lient l'employeur. Il ne pourra pas, devant le juge, modifier ou compléter ces motifs.*

Lorsque le licenciement est prononcé pour un motif économique, la lettre de licenciement doit obligatoirement mentionner :

- les motifs économiques invoqués par l'employeur, c'est-à-dire celle des raisons économiques invoquée par l'employeur et son

incidence sur l'emploi ou le contrat de travail du salarié licencié ;
- la possibilité de bénéficier d'une priorité de réembauchage et les conditions de sa mise en œuvre (voir p. 206) ;
- la possibilité de bénéficier du congé de reclassement (voir p. 214).

➤ *Les sanctions en cas de procédure irrégulière*

Lorsque le licenciement repose sur une cause réelle et sérieuse mais que l'employeur n'a pas respecté les procédures individuelles de licenciement (entretien, notification...), le salarié peut saisir le conseil de prud'hommes. Celui-ci doit alors imposer à l'employeur d'accomplir la procédure prévue et accorder une indemnité au salarié (art. L. 1235-2). En cas de licenciement pour motif personnel, cette indemnité ne peut excéder 1 mois de salaire ; en outre, si le licenciement est dépourvu de cause réelle et sérieuse, elle ne se cumule pas avec les indemnités dues à ce titre.
Une indemnisation forfaitaire peut, le cas échéant, être convenue entre les parties (voir p. 193).

attention *Les salariés ayant moins de 2 ans d'ancienneté ou travaillant dans une entreprise de moins de 11 salariés ont droit à une indemnité de 1 mois de salaire maximum pour non-respect de la procédure, lorsque leur droit d'être assistés lors de l'entretien n'a pas été respecté et que leur licenciement est, par ailleurs, fondé sur une cause réelle et sérieuse. Au stade de la conciliation prud'homale, le salarié et l'employeur peuvent toutefois convenir du versement de l'indemnité forfaitaire mentionnée page 193.*

➤ *La mise à pied conservatoire*

En cas de faute grave ou lourde (voir p. 191), l'employeur a la possibilité de prononcer une mise à pied à effet immédiat (art. L. 1332-2 et L. 1332-3). Le contrat de travail est suspendu et le salarié peut être privé de rémunération. L'employeur doit alors immédiatement engager une procédure de licenciement individuel. À défaut de faute grave, la mise à pied conservatoire pourra être annulée et le salarié sera en droit de prétendre à une indemnité correspondant au salaire perdu. On précisera que, selon la Cour de cassation (arrêt du 03/02/2010), une mise à pied à titre conservatoire n'implique pas nécessairement que le licenciement prononcé ultérieurement présente un caractère disciplinaire.

Les procédures spécifiques aux licenciements économiques

La procédure de licenciement économique obéit à des règles spécifiques qui varient en fonction de la taille de l'entreprise et du nombre de licenciements (pour les licenciements dans le cadre d'un redressement ou d'une liquidation judiciaire, voir art. L. 1233-58 à L. 1233-60). S'agissant des « grands licenciements économiques », ces règles ont été profondément modifiées par la loi du 14/06/2013 (voir p. 200).

➤ *Le licenciement économique individuel*

L'employeur doit respecter les procédures individuelles de licenciement. Un délai de 7 jours doit s'écouler entre la date pour laquelle le salarié a été convoqué à l'entretien préalable et l'envoi de la lettre de licenciement (15 jours pour les cadres). Lors de l'entretien, l'employeur doit, selon le cas, vous informer des conditions de mise en œuvre du congé de reclassement ou vous remettre, contre récépissé, le document d'information relatif au contrat de sécurisation professionnelle (CSP, voir p. 212). L'administration est ensuite simplement informée du licenciement. Sur le contenu de la lettre de licenciement, voir les précisions données page 196.

➤ *Le licenciement économique de 2 à 9 salariés*

L'employeur doit préalablement consulter les représentants du personnel (CE ou DP), auxquels il transmet toutes les informations utiles sur le projet de licenciement, en particulier les raisons économiques, le nombre de salariés visés, les catégories professionnelles concernées... Il doit ensuite mettre en œuvre les procédures individuelles de licenciement. Un délai de 7 jours ouvrables doit s'écouler entre la date prévue de l'entretien préalable et l'envoi des lettres de licenciement (sur le contenu de ces lettres, voir p. 196). Lors de l'entretien, l'employeur doit, selon le cas, informer les salariés concernés des conditions de mise en œuvre du congé de reclassement ou leur remettre, contre récépissé, le document d'information relatif au CSP (voir p. 212). L'administration doit être informée par l'employeur du ou des licenciements prononcés ; elle procède aux vérifications prévues par l'article L. 1233-53 dès la notification du projet.

sachez-le *Lorsqu'une entreprise ou un établissement d'au moins 50 salariés ont procédé pendant 3 mois consécutifs à des licenciements pour motif économique de plus de 10 personnes au total, sans atteindre 10 personnes dans une même période de*

30 jours, tout nouveau licenciement économique envisagé au cours des 3 mois suivants est soumis aux dispositions concernant les licenciements de 10 salariés et plus. De même, lorsqu'une entreprise ou un établissement d'au moins 50 salariés a procédé au cours d'une année civile à des licenciements pour motif économique de plus de 18 salariés au total, sans avoir eu à présenter un plan de sauvegarde de l'emploi (voir p. 202), tout nouveau licenciement économique envisagé au cours des 3 mois suivant la fin de cette année civile est soumis aux dispositions concernant les licenciements de 10 salariés et plus.

➤ Le licenciement de 10 salariés et plus dans les entreprises ou établissements de moins de 50 salariés

Lorsque le nombre de licenciements envisagés est au moins égal à 10 dans une même période de 30 jours, l'employeur doit préalablement consulter les délégués du personnel, auxquels il transmet, avec la convocation à la 1re réunion, toutes les informations utiles sur le projet de licenciement, en particulier les raisons économiques, le nombre de salariés visés, les catégories professionnelles concernées... (art. L. 1233-29 et L. 1233-31). La consultation se fait sur deux réunions, séparées par un délai de 14 jours maximum. Outre ces renseignements, l'employeur adresse aux représentants du personnel les mesures qu'il envisage de mettre en œuvre pour éviter les licenciements, ou en limiter le nombre, et pour faciliter le reclassement du personnel dont le licenciement ne pourrait être évité (art. L. 1233-32).

L'employeur doit également notifier à l'administration (la DIRECCTE) le projet de licenciement, au plus tôt le lendemain de la 1re réunion des délégués. La DIRECCTE dispose de 21 jours à compter de la date de la notification du projet de licenciement pour vérifier que :

- les représentants du personnel ont été informés, réunis et consultés conformément aux dispositions légales et conventionnelles en vigueur ;
- les obligations relatives à l'élaboration des mesures sociales prévues par l'article L. 1233-32 (voir ci-dessus) ou par des conventions ou accords collectifs de travail ont été respectées ;
- les mesures prévues à l'article L. 1233-32 seront effectivement mises en œuvre.

L'administration peut formuler des observations sur ces mesures sociales. L'employeur doit y répondre et adresser copie de sa réponse aux représentants du personnel. Si cette réponse intervient après le délai d'envoi des lettres de licenciement mentionné page 196, celui-ci est reporté jusqu'à la date d'envoi de la réponse à l'autorité administrative. Les lettres de licenciement ne peuvent être adressées aux salariés qu'à compter de cette date.

attention *Dans les entreprises d'au moins 11 ou d'au moins 50 salariés, dépourvues respectivement de DP ou de CE, dans lesquelles aucun procès-verbal de carence n'a été établi, tout licenciement pour motif économique s'effectuant sans que, de ce fait, les obligations d'information, de réunion et de consultation du CE ou des DP soient respectées est irrégulier. Le salarié ainsi licencié a droit à une indemnité qui ne peut être inférieure à un mois de salaire brut, à laquelle s'ajoutent les indemnités de licenciement et de préavis qui lui sont dues par ailleurs.*

➤ Le licenciement de 10 salariés et plus dans les entreprises ou établissements d'au moins 50 salariés

L'employeur qui envisage de licencier au moins 10 salariés dans une même période de 30 jours doit préalablement informer et consulter le CE (ou, à défaut, les délégués du personnel), à qui il transmet, avec la convocation à la 1re réunion, toutes les informations utiles, en particulier les raisons économiques, le nombre de salariés visés, les catégories professionnelles concernées, le calendrier prévisionnel des licenciements, etc. (L. 1233-31). Dans ces entreprises, un plan de sauvegarde de l'emploi doit être établi (PSE, voir p. 202) et transmis, par l'employeur aux représentants du personnel.

sachez-le *Les règles présentées ici sont celles résultant de la loi du 14/06/2013 applicables aux procédures de licenciement engagées à compter du 01/07/2013.*

● **La consultation du CE (art. L. 1233-30).** l'employeur réunit et consulte le CE sur (en présence d'un CCE, voir art. L. 1233-36) :

- l'opération projetée et ses modalités d'application, conformément à l'article L. 2323-15 (consultation du CE sur les projets de restructuration et de compression des effectifs) ;
- le projet de licenciement collectif : le nombre de suppressions d'emploi, les catégories professionnelles concernées, les critères d'ordre et le calendrier prévisionnel des licenciements, les mesures sociales d'accompagnement prévues par le PSE. Toutefois, ces éléments ne sont pas soumis à la consultation du CE s'ils font l'objet de l'accord collectif majoritaire relatif au PSE (voir ci-dessous).

Le comité d'entreprise tient au moins 2 réunions espacées d'au moins 15 jours.

Sous réserve de délais différents fixés par accord collectif, le CE rend ses 2 avis dans un délai qui ne peut être supérieur, à compter de la date de sa 1re réunion au cours de laquelle il est consulté, à :

- 2 mois lorsque le nombre des licenciements est inférieur à 100 ;
- 3 mois lorsque le nombre des licenciements est au moins égal à 100 et inférieur à 250 ;

- 4 mois lorsque le nombre des licenciements est au moins égal à 250.

Dans ce délai, l'employeur met à l'étude les suggestions relatives aux mesures sociales envisagées et les propositions alternatives au projet de restructuration mentionné à l'article L. 2323-15 formulées par le CE, et leur donne une réponse motivée. Il peut également, avec l'avis favorable du CE, proposer des mesures de reclassement interne.

sachez-le *En l'absence d'avis du comité d'entreprise dans ces délais, celui-ci est réputé avoir été consulté.*

Lorsqu'il n'existe pas de CE, et qu'un PV de carence a été transmis à l'inspecteur du travail, le projet de licenciement est soumis aux délégués du personnel.

- **En cas d'expertise (art. L. 1233-34).** Le CE peut, au cours de la 1re réunion mentionnée ci-contre, décider de recourir à l'assistance d'un expert-comptable afin qu'il lui remette un rapport sur le projet envisagé. Pour mener à bien sa mission, l'expert peut demander à l'employeur, au plus tard dans les 10 jours à compter de sa désignation, toutes les informations qu'il juge nécessaires à la réalisation de sa mission. L'employeur répond à cette demande dans les 8 jours. Le cas échéant, l'expert demande, dans les 10 jours, des informations complémentaires à l'employeur, qui répond à cette demande dans les 8 jours à compter de la date à laquelle la demande de l'expert est formulée.

L'expert présente son rapport au plus tard 15 jours avant l'expiration du délai mentionné à l'article L. 1233 30 (délai de 2, 3 ou 4 mois selon le nombre de licenciements, voir ci-dessus). Ce rapport est transmis, par l'employeur, à la DIRECCTE (art. L. 1233-50).

- **Information de l'administration (art. L. 1233-46).** L'employeur doit notifier le projet de licenciement à l'administration au plus tôt le lendemain de la première réunion du comité. La notification est accompagnée de tout renseignement concernant la convocation, l'ordre du jour et la tenue de cette réunion. Au plus tard à cette date, elle indique, le cas échéant, l'intention de l'employeur d'ouvrir la négociation en vue de la conclusion d'un accord collectif majoritaire fixant le contenu du PSE (voir ci-dessous). Le seul fait d'ouvrir cette négociation avant cette date ne peut constituer une entrave au fonctionnement du comité d'entreprise.

Les modalités de l'information de l'administration sont précisées par les articles L. 1233-48 à L. 1233-51.

L'administration peut présenter toute proposition pour compléter ou modifier le PSE, en tenant compte de la situation économique de l'en-

treprise. Ces propositions sont formulées avant la dernière réunion du CE. Elles sont communiquées à l'employeur et au CE ou, à défaut, aux délégués du personnel. L'employeur adresse une réponse motivée à l'autorité administrative. En l'absence de représentants du personnel, ces propositions ainsi que la réponse motivée de l'employeur à celles-ci, qu'il adresse à l'autorité administrative, sont portées à la connaissance des salariés par voie d'affichage sur les lieux de travail.
L'administration est également appelée à se prononcer sur le plan de sauvegarde de l'emploi, que ce dernier soit issu d'un accord collectif majoritaire ou d'un document unilatéral élaboré par l'employeur.

● **Le PSE fixé par accord collectif majoritaire**. Désormais, dans le cadre fixé par la loi du 14/06/2013, le contenu du PSE peut être déterminé par un accord collectif majoritaire validé par la DIRECCTE (art. L. 1233-24-1 et suiv. et L. 1233-57-1 et suiv.). Cet accord peut également porter sur les éléments mentionnés à l'article L. 1233-24-2 : modalités d'information et de consultation du CE, calendrier des licenciements, nombre de suppressions d'emploi et catégories professionnelles concernées, etc. (à défaut, ils seront fixés par le document unilatéral de l'employeur mentionné ci-contre). L'accord ne peut, en revanche, déroger à un certain nombre de règles impératives mentionnées à l'article L. 1233-24-3 : obligation d'effort de formation, d'adaptation et de reclassement incombant à l'employeur, règles générales régissant l'information et la consultation du CE, obligation faite à l'employeur de proposer, selon le cas, un contrat de sécurisation professionnelle (voir p. 212) ou un congé de reclassement (voir p. 214) aux salariés dont le licenciement est envisagé, etc.
La DIRECCTE est informée sans délai de l'ouverture d'une négociation en vue de l'accord précité. Elle peut, à tout moment en cours de procédure, faire toute observation ou proposition à l'employeur concernant le déroulement de la procédure ou les mesures sociales prévues à l'article L. 1233-32 (voir p. 204). Elle envoie simultanément copie de ses observations au CE ou, à défaut, aux délégués du personnel et, lorsque la négociation de l'accord est engagée, aux organisations syndicales représentatives dans l'entreprise. L'employeur répond à ces observations et adresse copie de sa réponse aux représentants du personnel et aux organisations syndicales. La DIRECCTE peut également être saisie (notamment les organisations syndicales ou le CE), avant la transmission de la demande de validation ou d'homologation, afin d'enjoindre à l'employeur de fournir les éléments d'information relatifs à la procédure en cours ou de se conformer à une règle de procédure prévue par les textes législatifs ou un accord collectif ; la DIRECCTE se prononce dans un délai de 5 jours sur cette demande (L. 1233-57-5).

Une fois conclu, l'accord collectif majoritaire est transmis à la Direccte pour validation. Celle-ci valide l'accord après s'être assurée qu'il est conforme aux articles L. 1233-24-1 à L. 1233-24-3 (voir ci-contre), que les représentants du personnel ont été régulièrement informés et consultés, et que le PSE (dont il fixe le contenu) comporte effectivement les mesures prévues par les articles L. 1233-61 et L. 1233-63 (voir p. 204). La décision de validation est notifiée à l'employeur dans un délai de 15 jours à compter de la réception, par la DIRECCTE, de l'accord et, dans les mêmes délais, au CE et aux organisations syndicales représentatives signataires. La décision prise par la DIRECCTE est motivée.

sachez-le *Si la DIRECCTE ne se prononce pas dans le délai de 15 jours mentionné ci-dessus, l'accord est réputé validé. L'employeur transmet alors une copie de la demande de validation, accompagnée de son accusé de réception par l'administration, au CE et aux organisations syndicales représentatives signataires de l'accord.*

La décision de validation ou, en cas de validation tacite, les documents mentionnés ci-dessus et les voies et délais de recours sont portés à la connaissance des salariés par voie d'affichage sur le lieu de travail.
En cas de décision de refus de validation, l'employeur, s'il souhaite reprendre son projet, présente une nouvelle demande après y avoir apporté les modifications nécessaires et consulté le CE.

● **Le PSE fixé par document unilatéral de l'employeur.** À défaut d'accord collectif majoritaire, un document élaboré par l'employeur après la dernière réunion du CE fixe le contenu du PSE et précise les éléments prévus aux 1° à 5° de l'article L. 1233-24-2 (voir ci-contre) dans le cadre des dispositions légales et conventionnelles en vigueur.
Ce document est transmis à la DIRECCTE par l'employeur, pour homologation. En vue de cette homologation, la DIRECCTE effectue un contrôle approfondi des éléments mentionnés à l'article L. 1233-57-3 : régularité de la procédure d'information et de consultation des représentants du personnel, respect par le PSE proposé par l'employeur des dispositions des articles L. 1233-61 à L. 1233-63 (voir p. 204) en fonction de la situation précise de l'entreprise, etc. La DIRECCTE peut, à tout moment en cours de procédure, faire toutes observation ou proposition à l'employeur, auxquelles ce dernier doit répondre en adressant copie de cette réponse aux représentants du personnel.
La DIRECCTE notifie à l'employeur la décision d'homologation dans un délai de 21 jours à compter de la réception du document complet élaboré par l'employeur ; elle la notifie, dans les mêmes délais, au CE.
La décision prise par la DIRECCTE est motivée.

sachez-le *Si la DIRECCTE ne se prononce pas dans le délai de 21 jours mentionné ci-dessus, le document élaboré par l'employeur est réputé homologué. L'employeur transmet alors une copie de la demande d'homologation, accompagnée de son accusé de réception par l'administration, au CE.*

Les règles d'affichage de la décision et de reprise de la procédure par l'employeur en cas de refus d'homologation sont identiques à celles mentionnées page 203.

● **Le PSE : contenu et suivi.** Quel que soit son mode d'élaboration, le PSE est destiné à éviter les licenciements ou à en limiter le nombre et à faciliter le reclassement du personnel dont le licenciement ne pourrait être évité (art. L. 1233-32). Il doit notamment préciser les conditions de mise en œuvre du congé de reclassement (voir p. 214) et intégrer un plan de reclassement. Le PSE doit comporter des mesures telles que, par exemple : actions en vue du reclassement interne des salariés sur des emplois relevant de la même catégorie d'emplois ou, avec l'accord des salariés, sur des emplois de catégorie inférieure ; créations d'activités nouvelles par l'entreprise ; actions favorisant un reclassement externe ; actions de soutien à la création d'activités nouvelles ou à la reprise d'activités existantes par les salariés ; actions de formation, de validation des acquis de l'expérience ou de reconversion ; réduction du volume des heures supplémentaires effectuées de manière régulière (art. L. 1233-61 et L. 1233-62). Ces mesures font l'objet d'un suivi de leur exécution, selon les modalités fixées par le PSE lui-même, avec l'intervention des représentants du personnel. L'autorité administrative est associée au suivi de ces mesures et reçoit, de l'employeur, un bilan de la mise en œuvre effective du PSE (art. L. 1233-63).

● **Envoi des lettres de licenciement (art. L. 1233-39).** Cet envoi est effectué dans les délais mentionnés page 196.

➤ *Les voies de recours et sanctions*

Lorsque c'est la procédure individuelle qui est violée (notification du licenciement, entretien préalable quand il est obligatoire...), les sanctions sont les mêmes qu'en cas de licenciement personnel (voir p. 197).
En cas de non-respect par l'employeur des procédures de consultation des représentants du personnel ou d'information de l'autorité administrative, le juge accorde au salarié compris dans un licenciement collectif pour motif économique une indemnité à la charge de l'employeur calculée en fonction du préjudice subi (art. L. 1235-12).

● **Le contentieux relatif à l'accord ou au document unilatéral.** L'accord collectif majoritaire, le document élaboré par l'employeur,

le contenu du PSE, les décisions prises par l'administration au titre de l'article L. 1233 57 5 (voir p. 203) et la régularité de la procédure de licenciement collectif ne peuvent faire l'objet d'un litige distinct de celui relatif à la décision de validation ou d'homologation. Ces litiges relèvent de la compétence, en premier ressort, du tribunal administratif (TA), à l'exclusion de tout autre recours administratif ou contentieux. Le recours est présenté dans un délai de 2 mois par l'employeur à compter de la notification de la décision de validation ou d'homologation, et par les organisations syndicales et les salariés à compter de la date à laquelle cette décision a été portée à leur connaissance. Le TA statue dans un délai de 3 mois (voir L. 1235-7-1).
Si la décision de validation de l'accord PSE ou d'homologation du document élaboré par l'employeur est annulée en raison d'une absence ou d'une insuffisance de PSE, la procédure de licenciement est nulle.
Le licenciement intervenu en l'absence de toute décision relative à la validation ou à l'homologation, ou alors qu'une décision négative a été rendue, est nul.
Lorsque le juge constate que le licenciement est intervenu alors que la procédure de licenciement est nulle, conformément aux dispositions mentionnées ci-dessus, il peut ordonner la poursuite du contrat de travail ou prononcer la nullité du licenciement et ordonner la réintégration du salarié à la demande de ce dernier, sauf si cette réintégration est devenue impossible, notamment du fait de la fermeture de l'établissement ou du site, ou de l'absence d'emploi disponible. Lorsque le salarié ne demande pas la poursuite de son contrat de travail ou lorsque la réintégration est impossible, le juge octroie au salarié une indemnité à la charge de l'employeur qui ne peut être inférieure aux salaires des 12 derniers mois.

sachez-le *L'annulation de la décision de validation de l'accord collectif majoritaire ou d'homologation du document établi par l'employeur pour un motif autre que l'absence ou l'insuffisance de PSE donne lieu, sous réserve de l'accord des parties, à la réintégration du salarié dans l'entreprise, avec maintien de ses avantages acquis. À défaut, le salarié a droit à une indemnité, à la charge de l'employeur, qui ne peut être inférieure aux salaires des 6 derniers mois. Elle est due sans préjudice de l'indemnité de licenciement prévue à l'article L. 1234-9 (voir p. 208).*

➤ L'ordre des licenciements

Pour tout licenciement économique, l'employeur doit fixer les critères qui permettront de déterminer l'ordre des licenciements, c'est-à-dire l'ordre des salariés qui seront en priorité visés par la mesure de suppression ou de modification d'emploi. Pour cela, il doit respecter, s'ils existent, les critères fixés par convention ou accord collectif. À défaut, il doit consulter les représentants du personnel et prendre en compte au moins les critères suivants : charges de famille, en particulier celle de parents isolés, ancienneté de service dans l'établissement ou l'entreprise, situation des salariés qui présentent des caractéristiques sociales rendant leur réinsertion professionnelle particulièrement difficile, notamment personnes handicapées et salariés âgés, qualités professionnelles appréciées par catégorie ; l'employeur peut privilégier un de ces critères, à condition de tenir compte de l'ensemble des autres critères. Les critères retenus s'apprécient par catégorie professionnelle (en cas de licenciement individuel pour motif économique, l'employeur doit également, pour le choix du salarié concerné, prendre en compte ces critères) (art. L. 1233-5 à L. 1233-7).

Dans les 10 jours à compter de son départ effectif de l'entreprise, le salarié licencié peut demander à l'employeur, par lettre recommandée avec demande d'avis de réception ou par lettre remise en main propre contre décharge, de lui indiquer les critères retenus. Ce dernier doit répondre dans les mêmes formes dans les 10 jours suivant la présentation de la lettre du salarié ou la remise en main propre de celle-ci (art. L. 1233-17 et L. 1233-43).

Si l'employeur refuse ou s'il n'a pas respecté les critères fixés, il peut être condamné à verser des dommages et intérêts en fonction du préjudice subi.

➤ *La priorité de réembauchage*

Tout salarié licencié pour motif économique bénéficie d'une priorité de réembauchage pendant 1 an à compter de la date de son licenciement s'il manifeste le désir d'user de cette priorité au cours de cette année (par lettre recommandée avec AR). L'employeur devra alors l'informer des emplois devenus disponibles et compatibles avec sa qualification, ou avec la qualification qu'il a acquise (à condition qu'il en ait informé l'employeur) (art. L. 1233-45).

La priorité de réembauchage et les conditions de sa mise en œuvre doivent être mentionnées dans la lettre de licenciement (art. L. 1233-16).

Si l'employeur ne respecte pas la priorité de réembauchage, vous pouvez obtenir du tribunal une indemnité d'un montant au moins égal à 2 mois de salaire (art. L. 1235-13).

Les garanties à l'occasion du licenciement

Outre l'application des procédures prévues par la loi et l'exigence d'une cause réelle et sérieuse, le salarié bénéficie d'un certain nombre de garanties à l'occasion de tout licenciement, économique ou non (sur l'inscription à Pôle emploi, voir p. 271).

➤ *Le préavis*

Tout salarié licencié doit bénéficier d'un délai de préavis, appelé aussi délai-congé, entre la notification du licenciement et la cessation du contrat de travail. Le point de départ du préavis est fixé par la date de première présentation à votre domicile de la lettre recommandée de licenciement (art. L. 1234-1 et suiv.).

La durée du préavis dépend de l'ancienneté dans l'entreprise :

- ancienneté inférieure à 6 mois : le préavis applicable est celui qui résulte soit du contrat de travail, soit des accords collectifs applicables, soit des usages de la localité ou de la profession ;
- ancienneté entre 6 mois et 2 ans : préavis de 1 mois, sauf contrat de travail, accord collectif ou usage plus favorables ;
- ancienneté de 2 ans et plus : préavis de 2 mois, sauf contrat de travail, accord collectif ou usage plus favorables.

L'employeur peut vous dispenser d'exécuter votre préavis. Il devra vous verser une indemnité compensatrice égale au montant des salaires que vous auriez perçus pendant sa durée, à moins que la dispense n'ait été accordée sur votre demande. Votre contrat de travail est néanmoins maintenu jusqu'à la date d'expiration du délai de préavis et vous devez bénéficier de tous les avantages auxquels vous auriez eu droit si vous aviez travaillé. La durée du préavis non exécuté doit également être prise en compte pour le calcul de l'indemnité de licenciement et de l'indemnité compensatrice de congés payés.

Si l'employeur vous fait exécuter votre préavis, sachez que la plupart des conventions collectives ou des usages prévoient le bénéfice d'heures d'absence rémunérées pour rechercher un emploi : en général 2 heures par jour ou 50 heures par mois.

attention *En cas de faute grave ou lourde, l'employeur n'est pas tenu de respecter le préavis, ni de vous verser d'indemnité compensatrice (art. L. 1234-1). Celle-ci n'est pas due non plus lorsque le salarié malade ne peut exécuter le préavis, sauf en cas d'inaptitude liée à un accident du travail ou à une maladie professionnelle (art. L. 1226-14).*

➤ *L'indemnité de licenciement*

Tout salarié a droit à l'indemnité légale de licenciement, à condition d'avoir au moins 1 an d'ancienneté et de ne pas être licencié pour faute grave ou lourde (art. L. 1234-9).

sachez-le *L'indemnité légale de licenciement constitue un plancher. Les conventions collectives (plus rarement le contrat de travail) prévoient souvent des indemnités de licenciement plus avantageuses que les indemnités légales. Dans une telle situation, il convient de retenir l'indemnité la plus favorable pour le salarié, sachant que le cumul entre plusieurs indemnités ayant le même objet (par exemple, l'indemnité légale et conventionnelle de licenciement) est impossible.*

Quel que soit le motif à l'origine du licenciement (motif personnel ou économique), l'indemnité de licenciement ne peut être inférieure à 1/5 de mois de salaire par année d'ancienneté, auquel s'ajoutent 2/15 de mois par année au-delà de 10 ans d'ancienneté (art. R. 1234-2).
Ainsi, par exemple, pour un salaire de référence de 1 500 € et une ancienneté de 13 ans, l'indemnité due sera de :

- 1 500 € / 5 = 300 €
  - 300 € x 13 ans = 3 900 €.
- 1 500 € x 2/15 = 200 €
  - 200 € x 3 ans = 600 €.
- Soit une indemnité de licenciement d'un montant total de : 3 900 € + 600 € = 4 500 €.

Dans tous les cas :

- le salaire à prendre en considération pour le calcul de l'indemnité est 1/12 de la rémunération des 12 derniers mois précédant le licenciement ou, selon la formule la plus avantageuse pour le salarié, 1/3 des 3 derniers mois, étant entendu que, dans ce cas, toute prime, ou gratification, de caractère annuel ou exceptionnel qui aura été versée au salarié pendant cette période ne sera prise en compte que dans la limite d'un montant calculé *prorata temporis* ;
- l'ancienneté s'apprécie jusqu'à la cessation du contrat de travail, donc jusqu'à la fin du délai de préavis, que ce dernier soit exécuté ou non. Pour calculer l'indemnité de licenciement, il faut également tenir compte des années incomplètes au prorata des mois effectués.

sachez-le *En cas de rupture du contrat de travail d'un salarié auquel un accord de maintien de l'emploi est applicable, à la suite notamment de la décision du juge de suspendre les effets de cet accord (voir p. 176 et art. L. 5125-5), le calcul des indemnités légales, conventionnelles ou contractuelles de préavis et de licenciement se fait sur la base de la rémunération du salarié au moment de la rupture ou, si elle est supérieure, sur la base de la rémunération antérieure à la conclusion de l'accord. Cette règle est également applicable au calcul de l'allocation d'assurance à laquelle le salarié pourra, le cas échéant, prétendre (art. L. 5125-6).*

➤ L'indemnité compensatrice de congés payés

En cas de licenciement, sauf pour faute lourde, l'employeur doit verser une indemnité compensant les congés payés que vous avez acquis et que vous n'avez pas pu prendre du fait de la rupture du contrat de travail (art. L. 3141-26). La durée du préavis, même non exécuté, doit être prise en compte pour le calcul de vos droits acquis à congés. Cette indemnité compensatrice de congés payés est égale au montant des rémunérations ou de l'indemnité qui auraient été perçues pendant la durée des congés si ceux-ci avaient été pris.

➤ Les documents destinés au salarié

À l'occasion de la rupture du contrat de travail, notamment à la suite d'un licenciement, un certain nombre de documents doivent être, selon le cas, adressés au salarié ou tenus à sa disposition.

● **Le solde de tout compte.** Au moment de votre départ de l'entreprise, l'employeur doit régler l'ensemble des salaires et indemnités qui vous sont dus. Il doit établir un « solde de tout compte » dont il vous demandera de lui donner reçu. Ce document fait l'inventaire des sommes versées au salarié à l'occasion de la rupture du contrat de travail : indemnité de licenciement, indemnités compensatrices de congés payés et de préavis (s'il y a lieu), solde de salaire, primes diverses, etc.

Le reçu pour solde de tout compte peut être dénoncé dans les 6 mois qui suivent sa signature, délai au-delà duquel il devient libératoire pour l'employeur pour les sommes qui y sont mentionnées (art. L. 1234-20). Le plus sûr est d'adresser cette lettre de dénonciation du solde de tout compte en recommandé avec demande d'AR (voir modèle sur le site www.cfdt.fr).

Signer un reçu pour solde de tout compte ne vous empêche pas, par la suite, de contester le bien-fondé de votre licenciement. Sachez enfin que, légalement, rien ne vous oblige à accepter de signer un tel reçu.

sachez-le *Il ne faut pas confondre le reçu pour solde de tout compte avec la « transaction » par laquelle vous vous enga-*

gez à renoncer à toute contestation ultérieure de votre licenciement en échange d'une somme d'argent dite « indemnité transactionnelle » versée par l'employeur (art. 2044 et suivants du Code civil). Ne signez jamais de transaction sans vous être auparavant renseigné sur l'ensemble des sommes auxquelles vous avez droit ou que vous pourriez obtenir devant les tribunaux, notamment si votre licenciement vous paraît sans cause réelle et sérieuse.

- **Le certificat de travail.** À l'expiration de votre contrat de travail, l'employeur doit vous délivrer un certificat de travail (art. L. 1234-19). Ce document mentionne les noms et prénoms du salarié et les coordonnées de l'employeur (nom, raison sociale, adresse), ainsi que la date de sa délivrance ; il doit être signé par l'employeur ou porter le cachet de l'entreprise. Il comporte, en principe exclusivement, les mentions figurant à l'article D. 1234-6 (par principe, aucune mention défavorable au salarié ne doit y figurer).

- **L'attestation d'employeur pour Pôle emploi.** L'employeur (le liquidateur judiciaire en cas de liquidation judiciaire) doit vous délivrer, au moment de l'expiration ou de la rupture (licenciement, démission, prise d'acte de la rupture, mise à la retraite, etc.) de votre contrat de travail (CDI, CDD, contrat d'apprentissage, etc.), une attestation (dite « attestation Pôle emploi », ex- « attestation ASSEDIC »). Celle-ci, établie sur un formulaire réglementaire, est destinée à vous permettre de faire valoir vos droits aux allocations de chômage ; l'employeur doit également transmettre un exemplaire de cette attestation à Pôle emploi. Il s'agit là d'une obligation générale qui n'est, en aucun cas, liée à l'appréciation que l'employeur peut faire des droits aux allocations de chômage du salarié dont le contrat prend fin.

Si, après la rupture de votre contrat de travail, vous vous inscrivez auprès de Pôle emploi, c'est cette attestation que vous devrez joindre à votre dossier de demande d'allocations chômage.

Si votre employeur refuse d'établir cette attestation, vous pouvez demander l'intervention de Pôle emploi et/ou engager une action devant le conseil de prud'hommes.

Accompagnement des licenciements économiques

L'employeur est tenu de prévenir les licenciements économiques (adaptation et reclassement interne de ses salariés) et de faciliter le reclassement du personnel licencié. L'obligation de mettre en œuvre un plan de sauvegarde de l'emploi (voir p. 202) permet d'accentuer cet effort. Des aides de l'État, sous la forme d'allégements de charges ou de conventions négociées avec l'administration du travail et financées par le Fonds national pour l'emploi (FNE), doivent permettre d'éviter un certain nombre de licenciements ou d'en limiter les conséquences sociales.

➤ *L'intervention de l'État*

• Les aides destinées à prévenir les licenciements. Elles sont de plusieurs sortes (art. L. 5121-4 et L. 5123-1 et suiv.) :

- les conventions de formation et d'adaptation offrent une aide à la formation de longue durée afin d'adapter les salariés aux évolutions de leur emploi ou de favoriser leur reclassement externe ;
- le chômage partiel permet de compenser la perte de salaire due à une réduction temporaire ou prolongée d'activité ;
- les conventions d'aide au travail à temps partiel permettent un maintien partiel et temporaire du salaire aux salariés ayant accepté la transformation de leur poste en temps partiel.

• Les aides destinées à atténuer les conséquences des licenciements. Elles permettent de favoriser :

- la conversion des salariés, par l'intermédiaire d'un congé en vue de bénéficier d'actions destinées à favoriser leur reclassement (avec suspension du contrat de travail, art. L. 5123-3°) ;
- le reclassement externe, par l'attribution d'aides à la mobilité géographique, l'allocation temporaire dégressive destinée à compenser la baisse de salaire dans l'emploi de reclassement, ou l'aide à la mise en place de cellules de reclassement (le financement public de ce dispositif n'est toutefois accordé qu'à titre exceptionnel) ;
- la réinsertion des travailleurs étrangers dans leur pays d'origine ;
- la création ou la reprise d'entreprises par des salariés licenciés en incitant fiscalement les employeurs à leur attribuer des prêts à taux privilégiés (art. 39 quinquies H, Code général des impôts).

➤ *Les obligations de l'employeur*

Les employeurs ont l'obligation, lorsqu'ils procèdent à des licenciements économiques, de proposer aux salariés concernés de bénéficier, selon le cas, soit d'un contrat de sécurisation professionnelle (CSP), soit d'un congé de reclassement (ou, s'il existe un accord collectif en ce sens, un « congé de mobilité » ; voir les articles L. 1233-77 et suiv.). Ces dispositifs doivent permettre au salarié de retrouver plus rapidement un emploi : il reste toutefois libre de les accepter ou non (sur l'obligation, plus générale, faite à l'employeur d'élaborer un plan de sauvegarde de l'emploi, voir précisions p. 202). Les entreprises ont également l'obligation de contribuer à la création d'activités et au développement des emplois dans le cadre du dispositif de revitalisation des bassins d'emploi, et de rechercher un repreneur lorsqu'elles envisagent un projet de licenciement collectif ayant pour conséquence la fermeture d'un établissement (voir art. L. 1233-84 et suiv.).

● **Le contrat de sécurisation professionnelle.** Le CSP a pour objet l'organisation et le déroulement d'un parcours de retour à l'emploi, qui peut comprendre des mesures d'accompagnement et d'évaluation des compétences, ainsi que des périodes de formation et de travail.

attention *Le CSP est expérimenté dans certains bassins d'emploi au profit des demandeurs d'emploi en fin de CDD, en fin de mission d'intérim ou en fin de contrat de chantier visé à l'article L. 1236-8 du Code du travail. Dans ce cadre, des modalités particulières d'accompagnement et d'incitation financière sont prévues (l'incitation financière devrait prendre la forme d'une prime de 1 000 € versée dans les conditions qui seront précisées par un avenant à l'ANI du 31/05/2011 relatif au CSP ; précisions sur le site www.unedic.fr).*

Le CSP s'adresse aux salariés des entreprises de moins de 1 000 salariés (à compter de 1 000 salariés, le congé de reclassement s'applique, voir p. 214). Dans ces entreprises, l'employeur doit proposer le CSP à chaque salarié dont il envisage de prononcer le licenciement pour motif économique, dès lors que le salarié est apte à l'emploi, justifie d'une ancienneté d'au moins 1 an et remplit les conditions d'âge et de résidence mentionnées page 275. Les salariés n'ayant pas 1 an d'ancienneté, mais remplissant les autres conditions et disposant de droits à l'assurance chômage, peuvent bénéficier du CSP, mais le montant de leur allocation sera égal au montant de l'ARE (voir p. 275) auquel ils peuvent prétendre.

Chacun des salariés concernés doit être informé individuellement et par écrit du contenu du CSP et de la possibilité qu'il a d'en bénéficier (à défaut, l'employeur est redevable à Pôle emploi d'une contribution spécifique correspondant à 2 mois de salaires bruts). Pour cela, l'employeur leur remet, contre récépissé, le document d'information relatif au CSP, soit lors de l'entretien préalable lorsque celui-ci est obligatoire (voir p. 194), soit à l'issue de la dernière réunion des représentants élus du personnel.

Ce document précise le délai de réflexion dont le salarié dispose (voir ci-contre), ainsi que la date à partir de laquelle, en cas d'acceptation de sa part, son contrat de travail est rompu. À compter du lendemain du jour de cette remise, le salarié dispose d'un délai de 21 jours pour faire connaître sa réponse ; pour les salariés dont le licenciement est soumis à autorisation, ce délai est prolongé jusqu'au lendemain de la date de notification à l'employeur de la décision de l'autorité administrative compétente (la date d'expiration du délai de réflexion est mentionnée dans les documents remis au salarié par l'employeur). Pendant ce délai de réflexion, le salarié bénéficie d'un entretien d'information réalisé par Pôle emploi, destiné à l'éclairer dans son choix. Si le salarié refuse le CSP ou ne répond pas dans le délai, le licenciement suit son cours normal.

sachez-le *Lors de l'inscription à Pôle emploi de tout demandeur d'emploi licencié pour motif économique, le conseiller devra vérifier que le salarié a bien été informé individuellement et par écrit du contenu du CSP et de la possibilité qu'il a d'en bénéficier. À défaut, il appartiendra au conseiller Pôle emploi de le faire en lieu et place de son employeur. Dans ce cas, le demandeur d'emploi dispose d'un délai de 21 jours pour accepter ou refuser un tel contrat à partir de la date de son inscription à Pôle emploi. Si le salarié bénéficie du CSP dans ces conditions, la contribution spécifique de l'employeur est portée à 3 mois de salaires bruts.*

Si le salarié accepte la proposition de CSP qui lui est faite par l'employeur (ou, le cas échéant, par Pôle emploi ; voir ci-dessus), la situation est la suivante :

- le contrat de travail est rompu par commun accord des parties, avec versement au salarié d'une indemnité d'un montant égal à celui de l'indemnité légale ou conventionnelle de licenciement calculée sur la base de l'ancienneté acquise au terme du préavis s'il avait été effectué. Le salarié n'a pas de préavis à effectuer et ne perçoit pas d'indemnité de préavis. Toutefois, si l'indemnité de préavis qu'il aurait perçue s'il n'avait pas bénéficié d'un CSP est supérieure à 3 mois de salaire, la fraction excédant ce montant doit lui être versée par l'employeur dès la rupture de son contrat de travail ;
- dans les 8 jours de son adhésion au CSP, le salarié bénéficie d'un entretien individuel de pré-bilan pour l'examen de ses capacités professionnelles, éventuellement suivi d'un bilan de compétences. Au vu du résultat de cet entretien, un « plan de sécurisation professionnelle » est élaboré d'un commun accord entre le bénéficiaire du CSP et Pôle emploi (ou tout autre organisme habilité). Ce plan décrit les prestations (formation, actions de VAE, évaluation des compétences, appui social et psychologique...) qui devront être suivies par le bénéficiaire du CSP afin de permettre un retour rapide à l'emploi ;
- le salarié bénéficiaire d'un CSP a le statut de stagiaire de la formation professionnelle. Pendant la durée du CSP, soit au maximum 12 mois, il perçoit de Pôle emploi une « allocation de sécurisation professionnelle » (ASP) dont le montant est égal à 80 % du SJR (voir p. 275), sans que cette allocation puisse être

inférieure à celle à laquelle il aurait pu prétendre au titre de l'allocation d'aide au retour à l'emploi (ARE, voir p. 275) pendant la même période. Le titulaire du CSP qui, à l'issue de ce dernier, est toujours à la recherche d'un emploi bénéficie, dans la limite de ses droits, de l'ARE dès son inscription comme demandeur d'emploi, sans délai d'attente ni différé d'indemnisation. La durée d'indemnisation au titre de l'ARE est alors réduite du nombre de jours indemnisés au titre de l'ASP ;

- pendant toute la durée de son CSP, un suivi individuel et personnalisé de l'intéressé est effectué par l'intermédiaire d'un référent spécifique, destiné à l'accompagner à tous les niveaux de son projet professionnel et à évaluer le bon déroulement de son plan d'action, y compris dans les 6 mois suivant son reclassement ; les obligations respectives de Pôle emploi et du bénéficiaire du CSP sont formalisées dans une convention liant les deux parties ;
- au cours de son CSP, le bénéficiaire peut réaliser 2 périodes d'activités professionnelles en entreprise, en CDD ou en contrat d'intérim. Chaque période d'activité doit avoir une durée minimale de 1 mois et une durée maximale de 3 mois. La durée cumulée des 2 périodes d'activité ne peut excéder 3 mois. Pendant ces périodes, le bénéficiaire est salarié par l'entreprise où il exerce et son CSP est suspendu ;
- en cas de reprise d'un emploi salarié avant la fin de son CSP, le bénéficiaire peut prétendre à une indemnité différentielle de reclassement, à condition que la rémunération de son nouvel emploi soit, pour une même durée du travail, inférieure d'au moins 15 % à la rémunération de l'emploi précédent. Cette indemnité, versée tous les mois, à terme échu, pour 12 mois maximum, ne peut dépasser 50 % des droits restants de l'intéressé à l'ASP.

● **Le congé de reclassement**. Ce congé, qui n'est pas applicable aux entreprises en redressement ou liquidation judiciaires, doit vous être proposé si votre licenciement économique est envisagé et si vous êtes salarié :

- d'une entreprise (ou d'un établissement) occupant au moins 1 000 salariés ;
- ou d'une entreprise appartenant à un groupe dont le siège social est situé en France, astreint à l'obligation de mise en place d'un comité de groupe en application de l'article L. 2331-1 du Code du travail, si l'effectif cumulé (en France ou à l'étranger) des entreprises appartenant à ce groupe est au moins égal à 1 000 salariés ;
- ou d'une entreprise ou d'un groupe d'entreprises qui emploient au moins 1 000 salariés dans les Etats membres de l'Union européenne et qui comportent au moins un établissement ou une entreprise employant au moins 150 salariés dans au moins deux de ces États.

Ce congé permet au(x) salarié(s) licencié(s) de bénéficier d'un ensemble de mesures destinées à faciliter son (leur) reclassement : entretien d'évaluation et d'orientation, accompagnement dans les démarches de recherche d'emploi, bilan de compétences, actions de formation ou de VAE, l'ensemble étant financé par l'employeur. Le salarié est informé des conditions de ce congé (objet, nature des prestations, statut pendant le congé...) lors de l'entretien préalable, ou à l'occasion de la dernière réunion du CE ou des DP. La proposition doit lui en être faite dans la lettre de notification du licenciement. Le salarié dispose d'un délai de 8 jours à compter de la date de notification de la lettre de licenciement pour faire connaître son accord : le silence dans ce délai vaut refus du congé de reclassement.
En cas d'acceptation par le salarié :

- le congé débute à l'expiration du délai de 8 jours mentionné ci-dessus ; sa durée (entre 4 mois, ou moins avec l'accord exprès du salarié, et 12 mois ; la durée maximale a été portée de 9 à 12 mois par la loi du 14/06/2013, *JO* du 16/06/2013) est fixée par l'employeur après consultation des représentants du personnel, au vu des résultats de l'entretien d'évaluation et d'orientation, et le cas échéant du bilan de compétences ;
- le salarié peut rompre son congé s'il trouve un nouvel emploi ; il doit en informer son employeur, avant l'embauche, par LRAR ou lettre remise en main propre contre décharge ;
- le congé se déroule pendant le préavis, et au-delà si sa durée est supérieure à celle du préavis ;
- le salarié est rémunéré par l'employeur ; il perçoit son salaire normal pendant la période de préavis, puis, pour la période du congé excédant la durée du préavis, une allocation égale à 65 % des rémunérations brutes mensuelles des 12 derniers mois, sans pouvoir être inférieure à 85 % du SMIC par le nombre d'heures correspondant à la durée collective du travail de l'entreprise. Un bulletin précisant le montant de l'allocation et ses modalités de calcul est remis chaque mois au salarié ;
- dans les conditions fixées par l'article L. 1233-72-1, le congé peut comporter des périodes de travail durant lesquelles il est suspendu. Au terme de ces périodes, le congé de reclassement reprend ; l'employeur peut prévoir un report du terme initial du congé à due concurrence des périodes de travail ainsi effectuées ;
- le salarié doit, sauf motif légitime, participer aux actions prévues dans le congé ; à défaut, et après mise en demeure, le congé est rompu.

3 La rupture conventionnelle

La loi du 25/06/2008, reprenant sur ce point les dispositions de l'accord national interprofessionnel du 11/01/2008 « sur la modernisation du marché du travail », a créé un nouveau mode de rupture du contrat de travail : la rupture conventionnelle. Distinct de la démission et du licenciement, ce mode de rupture est entouré de différentes garanties : respect d'une procédure préalable, homologation de l'accord par l'autorité administrative, indemnisation du salarié, droit au chômage....

➤ *Définition et champ d'application*

La rupture conventionnelle est une procédure qui permet à l'employeur et au salarié qui le souhaitent de convenir en commun des conditions de la rupture du contrat de travail qui les lie (art. L. 1237-11).
Ce mode de rupture est exclusif du licenciement ou de la démission ; il ne peut être imposé par l'une ou l'autre des parties et ne concerne que les CDI.

sachez-le *Les salariés dont le contrat de travail aura été rompu conventionnellement selon les modalités précisées ci-dessous peuvent prétendre aux allocations d'assurance chômage dans les conditions de droit commun (voir p. 270 et suiv.).*

La rupture conventionnelle est soumise à une procédure particulière destinée à garantir la liberté du consentement des parties, et notamment du salarié. À noter que, selon la Cour de cassation (arrêt du 30/01/2013), cette liberté de consentement n'est pas présente lorsque la rupture conventionnelle intervient dans un contexte de harcèlement moral subi par le salarié ; dans cette affaire, la cour a considéré que la rupture devait être considérée comme nulle et produire les effets d'un licenciement sans cause réelle et sérieuse, ouvrant droit à indemnisation au profit du salarié.

attention *Les dispositions relatives à la rupture conventionnelle ne sont pas applicables aux ruptures de contrats de travail résultant :*
- des accords collectifs de gestion prévisionnelle des emplois et des compétences (GPEC) dans les conditions définies par l'article L. 2242-15 du Code du travail ;
- des plans de sauvegarde de l'emploi dans les conditions définies par l'article L. 1233-61 du Code du travail (art. L. 1237-16).
L'employeur ne peut donc, par ce biais, se soustraire à ses obligations légales, notamment en matière de licenciements collectifs pour motif économique.

En outre, selon le ministère du Travail (circ. DGT du 17/03/2009), et sous réserve de l'appréciation souveraine des tribunaux, la rupture conventionnelle ne peut être signée lorsque le contrat de travail est suspendu pour un motif ouvrant droit à une protection particulière du salarié : arrêt de travail pour maladie professionnelle ou accident du travail, congé de maternité, etc.
Pour sa part, la Cour de cassation a, dans un arrêt du 09/03/2011, précisé que « lorsqu'elles ont une cause économique et s'inscrivent dans un processus de réduction des effectifs dont elles constituent la ou l'une des modalités, les ruptures conventionnelles doivent être prises en compte pour déterminer la procédure d'information et de consultation des représentants du personnel applicable ainsi que les obligations de l'employeur en matière de plan de sauvegarde de l'emploi ».

➤ Quelle est la procédure ?

La rupture conventionnelle fait l'objet d'une convention signée par les parties au contrat et homologuée par l'autorité administrative (voir ci-dessous). Le principe et les modalités de cette rupture doivent être débattus entre l'employeur et le salarié au cours d'un ou de plusieurs entretiens (art. L. 1237-12).
Au cours de ces entretiens, le salarié peut se faire assister :

- soit par une personne de son choix appartenant au personnel de l'entreprise, qu'il s'agisse d'un salarié titulaire d'un mandat syndical ou d'un salarié membre d'une institution représentative du personnel (IRP), ou de tout autre salarié ;
- soit, en l'absence d'IRP, par un conseiller du salarié choisi sur une liste dressée par l'autorité administrative.

Si le salarié souhaite user de la possibilité d'être assisté pendant ces entretiens, il doit en informer son employeur, qui ne peut s'y opposer dès lors que les règles visées ci-dessus sont respectées. L'employeur peut alors lui-même se faire assister, à charge pour lui d'en informer à son tour le salarié (art. L. 1237-12). Les noms des personnes ayant assisté le salarié et/ou l'employeur devront, le

cas échéant, être mentionnés dans la demande d'homologation de la convention (voir ci-contre).
La personne choisie par l'employeur pour l'assister doit appartenir au personnel de l'entreprise. Dans les entreprises de moins de 50 salariés, l'employeur peut également choisir de se faire assister par une personne appartenant à son organisation syndicale d'employeurs ou par un autre employeur relevant de la même branche d'activité (art. L. 1237-12). Dans tous les cas, il est donc exclu que l'employeur participe à ces entretiens assisté d'un avocat.

➤ Quel est le contenu de la convention ?

La convention de rupture définit les conditions de celle-ci, notamment le montant de l'indemnité spécifique de rupture conventionnelle, qui ne peut pas être inférieur à celui de l'indemnité légale prévue en cas de licenciement (voir p. 198) ou de l'indemnité conventionnelle lorsqu'elle est plus favorable. Sous réserve du respect de ce minimum, le montant de cette indemnité spécifique de rupture est librement négocié entre le salarié et son employeur. La convention fixe également la date de rupture du contrat de travail, qui ne peut intervenir avant le lendemain du jour de l'homologation visée ci-dessous (art. L. 1237-13).

➤ En quoi consiste le délai de rétractation ?

À compter de la date de la signature de la convention par les deux parties, chacune d'elles dispose d'un délai de 15 jours calendaires (tous les jours de la semaine) pour exercer son droit de rétractation. Ce droit est exercé sous la forme d'une lettre adressée par tout moyen attestant de sa date de réception par l'autre partie (art. L. 1237-13) ; le plus sûr est donc d'adresser ce courrier par LRAR. Si l'une ou l'autre des parties se rétractent dans ce délai, la convention est annulée et le contrat de travail doit continuer de s'exécuter dans les conditions habituelles. La rétractation n'a pas à être justifiée.
Le délai de rétractation doit permettre au salarié de réfléchir « à tête reposée » aux conséquences de sa décision. Il peut en profiter pour prendre tous contacts utiles, notamment avec sa section syndicale, afin de s'assurer, par exemple, que le montant de l'indemnité spécifique est acceptable.

➤ Qui procède à l'homologation de la convention ?

À l'issue du délai de rétractation, la partie la plus diligente adresse une demande d'homologation à l'autorité administrative, avec un exemplaire de la convention de rupture (art. L. 1237-14). Cette demande doit obligatoirement être effectuée à l'aide d'un formulaire réglementaire dont le modèle est fixé par un

arrêté du 08/02/2012 (*JO* du 17) ; une aide à la saisie de la demande d'homologation est accessible sur le site www.telerc.travail.gouv.fr.
L'autorité administrative compétente (la direction régionale des entreprises, de la concurrence, de la consommation, du travail et de l'emploi - DIRECCTE -) dispose d'un délai d'instruction de 15 jours ouvrables, à compter de la réception de la demande, pour s'assurer du respect des conditions fixées par la loi et de la liberté de consentement des parties. À défaut de notification dans ce délai, l'homologation est réputée acquise et l'autorité administrative est dessaisie (art. L. 1237-14).
L'homologation peut être refusée pour l'un ou l'autre de ces motifs : non-respect des règles de l'assistance, indemnité de rupture conventionnelle inférieure au minimum, non-respect du délai de rétractation, erreurs de procédure, absence de liberté de consentement.
La validité de la convention est subordonnée à son homologation (art. L. 1237-14). Si l'autorité administrative, dans le délai qui lui est imparti, refuse cette homologation, la convention sera nulle et de nul effet entre les parties, qui resteront donc liées par le contrat de travail en vigueur.

sachez-le *Tout litige concernant la convention, l'homologation ou le refus d'homologation relève de la compétence des prud'hommes, à l'exclusion de tout autre recours contentieux ou administratif (sauf pour les salariés protégés). Le recours doit être formé, à peine d'irrecevabilité, avant l'expiration d'un délai de 12 mois à compter de la date d'homologation de la convention (art. L. 1237-14).*

➤ La procédure s'applique-t-elle aux salariés protégés ?

La procédure de rupture conventionnelle peut être mise en œuvre par les salariés bénéficiant d'une protection particulière mentionnés aux articles L. 2411-1 et L. 2411-2 du Code du travail (délégués syndicaux, délégués du personnel, membres élus du comité d'entreprise...). Les dispositions applicables sont celles visées ci-dessus, sous les réserves suivantes (art. L. 1237-15) :

- la rupture conventionnelle est soumise à l'autorisation de l'inspecteur du travail dans les conditions de droit commun, et non à l'homologation mentionnée ci-dessus. La demande d'autorisation ne peut être transmise à l'inspecteur du travail qu'à l'issue du délai de 15 jours calendaires prévu pour l'exercice du droit de rétractation (voir p. 218) ; les recours éventuels contre la décision de l'inspection du travail sont, également, formés dans les conditions de droit commun ;
- la rupture du contrat de travail ne peut intervenir que le lendemain du jour de cette autorisation.

4 Le départ à la retraite

Le départ à la retraite n'est jamais automatique. Il faut que vous décidiez volontairement de partir à la retraite ou que l'employeur prenne l'initiative de vous mettre à la retraite. Tout départ à la retraite nécessite donc une décision de l'employeur ou du salarié : sont ainsi nulles les clauses dites « couperet » qui prévoiraient la rupture de plein droit et automatique du contrat de travail, au seul motif que le salarié aurait atteint un âge déterminé ou serait en mesure de bénéficier d'une retraite.

Le départ à l'initiative du salarié

➤ Quelles sont les formalités ?

Si vous décidez de rompre votre contrat de travail pour prendre votre retraite (à taux plein ou à taux réduit), vous devez en informer votre employeur, le plus sûr étant de le faire par lettre RAR. Vous devrez alors respecter un préavis dont la durée est égale :

- soit au préavis légal de licenciement (voir p. 207),
- soit au préavis de départ à la retraite prévu par la convention collective ou le contrat de travail s'il est plus favorable.

C'est le préavis le plus court qui est considéré comme le plus favorable pour le salarié. Le préavis conventionnel ne s'appliquera donc que s'il est d'une durée inférieure au préavis légal.

➤ Quelles sont les indemnités dues ?

En plus d'une éventuelle indemnité compensatrice de préavis ou de congés payés, le salarié a droit, sous réserve des dispositions plus favorables d'une convention ou d'un accord collectif de travail ou de son contrat de travail, à l'indemnité de départ à la retraite prévue par l'article D. 1237-1 du Code du travail (art. L. 1237-9) : 0,5 mois de salaire après 10 ans d'ancienneté ; 1 mois de salaire après 15 ans ; 1,5 mois après 20 ans ; 2 mois après 30 ans. Le salaire à prendre en considération est, selon la formule qui vous est la plus avantageuse, le salaire moyen des 12 derniers mois ou celui des 3 derniers mois.

Le départ à l'initiative de l'employeur

➤ *Quelles sont les conditions requises ?*

L'employeur peut mettre à la retraite d'office tout salarié âgé d'au moins 70 ans.
Concernant les salariés ayant au moins l'âge permettant de bénéficier automatiquement d'une pension de vieillesse à taux plein (cet âge, actuellement fixé à 65 ans, sera progressivement relevé comme indiqué p. 305 et suiv.), l'employeur peut uniquement interroger par écrit le salarié concerné sur sa volonté, ou non, de partir à la retraite. En cas d'acceptation du salarié, l'employeur peut le mettre à la retraite. En cas de refus, l'employeur ne peut rompre le contrat : il pourra réitérer sa demande l'année suivante et chaque année jusqu'au 69e anniversaire de l'intéressé (sur la procédure applicable, voir précisions ci-dessous).
Toutefois, la mise à la retraite peut intervenir avant si le salarié bénéficie d'une convention de préretraite « CATS » ayant pris effet avant le 01/01/2010, ou d'une convention de préretraite progressive conclue avant le 01/01/2005, ou de tout autre avantage de préretraite défini antérieurement au 23/08/2003 et ayant pris effet avant le 01/01/2010. Dans l'une ou l'autre de ces situations, la mise à la retraite avant l'âge d'obtention du taux plein ne peut concerner qu'un salarié ayant droit à une retraite au taux plein (voir p. 305 et suiv.).
Si ces conditions sont réunies, la mise à la retraite ne sera pas considérée comme un licenciement : la convocation à un entretien préalable n'est donc pas obligatoire. Toutefois, un préavis identique à celui applicable en cas de licenciement doit être respecté (voir p. 207).

attention *Si les conditions de mise à la retraite ne sont pas remplies, la rupture du contrat de travail par l'employeur constitue un licenciement sans cause réelle et sérieuse (voir p. 192), voire un licenciement nul si l'employeur a invoqué comme cause de rupture du contrat le seul âge du salarié (application du principe de non-discrimination mentionné p. 193).*

➤ *Quelle est la procédure à respecter ?*

En application des articles L. 1237-5 et D. 1237-2-1 du Code du travail, l'employeur doit suivre une procédure particulière lorsqu'il envisage de mettre à la retraite un salarié qui va atteindre l'âge d'obtention du taux plein (cet âge, actuellement fixé à 65 ans, sera progressivement relevé, comme indiqué p. 305 et suiv.).

Cette procédure est la suivante :

- 3 mois avant l'anniversaire du salarié, l'employeur doit l'interroger, par écrit, sur son intention de quitter volontairement l'entreprise pour bénéficier d'une pension de vieillesse ;
- si le salarié répond par la négative à cette demande dans un délai de 1 mois à compter de la date à laquelle l'employeur l'aura interrogé sur ses intentions, ce dernier ne peut faire usage de la possibilité de mettre ce salarié à la retraite pendant l'année qui suit la date de son anniversaire. Il en va de même si l'employeur ne respecte pas l'obligation qui lui est désormais faite d'interroger le salarié sur ses intentions.

Cette procédure est applicable à compter de l'âge d'obtention du taux plein puis, chaque année, jusqu'au 69e anniversaire du salarié. Elle vise à permettre au salarié qui le souhaite (par exemple, pour améliorer sa retraite) de travailler au-delà de l'âge d'obtention du taux plein et au maximum jusqu'à ses 70 ans : à compter de cet âge, l'employeur retrouve la possibilité de le mettre à la retraite sans qu'il puisse s'y opposer.

➤ *Quelles sont les indemnités dues ?*

Sauf dispositions plus favorables prévues par accord, le salarié a droit à une indemnité de mise à la retraite au moins égale à l'indemnité de licenciement prévue par la loi (voir p. 208).

Cette indemnité est due même si le salarié n'a pas 1 an d'ancienneté au moment de sa mise à la retraite.

Le cas échéant, le salarié peut également bénéficier :

- d'une indemnité compensatrice de préavis, si l'employeur prend l'initiative de le dispenser de préavis ;
- d'une indemnité compensatrice de congés payés, pour les congés payés acquis dont il n'a pu bénéficier avant son départ de l'entreprise.

PROTECTION SOCIALE

1 Assurance maladie

1 La maladie et la maternité

En cas de maladie ou de maternité, et sous réserve de remplir un certain nombre de conditions, la Sécurité sociale vous garantit le remboursement de vos dépenses de santé (prestations en nature), ainsi que le versement d'indemnités journalières (prestations en espèces) destinées à compenser, pour partie, la perte de revenu résultant de l'arrêt de travail.

Les prestations en nature

Le remboursement des dépenses de santé par la Sécurité sociale bénéficie à l'assuré social lui-même (par exemple, un travailleur salarié) ainsi qu'à ses ayants droit (voir ci-contre). Ce remboursement se fait sur la base des tarifs de la Sécurité sociale.

attention *Les règles exposées ci-dessous s'appliquent aux salariés relevant du régime général. Des règles particulières s'appliquent à certaines professions (VRP, travailleurs à domicile, saisonniers...), notamment en ce qui concerne l'ouverture des droits aux prestations en nature ou en espèces, ainsi qu'aux salariés des régimes spéciaux ou particuliers (SNCF, fonctionnaires, EDF...).*

➤ Quelles conditions faut-il remplir ?

Pour la maladie et la maternité, le droit aux prestations en nature (remboursement des dépenses de santé) est ouvert pour un an au salarié qui justifie, à la date des soins pour la maladie et à la date du début de grossesse ou du début du repos prénatal pour la maternité, de l'une des conditions suivantes :

- avoir, pendant un mois civil (ou 30 jours consécutifs), cotisé sur la base d'un salaire au moins égal à 60 fois le SMIC horaire ou avoir effectué au moins 60 heures de travail salarié ou assimilé ;
- avoir cotisé sur des rémunérations au moins équivalentes à

120 fois le SMIC horaire pendant 3 mois civils, ou justifier de 120 heures de travail salarié ou assimilé pendant 3 mois civils, ou 3 mois de date à date ;

- avoir travaillé au moins 1 200 heures, ou avoir cotisé sur un salaire au moins égal à 2 030 fois le montant du SMIC horaire, pendant 12 mois.

sachez-le *Pour apprécier si ces conditions sont remplies, la Sécurité sociale tient compte de l'ensemble des périodes d'affiliation, d'immatriculation, de cotisations versées ou de travail effectué, qu'elles relèvent du régime général des salariés ou d'un autre régime obligatoire d'assurance maladie (travailleurs non salariés, salariés agricoles, etc.). Cette disposition est également applicable pour l'ouverture des droits aux prestations en espèces de l'assurance maladie et pour l'appréciation des droits aux prestations en nature et en espèces dues en cas de maternité, de paternité ou d'adoption.*

➤ Quelles sont les dispositions applicables aux nouveaux assurés ?

Tout nouvel assuré social bénéficie pendant 3 mois des prestations en nature sans avoir à justifier des conditions détaillées ci-dessus. Ensuite, au terme de ce délai, s'il a moins de 25 ans, il a droit aux prestations en nature pendant une nouvelle période de 3 mois s'il justifie soit avoir cotisé pour une rémunération au moins égale à 60 fois le SMIC en vigueur au 1er jour d'activité, soit avoir effectué au moins 60 heures de travail salarié.

sachez-le *Le droit aux prestations en nature ouvert à l'assuré bénéficie aussi aux personnes à sa charge qui n'ont pas droit, par ailleurs, aux prestations en nature d'un régime obligatoire de Sécurité sociale (ses « ayants droit ») : conjoint, concubin à charge, personne à charge liée à l'assuré par un PACS, enfants sous certaines conditions, personne à charge, certains membres de sa famille vivant sous son toit.*

➤ Le maintien des droits aux prestations en nature

Les personnes qui cessent de remplir les conditions donnant droit aux prestations en nature (par exemple, celles qui démissionnent) continuent néanmoins d'en bénéficier pendant 12 mois. Ce « maintien des droits », également susceptible de bénéficier aux personnes qui perdent la qualité d'ayant droit, est subordonné à la résidence en France métropolitaine ou dans un DOM, c'est-à-dire au fait d'avoir, sur ce territoire, son foyer ou le lieu de son séjour principal.

Prestations en nature : taux de remboursement sur les tarifs de la Sécurité sociale au 01/07/2013 [1]	
• Médecins, chirurgiens-dentistes	70 %
• Auxiliaires médicaux	60 %
• Radios	70 %
• Frais pharmaceutiques :	
• Médicaments irremplaçables	100 %
• Autres médicaments courants	65 %
• Médicaments dits « de confort »	30 % [2]
• Analyses de laboratoire	60 %
• Hospitalisation	
• Frais d'hospitalisation	80 %
• Transfert d'un établissement hospitalier vers un autre établissement hospitalier, sauf maison de retraite ou de convalescence	100 %
• Accouchement et soins de maternité	100 %
• Transports	65 %
• Cure thermale :	
• Forfait médical	70 %
• Forfait établissement	65 %
• Dépenses au titre d'un accident du travail ou d'une maladie professionnelle	100 %
• Dépenses au titre des 30 maladies graves inscrites sur une liste fixée par décret	100 %
• Traitements longs et coûteux de plus de 6 mois autres que les 30 maladies (prise en charge, sur dossier, après contrôle médical)	100 %
• Lunettes, appareils auditifs, prothèses : généralement	65 %

(1) Taux applicables, dans le cadre du parcours de soins coordonnés, aux soins dispensés au cabinet du praticien ou de l'auxiliaire médical, au domicile du malade ou dans un dispensaire, un centre de soins ou en consultation externe à l'hôpital.
Un forfait journalier hospitalier de 18 € par jour ou 13,50 € en cas d'hospitalisation dans un service de psychiatrie reste dû même en cas de prise en charge à 100 %. Toutefois, des exonérations existent, notamment pour la maternité, les accidents de travail et les maladies professionnelles, les invalides de guerre, certains handicapés... En sont également exonérées les personnes qui sont bénéficiaires de la CMU « complémentaire » (voir p. 227).
(2) Un taux de 15 % s'applique à certains médicaments à vignette orange.

En cas de décès de l'assuré ou de divorce, le conjoint ayant droit bénéficie du maintien des droits pendant 12 mois ou jusqu'aux 3 ans du plus jeune enfant. Ce maintien est même illimité si cette personne a (ou a eu) au moins 3 enfants à charge.

➤ La situation des demandeurs d'emploi

Les demandeurs d'emploi indemnisés ont droit aux prestations en nature et aux indemnités journalières (pas de cumul avec les allocations chômage). Lorsqu'ils cessent d'être indemnisés, ils bénéficient du maintien des droits pour 12 mois (prestations en nature et en espèces). Au-delà, ils continuent de bénéficier des prestations en nature tant qu'ils demeurent à la recherche d'un emploi (ou bénéficient de la dispense de recherche d'emploi) et sont inscrits sur la liste des demandeurs d'emploi (art. L. 311-5 du Code de la Sécurité sociale). En cas de reprise d'une activité insuffisante pour justifier des conditions d'ouverture du droit à prestations d'assurance maladie-maternité, ils continuent de bénéficier, pendant les 3 mois qui suivent cette reprise d'activité, des prestations auxquelles ils avaient droit avant leur période de chômage. Des dispositions sont également prévues pour les demandeurs d'emploi non indemnisés (décret à paraître ; renseignements sur le site www.ameli.fr).

sachez-le *Les personnes qui sont titulaires de certaines pensions, rentes ou allocations ont droit, à ce titre, aux prestations en nature de l'assurance maladie-maternité : c'est le cas, notamment, pour les titulaires d'une pension d'invalidité ou de l'allocation aux adultes handicapés.*

➤ Les taux de remboursement

Certains soins ou dépenses de santé sont remboursés à 100 % des tarifs conventionnels de la Sécurité sociale (ex. : maternité, accident du travail). Mais, la plupart du temps, une partie reste à la charge de l'assuré : le « ticket modérateur ». Celui-ci est variable suivant la nature des soins ou des dépenses (voir tableau p. 228). Il peut être pris en charge par une mutuelle, souscrite à titre individuel ou à titre collectif dans le cadre de l'entreprise, ou par la CMU dite complémentaire (voir p. 235). Au ticket modérateur s'ajoutent la participation forfaitaire « 1 € » et les franchises médicales qui, en principe, ne sont pas prises en charge par les mutuelles.
Les taux de remboursement s'appliquent aux tarifs conventionnels qui, dans certains cas, seront inférieurs au coût que vous aurez à supporter (ex. : lunettes, consultation de spécialistes, consultation hors du « parcours de soins coordonnés »).

➤ *Les participations forfaitaires*

● **La participation forfaitaire « 1 € ».** Pour chaque acte ou chaque consultation pris en charge par l'assurance maladie et réalisés par un médecin, en ville, dans un établissement ou un centre de santé, à l'exclusion des actes ou consultations réalisés au cours d'une hospitalisation, et pour tout acte de biologie médicale, une participation forfaitaire de 1 € doit être acquittée par l'assuré, dans la limite, au titre d'une même année civile, de 50 participations.

Cette participation se cumule avec le ticket modérateur visé en page 229 et avec les franchises médicales (voir ci-dessous).

sachez-le *Lorsque, pour un bénéficiaire, plusieurs actes ou consultations sont effectués par un même professionnel (et non par des professionnels de santé différents) au cours de la même journée, le nombre de participations forfaitaires supportées ne peut être supérieur à 1.*

La participation forfaitaire est déduite automatiquement du montant des remboursements versés à l'assuré ou est imputée sur les prestations ultérieures versées par la caisse pour ceux qui bénéficient du tiers payant. La règle est la même pour les franchises médicales visées ci-dessous.

● **Les franchises médicales.** Il s'agit de sommes déduites des remboursements effectués par la Sécurité sociale au titre des médicaments, des actes paramédicaux (infirmiers, orthophonistes...) et des transports sanitaires. Leur montant est fixé à 0,5 € par boîte de médicaments (ou tout autre conditionnement tel qu'un flacon, par exemple) pris en charge par la Sécurité sociale, à 0,5 € par acte paramédical et à 2 € par transport sanitaire.

Ces franchises font l'objet d'un double plafonnement :

- un plafonnement annuel, fixé à 50 € pour l'ensemble des actes ou prestations concernés ;
- un plafonnement journalier fixé à 2 € pour les actes paramédicaux et à 4 € pour les transports sanitaires.

● **Exonérations.** Sont exonérés de la participation forfaitaire « 1 € » et des franchises médicales les ayants droit de moins de 18 ans au 1er janvier de l'année civile considérée, les bénéficiaires de la CMU complémentaire ou de l'aide médicale de l'État (AME) et les femmes enceintes pendant la période prise en charge au titre de l'assurance maternité (période qui débute au 1er jour du 6e mois de grossesse et se termine 12 jours après la date de l'accouchement).

➤ *Le choix d'un médecin traitant*

Afin de favoriser la coordination des soins, tout assuré ou ayant droit âgé de 16 ans ou plus doit désigner à sa caisse primaire d'assurance maladie (formulaire disponible sur www.ameli.fr) le nom du médecin traitant qu'il a choisi, avec l'accord de celui-ci. Le choix du médecin traitant suppose, pour les ayants droit mineurs, l'accord de l'un au moins des deux parents ou du titulaire de l'autorité parentale. Tout médecin peut être choisi comme médecin traitant dès lors qu'il est inscrit au Conseil de l'Ordre : généraliste ou spécialiste, médecin libéral, médecin hospitalier, médecin urgentiste ou médecin salarié d'un centre de santé.
Dans certaines limites, le ticket modérateur et les tarifs médicaux peuvent être majorés pour les assurés et les ayants droit n'ayant pas choisi de médecin traitant ou consultant un autre médecin sans prescription de leur médecin traitant (sur ce point, on peut s'informer sur le site www.ameli.fr).

Les indemnités journalières

Les indemnités journalières (IJ) sont des prestations en espèces versées par la Sécurité sociale en cas d'arrêt de travail prescrit par un médecin. Pour les percevoir, il faut remplir certaines conditions d'immatriculation et de durée de travail (voir aussi p. 227). Ces indemnités sont versées pour toute journée d'arrêt de travail, samedi et dimanche compris.
À la différence des prestations en nature, elles ne peuvent être versées qu'à l'assuré lui-même et non à ses ayants droit. Comme pour les prestations en nature, le maintien des droits est fixé à 12 mois.
Votre convention collective ou, à défaut, l'article L. 1226-1 du Code du travail prévoient, sous certaines conditions d'ancienneté, un complément d'indemnisation par l'employeur en cas d'arrêt de travail (voir p. 162).

sachez-le *Les IJ maladie sont calculées sur la base des derniers salaires avant l'arrêt de travail, pris en compte dans la limite de 1,8 fois le SMIC mensuel en vigueur, soit 2 574,40 € depuis le 01/01/2013.*

➤ *En cas de maladie*

Ont droit aux indemnités journalières les salariés qui justifient au jour de l'interruption de travail :

- soit de 200 heures de travail au cours des 3 mois civils ou 90 jours précédents ;
- soit avoir cotisé, au cours des 6 mois civils précédents, sur des rémunérations au moins égales à 1 015 fois le SMIC horaire.

De plus, lorsque l'arrêt de travail est supérieur à 6 mois, il faut justifier de 12 mois d'immatriculation (au 1er jour du mois de l'interruption de travail), et :
- soit de 800 heures de travail au cours des 12 mois précédant l'interruption de travail, dont 200 heures dans les 3 premiers mois ;
- soit avoir cotisé, au cours des 12 mois civils précédant l'interruption de travail, sur des rémunérations au moins égales à 2 030 fois le SMIC, dont 1 015 fois dans les 6 premiers mois.

Les 3 premiers jours d'arrêt de travail ne sont pas indemnisés par la Sécurité sociale (« délai de carence »), mais ils peuvent l'être par votre employeur en vertu d'une disposition de la convention collective applicable ou d'un accord d'entreprise (pour les accidents du travail, voir p. 237).

• **Montant des indemnités : cas général.** Les IJ sont égales à 50 % de votre salaire journalier de base. Celui-ci se calcule en divisant vos salaires bruts des 3 derniers mois par 91,25.

Exemple pour des salaires de 1 200 €, 1 000 € et 1 200 € :

$$\text{indemnité journalière} = \frac{1\,200 + 1\,000 + 1\,200}{91{,}25} \times \frac{50}{100} = 18{,}63\ €$$

attention *L'IJ ne peut être supérieure à 1/730 de 21,6 fois le SMIC mensuel, soit 42,32 € compte tenu du SMIC en vigueur au 01/01/2013.*

Si vous avez au moins 3 enfants à charge, les indemnités journalières sont portées aux 2/3 de votre salaire journalier de base à compter du 31e jour d'arrêt de travail. Par exemple :

$$\text{indemnité journalière} = \frac{1\,200 + 1\,000 + 1\,200}{91{,}25} \times \frac{2}{3} = 24{,}84\ €$$

sachez-le *Dans cette situation, l'indemnité journalière ne peut être supérieure à 1/547,5 de la base mentionnée ci-dessus, soit 56,43 € compte tenu du SMIC en vigueur au 01/01/2013.*

• **Revalorisation des IJ.** Au-delà de 3 mois d'arrêt de travail, les IJ peuvent être revalorisées soit par application d'un coefficient fixé par arrêté ministériel, soit en cas d'augmentation des salaires en application de la convention collective ou de l'accord d'entreprise qui vous sont applicables. N'hésitez donc pas à vous renseigner auprès de votre CPAM.

➤ *En cas de maternité*

Les IJ maternité sont versées aux femmes dans le cadre de leur congé de maternité, mais aussi aux salariés (homme ou femme) qui bénéficient d'un congé d'adoption et aux salariés qui bénéficient d'un congé de paternité et d'accueil de l'enfant. Pour y prétendre, il faut justifier, au début du 9e mois avant la date présumée de l'accouchement ou à la date de début du congé prénatal (voir aussi précisions p. 227) :

- soit de 200 heures de travail au cours des 3 mois civils ou 90 jours précédents ;
- soit avoir cotisé, au cours des 6 mois civils précédents, sur des rémunérations au moins égales à 1 015 fois le SMIC (horaire).

Pour le bénéfice du congé d'adoption ou du congé de paternité et d'accueil de l'enfant, cette condition s'apprécie à la date du début du congé en cause.

Il faut en outre justifier de 10 mois d'immatriculation à la Sécurité sociale à la date présumée de l'accouchement, de l'arrivée au foyer de l'enfant adopté ou du début du congé de paternité et d'accueil de l'enfant.

Les femmes salariées doivent enfin, dans le cadre de leur maternité, avoir déclaré leur grossesse dans les 14 premières semaines et produire une attestation justifiant qu'elles ont passé dans les délais prescrits les examens prénatals obligatoires.

Les IJ sont égales au gain journalier de base. Celui-ci se calcule en divisant les salaires bruts (déduction faite d'un forfait - 21 % - représentatif des cotisations et contributions salariales rendues obligatoires par la loi) des 3 derniers mois par 91,25, les salaires étant retenus dans la limite du plafond de la Sécurité sociale. Sauf cas particuliers, l'IJ ne peut être ni supérieure à 80,15 € (au 01/07/2013) ni inférieure à 9,20 € (au 01/04/2013) ; une simulation de calcul peut être effectuée sur le site www.ameli.fr. En cas de prolongation du congé postnatal de maternité, pour couches pathologiques (voir p. 165), les IJ versées sont celles dues en cas de maladie, soit 50 % du salaire journalier de base.

➤ *Prélèvements opérés sur les indemnités journalières*

Les indemnités journalières d'assurance maladie et maternité sont assujetties à la CSG (au taux de 6,2 %) et à la CRDS (au taux de 0,5 %) sur leur montant brut. Elles sont en outre imposables, sauf, pour les IJ maladie versées au titre d'une affection de longue durée.

sachez-le *Les prestations en nature sont incessibles et insaisissables ; en revanche, les prestations en espèces peuvent être saisies et cédées dans les mêmes limites que les salaires.*

La couverture maladie universelle

La couverture maladie universelle (CMU) comporte deux niveaux : CMU dite « de base » et CMU dite « complémentaire ». La demande de CMU (de base ou complémentaire) peut être adressée à la CPAM de son lieu de résidence.

➤ *En quoi consiste la CMU « de base » ?*

La CMU de base s'adresse à toute personne qui ne peut bénéficier, à un titre quelconque (assuré social, ayant droit, situation de maintien de droit), du remboursement de ses dépenses de santé (ce que l'on appelle les « prestations en nature »). Les personnes dans cette situation sont affiliées au régime général de la Sécurité sociale (c'est-à-dire le régime des salariés), au titre de la CMU. Elles ont ainsi droit, pour elles-mêmes et leurs éventuels ayants droit, au remboursement de leurs dépenses de santé, dans les conditions en vigueur dans le régime des salariés (voir p. 229).
Les salariés relèvent, pour leur part, des règles visées page 226 et non de la CMU. Ils peuvent toutefois bénéficier de la CMU de base s'ils ne remplissent pas les conditions de montant minimum de cotisations visé à la même page.

● **Quelles sont les conditions à remplir ?** Pour avoir droit à la CMU de base, il faut résider en France métropolitaine ou dans un DOM de manière ininterrompue depuis plus de 3 mois. Cette condition peut être prouvée par tout moyen (trois quittances mensuelles successives de loyer ou deux factures successives de gaz ou d'électricité, par exemple). Le délai de 3 mois ne s'applique toutefois pas à certaines personnes (bénéficiaires des prestations familiales, des aides au logement, des aides à la garde des jeunes enfants...). Il n'est pas non plus opposable aux personnes reconnues réfugiées, admises au titre de l'asile ou ayant demandé le statut de réfugié.

attention *En plus de la stabilité de leur résidence, les personnes de nationalité étrangère (hors Espace économique européen) doivent justifier qu'elles sont en situation régulière. Pour cela, elles peuvent fournir un titre ou une carte de séjour ou, à défaut, produire un récépissé en cours de validité ou une convocation à un rendez-vous en préfecture. À noter que les ayants droit mineurs de parents en situation irrégulière peuvent toutefois bénéficier de la CMU.*

● **Quel est le montant de la cotisation ?** Les bénéficiaires de la CMU de base sont redevables d'une cotisation lorsque leurs ressources dépassent un plafond annuel fixé, pour la période du

01/10/2012 au 30/09/2013, à 9 356 € (montant au 01/10/2013 sur le site www.ameli.fr). Cette cotisation, égale à 8 % de la part des ressources dépassant ce plafond, est calculée annuellement, pour la période du 01/10 au 30/09 de l'année suivante, sur la base des revenus de l'année « N-1 » ou de l'année « N-2 » selon la date à laquelle la demande est déposée (renseignements auprès de la CPAM ou sur le site www.ameli.fr). Les bénéficiaires de la CMU complémentaire sont exonérés de cotisation.

➤ *En quoi consiste la CMU « complémentaire » ?*

Celle-ci consiste à offrir, aux personnes dont les ressources sont les plus faibles, une protection complémentaire gratuite. Ainsi, dès lors qu'elles remplissent les conditions visées ci-dessous, ces personnes, ainsi que les membres de leur foyer, auront droit, sans contrepartie de cotisation, à la prise en charge, assortie du tiers payant (dispense d'avance des frais), de la part des dépenses de santé en principe supportée par l'assuré (ticket modérateur, voir p. 229), du forfait journalier hospitalier, des participations forfaitaires (participation « 1 € » et franchises médicales) et de certaines dépenses de soins (soins dentaires, prothèses auditives, lunettes, appareillage...). Les droits sont ouverts pour une durée de 1 an, renouvelable tant que les conditions restent réunies.
Les salariés peuvent bénéficier de la CMU complémentaire dès lors qu'ils remplissent les conditions requises et qu'ils ne bénéficient pas déjà d'une complémentaire santé obligatoire dans le cadre de leur entreprise.

● **Quelles sont les conditions à remplir ?** Pour avoir droit à la CMU complémentaire, il faut résider en France (métropole ou DOM) de manière stable (au moins 3 mois, sauf exceptions) et régulière (pour les personnes de nationalité étrangère), et disposer de ressources (celles des 12 mois civils précédant la demande) n'excédant pas (montants annuels en vigueur au 01/07/2013) :

- pour une personne : 8 593 € ;
- pour deux personnes : 12 889 € ;
- pour trois personnes : 15 467 € ;
- pour quatre personnes : 18 045 € ;
- par personne en plus au-delà de la 4e : 3 437,18 €.

sachez-le *Certaines prestations sociales ne sont pas prises en compte dans les ressources. Par ailleurs, les personnes dont les ressources n'excèdent pas de plus de 30 % les plafonds d'attribution de la CMU complémentaire peuvent, sous certaines conditions, bénéficier d'une aide à l'acquisition d'une protection complémentaire santé. Sur tous ces points, voir le site www.ameli.fr.*

2 L'accident du travail

Les salariés victimes d'un accident du travail ou d'un accident de trajet, ou reconnus atteints d'une maladie professionnelle, bénéficient d'un régime spécifique de prise en charge par la Sécurité sociale, qu'il s'agisse des prestations en nature ou des prestations en espèces. Ils bénéficient en outre, en cas d'incapacité permanente totale ou partielle, d'une rente destinée à les indemniser de manière forfaitaire.

sachez-le *L'employeur doit déclarer l'accident à la CPAM dans les 48 heures. S'il oublie ou refuse, vous pouvez le déclarer vous-même par LRAR à la CPAM du lieu de votre domicile.*

Les prestations en nature

➤ *Quelles sont-elles ?*

Les prestations en nature (remboursement des dépenses de santé) sont dues dans les mêmes conditions qu'en matière d'assurance maladie (voir p. 226), sous les réserves suivantes :

- aucune condition d'activité antérieure ni de montant minimum des cotisations n'est exigée pour pouvoir prétendre aux prestations en nature dans le cadre d'un accident du travail ou d'une maladie professionnelle ;
- les dépenses de santé sont prises en charge à 100 %, dans la limite des tarifs de la Sécurité sociale : l'assuré est donc exonéré du ticket modérateur (mais non des participations forfaitaires visées p. 230) ;
- en cas d'hospitalisation, l'assuré est également exonéré du forfait journalier hospitalier ;
- l'assuré est dispensé de l'avance des frais, qui sont remboursés directement par la Sécurité sociale aux médecins, pharmaciens et le cas échéant à l'établissement d'hospitalisation (tiers payant).

Les prestations en espèces

En cas d'accident du travail ou de maladie professionnelle, le régime des indemnités journalières de Sécurité sociale (comme le complément d'indemnisation dû par l'employeur, voir p. 157) est plus favorable.

➤ *Quelles sont les conditions d'attribution ?*

Les indemnités journalières sont dues au salarié victime d'un accident du travail, ou d'une maladie professionnelle, qui l'oblige à interrompre son activité professionnelle, sans que la condition relative à l'activité antérieure ou au montant minimum de cotisation (voir p. 231) soit applicable.

Le jour de l'accident est obligatoirement payé par l'employeur comme si vous aviez travaillé. Les indemnités journalières sont versées dès le lendemain et jusqu'à la date de guérison ou de consolidation de la blessure. Elles peuvent être revalorisées lorsque votre arrêt se prolonge au-delà de 3 mois.

➤ *Comment sont calculées les indemnités journalières ?*

L'indemnité journalière (IJ) est égale à 60 % de votre salaire journalier de référence (SJR) pendant les 28 premiers jours de l'arrêt de travail, et à 80 % au-delà. Le SJR se calcule comme suit :

- si vous êtes payé une fois par mois : SJR = montant brut de votre dernier salaire divisé par 30,42 ;
- si vous êtes payé une fois par quinzaine : SJR = montant brut de vos deux derniers salaires divisé par 30,42 ;
- si vous êtes payé une fois par semaine : SJR = montant brut de vos quatre derniers salaires divisé par 28 ;
- si vous êtes payé à la journée : SJR = montant brut des salaires touchés au cours du mois précédant l'arrêt de travail divisé par 30,42 ;
- si vous êtes payé une fois par trimestre : SJR = montant de votre dernier salaire divisé par 91,25 ;
- si vous êtes travailleur saisonnier ou si vous avez une activité discontinue : SJR = montant brut de tous les salaires touchés au cours des 12 mois précédant l'arrêt de travail divisé par 365.

Le SJR est limité à 0,834 % du plafond annuel de la Sécurité sociale, soit, pour 2013, des IJ d'un montant maximum de 185,30 € pour les 28 premiers jours et de 247,07 € à partir du 29e jour.

sachez-le *Les IJ d'accident du travail et de maladie professionnelle supportent la CSG (taux de 6,2 %) et la CRDS (taux de 0,5 %). Elles sont soumises à l'impôt sur le revenu à hauteur de 50 % de leur montant.*

La rente d'accident du travail

La rente est une réparation forfaitaire. Elle dépend du taux d'incapacité permanente totale ou partielle (IPT ou IPP). Elle peut être majorée en cas de faute inexcusable de l'employeur.

➤ *Le taux d'incapacité*

Il est fixé suivant un barème en fonction de la gravité de l'accident du travail et des séquelles (amputation, traumatisme...). Le taux d'incapacité attribué par la caisse peut être contesté, dans les 2 mois, devant le tribunal du contentieux de l'incapacité (sur la procédure et les recours, voir le site www.ameli.fr).

➤ *Le montant et le versement de la rente*

Le taux d'incapacité permanente supérieur ou égal à 10 % donne droit à une rente d'incapacité permanente.Le taux d'incapacité est transformé en taux de rente de la façon suivante :

- jusqu'à 50 % d'incapacité, le taux de rente est égal à la moitié du taux d'incapacité. Exemple : pour un taux d'incapacité de 40 %, le taux de rente est de 20 % ;
- lorsque le taux d'incapacité dépasse 50 %, le pourcentage au-dessus de 50 % est majoré de moitié (x 1,5) pour être transformé en taux de rente. Par exemple, pour un taux d'incapacité de 80 %, le taux de rente sera de (50/2) + (30 x 1,5) = 70 %.

Le taux de rente s'applique ensuite sur le salaire annuel de base, avec un système de plafonds assez complexe, pour calculer le montant de la rente (précisions sur le site www.ameli.fr).

Les rentes sont versées chaque trimestre à terme échu. Elles font toutefois l'objet d'un versement mensuel lorsque le taux d'incapacité est égal ou supérieur à 50 %.

Les rentes sont révisables en fonction de l'état de l'accidenté. Elles sont revalorisées une fois par an au 1er avril. Lorsque le taux est inférieur à 10 %, la rente est remplacée par une indemnité en capital dont le montant est revalorisé tous les ans.

sachez-le *Le titulaire d'une rente AT/MP, dont l'incapacité permanente est d'au moins 80 %, a droit à une prestation complémentaire pour recours à tierce personne lorsqu'il est dans l'incapacité d'accomplir seul les actes ordinaires de la vie. Le montant mensuel dépend du besoin d'assistance de la personne (de 541,22 € à 1 623,65 € au 01/04/2013). Renseignements auprès de la CPAM.*

La Fédération nationale des accidentés du travail et des handicapés (FNATH) peut vous aider dans vos démarches (www.fnath.org).

3 Droits des étrangers

Le principe dans ce domaine est l'absence de discrimination par rapport aux ressortissants français, sous réserve, pour les personnes de nationalité étrangère, d'être en situation régulière au regard de la législation relative à l'entrée et au séjour des étrangers sur le territoire français.
Sur la CMU, voir page 226.

➤ *Prestations d'assurances sociales*

Les travailleurs étrangers qui résident en France et cotisent au régime général ont droit aux mêmes prestations (maladie, maternité, accidents du travail, invalidité...) que les salariés français, sous réserve qu'ils justifient de la régularité de leur séjour en France. Leurs ayants droit (voir p. 227) peuvent bénéficier des prestations maladie-maternité ; ils devront toutefois être eux-mêmes en situation régulière s'ils sont majeurs et de nationalité étrangère.
Les étrangers en situation irrégulière peuvent, sous certaines conditions, bénéficier de l'aide médicale de l'État (AME) pour eux-mêmes et les personnes à leur charge ; sur ce dispositif particulier, on peut consulter le site www.ameli.fr.

➤ *Prestations familiales*

Les étrangers qui résident en France ont droit aux mêmes prestations familiales que les Français (voir p. 242), sous réserve d'attester par un document officiel (carte de résident, carte de séjour, certificat de résidence de ressortissant algérien...) de la régularité de leur situation en France (avec des spécificités pour les ressortissants de l'Union européenne, de l'Espace économique européen et de la Suisse) et de ne pas faire l'objet d'un simple détachement temporaire sans affiliation à la Sécurité sociale. Les prestations sont dues au titre des enfants pour lesquels il peut être justifié de l'une des situations suivantes :

- leur naissance en France ;
- leur entrée régulière dans le cadre de la procédure de regroupement familial ;
- leur qualité de membre de famille de réfugiés ;
- leur qualité d'enfant d'étranger titulaire de la carte de séjour « vie privée et familiale » délivrée de plein droit aux étrangers ayant obtenu le statut d'apatride ;
- leur qualité d'enfant d'étranger titulaire de la carte de séjour attribuée aux étrangers ayant obtenu le bénéfice de la « protection subsidiaire » ;
- leur qualité d'enfant d'étranger titulaire de la carte de séjour temporaire portant la mention « scientifique » ;
- leur qualité d'enfant d'étranger titulaire de la carte de séjour « vie privée et familiale » délivrée de plein droit aux étrangers dont les liens personnels et familiaux en France sont tels que le refus d'autoriser leur séjour porterait à leur droit au respect de leur vie privée et familiale une atteinte disproportionnée au regard des motifs du refus, à la condition que le ou les enfants en cause soient entrés en France au plus tard en même temps que l'un de leurs parents titulaires de cette carte.

Pour les enfants visés ci-dessus, la régularité de l'entrée et du séjour doit être justifiée par la production de l'un des documents dont la liste est donnée par l'article D. 512-2 du Code de la Sécurité sociale : extrait d'acte de naissance en France, certificat de contrôle médical de l'enfant délivré par l'Office français de l'immigration et de l'intégration (OFII) à l'issue de la procédure d'introduction ou d'admission au séjour au titre du regroupement familial...

Sous certaines conditions, il est également possible aux travailleurs étrangers résidant en France de percevoir des prestations familiales qui seront versées à la famille restée dans le pays d'origine.

sachez-le *Les personnes de nationalité étrangère ont également droit aux prestations dites « non contributives », c'est-à-dire acquises sans contrepartie de cotisations (ex. : allocation aux adultes handicapés), sous réserve qu'elles puissent justifier de la régularité de leur séjour en France.*

➤ Chômage

Les travailleurs étrangers bénéficient d'un revenu de remplacement (allocations du régime d'assurance chômage ou du régime de solidarité), dans les mêmes conditions que les travailleurs français, s'ils sont titulaires d'un titre en cours de validité (autre qu'une autorisation provisoire de travail) les autorisant à exercer une activité professionnelle salariée.

2 Prestations sociales

1 Les prestations familiales

Les prestations familiales sont destinées à aider financièrement les familles ou les personnes seules ayant un ou plusieurs enfants à charge. Elles sont attribuées par les caisses d'allocations familiales (CAF) en fonction de conditions précises, certaines communes à toutes les prestations, d'autres propres à chacune d'entre elles.

Les conditions communes

➤ *Quelles sont les conditions générales d'attribution ?*

Pour avoir droit à ces prestations, il faut : avoir un ou plusieurs enfants à charge, résider en France (c'est-à-dire avoir sur le territoire métropolitain ou dans un DOM son foyer ou le lieu de son séjour principal) et, pour certaines prestations, disposer de ressources ne dépassant pas certains plafonds.
Une réforme de certaines prestations familiales doit, en principe, intervenir au 01/04/2014 : renseignements sur le site www.caf.fr.

➤ *Pour quels enfants sont-elles versées ?*

Les prestations familiales sont versées pour les enfants à charge. Sont considérés comme tels les enfants :

- âgés de moins de 16 ans, sans conditions particulières,
- jusqu'à 20 ans (21 ans pour le complément familial et l'allocation de logement sociale) à condition, s'ils exercent une activité salariée, que leur rémunération nette n'excède pas 61,3 % du SMIC calculé sur la base de 151,67 heures (soit un montant de 876,52 € depuis le 01/01/2013).

L'enfant de moins de 20 ans (ou 21 ans, selon les cas) qui devient lui-même bénéficiaire d'une prestation familiale ou de l'APL ne peut plus être considéré comme étant à la charge de ses parents. Il en va de même pour l'enfant qui se marie.

➤ Comment sont-elles calculées et versées ?

Les prestations sont, pour la plupart, calculées en pourcentage d'une base de calcul revalorisée au 1er avril de chaque année. Son montant est fixé à 403,79 € depuis le 01/04/2013.
Sauf exceptions (allocation de rentrée scolaire, prime à la naissance...), les prestations familiales sont versées chaque mois. Elles sont en principe dues à partir du 1er jour du mois civil qui suit celui au cours duquel les conditions d'obtention sont remplies. Elles cessent d'être dues à compter du 1er jour du mois au cours duquel les conditions ne sont plus remplies.

➤ Comment sont appréciées les ressources ?

Certaines prestations familiales, et certaines prestations assimilées (allocation de logement sociale, APL...), sont soumises à condition de ressources (ou, du moins, leur montant peut dépendre de vos ressources). Trois règles essentielles sont à connaître :

- les ressources qui seront comparées aux plafonds applicables sont celles perçues au titre de l'avant-dernière année civile (dite « année de référence ») précédant la période de paiement qui correspond désormais à l'année civile. Par exemple, pour la période de paiement du 01/01/2014 au 31/12/2014, ce sont vos ressources de 2012 qui seront prises en compte. Les plafonds de ressources sont revalorisés chaque 1er janvier ;
- le revenu à comparer au plafond applicable est le revenu net catégoriel, c'est-à-dire à peu près le même que le revenu imposable. Selon la situation, la CAF peut pratiquer des abattements, neutraliser certains revenus ou procéder à une évaluation forfaitaire ;
- les ménages à double revenu sont ceux dans lesquels chacun des conjoints (ou, le cas échéant, concubin, ou partenaire lié par un PACS) a perçu, au cours de l'année de référence, un revenu au moins égal à 13,6 % du plafond annuel de la Sécurité sociale en vigueur au 1er janvier de la même année, soit 4 808 € en 2012, pour la période de paiement du 01/01/2013 au 31/12/2013.

➤ Les prestations familiales sont-elles imposables ?

Les prestations familiales ne sont soumises ni à l'impôt sur le revenu, ni à la CSG. Elles sont soumises à la CRDS au taux de 0,5 %, le prélèvement étant opéré directement par la CAF, avant le versement. Seuls restent exonérés de la CRDS : l'allocation d'éducation de l'enfant handicapé et son complément, l'allocation aux adultes handicapés et la prime de déménagement.

➤ *Quelles sont les autres aides attribuées par les CAF ?*

Les CAF peuvent attribuer diverses aides ou prestations, et notamment la prime de déménagement ou le prêt à l'amélioration de l'habitat. Elles peuvent également intervenir, au titre de leur action sociale, pour aider des familles ou des personnes seules ayant des enfants à charge à faire face à des difficultés particulières ou passagères, par exemple par l'octroi d'aides financières ou par l'intervention de leurs travailleurs sociaux : renseignements directement auprès de sa caisse d'allocations familiales.

Les différentes prestations

➤ *Qu'est-ce que la PAJE ?*

Les prestations liées au jeune enfant sont regroupées dans une prestation unique, la PAJE (prestation d'accueil du jeune enfant), qui comporte quatre volets distincts : prime à la naissance ou à l'adoption, allocation de base, complément de libre choix du mode de garde, complément de libre choix d'activité. Chacun de ces volets répond à des conditions d'attribution qui lui sont propres.

➤ *La prime à la naissance ou à l'adoption*

● **Sous quelles conditions ?** Cette prime est accordée à l'occasion de chaque nouvelle naissance ou adoption. Pour y avoir droit, il faut remplir les conditions suivantes :

- s'il s'agit d'une naissance, déclarer sa grossesse à la CAF et à la CPAM dans les 14 premières semaines ; cette déclaration de grossesse est attestée par le document médical prévu à cet effet constatant la passation du premier examen prénatal de la mère ;
- s'il s'agit d'une adoption, que l'enfant adopté ait moins de 20 ans et qu'il ait été adopté ou placé en vue d'adoption par l'un des services ou organismes suivants : service de l'Aide sociale à l'enfance, organisme autorisé pour l'adoption, autorité étrangère compétente ;
- qu'il s'agisse d'une naissance ou d'une adoption, disposer de ressources annuelles n'excédant pas les plafonds figurant dans le tableau ci-contre (plafonds en vigueur jusqu'au 31/12/2013, à comparer au revenu net catégoriel de 2011 ; voir p. 243) :

● **Pour quel montant ?** Le montant (au 01/04/2013) de la prime à la naissance est fixé à 923,08 €. Pour les enfants adoptés ou accueillis en vue d'adoption, il est de 1 846,15 €.

La prime fait l'objet d'un versement unique, qui a lieu :

- lors du 7e mois de grossesse, pour chaque enfant à naître. Lorsque des naissances multiples sont attendues, une prime est versée par enfant à naître, sur attestation médicale précisant le nombre d'enfants à naître ;
- en cas d'adoption, au plus tard le 2e mois qui suit l'arrivée des enfants à votre foyer. La prime est alors versée pour chaque enfant de moins de 20 ans adopté ou accueilli en vue d'adoption.

Nombre d'enfants à charge (1)	Ménage (2) avec 1 seul revenu professionnel	Ménage (2) ayant 2 revenus professionnels (3) ou personne seule
1	34 819 €	46 014 €
2	41 783 €	52 978 €
Par enfant en +	8 357 €	8 357 €

(1) L'enfant à naître est assimilé à un enfant à charge.
(2) Il peut s'agir d'un couple marié, de concubins ou de « pacsés ».
(3) Sur la notion de double revenu professionnel, voir précisions page 243.

➤ *L'allocation de base*

- **Sous quelles conditions ?** Pour avoir droit à l'allocation de base, il faut :
- avoir un enfant à charge de moins de 3 ans, ou avoir adopté ou accueilli, en vue de son adoption, un enfant de moins de 20 ans ;
- disposer de ressources n'excédant pas certains plafonds, qui sont les mêmes que pour l'attribution de la prime à la naissance ou à l'adoption (voir ci-dessus) ;
- faire passer à votre enfant les examens médicaux obligatoires : examens des 8e jour, 9e et 24e mois ; si ces examens ne sont pas passés, une partie des droits à l'allocation peut être perdue.

attention *Si l'allocation de base vous est accordée au titre d'une adoption, et que l'enfant adopté a moins de 2 ans, vous devrez justifier des visites restant éventuellement à passer.*

- **Pour quel montant et quelle durée ?** Le montant mensuel de l'allocation de base est fixé à 184,62 € (au 01/04/2013).

Sous réserve que la condition de ressources soit remplie, l'allocation est versée :
- en cas de naissance, à compter de la date de la naissance du ou des enfants, jusqu'au dernier jour du mois civil précédant celui au cours duquel l'enfant atteint l'âge de 3 ans ;

- en cas d'adoption, à compter de la date de l'arrivée au foyer et pour une durée de 3 ans (36 mensualités), dans la limite des 20 ans de l'enfant adopté. Par exemple, si vous adoptez un enfant de 5 ans, vous aurez droit, toutes conditions étant par ailleurs réunies, à l'allocation de base pendant 3 ans ; si l'enfant adopté est âgé de 18 ans, le versement cessera lorsqu'il aura 20 ans, bien que vous n'ayez pas perçu 36 mensualités d'allocation.

Pour le premier mois de versement, le montant de l'allocation dépend du jour de naissance de l'enfant, de son adoption ou de son recueil en vue d'adoption. Ainsi, pour un enfant né le 20 octobre, soit 12 jours avant la fin du mois, le versement est égal à 12/31 du montant mensuel de l'allocation.

sachez-le *L'allocation de base est versée par famille et non par enfant, sauf naissances multiples ou adoptions simultanées (versement d'une allocation pour chaque enfant remplissant les conditions).*

➤ *Le complément de libre choix d'activité*

Ce complément peut être attribué dès la naissance ou l'adoption d'un premier enfant. Dans certaines conditions, un « complément optionnel de libre choix d'activité » (COLCA) peut être versé aux parents pour une durée maximale de 1 an, mais pour un montant majoré (www.caf.fr).

sachez-le *Si vous bénéficiez du complément de libre choix d'activité, vous pourrez, sous certaines conditions, être affilié gratuitement à l'assurance vieillesse du régime général, avec prise en charge des cotisations par la caisse d'allocations familiales.*

- **Sous quelles conditions ?** Pour bénéficier du complément de libre choix d'activité, il faut remplir les conditions suivantes :
- avoir au moins un enfant de moins de 3 ans à charge ;
- cesser votre activité professionnelle ou en réduire la durée ;
- ne pas percevoir, lors de l'ouverture du droit au complément, certaines prestations ou allocations (pensions de retraite ou d'invalidité ; allocations de chômage ; indemnités journalières maladie, maternité, accidents du travail... avec des possibilités d'aménagement, en cours de versement, pour le complément à taux partiel) ;
- avoir exercé une activité professionnelle minimale, variable selon le nombre d'enfants qui sont déjà à votre charge. Cette activité professionnelle, d'une durée de 2 ans, doit avoir été exercée :

- dans les 2 ans qui précèdent la naissance, l'adoption ou l'accueil de l'enfant ouvrant droit au complément, si vous assumez la charge d'un seul enfant ;

- si vous avez deux enfants à charge, dans les 4 ans qui précèdent la naissance, l'adoption ou l'accueil de l'enfant ouvrant droit au complément, ou la cessation (ou la réduction) d'activité, si elle est postérieure à la naissance, l'adoption ou l'accueil de cet enfant ;
- si vous avez trois enfants (ou plus) à charge, dans les 5 ans qui précèdent la naissance, l'adoption ou l'accueil de l'enfant ouvrant droit au complément, ou la cessation (ou la réduction) d'activité, si elle est postérieure à la naissance, l'adoption ou l'accueil de cet enfant.

sachez-le *La condition relative à l'activité professionnelle antérieure est difficile à présenter en détail tant elle recèle de cas particuliers (par exemple, des périodes non travaillées - congés payés, arrêt maladie, congé maternité... - ou de formation rémunérée peuvent être prises en compte par la CAF). Il ne faut pas hésiter à faire le point avec votre caisse sur vos droits éventuels à ce complément.*

• **Pour quel montant ?** Le montant du complément de libre choix d'activité dépend de votre situation (arrêt d'activité ou activité à temps partiel) et de votre droit à l'allocation de base visée à la page 245.

Depuis le 01/04/2013, les montants sont les suivants :

	Avec allocation de base	Sans allocation de base
• Interruption totale d'activité	388,19 €	572,81 €
• Activité comprise entre 50 et 80 % du temps plein pratiqué dans l'entreprise	144,77 €	329,38 €
• Activité égale au maximum à un mi-temps	250,95 €	435,57 €

Des règles spécifiques s'appliquent aux travailleurs non salariés (artisans, commerçants...) ainsi qu'aux salariés exerçant certaines professions (VRP, assistantes maternelles, salariés employés au service de particuliers, vacataires...). Sur ce point, il faut s'adresser à sa CAF.

sachez-le *Lorsque les deux membres du couple exercent une activité professionnelle (ou poursuivent une formation profession-*

nelle rémunérée) à temps partiel et qu'ils remplissent les conditions exigées, un complément à taux partiel peut être attribué à chacun d'eux. Dans ce cas, le montant cumulé de ces deux compléments à taux partiel ne peut être supérieur à celui du complément à taux plein. En revanche, il n'est pas possible de cumuler deux compléments à taux plein ou un complément à taux plein et un complément à taux partiel.

• **Pour quelle durée ?** Le complément de libre choix d'activité, à taux plein ou à taux partiel, est versé en principe jusqu'au mois précédant le 3e anniversaire de l'enfant ou lorsque cesse toute autre condition de droit.

Cette règle connaît les aménagements suivants :

- si vous n'avez qu'un seul enfant à charge (né ou adopté), au titre duquel vous demandez le bénéfice du complément, celui-ci vous sera versé pendant 6 mois au maximum (sans possibilité de fractionnement), à compter du mois de naissance, d'accueil ou d'adoption, ou de la fin du congé de maternité, de paternité ou d'adoption ;
- en cas de naissance de triplés (ou plus), le complément est versé jusqu'au mois précédant le 6e anniversaire des enfants ;
- pour les enfants adoptés ou confiés en vue d'adoption, le complément est versé pendant une durée de 1 an (versement de 12 mensualités) à compter de l'arrivée de l'enfant au foyer des adoptants ; l'âge limite de versement du complément est dans ce cas fixé à 20 ans ;
- en cas d'adoptions multiples simultanées d'au moins 3 enfants, le complément est versé pendant 3 ans (versement de 36 mensualités) à compter de l'arrivée des enfants au foyer des adoptants, à la condition que chacun des enfants ait moins de 20 ans.

sachez-le *Si vous reprenez une activité à temps plein ou à temps partiel entre le 18e mois et le 29e mois de l'enfant (ou le 60e mois en cas de naissances de triplés, ou plus, ou d'adoptions multiples d'au moins 3 enfants), le revenu professionnel peut être cumulé avec le complément de libre choix d'activité à taux plein pendant 2 mois.*

➤ Le complément de libre choix du mode de garde

• **Sous quelles conditions ?** Ce complément a pour objet de prendre en charge une partie du coût lié à l'emploi d'un assistant maternel agréé (la profession peut être exercée par un homme ou une femme) ou d'une garde d'enfants à domicile. Il peut également être versé aux parents qui ont recours à une associa-

tion ou une entreprise agréée pour faire garder au moins un enfant de moins de 6 ans (renseignements auprès de la CAF).
Pour en bénéficier, il faut :

- sauf exceptions (voir ci-dessous), exercer une activité professionnelle vous procurant un minimum de revenus. Si vous êtes salarié, votre salaire mensuel net perçu le mois au titre duquel le complément est attribué doit être ainsi au moins égal à 399 € si vous vivez seul et 798 € si vous vivez en couple (montants valables pour l'année 2013) ; si vous êtes non salarié, vous devez justifier être à jour du versement de vos cotisations d'assurance vieillesse ;
- faire garder un enfant de moins de 6 ans par un assistant maternel agréé ou par une garde à domicile (qui doit évidemment être déclarée) relevant de la convention collective des « salariés employés par des particuliers » (ce que l'on appelle couramment les « employés de maison »).

La condition relative à l'activité professionnelle minimale n'est pas exigée :

- des bénéficiaires de l'allocation aux adultes handicapés, de l'allocation temporaire d'attente ou de l'allocation de solidarité spécifique (si vous vivez en couple, cette condition est exigée d'un seul de vous deux) ;
- des bénéficiaires du RSA, à la condition que le bénéficiaire soit inscrit dans une démarche d'insertion professionnelle ;
- des étudiants ; attention, si vous vivez en couple, vous devrez être tous les deux étudiants pour « échapper » à la condition relative à l'activité professionnelle minimale.

En outre :

- si l'enfant (ou les enfants) est gardé par une assistante maternelle, le salaire brut versé à cette dernière ne doit pas dépasser, par jour de garde et par enfant, 5 fois le montant du SMIC horaire brut (soit au maximum 47,15 € au 01/01/2013) ;
- si l'enfant est gardé par une garde à domicile, vous ne devez pas bénéficier, pour cette personne, d'une mesure d'exonération de cotisations sociales.

● **Pour quelle durée ?** Le complément de libre choix du mode de garde prend en charge, en totalité ou en partie, les cotisations et la rémunération de la personne employée ou de l'assistant maternel.
La prise en charge de la rémunération dépend de vos revenus, de l'âge des enfants, et du nombre d'enfants à charge (voir tableau page suivante) ; un minimum égal à 15 % du salaire doit, en tout état de cause, rester à votre charge.

Plafonds de ressources (1) et montant de la prise en charge de la rémunération			
Nombre d'enfants à charge	Ressources (1)		
	Inférieures à	Ne dépassant pas	Supérieures à
1 enfant	20 706 €	46 014 €	46 014 €
2 enfants	23 840 €	52 978 €	52 978 €
Par enfant en +	3 760 €	8 357 €	8 357 €
Montant mensuel de la prise en charge (3) (emploi direct, voir p. 248)			
Âge de l'enfant			
Moins de 3 ans	458,18 €	288,92 €	173,33 €
De 3 ans à 6 ans (2)	229,09 €	144,48 €	86,67 €

(1) Plafonds en vigueur jusqu'au 31/12/2013, à comparer aux ressources 2011. Un plafond majoré s'applique aux familles monoparentales.
(2) Ces montants s'appliquent également lorsque la personne, ou un membre du couple, exerce une activité au plus égale à 50 % de la durée de travail pratiquée dans son entreprise et bénéficie à ce titre du complément de libre choix d'activité à taux partiel.
(3) Montants en vigueur depuis le 01/04/2013.

La prise en charge de la rémunération est calculée par enfant gardé en cas d'emploi d'un assistant maternel agréé et par ménage si vous avez recours à une employée de maison, quel que soit alors le nombre d'enfants gardés. Le montant de cette prise en charge peut être majoré de 10 % si vous êtes soumis à des horaires spécifiques de travail (travail de nuit, travail le dimanche, etc.) et que vous devez faire garder votre enfant sur au moins 25 de ces heures spécifiques dans le mois ; si vous vivez en couple, les deux membres du couple doivent remplir cette condition. Une majoration s'applique également lorsque la personne seule, ou l'un des membres du couple, bénéficie de l'AAH (renseignements auprès de la CAF).
Les règles suivantes s'appliquent à la prise en charge des cotisations dues au titre de la personne assurant la garde des enfants :

- si vous avez recours à un assistant maternel agréé, les cotisations et contributions sociales sont prises en charge en totalité, pour chaque enfant de moins de 6 ans, à la condition que la rémunération de l'assistant maternel ne dépasse pas, par jour et par enfant, la limite visée à la page 249 ;
- si vous avez recours à une garde à domicile, le complément de libre choix du mode de garde prend en charge 50 % des cotisations et contributions sociales dues, dans la limite d'un plafond mensuel égal à 434 € jusqu'au 3e anniversaire de l'enfant (ou des enfants gardés) et à 217 € pour un enfant de 3 à 6 ans (ou en cas de cumul avec un complément de libre choix d'activité à taux partiel).

La demande de complément de libre choix du mode de garde peut être effectuée directement sur le site www.caf.fr.

➤ Les allocations familiales

● **Sous quelles conditions ?** Pour avoir droit aux allocations familiales, il faut avoir au moins deux enfants considérés comme à charge au sens des prestations familiales, c'est-à-dire qui n'ont ni dépassé la limite d'âge ni la limite de gains (voir p. 242).
En cas de séparation des parents et de résidence alternée des enfants, les parents peuvent opter pour le partage des allocations familiales ou choisir de désigner un allocataire unique qui percevra toutes les prestations, y compris les allocations familiales (renseignements auprès de la CAF ou sur le site www.caf.fr).

● **Pour quel montant ?** Les allocations familiales sont versées chaque mois. Leur montant varie selon le nombre d'enfants à charge, avec des majorations pour chaque enfant à partir de 14 ans (voir précisions ci-dessous). Les montants mensuels sont fixés, depuis le 01/04/2013, à 128,57 € pour 2 enfants à charge, auxquels s'ajoutent 164,73 € pour chaque enfant à charge supplémentaire. La majoration est de 64,29 € par enfant à compter de ses 14 ans.

attention *Dans une famille de deux enfants ou dans laquelle il ne reste que deux enfants à charge, aucune majoration n'est due pour l'aîné.*

Les dispositions relatives à la majoration pour enfant à partir de 14 ans s'appliquent, depuis le 01/05/2008, aux enfants dont le 11e anniversaire est postérieur au 30/04/2008, c'est-à-dire aux enfants nés après le 30/04/1997. Les enfants ayant déjà atteint 11 ans avant le 01/05/2008 continuent à ouvrir droit aux majorations précédemment en vigueur (36,16 € par enfant de 11 à 16 ans et 64,29 € par enfant de plus de 16 ans).

● **Qui peut bénéficier de l'allocation forfaitaire ?** Deux conditions sont requises pour bénéficier de cette allocation :
- l'un de vos enfants doit avoir 20 ans, vivre avec vous et, s'il travaille, ne pas gagner plus que la limite visée à la page 242 ;
- vous devez avoir perçu les allocations familiales pour au moins 3 enfants le mois précédant son 20e anniversaire.

L'allocation, d'un montant mensuel de 81,30 € (au 01/04/2013), est versée jusqu'au mois précédant le 21e anniversaire de l'enfant. Elle est cumulable avec une majoration pour âge (enfant de plus de 11 ou de 16 ans, voir ci-dessus) servie au titre d'un autre enfant.

➤ Le complément familial

● **Sous quelles conditions ?** Pour avoir droit au complément familial, il faut :

- avoir au moins trois enfants à charge au sens des prestations familiales (voir p. 242), tous âgés d'au moins 3 ans ;
- ne pas avoir disposé de ressources supérieures à un plafond qui varie selon la composition de la famille (voir tableau ci-dessous ; plafonds en vigueur jusqu'au 31/12/2013). Toutefois, si vos ressources dépassent de peu le plafond qui vous est applicable, vous pouvez avoir droit à un complément familial d'un montant réduit.

Nombre d'enfants à charge (1)	Ménage (2) avec 1 seul revenu professionnel	Ménage (2) ayant 2 revenus professionnels (3) ou personne seule
3	36 599 €	44 772 €
4	42 699 €	50 872 €
Par enfant en +	6 100 €	6 100 €

(1) L'enfant à naître est assimilé à un enfant à charge.
(2) Il peut s'agir d'un couple marié, de concubins ou de « pacsés ».
(3) Sur les revenus à prendre en compte, voir précisions page 243.

- **Pour quel montant ?** Le complément familial est versé chaque mois, quel que soit le nombre d'enfants à charge. Son montant mensuel est fixé à 167,34 € (depuis le 01/04/2013). Il continue d'être versé tant que la condition de ressources est remplie, et tant qu'il reste au moins trois enfants de plus de 3 ans à charge.

sachez-le *Le bénéfice du complément familial ouvre droit, sous certaines conditions, à l'affiliation gratuite à l'assurance vieillesse du régime général. La CAF versera ainsi, pour le compte du bénéficiaire du complément familial, des cotisations qui lui donneront droit à une retraite personnelle versée par la Sécurité sociale (renseignements auprès de la CAF).*

➤ L'allocation de rentrée scolaire

- **Sous quelles conditions ?** Pour avoir droit à l'allocation de rentrée scolaire (ARS), il faut :
- avoir un enfant d'au moins 6 ans avant le 1er février de l'année qui suit la rentrée scolaire, ou de moins de 18 ans au 15 septembre de l'année de la rentrée. L'enfant doit être écolier, étudiant ou apprenti ;
- disposer de ressources (telles que définies p. 243) n'excédant pas les plafonds indiqués ci-contre (rentrée 2013). Si les ressources excèdent de peu le plafond applicable compte tenu du nombre d'enfants à charge, il est possible de bénéficier d'une

allocation de rentrée scolaire « différentielle », c'est-à-dire d'un montant réduit par rapport au montant normal (renseignements auprès de la CAF ou sur le site www.caf.fr).

Nombre d'enfants à charge	Plafonds de ressources
1	23 687 €
2	29 153 €
3	34 619 €
Par enfant en +	5 466 €

● **Pour quel montant ?** L'allocation de rentrée scolaire est versée en une seule fois, en principe début septembre. Son montant est désormais modulé en fonction de l'âge de l'enfant, soit, pour la rentrée 2013 : 360,47 € pour les 6-10 ans, 380,36 € pour les 11-14 ans et 393,54 € pour les 15-18 ans.

Une allocation est versée au titre de chaque enfant qui remplit la condition d'âge. Les enfants qui suivent un apprentissage peuvent y ouvrir droit s'ils ne dépassent pas la limite de gains visée à la page 242.

Pour les enfants de 16 à 18 ans, il faut fournir une attestation de poursuite de scolarité ou d'apprentissage délivrée par l'établissement scolaire ou d'enseignement. Pour ces enfants, l'ARS est versée après la rentrée, au plus tard le 31 octobre ; pour les enfants de 6 à 16 ans, le versement intervient fin août. Sur la procédure à suivre, renseignements auprès de la CAF ou sur le site www.caf.fr.

➤ *L'allocation journalière de présence parentale*

● **Sous quelles conditions ?** Pour bénéficier de l'AJPP, il faut :

- assumer la charge d'un enfant de moins de 20 ans atteint d'une maladie, d'un handicap ou victime d'un accident d'une particulière gravité rendant indispensables une présence soutenue et des soins contraignants. La particulière gravité de la maladie, du handicap ou de l'accident ainsi que le caractère indispensable d'une présence soutenue et de soins contraignants sont attestés par un certificat médical détaillé, établi par le médecin qui suit l'enfant ; le droit à l'AJPP est soumis à un avis favorable du service du contrôle médical de la caisse de Sécurité sociale ;
- interrompre son activité professionnelle, dans le cadre d'un congé de présence parentale (voir p. 154), pour s'occuper de cet enfant. L'AJPP est versée pour chaque jour de congé.

Les demandeurs d'emploi indemnisés et les personnes qui suivent une formation rémunérée ont également droit à l'AJPP, sous réserve d'adaptations spécifiques (renseignements auprès de la CAF).

attention *L'AJPP ne peut pas être cumulée avec un certain nombre de prestations familiales ou sociales : indemnités journalières maladie, maternité, paternité ou accident du travail, allocation parentale d'éducation, AAH, complément d'allocation d'éducation de l'enfant handicapé versé pour le même enfant... Sur ce point, il convient de se renseigner auprès de sa CAF.*

- **Pour quel montant ?** Le montant de l'AJPP est fixé à 42,71 € si le bénéficiaire vit en couple et à 50,75 € s'il vit seul (depuis le 01/04/2013) ; ce montant est versé pour chaque jour de congé pris dans le cadre d'un congé de présence parentale, dans la limite de 22 allocations journalières par mois civil. Par exemple, une personne qui remplit la condition visée page 253 et qui s'absente de son travail 5 jours au cours du même mois, dans le cadre d'un congé de présence parentale, percevra cinq AJPP, soit 213,55 € si elle vit en couple et 253,75 € si elle vit seule. Sous condition de ressources, un complément pour frais de 109,25 € par mois peut être versé si, au cours du mois, le bénéficiaire a engagé des dépenses liées à l'état de santé de l'enfant pour un montant égal ou supérieur à 109,79 € ; le versement de ce complément n'est pas subordonné à celui de l'AJPP sur le mois considéré (renseignements auprès de la CAF ou sur le site www.caf.fr).

sachez-le *Les deux parents peuvent bénéficier de l'AJPP dans la limite de 22 allocations journalières mensuelles au total.*

- **Pour quelle durée ?** L'AJPP est versée pour un même enfant et par maladie, handicap ou accident par période de 6 mois renouvelable dans la limite de 3 ans.

Le nombre total d'allocations journalières versées au cours de cette période est limité à 310, correspondant à autant de jours d'absence pris dans le cadre du congé de présence parentale. Au-delà de la période initiale de 3 ans, un nouveau droit à l'allocation peut être ouvert en cas de récidive ou de rechute.

sachez-le *Les titulaires de l'AJPP à taux plein conservent leurs droits aux prestations en nature de l'assurance maladie (remboursement des frais de soins dans les limites fixées par la Sécurité sociale). Ils peuvent en outre, sous certaines conditions, être affiliés gratuitement à l'assurance vieillesse, la CAF versant pour eux des cotisations qui leur ouvriront droit, au moment de la retraite, à une pension de vieillesse. Sur ce point, il convient de se renseigner directement auprès de l'organisme qui verse la prestation, c'est-à-dire, en principe, la caisse d'allocations familiales.*

➤ *L'allocation d'éducation de l'enfant handicapé*

● **Sous quelles conditions ?** Pour avoir droit à cette allocation, il faut avoir à charge au moins un enfant de moins de 20 ans atteint d'une incapacité permanente :

- de 80 % au minimum ;
- ou comprise entre 50 et 80 % si l'enfant fréquente un établissement d'éducation spéciale, ou si son état exige le recours à un dispositif adapté ou d'accompagnement, ou à des soins dans le cadre des mesures préconisées par la Commission des droits et de l'autonomie des personnes handicapées (CDAPH).

● **Pour quel montant ?** L'allocation d'éducation de l'enfant handicapé est constituée d'un montant de base (129,21 € par mois depuis le 01/04/2013), auquel s'ajoute éventuellement, en fonction de la gravité du handicap de l'enfant, un complément (ou, sur option des parents, la prestation de compensation du handicap ; renseignements auprès de la CAF). Le montant de ce complément dépend de la gravité du handicap de l'enfant (de 96,91 € par mois pour le complément de 1re catégorie à 1 096,50 € par mois pour celui de 6e catégorie).

L'allocation et son complément éventuel sont, sauf exception, versés chaque mois. Une allocation est versée pour chaque enfant y ouvrant droit.

L'allocation est versée par la CAF, mais c'est la CDAPH qui décide de son attribution et qui, pour l'attribution des compléments éventuels, classe l'enfant dans l'une des 6 catégories.

Par ailleurs, toute personne isolée (personnes veuves, divorcées, séparées, abandonnées ou célibataires qui assument seules la charge effective et permanente d'un ou plusieurs enfants résidant en France) bénéficiant de l'allocation d'éducation de l'enfant handicapé peut percevoir une majoration spécifique pour parent isolé d'enfant handicapé, dès lors que la CDAPH a accordé un complément en raison de l'état de l'enfant la contraignant à cesser son activité professionnelle ou à l'exercer à temps partiel, ou exigeant le recours à une tierce personne rémunérée. Le montant de cette majoration spécifique dépend de la gravité du handicap de l'enfant (de 52,49 € par mois à 432,06 € par mois, depuis le 01/04/2013).

➤ *L'allocation aux adultes handicapés*

● **Sous quelles conditions ?** L'allocation aux adultes handicapés (AAH) est attribuée aux personnes qui, résidant de façon permanente en France métropolitaine ou dans les DOM, sont :

- de nationalité française, ressortissantes d'un pays de l'Union européenne ou de l'Espace économique européen, ou d'une autre nationalité à condition alors d'être en situation régulière au regard de la législation sur le séjour ou titulaire d'un récépissé de demande de renouvellement de titre de séjour ;

- âgées d'au moins 20 ans (ou 16 ans si elles ne sont plus à la charge de leurs parents) ;
- atteintes d'une incapacité permanente d'au moins 80 % ou comprise entre 50 % et 80 % à condition alors d'avoir été reconnues, par la CDAPH, compte tenu de leur handicap, comme ayant une restriction substantielle et durable pour l'accès à l'emploi et d'être âgées de moins de 60 ans.

Les intéressés ne doivent pas, en outre, disposer de ressources annuelles supérieures à 12 fois le montant de l'AAH, soit 9 319,08 €, ou 18 638,16 € lorsque le demandeur est marié et non séparé, ou qu'il est lié par un PACS ou vit en concubinage. Ce plafond est majoré d'une somme égale à sa moitié (soit 4 659,54 €) pour chaque enfant à charge. C'est le revenu de 2011 qui doit être pris en compte pour la période de paiement qui s'achèvera le 31/12/2013.

- **Pour quel montant ?** Le bénéficiaire de l'AAH a droit, mensuellement, à une allocation égale au 1/12 de la différence entre le montant du plafond applicable et ses ressources, sans que cette allocation puisse excéder un montant mensuel fixé, depuis le 01/09/2012, à 776,59 €, revalorisé en principe au moins une fois par an. Dans les ressources du bénéficiaire, certaines sont exclues, d'autres ne sont prises en compte que partiellement. En outre, les bénéficiaires de l'AAH qui exercent, en milieu ordinaire de travail, une activité professionnelle indépendante ou salariée et assimilée doivent procéder à une déclaration trimestrielle de leurs ressources auprès de leur CAF. Ils doivent, pour cela, utiliser le formulaire que cette dernière leur adressera automatiquement. Pour ces bénéficiaires, le montant de l'AAH sera calculé chaque trimestre, en fonction des éléments portés sur cette déclaration (renseignements auprès de la CAF).
- **Quels sont les compléments possibles ?** À l'AHH peuvent s'ajouter, selon les situations, un complément de ressources ou une majoration pour vie autonome.
- Le complément de ressources s'ajoute à l'AAH afin d'assurer aux bénéficiaires de cette allocation une « garantie de ressources ». Le montant mensuel de ce complément de ressources est fixé à 179,31 €.

Il est versé aux bénéficiaires de l'AAH au titre d'une incapacité d'au moins 80 % :

- dont la capacité de travail, appréciée par la CDAPH, est, compte tenu de leur handicap, inférieure à 5 % ;

- qui n'ont pas perçu de revenus professionnels depuis au moins un an ;
- qui disposent d'un logement indépendant (n'est pas considérée disposer d'un logement indépendant la personne hébergée par un particulier à son domicile, sauf s'il s'agit de son conjoint, de son concubin ou de la personne avec laquelle elle a conclu un PACS) ;
- qui perçoivent l'AAH à taux plein ou en complément d'un avantage de vieillesse ou d'invalidité, ou d'une rente d'accident du travail.

Le versement de ce complément prend fin à l'âge auquel le bénéficiaire est réputé inapte au travail (soit en principe 60 ans) ; par ailleurs, toute reprise d'activité professionnelle entraînera la fin du versement du complément de ressources.

● La majoration pour vie autonome est versée aux bénéficiaires de l'AAH au titre d'une incapacité d'au moins 80 % qui :
- disposent d'un logement indépendant pour lequel ils reçoivent une aide personnelle au logement ;
- perçoivent l'AAH à taux plein ou en complément d'un avantage de vieillesse ou d'invalidité, ou d'une rente d'accident du travail ;
- ne perçoivent pas de revenu d'activité à caractère professionnel propre.

Le montant mensuel de la majoration pour vie autonome est fixé à 104,77 €. Cette majoration n'est pas cumulable avec la garantie de ressources pour les personnes handicapées visée ci-contre.

sachez-le *Les titulaires de l'AAH sont affiliés gratuitement au régime général au titre de l'assurance maladie-maternité. Ils bénéficient ainsi, pour eux-mêmes et leurs éventuels ayants droit (voir p. 227), du remboursement de leurs dépenses de santé dans les limites fixées par le régime général de la Sécurité sociale.*

➤ *L'allocation de soutien familial*

● **Sous quelles conditions ?** Pour avoir droit à l'ASF, il faut être dans l'une des deux situations suivantes :

● soit être seul(e) pour élever un enfant, l'autre parent étant ou décédé, ou ne l'ayant pas reconnu, ou l'ayant abandonné ; il ne faut alors pas vivre en couple (marié, concubin ou « pacsé ») ;

● soit avoir recueilli chez soi un enfant qui est privé de l'aide d'un ou de ses deux parents (que ceux-ci soient décédés ou l'aient abandonné). Dans ce cas, peu importe que le demandeur de l'allocation vive seul ou en couple, qu'il soit marié ou non.
L'abandon peut résulter simplement du fait que l'un des parents se soustrait au versement d'une pension alimentaire mise à sa charge ;

dans ce cas, pour percevoir l'ASF, il faut accepter que la CAF engage une procédure contre ce parent pour récupérer la pension.

• **Pour quel montant ?** L'ASF est versée chaque mois, une allocation étant due par enfant remplissant les conditions. Deux montants sont fixés selon que l'enfant est privé de l'aide d'un ou de ses deux parents. Dans le premier cas, le montant mensuel de l'allocation est fixé à 90,40 € ; dans le second cas, il est fixé à 120,54 € (montants en vigueur depuis le 01/04/2013).

attention *L'allocation de soutien familial obéit à des règles très complexes, qui peuvent avoir des incidences sur la durée de son versement. Si vous pensez y avoir droit, il ne faut pas hésiter à retirer un dossier de demande à la CAF. Par ailleurs, même si vous n'y avez pas droit (par exemple, parce que vous êtes remarié), mais que vous avez des difficultés à vous faire verser la pension alimentaire qui vous est due, vous pouvez demander l'aide (gratuite, bien sûr) de la CAF pour obtenir ce versement.*

➤ *Les aides au logement*

• **Sous quelles conditions ?** Il existe trois types d'aides au logement qui s'adressent à des catégories distinctes de bénéficiaires (aucun cumul n'est possible entre elles).

• L'allocation de logement familiale s'adresse aux personnes qui remplissent les conditions suivantes :
- attendre un enfant ou avoir la charge d'au moins un enfant ou d'une personne âgée (65 ans ou 60 ans si elle est inapte au travail ou assimilée) ou d'une personne infirme de la famille, ou être marié depuis moins de 5 ans, sans enfant à charge, si aucun des époux n'avait atteint 40 ans au moment du mariage ;
- occuper, à titre de résidence principale, un logement répondant à des conditions minimales de décence (décret du 30/01/2002, *JO* du 31/01/2002, disponible sur www.legifrance.gouv.fr) et d'une superficie minimale (16 m² pour un ménage sans enfant ou 2 personnes, + 9 m² par personne supplémentaire, dans la limite de 70 m² pour 8 personnes et plus).

• L'aide personnalisée au logement (APL), qui s'adresse :
- aux locataires d'un logement conventionné, c'est-à-dire ayant fait l'objet d'une convention entre l'État et le propriétaire fixant notamment les conditions de la location (montant maximum du loyer, contrôle des charges, plafond de ressources pour les locataires...). C'est le cas, en principe, des logements HLM ; l'existence d'une telle convention est mentionnée dans le bail ;
- aux accédants à la propriété qui remboursent un prêt conventionné ou un prêt PAS, ou aux propriétaires qui effectuent des

travaux d'amélioration ou d'agrandissement financés par de tels prêts.

- L'allocation de logement sociale, qui s'adresse aux personnes :
- qui ne peuvent prétendre ni à l'allocation de logement familiale, ni à l'aide personnalisée au logement ;
- et qui occupent, à titre de résidence principale, un logement répondant à des conditions minimales de décence (décret du 30/01/2002, *JO* du 31/01/2002) et d'une superficie minimale (au moins 9 m² pour une personne seule, 16 m² pour deux personnes, + 9 m² par personne supplémentaire).

Pour l'une ou l'autre de ces allocations, il faut en outre :
- disposer de ressources n'excédant pas certains plafonds qui varient avec le statut d'occupation (locataire ou propriétaire, la composition du foyer, le lieu de résidence, etc.) ;
- payer un loyer ou des mensualités de remboursement de prêt, et y consacrer une certaine partie de ses revenus.

sachez-le *Afin d'éviter les abus, ni l'allocation de logement ni l'APL ne peuvent être versées aux personnes qui sont locataires d'un logement appartenant à l'un de leurs ascendants (parents, grands-parents, arrière-grands-parents) ou descendants (enfants, petits-enfants, arrière-petits-enfants), ou ceux de leur conjoint ou concubin, ou de toute personne liée à elles par un PACS. Et ce, même si un loyer est effectivement versé.*

- **Pour quel montant ?** Les aides au logement sont versées chaque mois, en principe directement au bailleur (ou au prêteur), qui les déduit des sommes dues par le locataire ou l'emprunteur.

Le montant de l'allocation dépend notamment :
- du statut d'occupation (propriétaire ou locataire),
- de la situation de famille du bénéficiaire,
- du montant du loyer ou des remboursements de prêt,
- des ressources,
- du lieu de résidence.

Une évaluation du montant de l'aide peut être effectuée sur Internet (www.caf.fr). Le barème de calcul est revalorisé chaque année. En cours de versement de l'aide, tout changement dans la situation familiale (naissance ou départ d'un enfant, par exemple) ou professionnelle (reprise ou perte d'un emploi...) doit être signalé à l'organisme payeur (en principe, la CAF).

2 Le revenu de solidarité active

Le RSA applicable en France métropolitaine et, sous réserve de quelques adaptations, dans les DOM, à Mayotte, à Saint-Barthélemy, Saint-Martin et Saint-Pierre-et-Miquelon, a pour objectif d'assurer à ses bénéficiaires des moyens d'existence convenables et prend la forme, selon les cas, d'un complément de revenus (« RSA chapeau ») pour ceux qui travaillent, ou d'un minimum forfaitaire pour ceux qui ne travaillent pas (« RSA socle »).
Le RSA n'est ni imposable, ni récupérable sur la succession du bénéficiaire à son décès.

attention *Le RSA est un dispositif relativement complexe, dont seules les principales caractéristiques sont présentées ici ; pour plus de précisions, il convient de s'adresser à sa CAF. Pour savoir si vous pouvez prétendre à cette prestation, le plus simple est de faire le test d'« éligibilité » sur le site www.caf.fr.*

Les bénéficiaires

Le RSA est attribué sous conditions d'âge, de ressources et de résidence. Il garantit à toute personne, qu'elle soit ou non en capacité de travailler, de disposer, chaque mois, d'un revenu minimum et de voir ses ressources augmenter quand les revenus qu'elle tire de son travail s'accroissent.
Sauf exceptions pour ceux qui ont droit à la majoration visée page 263 ou dérogations exceptionnelles, les élèves, étudiants, stagiaires étudiants en entreprise n'ont pas droit au RSA, de même que les personnes en congé parental, sabbatique, sans solde ou en disponibilité.

➤ *En quoi consiste le RSA ?*

Le RSA prend la forme :

- d'un complément de revenus (ce que l'on appelle « RSA chapeau ») pour ceux qui travaillent. Dans ce cas, le RSA consiste, par l'attribu-

tion d'une allocation, à porter les ressources de chaque foyer au niveau d'un revenu garanti égal à la somme d'une fraction des revenus professionnels des membres du foyer et d'un montant forfaitaire dont le niveau varie en fonction de la composition du foyer et du nombre d'enfants à charge ;
- d'un minimum forfaitaire (« RSA socle ») pour ceux qui ne travaillent pas.

➤ *Qui a droit au RSA ?*

- **La condition d'âge.** Le RSA concerne les personnes âgées de plus de 25 ans (ou celles de moins de 25 ans ayant au moins un enfant né ou à naître), exerçant ou reprenant une activité professionnelle, à temps plein ou à temps partiel, ou sans activité. Le RSA est également ouvert aux jeunes actifs de 18 à 25 ans, mais seulement s'ils ont travaillé au moins l'équivalent de 2 ans à temps plein, soit 3 214 heures, au cours des 3 dernières années précédant la date de la demande.
- **La condition de régularité du séjour.** Les étrangers en situation régulière ont droit au RSA dans les mêmes conditions que les ressortissants français. Toutefois, sauf exceptions (réfugié, apatride, parent isolé ou femme enceinte isolée visée p. 263, etc.), les étrangers non ressortissants de l'Espace économique européen (EEE : les pays de l'UE + l'Islande, la Norvège et le Liechtenstein) ou de la Suisse doivent être titulaires, depuis au moins 5 ans, d'un titre de séjour autorisant à travailler (par exemple, une carte de séjour temporaire portant la mention « activité professionnelle »).
- **La condition de résidence.** Les bénéficiaires du RSA doivent résider en France de manière stable et effective. Pour remplir cette condition, la personne doit y résider de façon permanente ou accomplir hors de France un (ou plusieurs) séjour dont la durée (de date à date ou la durée totale par année civile) n'excède pas 3 mois. Les séjours hors de France qui résultent du contrat d'engagement réciproque (voir p. 264) ou du projet personnalisé d'accès à l'emploi du bénéficiaire du RSA ne sont pas pris en compte dans le calcul de cette durée. En cas de séjour hors de France de plus de 3 mois, l'allocation n'est versée que pour les seuls mois civils complets de présence sur le territoire.

sachez-le *Le RSA s'adresse également aux travailleurs disposant de revenus limités (ceux que l'on appelle parfois les « travailleurs pauvres »), quel que soit leur statut (salarié en CDD, en CDI...). Ainsi, les salariés (y compris les salariés agricoles), tout comme les agents de la fonction publique, peuvent bénéficier du RSA, s'ils remplissent, notamment, la condition de ressources. Le montant versé au titre du RSA ne figurera pas sur le bulletin de paie et ne sera pas communiqué à l'employeur. Sur les dispositions particulières applicables aux travailleurs saisonniers et aux travailleurs indépendants (artisans, exploitants agricoles, etc.), il convient de se renseigner auprès de sa CAF ou de sa caisse de MSA.*

• **La condition de ressources.** Pour prétendre au RSA, il faut que les ressources du bénéficiaire soient inférieures à un revenu minimum garanti dont le montant varie selon la situation familiale du bénéficiaire (voir tableau p. 263). Sauf rares exceptions (par exemple, la prime à la naissance ou à l'adoption visée p. 236), toutes les ressources (revenus d'activité et autres) de l'ensemble des membres du foyer sont prises en compte pour l'appréciation du droit au RSA. Les aides au logement et l'avantage procuré par l'occupation gratuite d'un logement sont évalués forfaitairement.

➤ *Quelle est la procédure ?*

La demande de RSA peut être effectuée auprès de multiples institutions ou services, notamment auprès des CAF. Le versement est effectué par les CAF (ou, pour leurs ressortissants, par les caisses de MSA). Si vous estimez avoir droit au RSA, vous pouvez, dans un premier temps, faire une simulation en ligne sur les sites : www.rsa.gouv.fr, www.caf.fr, puis télécharger le formulaire de demande (à l'issue de la simulation en ligne).

Le calcul et le paiement du RSA

Le montant du RSA n'est pas fixe. Il varie en fonction de la situation familiale et des ressources perçues au sein du foyer.

➤ *Quels sont les éléments de calcul du RSA ?*

Le RSA a, entre autres, pour objectif d'assurer à son bénéficiaire (ou à son foyer) des moyens convenables d'existence, c'est-à-dire un revenu minimum mensuel. L'allocation versée, permettant d'atteindre ce revenu minimum mensuel, varie en fonction :
1° de la situation familiale du bénéficiaire, celle-ci déterminant le montant forfaitaire (voir tableau p. 263) de RSA applicable ;
2° des revenus professionnels du foyer pris en compte à hauteur de 62 % ;
3° de l'ensemble des ressources du foyer (voir ci-dessous) ;
4° du forfait logement applicable. Les aides au logement sont prises en compte de manière forfaitaire (soit, jusqu'au 31/12/2013 : 57,99 € pour 1 personne seule ; 115,98 € pour 2 personnes ; 143,52 € pour 3 personnes ou plus).

Le calcul du RSA s'effectue selon la formule suivante :
RSA = (montant forfaitaire + 62 % des revenus d'activité du foyer) - (ressources du foyer + forfait d'aide au logement).
Le RSA n'est pas versé si son montant est inférieur à 6 €.
Le montant peut être majoré pour les parents (ou femmes enceintes) isolés (voir ci-dessous).

Montant forfaitaire du RSA (depuis le 01/01/2013)		
Nombre d'enfants à charge	Personne seule	Couple (conjoint, concubin, PACS)
0	483,24 €	724,86 €
1	724,86 €	869,83 €
2	869,83 €	1 014,80 €

Exemple de calcul pour un couple avec 1 enfant à charge âgé de 8 ans (en fonction des barèmes de RSA en vigueur jusqu'au 31/12/2013 ; source : www.caf.fr). Toutes les activités professionnelles du foyer rapportent 1 000 € par mois. Ce foyer perçoit une aide au logement.
Formule de calcul du RSA : (montant forfaitaire + 62 % des revenus d'activité du foyer) - (ressources du foyer - forfait d'aide au logement).
Montant du RSA : [869,83 + (62 % de 1 000)] - 1 000 - 143,52 (*) = 346,31 € par mois.
* Montant du « forfait logement », voir page 254.

attention *Tout changement relatif au lieu de résidence, à la situation de famille, aux activités, aux ressources et aux biens des membres du foyer doit être déclaré à l'organisme qui verse le RSA. Ce changement peut avoir des conséquences sur le montant versé.*

➤ Les parents isolés ont-ils des droits spécifiques ?

Le barème (montant forfaitaire) du RSA est majoré lorsque le bénéficiaire est une femme enceinte ayant effectué la déclaration de grossesse et les examens prénataux, ou un parent isolé (personne vivant seule, veuve, divorcée ou séparée, qui ne vit pas en couple de manière notoire et permanente) assumant la charge d'au moins un enfant âgé de moins de 25 ans.
Le montant forfaitaire majoré est ainsi égal à 620,54 € pour une personne seule enceinte, à 827,38 € pour une personne seule avec 1 enfant (+ 206,85 € par enfant à charge en plus).
Cette majoration peut être accordée pendant 12 mensualités, conti-

nues ou non, dans la limite d'un délai de 18 mois à compter de l'événement y ouvrant droit (mois de naissance de l'enfant, début de l'isolement, etc.) ou du dépôt de la demande. Cette durée est toutefois prolongée jusqu'à ce que le plus jeune enfant ait atteint 3 ans. Lorsque l'un des membres du couple réside à l'étranger, n'est pas considéré comme isolé celui qui réside en France.

➤ Sur quelle période sont appréciées les ressources ?

Les ressources prises en compte sont égales à la moyenne mensuelle des ressources perçues au cours des 3 mois précédant la demande d'allocation ou sa révision (sur la déclaration trimestrielle des ressources, voir ci-dessous).
Toutefois, les prestations autres que le RSA versées par la CAF ou la MSA sont prises en compte pour le montant du mois en cours.
Dans certains cas, des ressources perçues pendant le trimestre de référence ne sont pas prises en compte. Par exemple, lorsqu'une personne se trouve isolée suite à un veuvage, un divorce, une rupture de PACS ou une séparation, les ressources de l'ancien conjoint, concubin ou partenaire de PACS ne sont pas prises en compte pour la détermination des ressources du foyer.

sachez-le *En principe, l'attribution du RSA forfaitaire (ou « RSA socle ») est subordonnée à la condition que le foyer fasse valoir ses droits aux créances d'aliments dues entre époux et entre parents et enfants, et à la prestation compensatoire ainsi qu'aux pensions alimentaires dues en cas de divorce. Il est cependant possible de demander au président du conseil général d'être dispensé de cette obligation, compte tenu de la situation du débiteur de la créance.*

➤ Comment intervient le versement ?

Le RSA est versé mensuellement à terme échu, par virement sur le compte bancaire, postal ou de caisse d'épargne. Le versement est effectué par la CAF (ou la MSA pour les personnes qui relèvent du régime agricole).
Le droit au RSA est étudié par périodes successives de 3 mois. À la fin de chaque période, le bénéficiaire remplit une déclaration de ressources pour la révision trimestrielle de ses droits. C'est à partir des éléments portés sur cette déclaration (éléments vérifiés l'année suivante auprès du fisc) que seront appréciés les droits au RSA pour les 3 mois suivants : si un RSA est dû, son montant mensuel sera le même au titre des 3 mois à venir. Tous les 3 mois, cette procédure sera renouvelée. Le versement du RSA ne peut pas être rétroactif. Les droits sont étudiés à compter de la demande.

sachez-le *Le RSA cesse d'être dû à compter du premier jour du mois civil au cours duquel les conditions d'ouverture du droit cessent d'être réunies. Toutefois, en cas de décès du bénéficiaire, d'un enfant ou d'un autre membre du foyer, l'allocation ou la majoration d'allocation cessent d'être dues au premier jour du mois civil qui suit celui du décès.*

Les engagements du bénéficiaire

Lors du dépôt de sa demande de RSA, l'intéressé reçoit, de la part de l'organisme auprès duquel il effectue ce dépôt, une information sur ses droits et devoirs. Il est aussi informé des droits auxquels il peut prétendre au regard des revenus que les membres de son foyer tirent de leur activité professionnelle et de l'évolution prévisible de ses revenus en cas de retour à l'activité.

➤ *Le RSA donne-t-il droit à un accompagnement ?*

Le bénéficiaire du RSA a droit à un accompagnement social et professionnel adapté à ses besoins et organisé par un référent unique. Cet accompagnement social et professionnel suppose de bien distinguer entre deux catégories de bénéficiaires du RSA (y compris le conjoint, concubin ou partenaire « pacsé ») :
1° ceux qui sont tenus à une obligation en matière d'insertion, c'est-à-dire ceux appartenant à un foyer dont les ressources sont inférieures au montant forfaitaire du RSA et qui sont sans emploi ou perçoivent des revenus d'activité inférieurs à 500 €. En fonction de leur situation et de leurs projets, ces personnes seront accompagnées individuellement dans une recherche d'emploi, dans une démarche de création de leur propre activité ou dans la définition et la mise en œuvre des actions nécessaires à une meilleure insertion sociale ou professionnelle ;
2° ceux qui ne sont pas soumis à cette obligation, c'est-à-dire ceux au sein d'un foyer dont les ressources sont supérieures au montant forfaitaire du RSA, ou inférieures au montant forfaitaire, mais qui perçoivent individuellement des revenus d'activité égaux ou supérieurs à 500 €. Ceux-là ne sont pas tenus de s'engager dans une démarche d'insertion sociale et professionnelle ; ils peuvent toutefois solliciter, chaque année, un rendez-vous auprès des organismes compétents (notamment Pôle emploi) pour évoquer les conditions permettant l'amélioration de leur situation professionnelle.
Les personnes mentionnées au 1° ci-dessus sont orientées par le président du conseil général :

- de façon prioritaire, lorsqu'elles sont disponibles pour occuper un emploi ou pour créer leur propre activité, soit vers Pôle emploi, soit, si le département décide d'y recourir, vers un organisme de placement (maison de l'emploi ou autre), ou vers un autre organisme participant au service public de l'emploi, ou encore vers l'un des réseaux d'appui à la création et au développement des entreprises ;

- lorsqu'il apparaît que des difficultés tenant notamment aux conditions de logement, à l'absence de logement ou à leur état de santé font temporairement obstacle à leur engagement dans une démarche de recherche d'emploi, vers les autorités ou organismes compétents en matière d'insertion sociale ;
- lorsque le bénéficiaire est âgé de moins de 25 ans et que sa situation le justifie, vers une mission locale.

L'organisme vers lequel le bénéficiaire du RSA est ainsi orienté désigne un référent chargé de l'accompagner tout au long de sa démarche d'insertion sociale ou professionnelle. Le dispositif est prévu pour être « réversible », c'est-à-dire qu'il sera possible de passer d'un type d'orientation à un autre, en fonction de la situation concrète des personnes.

➤ *Quels sont les engagements en matière de recherche d'emploi ?*

Les personnes soumises à une obligation en matière d'insertion professionnelle (voir 1° de la p. 265), et disponibles pour occuper un emploi, sont tenues de s'engager dans une recherche active d'emploi, d'entreprendre les démarches nécessaires à la création de leur propre activité ou d'entreprendre les actions nécessaires à une meilleure insertion sociale ou professionnelle :

- si elles ont été orientées vers Pôle emploi, elles devront élaborer un projet personnalisé d'accès à l'emploi (PPAE ; voir p. 280) ;
- si elles ont été orientées vers un autre organisme, elles devront conclure avec le département, représenté par le président du conseil général, sous un délai de 1 mois après cette orientation, un contrat librement débattu énumérant leurs engagements réciproques en matière d'insertion professionnelle.

Ce contrat précise les actes positifs et répétés de recherche d'emploi que le bénéficiaire s'engage à accomplir et les moyens qui peuvent être mobilisés pour aider à son insertion professionnelle. Il précise également, en tenant compte de la formation du bénéficiaire, de ses qualifications, de ses connaissances et compétences acquises au cours de ses expériences professionnelles, de sa situation personnelle et familiale ainsi que de la situation du marché du travail local, la nature et les caractéristiques de l'emploi ou des emplois recherchés, la zone géographique privilégiée et le niveau de salaire attendu. Le bénéficiaire ne peut refuser plus de 2 offres raisonnables d'emploi ainsi définies : à défaut, le versement du RSA peut être suspendu par le président du conseil général, en totalité ou en partie.

➤ *En quoi consiste l'accompagnement social ?*

Les bénéficiaires du RSA soumis à une démarche d'insertion sociale (voir p. 265) bénéficient d'un accompagnement pendant une période d'au moins 6 mois. Cet accompagnement est mis en œuvre par le référent mentionné page 266, chargé, notamment, d'aider le bénéficiaire à lever les obstacles (logement, santé, garde d'enfants des parents isolés...) à une démarche d'insertion professionnelle. Ce référent élabore, avec l'intéressé, un contrat d'engagement réciproque prévoyant les actions à mener, de part et d'autre, pour atteindre l'objectif d'insertion.

sachez-le *Dans le cadre de l'accompagnement social ou professionnel, le référent peut mobiliser une « aide personnalisée de retour à l'emploi », qui s'ajoutera au RSA et qui correspond à la prise en charge de tout ou partie des coûts exposés à l'occasion de la prise ou la reprise d'une activité professionnelle, que ce soit sous la forme d'un emploi, d'une formation ou de la création d'une entreprise : dépenses de transport, d'habillement, de logement, d'accueil des jeunes enfants, d'obtention d'un diplôme, etc. Cette aide spécifique peut être versée soit au bénéficiaire du RSA, soit en paiement direct d'une dépense au prestataire concerné.*

➤ *Le versement peut-il être suspendu ?*

Le versement du RSA peut être suspendu, en tout ou partie, par le président du conseil général en cas de :

- non-respect, du fait de l'intéressé, de l'établissement et des dispositions du PPAE ou du contrat conclu avec le département ;
- radiation administrative de la liste des demandeurs d'emploi ;
- refus de se soumettre aux contrôles prévus.

Avant toute suspension, qui intervient dans les limites fixées par l'article R. 262-68 du Code de l'action sociale et des familles, l'intéressé peut présenter ses observations dans un délai de 1 mois et se faire accompagner d'une personne de son choix.

Le versement du RSA peut également être suspendu, sur décision du président du conseil général et pour une durée maximale de 1 an, en cas de fausse déclaration, d'omission délibérée de déclaration ou de travail dissimulé du bénéficiaire du RSA. Cette suspension ne remet toutefois pas en cause le versement de la partie du RSA correspondant à la différence entre le montant forfaitaire mentionné page 263 et les ressources du foyer. Cette sanction est étendue aux membres du foyer lorsque ceux-ci se sont rendus complices de la fraude.

LE CARNET JURIDIQUE

Cfdt:

SUIVEZ L'ACTUALITÉ JURIDIQUE DE LA CFDT EN LIGNE

Vous y trouverez, notamment :

- un **FIL D'ACTUALITÉS** qui passe en revue « à chaud » les principales décisions, textes, rapports qui ponctuent l'actualité juridique et sociale;
- une rubrique **LE POINT SUR** qui propose une analyse plus en profondeur de sujets touchant au droit social, syndical, dans l'entreprise et en dehors;
- une rubrique **LES PRUD'HOMMES**, spécialement dédiée à nos conseillers pour qu'ils puissent y trouver les informations pratiques et institutionnelles nécessaires;
- une **REVUE DE SOMMAIRES** hebdomadaire qui recense ce qui s'écrit et se lit dans la presse spécialisée.

N'hésitez pas à visiter ces nouvelles rubriques et à nous faire remonter vos actualités (régionales, fédérales, syndicales) afin de faire de ce site une vitrine de l'activité juridique de la CFDT.

CLIQUEZ SUR LA RUBRIQUE LE CARNET JURIDIQUE EN ALLANT SUR LE SITE CFDT.FR VOUS DÉCOUVRIREZ UN ESPACE D'ACTUALITÉ, DE DÉBAT ET D'ANALYSE, EN COMPLÉMENT DE LA REVUE *ACTION JURIDIQUE*.

CFDT.FR

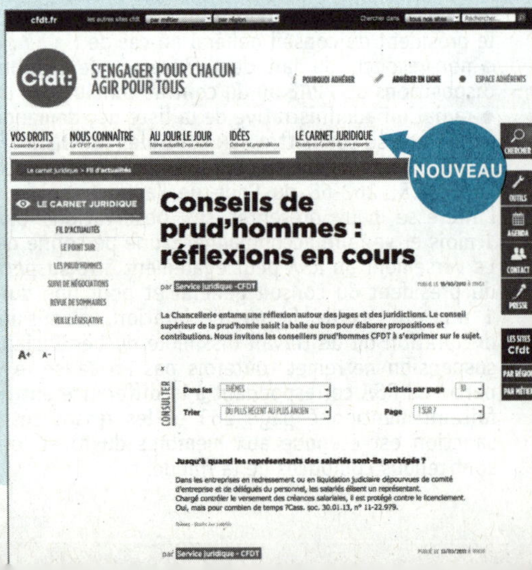

CFDT - Service Information Communication / Visuels non contractuels.

3 Chômage

1 L'indemnisation du chômage

Les travailleurs involontairement privés d'emploi ont droit, aux termes de l'article L. 5421-1 du Code du travail, à un revenu de remplacement qui relève, selon les cas :
- du régime d'assurance chômage géré par les partenaires sociaux et financé par les cotisations salariales et patronales ;
- du régime de solidarité financé par l'État et la contribution « 1 % » des fonctionnaires.

Les dispositions applicables au titre de l'assurance chômage résultent de conventions négociées et signées par les partenaires sociaux, puis agréées par les pouvoirs publics. La dernière convention en date (convention du 06/05/2011), présentée ici, s'applique aux salariés dont la fin de contrat est postérieure au 30/05/2011 et antérieure au 01/01/2014. Une prochaine convention doit être négociée avant la fin de l'année 2013 pour une entrée en vigueur au 01/01/2014. Cette convention précisera les conditions de mise en oeuvre du principe des « droits rechargeables à l'assurance chômage », défini par les partenaires sociaux dans l'ANI du 11/01/2013 et repris par le nouvel article L. 5422-2-1 du Code du travail. Grâce à ce nouveau droit, les demandeurs d'emploi indemnisés qui retrouveront un emploi ne seront pas pénalisés en cas de nouvelle période de chômage ; leurs droits non utilisés, issus d'une période antérieure d'indemnisation, pourront être cumulés avec les nouveaux droits acquis. Les dispositions précises applicables à compter du 01/01/2014 pourront être consultées, dès cette date, sur le site www.cfdt.fr.

➤ *Les salariés du secteur public et parapublic*

Ils n'entrent pas, normalement, dans le champ d'application du régime d'assurance chômage. Cependant, ont droit à la même indemnisation en cas de chômage (art. L. 5424-1) :

- les agents fonctionnaires et non fonctionnaires de l'État et de ses établissements publics administratifs, ainsi que les militaires ;

- les agents, titulaires ou non, des collectivités territoriales (communes, départements, régions) ;
- les salariés des établissements publics à caractère administratif, industriel ou commercial des collectivités locales ;
- les salariés des sociétés d'économie mixte dans lesquelles les collectivités locales ont une participation majoritaire ;
- les salariés du secteur public industriel et commercial (sociétés nationalisées, entreprises publiques, établissements industriels et commerciaux, etc.) ;
- les salariés non statutaires des chambres de métiers, des services à caractère industriel et commercial gérés par les chambres de commerce et d'industrie, des chambres d'agriculture, des établissements et services d'utilité agricole de ces chambres ;
- certains fonctionnaires de France Télécom placés hors de la position d'activité.

Les règles d'indemnisation en cas de perte d'emploi sont identiques, mais l'indemnisation est assurée par l'ancien employeur directement (on parle alors d'auto-assurance), ou par Pôle emploi si une convention a été conclue en ce sens.

➤ *L'inscription comme demandeur d'emploi*

Quelle que soit votre situation, vous devez vous inscrire le plus tôt possible comme demandeur d'emploi auprès de Pôle emploi (sur les modalités, renseignez-vous sur le site www.pole-emploi.fr ou au 39 49). Un formulaire de demande d'allocation vous sera remis, que vous devrez compléter en y joignant les pièces demandées, notamment l'attestation fournie par votre dernier employeur, ou les attestations, si vous avez eu plusieurs emplois (voir précisions p. 210).

Le régime d'assurance chômage

Ce régime garantit un revenu de remplacement (l'allocation d'aide au retour à l'emploi, ou « ARE ») aux salariés involontairement privés d'emploi.

➤ *Quelles conditions faut-il remplir ?*

Pour bénéficier de l'ARE, il faut remplir toutes les conditions suivantes :
1 - Être involontairement privé d'emploi en raison d'un licenciement (quels qu'en soient la cause ou le motif), d'une rupture de contrat résultant d'une cause économique (y compris un départ négocié ayant une telle cause), d'une « rupture conventionnelle » visée page 208, d'une fin de CDD ou de mission d'intérim, ou d'une démission considérée comme « légitime » figurant dans la liste limitative établie par le régime d'assurance chômage.

Si vous avez démissionné pour un motif qui ne figure pas dans cette liste (voir ci-dessous), vous ne pourrez pas, en principe, bénéficier de l'allocation d'assurance chômage. Toutefois, si votre période de chômage dure plus de 121 jours, l'instance paritaire régionale qui siège auprès de Pôle emploi pourra, sur votre demande et en fonction de vos efforts pour retrouver un emploi, décider de vous attribuer l'allocation d'aide au retour à l'emploi, sous réserve, évidemment, que vous remplissiez toutes les autres conditions requises (renseignements auprès de Pôle emploi).

Les démissions légitimes

Est considérée comme démission « légitime » :

- la démission suite à un changement de résidence du salarié qui rompt son contrat de travail pour suivre son conjoint (ou concubin, ou partenaire pacsé) qui change de résidence pour exercer un nouvel emploi salarié ou non salarié ;
- la démission suite à un changement de résidence du salarié qui rompt son contrat de travail et dont le départ s'explique par son mariage ou la conclusion d'un PACS, dès lors que moins de 2 mois s'écoulent entre la date de la démission ou de la fin du contrat et la date du mariage ou de la conclusion du PACS ;
- la démission du jeune (moins de 18 ans) pour suivre ses parents ou la personne qui exerce l'autorité parentale ;
- la démission d'un contrat aidé (CUI-CAE, CUI-CIE..., voir p. 30 et suiv.) pour exercer un emploi en CDD d'au moins 6 mois ou en CDI, ou pour suivre une action de formation qualifiante ;
- la démission du salarié en raison du non-paiement de ses salaires (sur production d'une ordonnance de référé lui allouant une provision de sommes correspondant à des arriérés de salaires) ;
- la démission intervenue à la suite d'un acte susceptible d'être délictueux dont le salarié déclare avoir été victime à l'occasion de l'exécution de son contrat de travail et pour lequel il justifie avoir déposé une plainte auprès du procureur de la République ;
- la démission intervenue pour cause de changement de résidence dû à une situation où le salarié est victime de violences conjugales et pour laquelle il justifie avoir déposé une plainte auprès du procureur de la République ;
- la démission, au cours d'une période n'excédant pas 91 jours, d'un emploi repris après un licenciement ou une fin de CDD sans inscription comme demandeur d'emploi ;
- la démission d'un salarié pour créer ou reprendre une entreprise. L'activité créée ou reprise doit avoir donné lieu aux formalités de publicité requises par la loi (immatriculation au

Répertoire des métiers, déclaration au centre de formalités des entreprises, inscription au Registre du commerce et des sociétés) et doit avoir cessé pour des raisons indépendantes de la volonté du créateur ou du repreneur ;

- la cessation du contrat de travail du salarié titulaire d'un contrat « de couple ou indivisible » (ex. : concierge d'immeuble) en raison du licenciement ou de la mise à la retraite de son conjoint ;
- la démission du salarié pour occuper un nouvel emploi, puis la rupture par l'employeur du nouveau contrat avant l'expiration d'un délai de 91 jours. Le salarié doit justifier de 3 années d'affiliation continue au régime d'assurance chômage ;
- la démission d'un journaliste faisant jouer la clause de conscience ;
- la démission d'un salarié pour conclure un ou plusieurs contrats de volontariat de solidarité internationale ou associatif, pour une ou plusieurs missions de volontariat de solidarité internationale ou de volontariat associatif ;
- la démission de la dernière activité professionnelle salariée pour l'application de l'article 9 § 2 du Règlement général annexé à la convention mentionnée page 270. En cas de reprise des droits antérieurs (voir p. 277), le départ volontaire de la dernière activité professionnelle salariée est réputé légitime.

Par ailleurs, la rupture de son contrat de travail, à l'initiative du salarié, aux fins de souscrire un contrat de service civique ne peut avoir pour effet de le priver de ses droits à l'assurance chômage à l'issue de son service civique.

attention *Les cas de démissions « légitimes » sont strictement réglementés et susceptibles d'évolution. Si vous pensez être concerné, n'hésitez pas, avant de prendre une quelconque décision, à vous renseigner auprès de Pôle emploi sur les conditions précises à remplir, les justificatifs à fournir, etc.*

En cas de réduction ou de cessation d'activité d'un établissement, les salariés en chômage total de ce fait depuis au moins 42 jours, sans que leur contrat de travail ait été rompu, peuvent être admis au bénéfice des allocations dans les conditions et limites définies par le régime d'assurance chômage (voir le site www.unedic.fr).

2 - Justifier d'une période d'affiliation d'au moins 122 jours (610 heures) dans les 28 mois qui précèdent la fin du contrat de travail (terme du préavis) ou, si le demandeur d'emploi est âgé de 50 ans ou plus à la fin de son contrat de travail, dans les 36 mois qui précèdent la fin du contrat de travail (terme du

préavis). La durée d'affiliation comprend l'ensemble des périodes d'activité salariée au sein d'une ou plusieurs entreprises. En cas d'alternance de périodes travaillées dans le public et dans le privé, l'ensemble des périodes sont prises en compte ; la prise en charge du paiement dépend soit de l'employeur public (auto-assurance), soit de l'UNEDIC.
Sont prises en compte les périodes de travail effectif, de congés payés ou de préavis non exécuté, mais aussi toutes les périodes de suspension du contrat : maladie, maternité, formation, congés sans solde... La durée d'affiliation, combinée avec l'âge, détermine la durée d'indemnisation (voir p. 276). Les titulaires d'un contrat d'avenir ou d'un contrat d'accompagnement dans l'emploi ont également droit aux allocations de chômage, qui leur sont versées soit par leur ancien employeur (dans le cadre de l'« auto-assurance »), soit directement par Pôle emploi si leur employeur avait choisi de les affilier au régime d'assurance chômage.

3 - Être inscrit comme demandeur d'emploi (voir démarches p. 271) ou accomplir une action de formation inscrite dans son projet personnalisé d'accès à l'emploi (PPAE, voir p. 280). L'inscription en tant que demandeur d'emploi doit intervenir dans les 12 mois suivant la fin du contrat de travail (fin de préavis). En cas d'inscription tardive, vous ne pourrez plus prétendre aux allocations d'assurance chômage. Toutefois, ce délai de 12 mois peut être allongé dans un certain nombre de cas : congé parental d'éducation ou congé de présence parentale, maternité, maladie, formation, volontariat pour la solidarité internationale, congé pour création ou reprise d'entreprise, assistance d'une personne handicapée, création ou reprise d'une entreprise... Renseignez-vous auprès de Pôle emploi.

4 - Être à la recherche effective et permanente d'un emploi. À ce titre, il faut participer à la définition et à l'actualisation du PPAE, accomplir des actes positifs et répétés de recherche d'emploi et accepter les offres raisonnables d'emploi telles que définies aux articles L. 5411-6-2 et L. 5411-6-3 du Code du travail (voir p. 281).

sachez-le *Le demandeur d'emploi qui effectue une action de formation inscrite dans son PPAE est réputé accomplir un acte de recherche d'emploi lui permettant de percevoir, s'il y a lieu, l'ARE.*

Si vous n'êtes pas en mesure de justifier d'une telle recherche (candidatures envoyées, relevés de démarches sur Internet...), votre allocation chômage peut être réduite ou supprimée, au terme d'une procédure contradictoire durant laquelle vous avez le droit d'être entendu, le cas échéant accompagné d'une personne de votre choix. Si vous exercez une activité bénévole, celle-ci ne doit ni s'effectuer chez un précédent employeur, ni se substituer à un emploi salarié. Elle doit, en outre, rester compatible avec l'obligation de recherche effective et permanente d'un emploi, faute de quoi le versement des allocations chômage peut être suspendu.

sachez-le *Les dispositions relatives à la dispense de recherche d'emploi au profit des demandeurs d'emploi ayant atteint un certain âge ont été supprimées depuis le 01/01/2012, sans remise en cause des dispenses accordées avant cette date (renseignements auprès de Pôle emploi).*

5 - Être physiquement apte à l'exercice d'un emploi.

6 - Résider sur le territoire relevant du champ d'application de l'assurance chômage (notamment métropole et DOM).

7 - Ne pas avoir atteint l'âge légal de la retraite. Toutefois, les personnes qui, à cet âge, ne justifient pas du nombre de trimestres (tous régimes confondus) requis pour avoir droit à une retraite à taux plein peuvent bénéficier des allocations d'assurance chômage jusqu'à ce qu'elles remplissent cette condition, et au plus tard jusqu'à l'âge du taux plein, et ce dans la limite de leurs droits (sur l'âge légal de la retraite, le taux plein, voir p. 305).
Sur le maintien possible des allocations au profit de certains chômeurs âgés en cours d'indemnisation, voir page 268.

➤ L'allocation d'aide au retour à l'emploi (ARE)

L'ARE est d'un montant fixe pendant toute la durée d'indemnisation : ce montant dépend de votre salaire antérieur. Dans le cadre de l'actuelle convention d'assurance chômage, la durée d'indemnisation est égale à la durée d'affiliation à l'assurance chômage selon la règle « un jour d'affiliation = un jour d'indemnisation », dans la limite d'une durée maximale variable selon l'âge du demandeur d'emploi.

sachez-le *Des annexes à la convention d'assurance chômage prévoient des adaptations de la réglementation pour certaines catégories de salariés dont l'activité s'exerce dans des conditions particulières : travailleurs à domicile, dockers, VRP, journalistes, travailleurs intermittents et travailleurs intérimaires... Ces annexes peuvent être consultées sur le site www.unedic.org.*

attention *Dans le cadre de l'actuelle Convention d'assurance chômage (voir p. 270), les personnes dont l'activité est considérée comme saisonnière sont indemnisées dans les conditions de droit commun.*

● **Montant de l'allocation d'aide au retour à l'emploi.** Le montant brut journalier de l'ARE est égal (depuis le 01/07/2013) :

- soit à 40,4 % du salaire journalier de référence (SJR), auxquels s'ajoute une partie fixe de 11,64 € ;

- soit à 57,4 % du salaire journalier de référence.

Le calcul le plus avantageux est retenu.

L'allocation d'aide au retour à l'emploi comporte :

- un montant minimum fixé à 28,38 € ;
- un montant maximum, l'allocation ne pouvant être supérieure à 75 % du SJR.

Le salaire journalier de référence est calculé comme suit :

$$\frac{\text{Salaires bruts (y compris les primes) perçus pendant la période de référence}}{\text{Nombre de jours calendaires compris dans la période de référence}}$$

Les salaires, pris en compte dans la limite de 4 fois le plafond de la Sécurité sociale, sont ceux perçus au titre des 12 mois civils précédant le dernier jour de travail payé à l'intéressé.

sachez-le *L'allocation d'aide au retour à l'emploi est cumulable avec la pension d'invalidité de 2e ou de 3e catégorie, dès lors que les revenus de la dernière activité ayant permis l'ouverture de droits ont été eux aussi cumulés avec la pension d'invalidité.*

- **Durée de versement.** La durée d'indemnisation est égale à la durée d'affiliation à l'assurance chômage selon la règle « un jour d'affiliation = un jour d'indemnisation » (pour la durée d'affiliation minimale, voir p. 273).

La durée d'indemnisation ne peut être inférieure à 122 jours ni excéder 24 mois (730 jours) pour les demandeurs d'emploi de moins de 50 ans et 36 mois (1 095 jours) pour ceux de 50 ans et plus. L'âge s'apprécie à la date de fin du contrat de travail (terme du préavis).

- **Maintien de l'indemnisation au-delà de l'âge légal de la retraite.** Les demandeurs d'emploi âgés de 61 ans qui ne peuvent prétendre à une retraite à taux plein continuent de percevoir leur allocation (au-delà de leur durée normale d'indemnisation) jusqu'à ce qu'ils remplissent les conditions requises pour percevoir cette retraite et, au plus tard, jusqu'à l'âge d'obtention du taux plein (sur l'âge légal de la retraite, le taux plein..., voir p. 305 et suiv.).

Pour bénéficier de cette mesure, l'allocataire doit :

- être en cours d'indemnisation depuis 1 an au moins ;
- justifier de 12 ans d'affiliation à l'assurance chômage ou de périodes assimilées, dont 1 an continu ou 2 ans discontinus dans les 5 années précédant la fin de contrat prise en compte pour l'ouverture de droits ;
- justifier de 100 trimestres validés par l'assurance vieillesse.

Sont toutefois soumis à l'instance paritaire régionale (IPR) siégeant auprès de Pôle emploi les dossiers des allocataires :

- dont la fin du contrat de travail est intervenue par suite de démission ;
- dont le licenciement est intervenu pendant la durée d'application d'une convention FNE.

• **Paiement de l'allocation.** L'ARE n'est pas versée dès le lendemain du dernier jour de travail en raison de l'application d'un délai d'attente et des éventuels différés d'indemnisation. Ces différés d'indemnisation, qui courent à compter du lendemain de la fin du contrat de travail, sont de deux ordres :

- le 1er correspond au nombre de jours de congés payés qu'il vous restait à prendre à la fin du contrat de travail ;
- le 2e se calcule en divisant le montant des sommes perçues lors de la rupture du contrat excédant les indemnités légales (indemnités conventionnelles, transaction...) par le montant du SJR (voir p. 268). Ce second délai de carence est limité à 75 jours maximum.

À ces différés d'indemnisation s'ajoute un délai d'attente de 7 jours, délai qui ne s'applique pas en cas de réadmission intervenant dans un délai de 12 mois depuis la précédente admission.
L'allocation est payée mensuellement à terme échu, en fonction du nombre de jours calendaires (28, 29, 30 ou 31 jours).

• **En cas de nouvelle perte d'emploi.** Si, alors que vous étiez chômeur indemnisé, vous avez retrouvé un emploi et que vous le perdez, vous pouvez selon les cas :

- bénéficier de l'ouverture d'une nouvelle période d'indemnisation (« réadmission »), si vous en remplissez les conditions au titre de cette nouvelle activité. Dans ce cas, Pôle emploi procédera à une comparaison :
  - entre le montant global du reliquat des droits ouverts au titre de la précédente admission et le montant global des droits qui seraient ouverts en l'absence de reliquat ;
  - entre le montant brut de l'allocation journalière de la précédente admission et le montant brut de l'allocation journalière qui serait servie en l'absence de reliquat.

  Le montant global et le montant de l'allocation journalière les plus élevés sont retenus. La durée d'indemnisation est calculée en divisant le montant global retenu par le montant brut de l'allocation journalière retenu ;
- bénéficier du reliquat de vos droits (« reprise »), si votre nouvelle activité ne vous a pas ouvert de nouveaux droits et si votre période d'indemnisation initiale n'était pas épuisée. Attention, dans ce cas, certaines conditions sont à remplir ; renseignez-vous auprès de votre agence Pôle emploi.

Que se passera-t-il au terme de mon indemnisation ?

Si, au terme de vos droits à l'assurance chômage, vous n'êtes pas en mesure de bénéficier d'une allocation du régime de solidarité pour un motif autre que la condition de ressources (voir p. 283), vous pouvez demander à bénéficier d'une aide forfaitaire égale à 27 fois le montant de la partie fixe de l'ARE (voir p. 275). Renseignements auprès de Pôle emploi.

● **Statut fiscal et social de l'allocation.** L'allocation d'aide au retour à l'emploi est imposable dans la catégorie des traitements et salaires. Elle est en outre soumise, avant son versement, aux prélèvements suivants :

● CRDS au taux de 0,5 % (après abattement de 1,75 %) ;

● CSG au taux de 6,2 % (après abattement de 1,75 %), avec des possibilités d'exonération ou d'application d'un taux réduit à 3,8 %. En tout état de cause, le prélèvement de la CSG ne peut porter le montant net de l'allocation en dessous du SMIC brut ;

● participation de 3 % prélevée sur le SJR et destinée au financement des retraites complémentaires. Ce prélèvement ne peut toutefois avoir pour effet de verser une allocation journalière inférieure au montant minimal de l'ARE (voir p. 276).

sachez-le *Différentes aides peuvent être mobilisées pour faciliter le retour à l'emploi des allocataires du régime d'assurance chômage : aide différentielle au reclassement, aide à la création ou à la reprise d'entreprise, etc. Pôle emploi accorde également des aides aux demandeurs d'emploi : aides à la recherche d'emploi, aide au financement du permis de conduire, etc. Sur toutes ces aides, il convient de se renseigner auprès de son agence Pôle emploi ou sur le site www.pole-emploi.fr.*

● **Interruption ou cessation du paiement.** L'ARE n'est pas due lorsque l'allocataire :

● retrouve une activité professionnelle salariée ou non, exercée en France ou à l'étranger, sous réserve de la possibilité de cumul entre allocation et revenus d'activité (voir p. 285) ;

● bénéficie de l'aide à la création ou à la reprise d'entreprise prévue par le régime d'assurance chômage ;

- perçoit ou serait susceptible de percevoir des prestations en espèces (indemnités journalières) de la Sécurité sociale (maladie-maternité, accident du travail ou maladie professionnelle) ;
- est admis à bénéficier de l'une des prestations suivantes : complément de libre choix d'activité ou allocation journalière de présence parentale.

En outre, l'ARE n'est plus due lorsque l'allocataire :

- cesse de résider sur le territoire relevant du champ d'application du régime d'assurance chômage (voir p. 275) ;
- atteint l'âge légal de départ à la retraite, sous réserve de disposer alors du nombre de trimestres d'assurance requis pour pouvoir bénéficier d'une pension de vieillesse à taux plein.

Le paiement de l'ARE cesse à la date à laquelle :

- une déclaration inexacte ou une attestation mensongère ayant eu pour effet d'entraîner le versement d'allocations intégralement indues sont détectées. Dans ce cas, le remboursement des allocations peut être demandé à l'intéressé qui est, en outre, passible de sanctions pénales ;
- l'allocataire est exclu du revenu de remplacement par le préfet (voir ci-dessous).

Sur les dispositions applicables au titre du suivi du projet personnalisé d'accès à l'emploi (PPAE) et de l'offre raisonnable d'emploi, on se reportera à la page 280.

• Suppression de l'allocation ou réduction de son montant. Lorsque le demandeur d'emploi manque à l'une ou l'autre de ses obligations, le préfet du département peut supprimer le revenu de remplacement de manière temporaire ou définitive, ou en réduire le montant, selon les différentes modalités suivantes. Ces situations peuvent également entraîner la radiation de la liste des demandeurs d'emploi.

sachez-le *Lorsqu'il envisage de prendre une décision de suppression ou de réduction du revenu de remplacement, le préfet fait connaître au demandeur d'emploi les motifs de sa décision. Il l'informe qu'il a la possibilité, dans un délai de 10 jours, de présenter ses observations écrites ou, si la sanction envisagée est une suppression du revenu de remplacement, d'être entendu par une commission dont la composition est fixée par l'article R. 5426-9 du Code du travail. S'il souhaite contester la décision du préfet, le demandeur d'emploi doit former un recours gracieux préalable.*

- Première situation. 1° Impossibilité de justifier de l'accomplissement d'actes positifs et répétés en vue de retrouver un emploi, de créer ou de reprendre une entreprise. 2° Refus, sans motif légitime, de suivre une action de formation ou d'aide à la recherche

d'emploi proposée par l'un des services ou organismes relevant du service public de l'emploi (SPE) et s'inscrivant dans le cadre du PPAE. 3° Refus, sans motif légitime, d'une proposition de contrat d'apprentissage ou d'une proposition de contrat de professionnalisation. 4° Refus, sans motif légitime, d'une action d'insertion ou d'une offre de contrat aidé (CIE, CAE, voir p. 31).
Dans l'une ou l'autre de ces situations, le préfet réduit de 20 % le montant de l'ARE, pendant une durée de 2 à 6 mois. Lorsque l'un de ces mêmes manquements se répète, le montant de l'ARE est réduit de 50 % pour une durée de 2 à 6 mois, ou bien l'allocation est supprimée de façon définitive.

- Deuxième situation. 1° Refus à deux reprises, sans motif légitime, d'une offre raisonnable d'emploi (voir p. 281). 2° Refus, sans motif légitime, d'élaborer ou d'actualiser le PPAE. 3° Refus, sans motif légitime, de répondre à une convocation d'un organisme relevant du SPE (notamment Pôle emploi). 4° Refus, sans motif légitime, de se soumettre à une visite médicale auprès des services médicaux de main-d'œuvre destinée à vérifier l'aptitude au travail ou à certains types d'emplois.

Dans l'une ou l'autre de ces situations, le préfet supprime le revenu de remplacement pour une durée de 2 mois. Lorsque l'un de ces mêmes manquements se répète, le revenu de remplacement est supprimé pour une durée de 2 à 6 mois, ou bien de façon définitive.

- Troisième situation. Fausse déclaration pour être ou demeurer inscrit sur la liste des demandeurs d'emploi, absence de déclaration ou déclaration mensongère du demandeur d'emploi faites en vue de percevoir indûment le revenu de remplacement.

Dans ce cas, le préfet supprime le revenu de façon définitive ; toutefois, si ce manquement est lié à une activité non déclarée d'une durée très brève, le revenu de remplacement est supprimé pour une durée de 2 à 6 mois.

sachez-le *Dans certains cas, le régime d'assurance chômage peut, à titre conservatoire et jusqu'à ce que le préfet ait statué sur la situation du demandeur d'emploi selon les modalités visées ci-dessus, prendre une mesure de suspension du versement ou de réduction du montant du revenu de remplacement.*

➤ *Le projet personnalisé d'accès à l'emploi (PPAE)*

Afin de favoriser son retour à l'emploi dans les meilleurs délais, le salarié privé d'emploi est engagé dans un « projet personnalisé d'accès à l'emploi » (PPAE) élaboré avec Pôle emploi ou un organisme participant au SPE, par exemple l'AFPA... Le PPAE concerne tous les allocataires de l'assurance chômage, quelle que soit la date de fin de leur contrat de travail.

sachez-le *Le demandeur d'emploi immédiatement disponible pour occuper un emploi est tenu de participer à la définition et à l'actualisation du PPAE et d'accomplir des actes positifs et répétés de recherche d'emploi et d'accepter les offres raisonnables d'emploi (sur ces offres, voir ci-dessous). À défaut, il peut être radié de la liste des demandeurs d'emploi.*

- **Élaboration du PPAE.** À la suite de son inscription comme demandeur d'emploi, et au plus tard dans les 15 jours qui suivent, le demandeur d'emploi élabore, conjointement avec Pôle emploi (ou avec un autre organisme participant au SPE), un PPAE.
À l'issue de cette phase d'élaboration, le PPAE est notifié au demandeur d'emploi par Pôle emploi (ou par l'organisme ayant procédé à son élaboration).

- **Objet et contenu du PPAE.** Le PPAE :
  - précise, en tenant compte de la formation du demandeur d'emploi, de ses qualifications, de ses connaissances et compétences acquises au cours de ses expériences professionnelles, de sa situation personnelle et familiale ainsi que de la situation du marché du travail local, la nature et les caractéristiques de l'emploi ou des emplois recherchés, la zone géographique privilégiée et le niveau de salaire attendu ; ces éléments, tels que définis par le PPAE, sont constitutifs de l'offre raisonnable d'emploi (voir ci-dessous) ;
  - retrace les actions que Pôle emploi s'engage à mettre en œuvre dans le cadre du service public de l'emploi, notamment en matière d'accompagnement personnalisé et, le cas échéant, de formation et d'aide à la mobilité.

- **Actualisation du PPAE.** Elle est destinée à permettre de répondre au mieux aux besoins du demandeur d'emploi. Le PPAE est ainsi actualisé périodiquement (au moins tous les 3 mois) ; lors de cette actualisation, les éléments constitutifs de l'offre raisonnable d'emploi sont révisés, notamment pour accroître les perspectives de retour à l'emploi du demandeur d'emploi.

- **L'offre raisonnable d'emploi.** L'offre raisonnable d'emploi (ORE) est constituée à partir des éléments figurant dans le PPAE, élaboré conjointement entre le demandeur d'emploi et Pôle emploi. Ces critères constitutifs sont : la nature et les caractéristiques de l'emploi ou des emplois recherchés, la zone géographique privilégiée et le salaire attendu.
Lors de l'actualisation périodique du PPAE, ces critères constitutifs de l'offre raisonnable d'emploi seront révisés, afin, notamment,

d'accroître les perspectives de retour à l'emploi. Les dispositions suivantes sont prévues :

- lorsque le demandeur d'emploi est inscrit sur la liste des demandeurs d'emploi depuis plus de 3 mois, est considérée comme raisonnable l'offre d'un emploi compatible avec ses qualifications et compétences professionnelles et rémunéré à au moins 95 % du salaire antérieurement perçu (voir précisions ci-dessous). Ce taux est porté à 85 % après 6 mois d'inscription. Après 1 an d'inscription, est considérée comme raisonnable l'offre d'un emploi compatible avec les qualifications et les compétences professionnelles du demandeur d'emploi et rémunéré au moins à hauteur du revenu de remplacement perçu par l'intéressé prévu à l'article L. 5421-1 du Code du travail ;
- lorsque le demandeur d'emploi est inscrit sur la liste des demandeurs d'emploi depuis plus de 6 mois, est considérée comme raisonnable une offre d'emploi entraînant, à l'aller comme au retour, un temps de trajet en transport en commun, entre le domicile et le lieu de travail, d'une durée maximale de 1 heure ou une distance à parcourir d'au plus 30 kilomètres.

Si le demandeur d'emploi suit une formation prévue dans son PPAE, les durées mentionnées ci-dessus sont prorogées du temps de cette formation.

sachez-le *Le salaire antérieurement perçu, mentionné ci-dessus, est défini selon les règles de détermination du salaire de référence servant au calcul de l'allocation d'assurance chômage (voir p. 268). Le salaire antérieurement perçu est apprécié sur une base horaire.*

La définition et l'évolution de l'ORE sont des éléments qui ne doivent pas être négligés par le demandeur d'emploi, puisque le refus, sans motif légitime, de deux offres raisonnables d'emploi peut entraîner la suspension du versement de l'allocation chômage (voir p. 280).

sachez-le *Les dispositions du Code du travail relatives à l'ORE ne peuvent obliger un demandeur d'emploi à accepter un niveau de salaire inférieur au salaire normalement pratiqué dans la région et pour la profession concernée. Elles s'appliquent sous réserve des autres dispositions légales et des stipulations conventionnelles en vigueur, notamment celles relatives au SMIC. En outre, si le PPAE prévoit que le ou les emplois recherchés sont à temps complet, le demandeur d'emploi ne peut être obligé d'accepter un emploi à temps partiel. Par ailleurs, le refus d'un demandeur d'emploi d'accepter une offre d'emploi impliquant de travailler le dimanche ne constitue pas un motif de radiation de la liste des demandeurs d'emploi.*

Le régime de solidarité

Le régime de solidarité, financé par l'État et géré par Pôle emploi, est destiné à assurer un minimum de ressources aux personnes qui ne peuvent pas, ou ne peuvent plus, prétendre aux allocations de l'assurance chômage. Il comprend deux allocations : l'allocation de solidarité spécifique (ASS) et l'allocation temporaire d'attente (ATA). Il existe également une allocation transitoire de solidarité (ATS) financée par l'État et versée, sous conditions, aux demandeurs d'emploi pénalisés (ou susceptibles de l'être) par les mesures de report de l'âge légal de départ à la retraite (voir p. 285).

sachez-le *Les allocations du régime de solidarité sont imposables dans la catégorie des traitements et salaires. Au regard de la CSG et de la CRDS, la situation est la suivante : exonération de CRDS, non-prélèvement de la CSG en raison de leur montant inférieur au SMIC.*

➤ L'allocation de solidarité spécifique

Peuvent bénéficier de l'allocation de solidarité spécifique (ASS) les personnes recherchant effectivement un emploi et répondant aux catégories suivantes :

- les personnes privées d'emploi qui cessent d'être indemnisées au titre de l'assurance chômage ;
- les personnes privées d'emploi, âgées de 50 ans ou plus, percevant l'allocation du régime d'assurance chômage qui en font la demande ;
- dans certaines conditions spécifiques, les artistes non salariés.

Si vous demandez le bénéfice de l'ASS, vous renoncez à celui de l'allocation versée par l'assurance chômage.

● **Les conditions requises.** Pour bénéficier de l'ASS, il faut :

- justifier de 5 ans d'activité salariée dans les 10 ans précédant la rupture du contrat de travail. Pour les personnes ayant interrompu leur activité au moins 1 an pour élever un ou plusieurs enfants, cette durée peut être réduite de 1 an par enfant élevé ou à charge, dans la limite de 3 ans ;
- ne pas disposer de ressources mensuelles (allocation de solidarité comprise, prestations familiales, allocation de logement, pension alimentaire ou prestation compensatoire versée par le demandeur d'emploi non comprises) supérieures à 70 fois le montant de l'allocation pour une personne isolée, soit 1 113 €, et 110 fois le même montant pour un couple, soit 1 749 € (depuis le 01/01/2013). Selon les ressources mensuelles, l'allocation peut être versée sous forme différentielle ;

- être effectivement à la recherche d'un emploi. L'absence de recherche d'emploi (hors cas de dispense accordée avant la suppression, au 01/01/2012, de ce dispositif) peut conduire à l'interruption du versement de l'ASS.

- **À partir de quand peut-on bénéficier de l'allocation de solidarité ?** L'allocation de solidarité est attribuée dès que l'on cesse d'être indemnisé par l'assurance chômage.

Par ailleurs, les personnes ayant 50 ans (ou plus) et percevant une allocation d'assurance chômage peuvent opter pour l'allocation de solidarité dès leur 50e anniversaire.

- **Quelle est la durée de versement de l'allocation ?** L'ASS est attribuée par périodes de 6 mois renouvelables. Elle est toutefois attribuée par périodes de 1 an renouvelables aux bénéficiaires de la dispense de recherche d'emploi mentionnés ci-dessus. Le renouvellement de l'allocation est subordonné aux mêmes conditions que son attribution initiale. En tout état de cause, l'allocation cesse d'être versée à l'allocataire qui atteint l'âge légal de départ à la retraite et qui totalise le nombre de trimestres exigés pour bénéficier d'une retraite à taux plein ; à défaut, l'allocation continue d'être versée au-delà de cet âge jusqu'à ce que ce nombre de trimestres soit atteint, et au plus tard jusqu'à l'âge permettant l'obtention du taux plein (sur l'âge légal de la retraite, le taux plein..., voir p. 290 et suiv.).

- **Quel est le montant de l'allocation ?** Le taux journalier de base de l'ASS est de 15,90 € (depuis le 01/01/2013), soit, par exemple, 477 € pour un mois de 30 jours.

Si elles ont été admises au bénéfice de l'ASS avant le 1er janvier 2004 (et uniquement dans ce cas), les personnes âgées de 55 ans justifiant de 20 ans d'activité salariée ou âgées de 57,5 ans et ayant 10 ans d'activité bénéficient d'une majoration de 6,92 € (soit 22,82 € par jour et 684,60 € pour un mois de 30 jours). La durée d'activité exigée (de 10 ou 20 ans) est réduite, pour les femmes, de 2 ans par enfant élevé, dans la limite de 6 ans pour 10 ans d'activité et de 12 ans pour 20 ans d'activité.

attention *Suivant le montant de vos ressources mensuelles, l'allocation de solidarité peut être inférieure au taux normal.*

➤ *L'allocation temporaire d'attente*

Dans les conditions particulières fixées pour chacune de ces catégories, peuvent bénéficier de l'allocation temporaire d'attente (ATA) les personnes inscrites auprès de Pôle emploi, domiciliées en France (métropole, DOM, Saint-Pierre-et-Miquelon) et appartenant à l'une ou l'autre des catégories suivantes : demandeurs d'asile âgés d'au

moins 18 ans et ayant demandé l'asile politique auprès de l'Office français pour la protection des réfugiés et apatrides (OFPRA) ; apatrides ; bénéficiaires de la protection temporaire ou de la protection subsidiaire ; victimes étrangères de la traite des êtres humains ; personnes en attente de réinsertion (anciens détenus, lorsque la durée de leur détention n'a pas été inférieure à 2 mois ; travailleurs salariés expatriés non couverts par le régime d'assurance chômage qui, lors de leur retour en France, justifient d'une durée de travail de 182 jours au cours des 12 mois précédant la fin de leur contrat de travail).
L'allocation temporaire d'attente ne peut être versée qu'une seule fois au titre d'une même situation (demandeurs d'asile, apatrides, etc.).

● **Condition de ressources.** Pour bénéficier de l'ATA, il faut justifier de ressources mensuelles inférieures au montant forfaitaire du RSA en fonction de la composition de la famille.

● **Durée de versement.** L'ATA est versée mensuellement pour une durée qui dépend de la catégorie de bénéficiaires à laquelle appartient le demandeur. Pour les demandeurs d'asile, elle est versée tant que la demande d'asile n'a pas fait l'objet d'une décision définitive de l'OFPRA ; pour les bénéficiaires de la protection temporaire, le versement de l'ATA prend fin si le Conseil de l'Union européenne décide de retirer la protection ; pour les autres bénéficiaires, l'ATA est versée pour une durée maximale de 12 mois.

● **Montant de l'ATA.** Il est de 11,20 € par jour (au 01/01/2013), soit 336 € par mois (30 jours). Il est revalorisé chaque année.

➤ *L'allocation transitoire de solidarité*

Cette allocation (décret du 04/03/2013), gérée par Pôle emploi, a été instituée afin d'assurer un minimum de ressources aux demandeurs d'emploi indemnisés nés entre le 01/01/1952 et le 31/12/1953, ayant validé le nombre de trimestres nécessaires pour pouvoir prétendre à une retraite à taux plein mais n'ayant pu bénéficier de l'allocation équivalent retraite. Elle peut être versée en remplacement des allocations précédemment perçues (« ATS de remplacement », ou ATS-R), ou en complément de l'allocation perçue (« ATS de complément », ou ATS-C).
La demande d'ATS est à effectuer auprès de Pôle emploi au plus tard le 31/12/2015.

● **Condition de ressources.** Pour bénéficier de l'ATS, les ressources du demandeur et, le cas échéant, celles de son conjoint, de son concubin ou de son partenaire lié à lui par un PACS ne doivent pas excéder, à la date de la demande, un plafond mensuel correspondant à :

48 fois le montant journalier de l'ATS pour une personne seule (soit : 34,33 € x 48 = 1 647,84 €) et 69 fois ce montant pour une personne en couple (soit : 34,33 € x 69 = 2 368,77 €).
Les ressources prises en compte pour la détermination de ce plafond sont celles qui doivent être déclarées à l'administration fiscale pour le calcul de l'impôt sur le revenu, avant déduction des divers abattements. Certaines ressources sont exclues, notamment les prestations familiales et l'allocation de logement.

● **Conditions propres à l'ATS-R.** Bénéficient de l'ATS-R les demandeurs d'emploi indemnisés au titre de l'allocation d'assurance chômage, de l'allocation spécifique de reclassement ou de l'allocation de transition professionnelle le 31/12/2010, ou qui remplissent, à cette même date, les conditions d'ouverture d'un droit à ces mêmes allocations mais ne sont pas indemnisés en raison, notamment, de la suspension, de l'interruption de ce droit ou de l'application du délai d'attente et des différés d'indemnisation. Il faut également justifier du nombre de trimestres nécessaires pour l'ouverture du droit à une pension vieillesse à taux plein à l'extinction des droits à l'allocation d'assurance chômage, et ne pas avoir atteint l'âge légal de la retraite (voir p. 299).

● **Conditions propres à l'ATS-C.** Cette allocation est versée aux titulaires de l'allocation d'assurance chômage dont les ressources sont inférieures au montant de l'ATS et qui remplissent les conditions suivantes : être indemnisés au titre de l'allocation d'assurance chômage le 31/12/2010, ou remplir, à cette même date, les conditions d'ouverture d'un droit à cette même allocation mais ne pas être indemnisés en raison, notamment, de la suspension, de l'interruption de ce droit ou de l'application du délai d'attente et des différés d'indemnisation. Il faut également justifier de la durée d'assurance requise pour avoir droit à une pension de vieillesse à taux plein (voir p. 304) et ne pas avoir atteint l'âge légal de la retraite (voir p. 299).

● **Montant.** L'ATS garantit aux bénéficiaires un montant journalier maximal de l'allocation égal à 34,33 € (depuis le 01/01/2013). En fonction du niveau de ressources personnelles de l'intéressé, l'ATS-R peut être versée à taux plein ou à taux différentiel ; en revanche, l'ATS-C est toujours versée à taux différentiel (renseignements auprès de Pôle emploi ou sur le site www.pole-emploi.fr).

● **Durée de versement.** L'ATS est versée à compter du jour où le demandeur remplit les conditions y ouvrant droit et jusqu'à l'âge légal d'ouverture du droit à une pension de retraite. Le versement peut être interrompu dans certaines situations (ex. : perception d'indemnités journalières d'assurance maladie ; renseignements auprès de Pôle emploi).

Cumul des allocations avec une activité

Sous certaines conditions, vous pourrez être indemnisé comme demandeur d'emploi tout en ayant ou en gardant une activité réduite.

➤ *Vous êtes indemnisé par l'assurance chômage*

Si vous exercez une activité salariée occasionnelle ou réduite, qui n'excède pas 110 heures par mois, vous pourrez continuer de percevoir votre ARE, sous réserve :

- s'il s'agit d'une (ou plusieurs) activité(s) conservée(s) (salariés ayant plusieurs employeurs), qu'elle(s) vous procure(nt) une rémunération n'excédant pas 70 % des rémunérations brutes mensuelles perçues avant la perte d'une partie de vos activités ;
- s'il s'agit d'une reprise d'activité, qu'elle vous procure une rémunération n'excédant pas 70 % des rémunérations brutes mensuelles prises en compte pour le calcul de votre indemnisation.

Dans la première situation, l'allocation d'assurance chômage est intégralement cumulable avec les revenus tirés de l'activité conservée ; cette allocation sera simplement calculée sur la base des seuls salaires correspondant à l'emploi perdu. En revanche, en cas de reprise d'activité, le cumul n'est que partiel : vous aurez, pour chaque mois où vous avez travaillé, un nombre de jours non indemnisés calculés en divisant le salaire brut mensuel de l'activité par votre SJR (voir p. 276) ; pour les allocataires âgés de 50 ans ou plus, le nombre de jours non indemnisés est minoré d'un coefficient de 0,8.
Exemple : votre SJR était de 54 € (ce qui correspond à un salaire brut d'environ 1 650 €) et l'activité reprise vous procure un salaire mensuel brut de 380 €. Pôle emploi déduira pour le mois considéré 7 jours d'allocations (380 €/54 € = 7,03, arrondis à 7). En revanche, aucune allocation ne serait maintenue si le revenu mensuel issu de l'activité réduite dépassait 70 % de 1 650 €, soit 1 155 €.

attention *Les conditions de cumul des allocations d'assurance chômage et d'un revenu procuré par une activité professionnelle non salariée (artisan, commerçant, profession libérale...) relèvent de dispositions spécifiques (renseignements auprès de Pôle emploi).*

sachez-le *Qu'il s'agisse d'une activité conservée ou d'une activité reprise, le cumul avec l'allocation d'assurance chômage est en principe possible pendant 15 mois seulement, dans la limite évidemment de la durée d'indemnisation de l'intéressé. Cette limite de 15 mois ne s'applique toutefois ni aux chômeurs âgés de 50 ans et plus, ni aux titulaires d'un CAE (voir p. 31).*

➤ Vous êtes indemnisé par le régime de solidarité

La rémunération tirée de l'exercice d'une activité professionnelle peut être cumulée avec le versement des allocations du régime de solidarité (ASS ou ATA) pendant une durée maximale de 12 mois à compter du début de cette activité (une réglementation spécifique s'applique en cas de bénéfice de l'ACCRE).
Dans le cas général, le dispositif est prévu pour permettre :

- pendant les 6 premiers mois civils de reprise d'activité, un cumul intégral des allocations et du revenu d'activité, dès lors que ce dernier n'excède pas 50 % du SMIC mensuel (dans le cas contraire, un abattement est effectué sur les allocations) ;
- pendant les 6 mois civils suivants, un cumul entre allocations et revenus, avec déduction des allocations d'une somme équivalant à 40 % du revenu brut total d'activité.

Des dispositions particulières s'appliquent aux titulaires de l'ASS lorsqu'ils reprennent une activité professionnelle salariée d'au moins 78 heures par mois ou une activité professionnelle non salariée. Dans ce cas, pendant les 3 premiers mois d'activité professionnelle, le cumul des revenus d'activité et de l'ASS est intégral ; puis, du 4e au 12e mois d'activité professionnelle, le montant de l'ASS est diminué des revenus d'activité perçus par le bénéficiaire, mais celui-ci perçoit mensuellement, de Pôle emploi, une prime forfaitaire d'un montant de 150 € (renseignements auprès de Pôle emploi). Des dispositions particulières s'appliquent également aux bénéficiaires de l'ATS de remplacement (renseignements auprès de Pôle emploi).

sachez-le *Si, au terme des 12 mois de cumul, vous n'avez pas effectué 750 heures de travail, le cumul de l'allocation et de la rémunération est maintenu (dans la limite de vos droits) jusqu'à ce que ce plafond soit atteint, sans nécessité d'obtenir une autorisation spécifique.*

L'aide à la création d'entreprise

Cette aide consiste en une exonération de cotisations sociales, à laquelle s'ajoute un appui technique et, le cas échéant, financier. En outre, si vous bénéficiez de l'aide à la création d'entreprise, vous aurez droit, pendant 12 mois, à une couverture sociale gratuite (notamment en assurance maladie-maternité). Pour plus de renseignements, on peut s'adresser à Pôle emploi, à la DIRECCTE, ou à sa caisse d'assurance maladie.

sachez-le *Les allocataires du régime d'assurance chômage peuvent percevoir, sous certaines conditions, une aide à la création ou à la reprise d'entreprise (renseignements auprès de Pôle emploi).*

➤ *L'exonération de cotisations*

Peuvent bénéficier, au titre de leur nouvelle activité, d'une exonération de cotisations sociales pour une durée de 12 mois :

- les bénéficiaires de l'allocation de solidarité spécifique ou du RSA et certains bénéficiaires de l'allocation temporaire d'attente ;
- les jeunes de 18 à 25 ans révolus et les personnes de moins de 30 ans non indemnisées ou reconnues handicapées ;
- les personnes privées d'emploi percevant (ou susceptibles de percevoir) l'allocation d'aide au retour à l'emploi ;
- les demandeurs d'emploi non indemnisés, inscrits pendant plus de 6 mois au cours des 18 derniers mois ;
- les salariés qui reprennent tout ou partie de leur entreprise en cours de liquidation ou de redressement judiciaire ;
- les personnes ayant conclu un « contrat d'appui au projet d'entreprise », dès lors qu'elles remplissent l'une des conditions précitées à la date de la conclusion de ce contrat ;
- les personnes physiques créant une entreprise implantée au sein d'une zone urbaine sensible (ZUS) ;
- les bénéficiaires du complément de libre choix d'activité (voir p. 246).

Sur demande de l'intéressé, l'exonération est prolongée dans la limite de 24 mois lorsque l'entreprise créée ou reprise est une très petite entreprise (une « micro-entreprise ») ; en fonction des revenus du bénéficiaire, elle est alors totale ou partielle (renseignements auprès de Pôle emploi ou de l'URSSAF).

La demande d'exonération de cotisations doit être déposée auprès du centre de formalités des entreprises (CFE ; coordonnées sur le site www.insee.fr) au plus tard le 45e jour qui suit le dépôt de la déclaration de création ou de reprise d'entreprise.

➤ *Le dispositif « NACRE »*

Les bénéficiaires potentiels du dispositif NACRE (« nouvel accompagnement pour la création et la reprise d'entreprise ») sont les mêmes que pour l'ACCRE (voir ci-dessus), auxquels s'ajoutent les personnes sans emploi ou rencontrant des difficultés pour s'insérer durablement dans l'emploi, pour lesquelles la création ou la reprise d'entreprise est un moyen d'accès, de maintien ou de retour à l'emploi. Grâce à ce dispositif, le créateur ou repreneur d'entreprise peut accéder à un ensemble de services d'appui technique financé notamment par l'État, dont le but est de l'aider à finaliser son projet et à optimiser le démarrage et le développement de son activité pendant les 3 premières années après l'immatriculation de son entreprise. À cet appui technique peut s'ajouter, si nécessaire, un prêt à taux zéro NACRE conditionné par l'obtention d'un prêt complémentaire (bancaire ou solidaire) et l'engagement de suivre pendant 3 ans un accompagnement au démarrage et au développement. Toutes les précisions peuvent être obtenues sur le site www.emploi.gouv.fr/nacre.

La formation des demandeurs d'emploi

L'accès à une formation des demandeurs d'emploi dépend principalement de leur situation au regard de l'indemnisation ou non par le régime d'assurance chômage. Nous présentons ici les grandes lignes de ce dispositif, sachant que, si vous êtes demandeur d'emploi, il ne faut pas hésiter à contacter Pôle emploi pour connaître les possibilités de formation qui vous sont offertes. Notez qu'il existe également un dispositif de « préparation opérationnelle à l'emploi » (POE) permettant à un demandeur d'emploi de bénéficier d'une formation directement en rapport avec une offre d'emploi déposée auprès de Pôle emploi ; là encore, c'est auprès de cette institution qu'il convient de se renseigner.

➤ *La formation dans le cadre de l'assurance chômage*

● **Le maintien des allocations.** Si vous bénéficiez de l'allocation d'aide au retour à l'emploi, vous pouvez, dans le cadre de votre PPAE, être amené à suivre une ou plusieurs actions de formation. Dans ce cas, vous continuerez de percevoir votre allocation, dans la limite de votre durée d'indemnisation.

sachez-le *Pôle emploi peut accorder aux demandeurs d'emploi une aide à la formation qui couvre une partie des frais restant à leur charge : frais de transport, de repas, etc. Sur ce point, il convient de se renseigner auprès de Pôle emploi.*

● **L'indemnisation au titre de la « rémunération de fin de formation ».** La rémunération de fin de formation (RFF) est une aide accordée par Pôle emploi aux demandeurs d'emploi inscrits auxquels, durant la période au cours de laquelle ils perçoivent l'aide au retour à l'emploi (ARE, voir p. 275), Pôle emploi prescrit une action de formation. Sont également concernés, dans les mêmes conditions, les bénéficiaires de l'allocation de sécurisation professionnelle (ASP) versée aux titulaires d'un contrat de sécurisation professionnelle (CSP, voir p. 212).

sachez-le *Les actions de formation susceptibles de donner lieu au versement de la RFF doivent permettre à la fois d'acquérir une qualification reconnue au sens de l'article L. 6314-1 du Code du travail et d'accéder à un emploi pour lequel sont identifiées des difficultés de recrutement, dans la région du lieu de la formation et/ou dans la région du lieu de prescription de la formation. La liste de ces emplois peut être consultée auprès de l'agence Pôle emploi.*

La RFF est versée mensuellement, à l'expiration des droits du demandeur d'emploi à l'ARE, à l'assurance chômage ou à l'ASP et pendant la durée de la formation. Toutefois, la durée cumulée de versement au demandeur d'emploi en formation de l'une ou l'autre de ces allocations et de la RFF ne peut excéder la durée maximale de formation mentionnée à l'article R. 6341-15 du Code du travail, c'est-à-dire 3 ans.

sachez-le *En cas d'interruption de la formation pour une durée supérieure à 15 jours, le versement de la RFF est suspendu. Ce versement est, en outre, subordonné à l'assiduité du bénéficiaire dans le suivi de la formation.*

Quel que soit le volume horaire hebdomadaire de la formation suivie par le demandeur d'emploi, le montant de la RFF est égal au dernier montant journalier de l'allocation perçue par le bénéficiaire (selon le cas, ARE, ASP) à la date d'expiration de ses droits à cette allocation. L'allocation versée au titre de la RFF ne peut toutefois excéder 652,02 € par mois (montant en vigueur depuis le 01/01/2011).

sachez-le *La RFF est entièrement cumulable avec les rémunérations issues d'une activité professionnelle compatible avec le suivi assidu de la formation.*

➤ Le régime public de formation

Les demandeurs d'emploi ne remplissant pas les conditions pour bénéficier d'une formation dans le cadre de l'assurance chômage relèvent du régime public de formation qui intervient à titre subsidiaire et dont le financement est assuré par l'État et les régions (art. L. 6341-1). On peut se renseigner auprès de Pôle emploi, notamment pour connaître les stages agréés.

• **Qui peut en bénéficier ?** Ce régime de formation s'adresse :

- aux salariés privés d'emploi ayant exercé une activité salariée pendant 6 mois dans une période de 12 mois, ou pendant 12 mois dans une période de 24 mois, aux travailleurs handicapés privés d'emploi et aux jeunes handicapés à la recherche d'un premier emploi ;
- aux personnes veuves, divorcées, séparées, abandonnées ou célibataires et qui assument seules la charge effective et permanente d'un ou plusieurs enfants résidant en France, ainsi qu'aux femmes seules enceintes, aux mères de famille ayant eu trois enfants au moins, et aux femmes divorcées, veuves ou séparées judiciairement depuis moins de 3 ans ;
- aux travailleurs non salariés qui ont exercé une activité professionnelle, salariée ou non, durant 12 mois, dont 6 mois consécutifs dans les 3 années qui précèdent l'entrée en stage ;
- aux demandeurs d'emploi à la recherche d'une insertion professionnelle ne pouvant entrer dans l'une des catégories précédentes : jeunes, chômeurs de longue durée...

• **Avec quelle rémunération ?** Pour les deux premières catégories de bénéficiaires visées ci-dessus, la rémunération mensuelle est fixée à 652,02 € (inchangée depuis le 01/01/2003). Pour les travailleurs non salariés, la rémunération mensuelle est fixée à 708,59 € (inchangée depuis le 01/01/2003). Enfin, pour les autres bénéficiaires, la rémunération dépend de l'âge à la date d'entrée en stage : 130,34 € lorsqu'ils ont moins de 18 ans, 310,39 € lorsqu'ils ont de 18 à 20 ans, 339,35 € lorsqu'ils ont de 21 à 25 ans, 401,09 € lorsqu'ils ont 26 ans ou plus. Lorsque le stage s'effectue à temps partiel, le stagiaire perçoit, pour chaque heure de stage, une rémunération égale à la rémunération mensuelle qu'il aurait perçue pour un stage à temps complet, divisée par 151,67.
Les montants visés ci-dessus incluent l'indemnité compensatrice de congés payés. Peuvent s'y ajouter des indemnités de transport et des indemnités d'hébergement.

• **Pour quelle formation ?** Le stage doit être agréé par l'État ou la région au titre de la formation professionnelle.

• **Statut et protection sociale.** Durant le stage, vous avez le statut de stagiaire de la formation professionnelle rémunéré par l'État, ce qui vous permet de bénéficier d'une protection sociale assurée par des cotisations versées par l'État ou la région (renseignements complémentaires auprès de votre caisse de Sécurité sociale).

4 Retraite et préretraite

1 La préretraite amiante

Il existe, à heure actuelle, une seule formule de préretraite dont les modalités résultent directement de la loi et des décrets : la préretraite amiante. Un dispositif plus général, la préretraite licenciement, a été abrogé depuis le 11/10/2011, sans remise en cause des droits acquis (voir le site www.cfdt-retraites.fr/AS-FNE). On signalera également l'existence de dispositifs particuliers, mis en place par accord national professionnel au profit des salariés occupés à des emplois pénibles et ayant commencé à travailler jeunes, et de dispositifs de préretraite d'entreprise ne bénéficiant d'aucune aide publique.

Le dispositif de préretraite amiante permet aux salariés qui ont été exposés aux risques de l'amiante de cesser leur activité au plus tôt à 50 ans et de percevoir une allocation de cessation anticipée d'activité (loi du 23/12/1998 modifiée). Pour plus de précisions, adressez-vous à vos délégués ou à votre union départementale CFDT (adresses en fin d'ouvrage).

➤ *Qui peut en bénéficier ?*

Il existe plusieurs catégories de bénéficiaires :

- les salariés ou anciens salariés reconnus atteints, par la Sécurité sociale, d'une maladie professionnelle liée à l'amiante. La liste de ces maladies est fixée par un arrêté du 29/03/1999 modifié. Ouvrent également droit à la préretraite amiante les maladies reconnues d'origine professionnelle par la CPAM (ou la MSA pour les salariés agricoles), au titre de la procédure spécifique prévue par l'article L. 461-1 du Code de la Sécurité sociale (maladie professionnelle non inscrite sur les tableaux), dont l'imputabilité à l'amiante est attestée (arrêté du 03/02/2005). Ces salariés peuvent cesser leur activité dès 50 ans ;
- les salariés et anciens salariés des établissements de fabrication de matériaux contenant de l'amiante, des établissements de

flocage et de calorifugeage à l'amiante ou de construction et de réparation navales, ainsi que les dockers professionnels et certains personnels portuaires assurant la manutention. Ces salariés ou anciens salariés doivent travailler ou avoir travaillé dans un établissement ou dans un port figurant sur une liste fixée par arrêté ministériel, à une époque pendant laquelle y étaient traités de l'amiante ou des matériaux contenant de l'amiante, ou pendant laquelle y étaient manipulés de l'amiante ou des matériaux contenant de l'amiante. L'âge de départ en préretraite (au plus tôt 50 ans) est alors calculé en retranchant de l'âge de 60 ans un tiers de la durée de travail effectuée dans un ou plusieurs de ces établissements ou ports.

attention *Le salarié qui est admis au bénéfice de la préretraite amiante présente sa démission à son employeur. Il perçoit alors une indemnité de cessation anticipée d'activité égale à celle de départ à la retraite à l'initiative du salarié (voir p. 220). Cette indemnité n'est soumise ni à la CSG, ni à la CRDS, ni à l'impôt sur le revenu. Il en est de même de l'éventuelle indemnité complémentaire versée par l'employeur.*

sachez-le *Les salariés victimes d'une maladie liée à l'amiante constatée entre le 01/01/1947 et le 29/12/1998 et non reconnue alors comme maladie professionnelle peuvent obtenir une réouverture des droits aux prestations et indemnités prévues par cette législation (prestations plus avantageuses que les prestations de droit commun). Les règles de prescription ne peuvent être opposées à ces demandes, qu'elles émanent des salariés victimes ou de leurs ayants droit.*

On signalera également l'existence d'un dispositif de préretraite amiante pour les marins ou anciens marins victimes d'une maladie professionnelle provoquée par l'amiante et âgés d'au moins 50 ans et, à partir d'un âge fonction du nombre d'années d'exposition, et au moins égal à 50 ans, pour tous les marins mécaniciens et ceux qui ont navigué sur des navires (vraquiers) transportant de l'amiante. Ce dispositif est géré par l'Établissement national des invalides de la marine (ENIM), auprès duquel il convient de se renseigner (www.enim.eu).

➤ Quel est le montant de l'allocation ?

L'allocation est égale à 65 % du salaire journalier de référence (SR) des bénéficiaires (moyenne des salaires mensuels bruts des 12 derniers mois d'activité salariée), dans la limite du plafond de la Sécurité sociale (3 086 €/mois en 2013) et à 50 % pour la

partie comprise entre 1 et 2 fois ce plafond. Les rémunérations prises en compte doivent présenter un caractère régulier et habituel. Afin de ne pas pénaliser les bénéficiaires, certaines périodes au cours desquelles ils ont perçu une rémunération réduite (chômage partiel, mi-temps thérapeutique, temps partiel effectué dans le cadre d'un CDD, etc.) ne sont pas prises en compte pour le calcul du salaire de référence.
Le montant brut mensuel minimum de l'allocation est de 31,70 € x 1,2 x 365/12 = 1 157,05 € (au 01/04/2013). L'allocation ne peut être supérieure à 85 % du SR. Elle est soumise à CSG, CRDS et cotisation maladie. Elle doit être demandée à la caisse d'assurance retraite et de la santé au travail (CARSAT) du domicile de l'intéressé.

sachez-le *L'allocation cesse d'être versée lorsque le bénéficiaire remplit les conditions de durée d'assurance requises pour bénéficier d'une pension de vieillesse au taux plein, à condition qu'il soit âgé d'au moins 60 ans. Elle est alors remplacée par la ou les pensions de vieillesse auxquelles l'intéressé peut prétendre. Pour l'appréciation du taux plein, les conditions de durée d'assurance sont réputées remplies au plus tard à l'âge de 65 ans.*

L'allocation de préretraite amiante ne peut se cumuler ni avec un revenu de remplacement (allocation d'assurance chômage, allocation du régime de solidarité, etc.), ni avec un avantage de vieillesse ou d'invalidité, ni avec une allocation de préretraite ou de cessation anticipée d'activité. Le cumul est possible avec une rente AT/MP, une pension militaire d'invalidité, un avantage de réversion servi par un régime de retraite complémentaire.

sachez-le *Le Fonds d'indemnisation des victimes de l'amiante (FIVA) a pour objet d'assurer la réparation intégrale des préjudices subis par les personnes qui ont été exposées aux risques de l'amiante, ou par leurs ayants droit. La procédure à suivre pour demander cette indemnisation est fixée notamment par le décret n° 2001-963 du 23/10/2001 (JO du 24/10/2001). On précisera que cette procédure est prévue pour déboucher, dans les 6 mois suivant le dépôt de la demande, sur une offre d'indemnisation couvrant l'ensemble des préjudices subis. Un numéro vert a été mis en place pour répondre aux questions des personnes concernées : 0 800 500 200. La prescription de la demande d'indemnisation est de 10 ans à compter du 1er janvier de l'année suivant la première constatation de la maladie due à l'amiante. La prescription de l'offre d'indemnisation du FIVA (délai limite pour accepter l'offre du FIVA) est de 4 ans à compter du 1er janvier de l'année suivant la date de l'envoi (sur tous ces points, voir le site www.fiva.fr).*

2 La retraite

Tout salarié a droit, à partir d'un certain âge, ou avant cet âge s'il remplit certaines conditions, à une retraite du régime général de la Sécurité sociale, en contrepartie des cotisations d'assurance vieillesse versées.
S'ajoute à cette retraite de base une retraite complémentaire versée par l'ARRCO, les cadres percevant en outre une retraite de l'AGIRC. Les dispositions détaillées ici sont celles applicables aux salariés du secteur privé relevant du régime général. Les fonctionnaires, agents du secteur public, artisans, salariés des régimes spéciaux... relèvent d'autres dispositions.

Les retraites issues de régimes obligatoires par répartition peuvent être complétées par des systèmes facultatifs de retraite par capitalisation , mis en place par accord collectif, notamment dans le cadre des différentes formules de plans d'épargne entreprise ou du plan d'épargne pour la retraite collectif (PERCO). Renseignez-vous auprès de vos délégués.
Sur le projet de réforme des retraites qui devrait être présenté fin 2013, il convient de se reporter au site www.cfdt.fr

Pour acquérir des droits

➤ *Pour la retraite de base*

Un trimestre validé suffit pour obtenir le versement d'une retraite de base au titre du régime général des salariés, sachant que, en deçà d'un certain montant, la pension fait l'objet, avec l'accord du retraité, d'un versement unique (voir p. 310). Pour valider un trimestre dans le régime des salariés, il faut avoir cotisé sur un salaire représentant 200 fois le SMIC horaire en vigueur au 1er janvier de l'année. Par exemple, pour 2013, tout salaire au moins égal à 1 886 € (9,43 x 200) ayant donné lieu à cotisation permet de valider un trimestre (dans la limite de 4 trimestres par année civile).

Si vous avez relevé de plusieurs régimes de retraite de base (salariés, artisans, commerçants, professions libérales, fonctions publiques, etc.) au cours de votre carrière, vous recevrez une retraite de chacun de ces régimes, calculée selon les règles propres à chacun d'eux, en fonction de votre durée d'affiliation à chaque régime (sachant que plusieurs régimes - artisans, commerçants, salariés agricoles notamment - fonctionnent selon les mêmes principes que le régime général des salariés). On tiendra compte également de tous vos trimestres dans chacun des régimes pour déterminer si vous avez droit à une retraite à taux plein.

➤ *Dans les régimes complémentaires*

La retraite est fonction des points dont dispose le retraité. Le nombre de points acquis se calcule en divisant le montant des cotisations versées au titre de la retraite complémentaire par un salaire de référence revalorisé chaque année par les institutions de retraite complémentaire ARRCO et AGIRC.
Des trimestres ou des points gratuits peuvent être attribués en cas de chômage, maternité, etc.

La retraite progressive

➤ *Quand pouvez-vous en bénéficier ?*

Vous pouvez faire liquider une partie de votre retraite tout en continuant de travailler à temps partiel, à condition :

- d'avoir atteint l'âge légal de départ à la retraite (60 ans si vous êtes né avant le 01/07/1951, 60 ans et 4 mois si vous êtes né au cours du second semestre 1951, etc., voir p. 300) et de totaliser au moins 150 trimestres de durée d'assurance et de périodes reconnues équivalentes dans les régimes de base obligatoires (régime des salariés, des salariés agricoles, des artisans, etc.) ;
- d'exercer une seule activité à temps partiel relevant du régime général, au maximum à 80 % de la durée du travail applicable dans l'entreprise.

Sous réserve d'un accord conclu avec votre employeur, et afin d'améliorer vos futurs droits à la retraite, vous pouvez, tout en travaillant à temps partiel, cotiser à l'assurance vieillesse sur la base du salaire à temps plein. Cette information figure sur la notice de la demande de retraite progressive (voir ci-dessous).
La demande de retraite progressive s'effectue au moyen d'un formulaire disponible sur le site www.lassuranceretraite.fr. La notice explicative jointe à ce formulaire fixe la liste des documents à fournir à l'appui de votre demande : photocopie du contrat de travail à temps partiel, attestation d'activité à temps partiel complétée par votre employeur, etc.

sachez-le *Si vous avez cotisé à d'autres régimes de base que le régime général des salariés (ex. : salariés agricoles, artisans, etc.), l'attribution de votre retraite progressive par le régime des salariés entraînera automatiquement le calcul provisoire et le paiement de la même fraction de pension par ces autres régimes.*

➤ Combien percevrez-vous ?

Vous toucherez une fraction de votre pension qui dépend de la durée du travail à temps partiel :

- 30 % si vous travaillez entre 60 et 80 % d'un temps complet ;
- 50 % si vous travaillez entre 40 et 59,99 % d'un temps complet ;
- 70 % si vous travaillez moins de 40 % d'un temps complet.

Lorsque vous cesserez totalement votre activité, vous percevrez, à votre demande, votre pension complète liquidée dans les conditions de droit commun. Seront pris en compte les trimestres acquis du fait de votre activité à temps partiel depuis le point de départ de votre retraite progressive. Cette pension ne pourra être inférieure au montant entier ayant servi de base au calcul de la fraction de pension qui vous avait été servie, revalorisé par les coefficients de revalorisation des pensions intervenus entre la date d'effet de la retraite progressive et celle de la retraite définitive.

sachez-le *Le dispositif de retraite progressive a été étendu aux retraites complémentaires ARRCO et AGIRC. Vous pouvez donc faire liquider votre retraite progressive à la fois par votre régime de base (régime général) et par vos régimes complémentaires. La fraction de pension qui vous sera servie sera, en principe, calculée de la même manière que pour la retraite de la Sécurité sociale (renseignements complémentaires sur www.agirc-arrco.fr ou auprès de votre caisse de retraite complémentaire).*

La retraite de la Sécurité sociale

➤ À partir de quel âge peut-on partir à la retraite ?

1 - Principe. L'âge légal de départ à la retraite est l'âge à partir duquel, sauf hypothèse de retraite anticipée (carrières longues, handicap, voir p. 300) ou retraite au titre de la pénibilité (voir p. 302), vous pouvez demander la liquidation de votre retraite quel que soit le nombre de vos trimestres. Demander la liquidation de votre retraite dès que vous atteignez cet âge légal est un droit et non une obligation : vous pouvez tout à fait continuer de travailler au-delà, notamment si vous n'avez pas acquis le nombre de trimestres d'assurance requis pour bénéficier d'une retraite à taux plein.

attention *Si vous demandez votre retraite dès l'âge légal sans avoir réuni la durée de carrière ouvrant un droit à une retraite à taux plein, votre pension sera définitivement calculée avec décote, sur la base des droits que vous aurez acquis au moment de la liquidation. Il n'y aura pas de nouveau calcul lorsque vous aurez atteint l'âge permettant d'obtenir le taux plein (voir ci-dessous). En fonction de votre profil de carrière, l'obtention du taux plein peut être soumise à une poursuite d'activité permettant de remplir soit une condition de durée d'assurance, soit une condition d'âge (voir p. 304).*

Cet âge légal de départ à la retraite, fixé à 60 ans pour les assurés nés avant le 01/07/1951, sera progressivement porté à 62 ans selon l'échéancier suivant :

- 60 ans et 4 mois pour les assurés nés entre le 01/07/1951 et le 31/12/1951 ;
- 60 ans et 9 mois pour les assurés nés en 1952 ;
- 61 ans et 2 mois pour les assurés nés en 1953 ;
- 61 ans et 7 mois pour les assurés nés en 1954 ;
- 62 ans pour les assurés nés à partir de 1955.

Le report de l'âge légal de départ à la retraite s'accompagne du recul de l'âge d'obtention du taux plein, quelle que soit la durée de cotisation (voir p. 305).

2 - Retraite avant l'âge légal. Sous certaines conditions, l'âge légal de la retraite peut être abaissé pour les assurés qui ont débuté leur activité jeunes et qui ont accompli une longue carrière et pour les assurés handicapés. Depuis le 01/07/2011, il existe également un dispositif de retraite au titre de la « pénibilité » permettant aux assurés concernés de partir à la retraite à taux plein dès 60 ans, quelle que soit la durée d'assurance effectivement accomplie. Compte tenu de leur complexité, seules les principales règles applicables au titre des retraites anticipées sont mentionnées dans les pages qui suivent. Si vous êtes intéressé par l'un ou l'autre de ces dispositifs, il faut prendre contact avec le « point accueil retraite » le plus proche de votre domicile (coordonnées sur le site www.lassuranceretraite.fr) ou consulter le site www.cfdt-retraites.fr).

● **La retraite anticipée « longue carrière ».** Si vous avez commencé à travailler jeune et que vous avez eu une longue carrière, vous pouvez faire liquider votre retraite avant l'âge légal mentionné ci-dessus. Les dispositions applicables résultent du décret n° 2012-847 du 02/07/2012, qui a assoupli les règles précédemment en vigueur et qui s'applique aux pensions ayant pris effet à compter du 01/11/2012.

Pour bénéficier de ce dispositif, il faut avoir débuté son activité avant un âge donné et justifier d'une certaine durée d'assurance cotisée (voir tableau récapitulatif ci-dessous).

- La condition de début d'activité. Il faut avoir débuté son activité professionnelle avant un certain âge (des dispositions particulières s'appliquent aux assurés qui ont débuté leur activité au régime des non salariés agricoles) :

- pour un départ à la retraite anticipée avant 60 ans, l'assuré doit réunir au moins 5 trimestres avant la fin de l'année civile de son 16e ou 17e anniversaire (4 trimestres s'il est né au cours du dernier trimestre) ;

- pour un départ à la retraite anticipée à compter de 60 ans, l'assuré doit réunir au moins 5 trimestres avant la fin de l'année civile de son 20e anniversaire (4 trimestres s'il est né au cours du dernier trimestre).

- La condition de durée cotisée. Il faut justifier d'une durée d'assurance cotisée qui dépend de l'année de naissance de l'assuré. Cette durée d'assurance correspond :

- à la durée nécessaire pour le taux plein (voir p. 305), pour un départ à partir de 60 ans ;

- à la durée nécessaire pour le taux plein augmentée de 4 ou 8 trimestres, pour un départ avant 60 ans.

Dans le cadre fixé par le décret du 02/07/2012, la condition de durée cotisée a été élargie, dans certaines limites, pour les périodes de maternité et de chômage, quel que soit l'âge de début d'activité ; la durée cotisée peut ainsi comprendre 2 trimestres liés à la maternité et 2 trimestres de périodes de chômage indemnisé (les périodes de chômage ne sont pas considérées comme périodes cotisées en principe).

Tableau récapitulatif (1)

Date de naissance	Départ anticipé à partir de	Début d'activité avant	Durée d'assurance cotisée
1952	59 ans et 4 mois	17 ans	164
	60 ans	20 ans	164
1953	58 ans et 4 mois	16 ans	169
	59 ans et 8 mois	17 ans	165
	60 ans	20 ans	165
1954	56 ans	16 ans	173
	58 ans et 8 mois	16 ans	169
	60 ans	20 ans	165
1955	56 ans et 4 mois	16 ans	174
	59 ans	16 ans	170
	60 ans	20 ans	166

(1) Source : Cnavts - extraits - voir le site www.lassuranceretraite.fr

• **La retraite anticipée « assuré handicapé ».** Les assurés handicapés peuvent bénéficier de leur pension de vieillesse à taux plein avant l'âge légal de la retraite s'ils remplissent les conditions suivantes :

- ils justifient avoir accompli, alors qu'ils étaient atteints d'une incapacité permanente au moins égale à 80 % (ou d'un handicap de niveau comparable) ou qu'ils étaient reconnus travailleurs handicapés (voir p. 37), une durée d'assurance dans le régime général et, le cas échéant, dans un ou plusieurs autres régimes obligatoires au moins égale à une certaine limite,
- tout ou partie de cette durée a donné lieu à cotisations à leur charge.

Les conditions de durée d'assurance et de durée cotisée sont liées à l'année de naissance de l'assuré. Ainsi, par exemple, les assurés nés en 1953 peuvent demander leur retraite :

- dès 57 ans s'ils justifient d'une durée totale d'assurance de 105 trimestres, dont 85 trimestres cotisés ;
- dès 58 ans s'ils justifient d'une durée totale d'assurance de 95 trimestres, dont 75 trimestres cotisés ;
- dès 59 ans s'ils justifient d'une durée totale d'assurance de 85 trimestres, dont 65 trimestres cotisés.

• **La retraite au titre de la « pénibilité ».** Ce dispositif, applicable aux pensions de retraite ayant pris effet à compter du 01/07/2011, permet aux salariés atteints dans leur état de santé, pour des raisons imputables au travail, de faire liquider leur retraite de base dès 60 ans, au taux plein de 50 %, quelle que soit la durée d'assurance effectivement accomplie. Sont donc concernés les assurés âgés d'au moins 60 ans à compter du 01/07/2011, peu importe par ailleurs qu'ils aient ou non atteint ou dépassé l'âge légal de la retraite. Les intéressés pourront faire liquider une retraite à taux plein sans réunir pour autant la condition de durée d'assurance ou la condition d'âge.

Pour prétendre au bénéfice de la retraite à raison de la pénibilité, il faut justifier d'un taux d'incapacité permanente d'au moins 10 % (voir page suivante) reconnu :

- soit au titre d'une maladie professionnelle ;
- soit au titre d'un accident du travail ayant entraîné des lésions identiques à celles indemnisées au titre d'une maladie professionnelle (un accident de trajet n'ouvre pas droit à ce dispositif).

sachez-le *La date à laquelle le taux d'incapacité permanente a été notifié est sans incidence sur l'appréciation du droit à la retraite au titre de la pénibilité.*

La condition relative au taux d'incapacité s'apprécie selon les dispositions suivantes :

- l'assuré qui justifie d'une incapacité permanente reconnue au titre d'une maladie professionnelle d'un taux égal à 20 % peut prétendre à la retraite pour pénibilité, sans autres conditions. Si ce même taux d'incapacité permanente a été reconnu au titre d'un accident du travail, l'ouverture du droit sera subordonnée à la reconnaissance de l'identité des lésions consécutives à cet accident avec celles indemnisées au titre d'une maladie professionnelle.

sachez-le *Le taux de 20 % peut être obtenu par l'addition de plusieurs taux d'incapacité permanente reconnus à la suite d'une maladie professionnelle ou d'un accident du travail ayant entraîné des lésions identiques à celles indemnisées au titre d'une maladie professionnelle, sous réserve qu'un taux d'incapacité au moins égal à 10 % ait été reconnu au titre d'une même maladie professionnelle ou d'un même accident du travail. Si au moins l'un des taux résulte d'une incapacité consécutive à un accident du travail, l'identité des lésions avec celles indemnisées au titre d'une maladie professionnelle devra être vérifiée.*

- lorsque le taux d'incapacité de l'assuré est au moins égal à 10 %, sans atteindre 20 %, l'assuré peut prétendre à la retraite au titre de la pénibilité s'il a été exposé, pendant au moins 17 ans, à un ou plusieurs facteurs de risques professionnels. Ces facteurs sont définis comme ceux liés à des contraintes physiques marquées, à un environnement physique agressif ou à un certain rythme de travail susceptibles de laisser des traces durables identifiables et irréversibles sur la santé. Ils sont précisés par l'article D. 4121-5 du Code du travail. La demande de l'assuré est soumise à l'avis d'une commission pluridisciplinaire chargée de vérifier la durée d'exposition aux risques professionnels et l'effectivité du lien entre l'incapacité permanente et l'exposition aux facteurs de risques professionnels.

sachez-le *Ce taux d'incapacité permanente doit avoir été obtenu au titre d'une même maladie professionnelle ou d'un même accident du travail. Le cumul de taux inférieurs à 10 % n'est donc pas admis.*

Dans tous les cas, l'assuré doit s'adresser à sa caisse d'assurance retraite et de santé au travail (CARSAT), qui saisira, s'il y a lieu, le médecin-conseil (incapacité permanente reconnue suite à un accident du travail) et/ou la commission pluridisciplinaire (taux d'incapacité au moins égal à 10 % et inférieur à 20 %). En cas de rejet de la demande, il en sera informé par sa caisse, avec indication des moyens et délais de recours.

➤ Quelles sont les modalités de calcul de la pension ?

Le montant de la pension (P) est obtenu à partir de la formule suivante : P = SAM x T x D/d
dans laquelle « SAM » représente le salaire annuel moyen, « T » le taux de liquidation, « D » la durée d'assurance au régime général limitée à la durée maximale, « d » la durée d'assurance maximale retenue, variable selon la date de naissance de l'assuré (voir p. 306).

1. Le salaire annuel moyen (SAM). Pour calculer votre retraite, la Sécurité sociale prend en compte le montant des rémunérations sur lesquelles vous avez cotisé chaque année, dans la limite du plafond. Elle applique à ces rémunérations annuelles un coefficient de revalorisation (celui qui sert à revaloriser les retraites de l'année en question), afin de tenir compte de l'érosion monétaire. Le SAM est égal à la somme des salaires annuels revalorisés (ceux correspondant aux meilleures années de l'assuré), divisée par le nombre d'années applicable.
Le SAM est, ainsi, calculé :

- pour les assurés nés à partir de 1948, sur la base des 25 meilleures années, quelles que soient leur date de naissance et celle d'effet de leur pension ;
- pour les assurés nés avant 1948, sur la base du SAM déterminé selon leur année de naissance. Par exemple, pour un assuré né en mars 1946 dont la pension a pris effet le 01/01/2008, le calcul du SAM a été effectué sur la base des 23 meilleures années (on rappelle que pour les assurés nés de 1934 à 1947 inclus, le nombre d'années à prendre en compte varie de 11 à 24 en fonction de leur année de naissance).

2. Le taux de liquidation de la pension. Le taux est appliqué au SAM tel que défini ci-dessus. La pension de retraite peut être liquidée à taux plein (50 %), ou à taux minoré (au minimum 25 %).

sachez-le *Pour déterminer le taux de liquidation de votre pension, on tiendra compte de votre activité professionnelle dans tous les régimes de retraite de base obligatoire : salariés, artisans, professions libérales, régimes spéciaux, etc. Les périodes de chômage, de congé maladie, de maternité... sont également prises en compte sous certaines conditions, de même que les périodes ayant donné lieu à rachat au titre des années d'études supérieures ou des années n'ayant pas permis de valider 4 trimestres. Sur ces possibilités de rachat, et sur leur coût, il est possible de se renseigner auprès des « points accueil retraite », dont les coordonnées sont disponibles sur le site www.lassuranceretraite.fr.*

● **La liquidation au taux plein.** La retraite est liquidée à taux plein, c'est-à-dire à 50 % :

- à condition de réunir un nombre minimum de trimestres d'assurance variable selon l'année de naissance et d'avoir atteint l'âge légal de départ. Cette durée est de 160 trimestres pour les assurés nés avant 1949, 161 trimestres pour les assurés nés en 1949, 162 trimestres pour ceux nés en 1950, 163 trimestres pour ceux nés en 1951, 164 trimestres pour ceux nés en 1952, 165 pour ceux nés en 1953 et 1954, et 166 pour ceux nés en 1955 et 1956. Pour les générations nées en 1957 et après, l'évolution de ce paramètre sera fixée par décret publié avant le 31 décembre de l'année de leur 56e anniversaire ;
- au profit des salariés qui bénéficient d'un dispositif de retraite anticipée (longue carrière, handicapé, pénibilité) ;
- dès l'âge légal de la retraite pour les salariés reconnus inaptes au travail, titulaires d'une pension d'invalidité ou de l'allocation aux adultes handicapés, anciens déportés, internés politiques ou de la Résistance et titulaires de la carte à ce titre ;
- dès l'âge légal de la retraite pour les ouvrières ayant 30 ans de cotisations dans le régime général (ou agricole), ayant élevé au moins 3 enfants et ayant exercé un travail manuel ouvrier pendant au moins 5 ans au cours des 15 ans qui précèdent la demande de liquidation de pension ;
- entre l'âge légal de la retraite et l'âge d'obtention du taux plein mentionné ci-dessous pour les anciens combattants et prisonniers de guerre, en fonction du temps qu'ils ont passé en service actif ou de leur durée de captivité ;
- à partir d'un certain âge, quelle que soit la durée d'assurance. Avant le 01/07/2011, cet âge d'obtention du taux plein était fixé à 65 ans. À compter du 01/07/2011, et sauf dérogations mentionnées ci-après, il correspond à l'âge légal de départ en retraite augmenté de 5 ans, soit 65 ans et 4 mois pour les assurés nés entre le 01/07/1951 et le 31/12/1951, 65 ans et 9 mois pour les assurés nés en 1952, 66 ans et 2 mois pour les assurés nés en 1953, 66 ans et 7 mois pour les assurés nés en 1954 et 67 ans pour les assurés nés à partir de 1955.

L'âge d'obtention du taux plein reste toutefois fixé à 65 ans pour :

- l'assuré qui a interrompu son activité professionnelle pendant au moins 30 mois consécutifs en raison de sa qualité d'aidant familial ;
- l'assuré handicapé dont l'incapacité permanente est supérieure à 50 % ;
- l'assuré bénéficiaire d'au moins un trimestre de majoration d'assurance pour enfant handicapé (voir p. 307) ;
- l'assuré qui a apporté une aide effective, en tant que salarié

ou aidant familial, pendant au moins 30 mois, à l'enfant bénéficiaire de la prestation de compensation du handicap.
Peut également bénéficier du taux plein dès 65 ans l'assuré né du 01/07/1951 au 31/12/1955 inclus qui remplit ces 3 conditions :

- avoir eu ou élevé au moins 3 enfants ;
- avoir réduit ou cessé son activité professionnelle après la naissance ou l'adoption d'au moins un enfant pour se consacrer à son éducation. Sont considérés comme remplissant cette condition les assurés ayant validé un nombre de trimestres égal ou supérieur à 8 au cours des 2 années précédant l'année de la naissance ou de l'adoption, et ayant validé au maximum 8 trimestres au titre de l'année civile de la naissance ou de l'adoption de l'enfant et des 2 années civiles suivantes (ou, si l'enfant est né ou a été adopté au cours d'un second semestre, au titre des 3 années civiles suivant celle de cette naissance ou adoption ; décret n° 2011-620 du 31/05/2011, *JO* du 02/06/2011) ;
- justifier avoir validé, préalablement à cette interruption ou réduction d'activité professionnelle, au moins 8 trimestres à raison de l'exercice d'une activité professionnelle. Ces trimestres doivent avoir été validés dans un régime français ou de l'Espace économique européen (Union européenne + Islande, Norvège et Liechtenstein), ou en Suisse.

- **La liquidation selon un taux minoré, ou « décote ».** Sauf exceptions (notamment si vous êtes reconnu inapte), si vous prenez votre retraite entre l'âge légal d'ouverture du droit (voir p. 300) et l'âge d'obtention du taux plein (voir p. 305), sans réunir la condition de durée d'assurance pour obtenir ce taux plein (voir ci-dessus), on applique à ce taux (50 %) un coefficient de minoration par trimestre manquant, soit pour atteindre la durée d'assurance ouvrant un droit à taux plein, soit pour atteindre l'âge du taux plein (âge qui varie selon votre année de naissance). C'est le calcul le plus favorable à l'assuré qui est retenu, étant précisé que le taux de liquidation ne peut en aucun cas être inférieur à 25 %.

Pour les pensions qui prennent effet depuis le 01/01/2004, le taux de cette décote a été progressivement ramené de 2,50 % (assurés nés avant 1944) à 1,25 % (soit 0,625 point par trimestre manquant ; assurés nés après 1952), en fonction d'un échéancier établi selon la date de naissance de l'assuré.

3. La durée d'assurance au régime général. Indépendamment du taux, qui varie en fonction de la durée d'assurance tous régimes confondus, la pension de vieillesse est également calculée en proportion de la durée d'assurance dans le seul régime général. La pension est dite « entière » si l'assuré réunit le nombre de trimestres requis par le régime général (voir ci-dessous) ; dans le

cas contraire, elle est proportionnelle au nombre de trimestres validés au régime général.
Cette durée d'assurance au régime général, fixée à 150 trimestres pour les assurés nés avant 1944, est, à compter du 01/01/2004, fixée en fonction de la date de naissance de l'assuré, soit 152 trimestres pour les assurés nés en 1944, 154 pour ceux nés en 1945, 156 pour ceux nés en 1946, 158 pour ceux nés en 1947, 160 pour ceux nés en 1948, 161 pour ceux nés en 1949, 162 pour ceux nés en 1950, 163 pour ceux nés en 1951, 164 pour ceux nés en 1952, 165 pour ceux nés en 1953 et 1954, et 166 pour ceux nés en 1955 et 1956. Pour les assurés nés en 1957 et après, la durée d'assurance applicable sera fixée par décret publié avant le 31 décembre de l'année de leur 56e anniversaire.
Sont, notamment, pris en compte pour ce calcul, les trimestres cotisés au régime général déterminés à partir des salaires soumis à cotisations, les trimestres assimilés (maladie, maternité, etc.), les majorations éventuelles (voir ci-dessous), les périodes « rachetées » par l'assuré (années d'études supérieures ou années n'ayant pas permis de valider 4 trimestres).

Exemple : M. X, né en 1954, totalise 165 trimestres tous régimes confondus (il aura donc droit au taux plein de 50 %), dont 152 trimestres au titre du seul régime général.
Son salaire annuel moyen, calculé sur les 25 meilleures années, est de 15 000 €. Sa retraite sera calculée à partir de la formule suivante : 15 000 x 50 % x (152/165) = 6 909 €.

● **Majorations de durée d'assurance.** Une majoration de durée d'assurance est prévue dans les différentes situations suivantes :
- bénéficiaires d'un congé parental d'éducation. L'assuré ayant obtenu un tel congé bénéficie d'une majoration de sa durée d'assurance égale à la durée effective du congé parental ;
- assurés sociaux ayant un enfant handicapé. Les assurés sociaux élevant un enfant ouvrant droit à l'allocation d'éducation de l'enfant handicapé (ou aux allocations précédemment en vigueur et ayant le même objet) et à son complément (ou, sous certaines conditions, à la prestation de compensation du handicap) bénéficient, le cas échéant en plus de la majoration pour enfant visée ci-dessus, d'une majoration de leur durée d'assurance de 1 trimestre par période d'éducation de 30 mois, dans la limite de 8 trimestres ;
- assurés ayant dépassé l'âge d'obtention du taux plein (sur cet âge, voir p. 298). Les assurés ayant dépassé l'âge d'obtention du taux plein à la date d'effet de leur pension de vieillesse ont droit à une majoration de leur durée d'assurance de 2,50 % par trimestre écoulé entre le 1er jour du mois qui suit l'âge d'obtention

du taux plein et la date d'effet de leur pension de vieillesse. Cette majoration est accordée sous certaines conditions et dans certaines limites, selon des règles très complexes : il convient donc de se renseigner auprès de sa caisse d'assurance vieillesse (en principe, la CARSAT, ex-CRAM).
Une majoration « maternité » de 4 trimestres est également attribuée aux femmes assurées sociales, pour chacun de leurs enfants (y compris les enfants mort-nés), au titre de l'incidence sur leur vie professionnelle de la maternité, notamment de la grossesse et de l'accouchement. En cas d'adoption (simple ou plénière), une majoration « adoption » de 4 trimestres est accordée par enfant adopté mineur ; il appartient aux parents de choisir le bénéficiaire de cette majoration et la répartition des trimestres dans les 6 mois à partir du 4e anniversaire de l'adoption de l'enfant. Passé ce délai, la majoration est attribuée à la mère adoptante (si les 2 parents adoptants sont de même sexe, la majoration est partagée par moitié entre eux). Par ailleurs, les parents (ou, sous certaines conditions, les tiers « dignes de confiance » auxquels la garde de l'enfant a été confiée par la justice) bénéficient d'une majoration « éducation » de 4 trimestres attribuée pour chaque enfant mineur au titre de son éducation pendant les 4 années suivant sa naissance ou son adoption.

sachez-le *L'attribution des majorations « maternité », « adoption » et « éducation » est soumise à de nombreuses conditions qu'il n'est pas possible de présenter dans ce guide. Sur le régime de ces majorations (conditions d'attribution, cumul, procédure, etc.), on peut se reporter au site www.lassuranceretraite.fr ou au site www.cfdt-retraites.fr.*

➤ *Quel est le montant de la pension ?*

1 - Minimum. Lorsqu'elle est liquidée au taux plein (et seulement dans ce cas), la retraite versée par la Sécurité sociale ne peut être inférieure à un minimum appelé « minimum contributif ». Celui-ci est servi entier si l'assuré justifie des trimestres permettant de bénéficier d'une retraite entière dans le régime général (voir p. 306) ; dans le cas contraire, il est proratisé.

sachez-le *L'assuré ne peut bénéficier des dispositions relatives au minimum contributif que s'il a fait valoir tous les droits à ses pensions personnelles de retraite (retraites de base et retraites complémentaires). En outre, pour les pensions qui ont pris effet depuis le 01/01/2012, le montant total de ces retraites ne doit pas dépasser un plafond fixé à 1 028 € (au 01/01/2013) ; à défaut, le minimum est réduit à due concurrence. Pour plus de précisions, on peut se reporter au site www.lassuranceretraite.fr ou www.cfdt-retraites.fr.*

Le minimum contributif est majoré au titre des périodes ayant donné lieu à cotisations à la charge de l'assuré : périodes de cotisations à l'assurance vieillesse obligatoire, périodes d'assurance volontaire vieillesse, rachat de cotisations, versement pour la retraite au titre du taux et de la durée d'assurance... Pour les pensions ayant pris effet à compter du 01/04/2009, l'assuré doit totaliser au moins 120 trimestres cotisés tous régimes de base confondus (salariés, salariés agricoles, professions libérales, etc.) pour avoir droit à la majoration au titre des périodes cotisées ; dans le cas contraire, le droit à cette majoration n'est pas ouvert.
Pour les pensions dont la date d'effet est fixée à compter du 01/04/2013, le montant entier du minimum contributif est égal à 7 547,96 €€/an (soit 628,99 €/mois) et à 8 247,85 €/an (soit 687,32 €/mois) pour le minimum contributif majoré.
Le minimum et la majoration sont servis entiers lorsque l'assuré réunit la durée d'assurance maximale prévue pour le calcul de la pension ou réduits proportionnellement au nombre de trimestres de l'assuré.

sachez-le *Les majorations pour enfants ou pour tierce personne (voir ci-dessous) peuvent s'ajouter au montant minimum, ainsi que, pour les retraites dont la date d'effet est fixée à compter du 01/04/2009, la surcote (voir p. 310) et la majoration de pension versée, sous certaines conditions, au titre de la retraite anticipée des assurés handicapés.*

2 - Maximum. Le montant maximum des pensions de vieillesse de base (à taux plein, majorations non comprises) est fixé à 50 % du plafond de la Sécurité sociale, soit 18 516 €/an au 01/01/2013. Si l'assuré bénéficie de la surcote (voir p. 310), la pension peut être supérieure à ce maximum.

sachez-le *Sont prélevées sur les retraites la CSG au taux de 6,6 %, avec possibilité d'application d'un taux réduit à 3,8 % ou d'exonération, la CRDS au taux de 0,5 % et la contribution de solidarité pour l'autonomie au taux de 0,3 % (avec des possibilités d'exonération). Mêmes taux pour les pensions de réversion et les retraites complémentaires, avec en plus, dans ce dernier cas, une cotisation maladie de 1 %.*

3 - Majorations. Certaines majorations peuvent venir s'ajouter à la pension de retraite (les conditions étant nombreuses, renseignez-vous auprès de la permanence vieillesse de votre caisse de Sécurité sociale) :
- pour les personnes ayant élevé au moins 3 enfants (= 10 %) ;
- pour assistance d'une tierce personne (avec un minimum annuel fixé, au 01/04/2013, à 13 158,04 €) ;

- pour prolongation d'activité (ou « surcote »). La durée d'assurance ayant donné lieu à cotisations à la charge de l'assuré accomplie après l'âge de départ à la retraite et au-delà du nombre de trimestres requis pour avoir droit au taux plein donne lieu à une majoration de la pension. Cette « surcote » s'applique aux périodes cotisées depuis le 01/01/2004.

Pour les périodes accomplies du 01/01/2004 au 31/12/2008, la majoration est fixée à :

– 0,75 % du 1er au 4e trimestre de surcote ;

– 1 % au-delà du 4e trimestre de surcote ;

– 1,25 % par trimestre de surcote accompli après le 65e anniversaire de l'assuré.

Pour chaque trimestre accompli à compter du 01/01/2009, la majoration est égale à 1,25 %.

sachez-le *La retraite est payée mensuellement à terme échu. Toutefois, lorsque la pension est inférieure à 156,09 €/an (au 01/04/2013), la retraite est remplacée par un versement forfaitaire unique égal à 15 fois le montant annuel de la retraite.*

➤ *Quelles sont les démarches ?*

La retraite n'est pas automatique. Vous devez demander la liquidation de vos pensions et vous engager à interrompre votre activité professionnelle (sauf cumul autorisé avec une activité ou choix de la retraite progressive, voir p. 298). Notez qu'il est possible de reprendre une activité professionnelle (y compris chez le dernier employeur) tout en continuant de percevoir sa retraite ; sur les conditions à remplir et les formalités à accomplir, il convient de se renseigner auprès de l'organisme qui verse la retraite ou sur le site www.lassuranceretraite.fr.

La demande de retraite doit être effectuée au moyen du formulaire « Demande de retraite personnelle » disponible sur le site www.lassuranceretraite.fr ou auprès de la CARSAT dont vous relevez (en principe, celle de votre lieu de résidence). Il est recommandé de procéder à ces démarches 3 ou 4 mois avant la date souhaitée pour le premier paiement de la retraite. Sur la procédure à suivre, ainsi que sur les outils à votre disposition pour connaître et évaluer vos droits, vous pouvez consulter le site www.lassuranceretraite.fr.

Les retraites complémentaires

➤ *Quand peut-on les faire liquider ?*

Pour obtenir la liquidation de sa retraite complémentaire sans décote, à l'ARRCO comme à l'AGIRC, il est nécessaire :

- soit d'avoir déjà liquidé sa retraite du régime de base à taux plein, après une carrière complète ou au titre des dispositions sur les carrières longues, sur les salariés handicapés ou sur la pénibilité (voir p. 300) ;
- soit d'avoir atteint l'âge d'obtention d'une retraite à taux plein (voir p. 305).

En dehors de ces cas de figure, le montant de la retraite complémentaire est réduit par l'application d'abattements.

➤ *Quel en est le montant ?*

Les retraites ARRCO et AGIRC se calculent en multipliant le nombre de points acquis par la valeur du point fixée par ces régimes. Au 01/04/2013, la valeur du point ARRCO était fixée à 1,2513 € et celle du point AGIRC à 0,4352 €.

Un certain nombre de périodes sont assimilées à des périodes de cotisation et donnent lieu à l'attribution de points (périodes de chômage, de perception d'indemnités d'assurances maladie, maternité...). En outre, des majorations peuvent être accordées, notamment pour les parents d'au moins 3 enfants et les parents d'enfant à charge.

Les retraites complémentaires ARRCO et AGIRC sont payées trimestriellement et d'avance ; à compter du 01/01/2014, elles seront payées chaque mois.

La pension de réversion

Cette pension permet au conjoint survivant (et, le cas échéant, aux ex-conjoints) de bénéficier d'une partie de la retraite que percevait ou qu'aurait perçue l'assuré décédé.

➤ *La pension de réversion de la Sécurité sociale*

La pension de réversion est versée au conjoint survivant, sous conditions d'âge et de ressources. L'âge minimal d'ouverture du droit à pension de réversion est ainsi fixé à 55 ans depuis le 01/01/2009, tout en restant à 51 ans pour les personnes devenues veuves avant le 01/01/2009. Les personnes qui ont moins de 55 ans peuvent, le cas échéant, bénéficier de l'allocation de veuvage attribuée, notamment, sous condition de ressources (renseignements sur le site www.lassuranceretraite.fr ou auprès de la CARSAT).

Les ressources du bénéficiaire ne doivent pas excéder les plafonds suivants (pour 2013) : 19 614,40 €/an (4 903,60 €/trimestre) s'il vit seul ou 31 383,04 €/an (7 845,76 €/trimestre) s'il vit en couple (marié, « pacsé » ou concubin). Les ressources à retenir sont celles des 3 mois civils précédant la date d'effet de

la pension de réversion. Si les ressources dépassent le plafond autorisé, sont prises en compte les ressources des 12 mois civils précédant cette date d'effet. Un abattement de 30 % est appliqué sur les revenus professionnels lorsque le bénéficiaire est âgé de 55 ans et plus. Si le total du montant de la pension de réversion et des ressources de l'intéressé ou du ménage excède le plafond applicable, la pension de réversion est réduite du montant de ce dépassement.
La pension de réversion est égale à 54 % de la pension principale dont bénéficiait ou aurait bénéficié l'assuré décédé ou disparu. Elle ne peut être inférieure à 3 403,07 €/an (au 01/04/2013). Ce minimum est servi entier si l'assuré décédé justifiait de 60 trimestres d'assurance au régime général ; dans le cas contraire, il est réduit proportionnellement. La pension ne peut être supérieure à 9 998,64 €/an (au 01/01/2013). Le cas échéant, la pension peut être complétée par différentes majorations : majoration de 11,1 % pour les veufs ou les veuves disposant de faibles ressources, ayant atteint l'âge de la retraite à taux plein et ayant fait valoir tous leurs droits à retraite ; majoration de 10 % pour les assuré(e)s ayant eu ou élevé au moins 3 enfants ; majoration forfaitaire (96,21 €/mois au 01/04/2013) pour chaque enfant à charge. Sur les conditions à remplir pour bénéficier de ces majorations, il convient de s'adresser à la CARSAT ou de consulter le site www.lassuranceretraite.fr.

➤ *La pension de réversion des retraites complémentaires*

Les conjoints, veufs ou veuves, d'un assuré bénéficiaire d'une retraite complémentaire ou encore en activité et qui cotisait à ces régimes peuvent prétendre à une pension de réversion qui viendra s'ajouter à celle de la Sécurité sociale. Les règles applicables diffèrent selon qu'il s'agit de l'AGIRC (retraite des cadres) ou de l'ARRCO. Dans le premier cas, la pension de réversion est attribuée au conjoint survivant non remarié à partir de 60 ans, ou entre 55 et 60 ans, mais avec application d'un abattement. Elle peut cependant être attribuée dès 55 ans sans abattement si l'intéressé bénéficie de la pension de réversion de la Sécurité sociale. Dans le régime unique de l'ARRCO, la pension de réversion est versée au conjoint survivant non remarié dès l'âge de 55 ans. Qu'il s'agisse de l'ARRCO ou de l'AGIRC, la pension est calculée sur la base de 60 % des points acquis par le conjoint décédé. Des dispositions plus favorables sont toutefois prévues en faveur des conjoints survivants qui ont encore des enfants à charge ou qui sont invalides (renseignements auprès de la caisse de retraite de l'assuré décédé).

L'allocation de solidarité aux personnes âgées

L'allocation de solidarité aux personnes âgées (ASPA) remplace les anciennes allocations qui constituaient le « minimum vieillesse ». L'ASPA est destinée à garantir un revenu minimum aux personnes âgées d'au moins 65 ans, ayant de faibles ressources. La législation prévoit également le versement d'une allocation supplémentaire d'invalidité (ASI) en faveur des assurés invalides qui ne remplissent pas la condition d'âge pour bénéficier de l'ASPA.

➤ *Quelles conditions faut-il remplir ?*

1 - Âge. L'âge minimum pour ouvrir droit à l'ASPA est fixé à 65 ans dans le cas général et à l'âge légal de départ à la retraite pour les assurés inaptes au travail ou assimilés, anciens déportés ou internés, anciens combattants, anciens prisonniers de guerre, mères de famille ouvrière, travailleurs handicapés bénéficiant d'une retraite anticipée.

2 - Ressources. L'ASPA est une allocation différentielle. Le montant maximum fixé (voir ci-dessous) n'est donc dû que si le total de l'allocation et des ressources personnelles de l'intéressé et du conjoint, du concubin ou du partenaire lié par un PACS n'excède pas des plafonds fixés, depuis le 01/04/2013, à :

- 9 447,21 € par an pour une personne seule ;
- 14 667,32 € par an pour un ménage (allocataires mariés, concubins ou partenaires liés par un PACS).

Ces plafonds de ressources sont revalorisés chaque 1er avril. Certaines ressources ne sont pas prises en compte pour l'appréciation de ce plafond : prestations familiales, retraite du combattant...

3 - Résidence. Le demandeur doit justifier d'une résidence effective et régulière sur le territoire métropolitain ou dans un département d'outre-mer.

sachez-le *Les ressortissants d'un pays étranger (hors Union européenne, Islande, Liechtenstein, Norvège ou Suisse) doivent également, au point de départ de leur allocation, être titulaires depuis au moins 10 ans d'un titre de séjour.*

➤ *Quel est le montant maximum de l'ASPA ?*

Depuis le 01/04/2013, le montant maximum servi au titre de l'ASPA s'élève à 9 447,21 € par an pour une personne seule et 14 667,32 € par an lorsque les deux conjoints, concubins ou partenaires liés par un PACS bénéficient de l'allocation.

DOSSIER SPÉCIAL

COMPLÉMENTAIRE SANTÉ

Vos nouveaux droits

Vos droits en matière de complémentaire santé et ce qui va changer

Lorsque les assurés recourent aux soins, les dépenses qu'ils engagent sont en partie prises en charge par l'Assurance maladie obligatoire (Sécurité sociale). Afin de compléter leur protection et améliorer leurs remboursements, les assurés peuvent souscrire une complémentaire santé pour se couvrir ainsi que leur famille. Une complémentaire santé peut être obtenue par deux biais :
– soit en souscrivant un contrat individuel, c'est-à-dire directement parmi les offres existantes sur le marché des complémentaires santé,
– soit en rejoignant le contrat collectif frais de santé souscrit au niveau de son entreprise.

Le contrat collectif réduit le coût de la complémentaire par rapport au contrat souscrit individuellement et permet d'obtenir des garanties plus étendues.

À ce jour, près de la moitié des entreprises propose une complémentaire santé à leurs salariés, et dans la majorité des cas cette complémentaire est obligatoire pour les salariés. En effet, les entreprises sont incitées à mettre en place un contrat collectif obligatoire ayant vocation à couvrir le personnel le plus largement et de façon obligatoire, en participant financièrement au coût de la complémentaire santé.

Ce qui change: *Avec l'Accord national interprofessionnel du 11 janvier 2013 (ANI), signé par la CFDT, et repris dans la loi du 14 juin 2013, les entreprises ne sont plus seulement incitées mais obligées de faire bénéficier leurs salariés d'une complémentaire santé obligatoire et cofinancée. C'est une évolution importante des droits des salariés que la CFDT a avancé et fortement poussé lors de la négociation de l'ANI. Au plus tard le 1er janvier 2016, tous les salariés du secteur privé seront couverts, y compris ceux de l'agriculture, de l'artisanat, de* ***l'économie sociale et solidaire, des particuliers employeurs et des professions libérales.***

Que couvre une complémentaire santé ?

Les garanties d'une complémentaire peuvent notamment concerner les postes de dépense suivants:
– les frais liés à une hospitalisation (honoraires, frais de séjour, forfait journalier hospitalier, chambre particulière...),
– les consultations et visites de médecins généralistes ou spécialistes,
– les frais pharmaceutiques (médicaments et vaccins),
– les frais de biologie médicale (analyses),
– les actes médicaux et d'auxiliaires médicaux,
– les frais d'optique: montures, verres et lentilles,
– les frais de soins et de prothèses dentaires,
– les frais d'autres appareils médicaux (audioprothèse, fauteuil roulant...).

sachez-le *Le contrat complémentaire santé peut contenir des prestations qui ne sont pas relatives à des frais de santé, par exemple des allocations en cas d'événements familiaux (mariage, naissance...). Il faut se renseigner auprès de l'opérateur.*

Comment sont prises en charge les dépenses de santé engagées par les assurés ?

Pour l'essentiel des actes et produits médicaux, la dépense engagée est prise en charge en partie par l'Assurance maladie obligatoire, en partie par la complémentaire santé (en fonction des garanties) et en partie par l'assuré, comme l'indique le tableau ci-dessous :

La dépense engagée par l'assuré se décompose en :				
Le tarif en détail :	Montant du remboursement de l'Assurance maladie obligatoire	Franchise ou participation forfaitaire	Ticket modérateur	Dépassements
Qui paie quoi ?	Pris en charge par l'Assurance maladie obligatoire (Sécurité sociale)	Payé essentiellement par l'assuré	Pris en charge par la complémentaire santé (en fonction des garanties)	Reste à charge éventuel de l'assuré

➤ *Ce qui reste à la charge de l'assuré*

Après remboursement de l'Assurance maladie, il reste pour l'assuré à payer le ticket modérateur, les franchises et forfaits, et l'éventuel dépassement d'honoraires ou de tarif. C'est sur ces éléments qu'intervient la complémentaire, déterminant ainsi l'éventuel reste à charge pour l'assuré. Les organismes complémentaires (mutuelles, institutions de prévoyance, sociétés d'assurance) présentent leurs offres de couverture dans une grille de garanties qui décline pour chaque poste de soins le taux ou montant de remboursement. Plus les remboursements proposés sont élevés, plus le prix du contrat s'élève.

Les participations forfaitaires (ou forfaits) et les franchises

Ce sont des montants déduits des remboursements d'Assurance maladie, et qui restent à la charge de l'assuré (art. L322-2 et s. Code Séc. soc.). Certaines peuvent être prises en charge par la complémentaire d'autres non (art. L 871-1 Code Séc. soc.). Certaines personnes ou situations en sont exonérées (bénéficiaires de la CMU-C…).

- Une participation forfaitaire de 1 € est déduite du montant des remboursements de l'Assurance maladie pour chaque consultation ou acte, examen radiologique ou analyse biologique, dans la limite de 4 € par jour et de 50 € par an et par personne. Le « 1 € » ne peut pas être pris en charge par la complémentaire santé dans le cadre des contrats responsables (voir encadré page 322, « Les contrats responsables prévoient des obligations et des interdictions de prise en charge »).
- Une participation forfaitaire de 18 € s'applique aux actes médicaux d'un montant de 120 € ou plus. Ce forfait peut être pris en charge par les organismes complémentaires, si la garantie le prévoit.
- Au-delà de ces forfaits, une franchise médicale s'applique aux remboursements des :

– médicaments : 0,50 € par boîte,
– actes effectués par des auxiliaires médicaux (infirmier, kinésithérapeute…) : 0,50 € par acte, dans la limite de 2 €/jour,
– transports sanitaires sur prescription médicale, sauf en cas d'urgence : 2 € par trajet dans la limite de 4 €/jour.

Le montant annuel des franchises est plafonné à 50 € par assuré. Les forfaits ne peuvent pas être pris en charge par la complémentaire santé dans le cadre des contrats responsables.

Le ticket modérateur

Il représente la part des dépenses de santé qui reste à la charge de l'assuré après remboursement de l'Assurance maladie, avant déduction des participations, franchises médicales ou du forfait hospitalier.

Exemple : consultation du médecin traitant généraliste (sans dépassement d'honoraires) payée par l'assuré 23 €
Base de remboursement (BR) de la Sécurité sociale pour ce soin : 23 €
Application du taux de prise en charge par la Sécurité sociale (70 % pour les honoraires de ville) : 16,10 €. L'Assurance maladie retranche le « 1 € » et rembourse donc 15,10 €
Le ticket modérateur à la charge de l'assuré : 23 € – 16,10 € = 6,90 €
S'il est prévu que la complémentaire santé prend en charge le ticket modérateur, cela signifie qu'elle rembourse ici les 30 % restants de la BR, soit 6,90 €

sachez-le *Le ticket modérateur est majoré lorsque l'usager ne respecte pas le parcours de soins, c'est-à-dire lorsqu'il consulte un autre médecin sans y avoir été orienté par son médecin traitant. Dans ce cas, la Sécurité sociale rembourse 30 % au lieu de 70 % de la base de remboursement. Cette pénalité ne peut pas être prise en charge par un organisme complémentaire. Certains spécialistes font exception et peuvent ainsi être consultés directement comme les ophtalmologues, gynécologues, dentistes.*

Les dépassements

Les dépassements d'honoraires des praticiens et dépassements de tarifs pour l'appareillage sont remboursés par la complémentaire santé selon les garanties.

Exemple : consultation dans le parcours de soins d'un médecin qui pratique un dépassement d'honoraires, payée 60 €
La Base de remboursement (BR) de la Sécurité sociale pour ce soin : 23 €
Application du taux de prise en charge par la Sécurité sociale (70 % pour les honoraires de ville) : 16,10 €. L'Assurance maladie retranche le « 1€ » et rembourse donc15,10 €
Le reste à charge de l'assuré : 60 € – 16,10 € = 43,90 €
La complémentaire santé applique son taux ou montant de prise en charge, selon les garanties.

Exemple : monture de lunettes payée par l'assuré 100 €
BR de la Sécurité sociale : 2,84 €
Application du taux de prise en charge par la Sécurité sociale (65 % pour des montures) : 1,85 €
Le reste à charge de l'assuré : 100 € – 1,85 € = 98,15 €
La complémentaire santé applique son taux ou montant de prise en charge, selon les garanties.

Comment lire les garanties ?

Les garanties complémentaire santé peuvent être exprimées en euros ou en pourcentage de la Base de remboursement (BR), ce pourcentage pouvant inclure ou exclure le remboursement de l'Assurance maladie obligatoire. Les pourcentages mentionnés n'ont donc pas toujours la même signification. Par exemple :

- *Assurance maladie incluse* : une garantie couvrant 100 % de la BR ne signifie pas nécessairement que la dépense engagée par l'assuré sera prise en charge entièrement. Cela signifie que le total du remboursement (Assurance maladie et complémentaire) couvre la totalité de la BR, mais pas au-delà. Autrement dit, les dépassements éventuels resteront à la charge de l'assuré.
- *Assurance maladie exclue* : une garantie couvrant 100 % de la BR signifie quant à elle que le remboursement de la complémentaire peut atteindre un montant égal à la BR, en plus du remboursement de l'Assurance maladie. Le remboursement total (Assurance maladie et complémentaire) couvre donc la totalité de la BR et tout ou partie des dépassements éventuels.

Dans tous les cas, les prestations versées par la complémentaire santé ne peuvent jamais dépasser les dépenses réellement engagées par l'assuré.

Les soins non remboursés par la Sécurité sociale

Enfin, il existe des frais de santé non remboursés par l'Assurance maladie mais pour lesquels une prise en charge par la complémentaire est possible selon les garanties (par exemple, les produits d'automédication, certains vaccins spécifiques, la chambre particulière en établissement…).

sachez-le *De plus en plus d'assureurs complémentaires constituent des réseaux de soins. Ils contractent avec des professionnels de santé, souvent des opticiens et des dentistes, pour négocier des tarifs avantageux à leurs assurés. Les assurés ne sont pas obligés d'y recourir mais les remboursements pratiqués par l'assureur peuvent être différenciés selon que l'assuré recourt ou non à ces réseaux (c'est une incitation à y recourir).*

➤ Les contrats responsables et solidaires

Les contrats responsables et solidaires sont les plus répandus et deviennent progressivement la norme surtout avec la généralisation des contrats collectifs obligatoires (en entreprise) qui doivent forcément être responsables et solidaires. Un contrat est dit solidaire lorsqu'il ne prévoit pas de questionnaire médical, et lorsque les tarifs ne sont pas fixés en fonction de l'état de santé individuel (pas de sélection des assurés). Un contrat est dit responsable lorsqu'il respecte un cahier des charges qui encadre certaines modalités de prise en charge (voir encadré page 322, « Les contrats responsables prévoient des obligations et des interdictions de prise en charge »).

➤ Les aides pour acquérir une complémentaire santé individuelle

La couverture maladie universelle complémentaire (CMU-C)

Lorsque les ressources du foyer ne dépassent pas un certain montant annuel, il est possible de demander à bénéficier de la CMU-C. Elle permet à toute personne résidant régulièrement en France, et de façon ininterrompue depuis plus de trois mois, de bénéficier d'une protection complémentaire gratuite et renouvelable tous les ans sur demande de l'assuré, en complétant un formulaire à renvoyer à l'Assurance maladie. Elle bénéficie à tous les membres du foyer (assuré, conjoint et les personnes à charge de moins de 25 ans).

Pour information, au 1er juillet 2013, le plafond de ressources pour bénéficier de la CMU-C pour un foyer d'une personne est de 8 593 € au cours des 12 mois précédant la demande ; pour un foyer de deux personnes : 12 889 €… Tous les plafonds sur www.ameli.fr.
La CMU-C est un dispositif de solidarité gratuit, il n'y a aucune cotisation ou prime à payer pour en bénéficier, et les garanties, ou « panier de soins », sont

Les contrats responsables prévoient des obligations et des interdictions de prise en charge

La loi du 13 août 2004 relative à l'Assurance maladie définit un certain nombre de critères pour qu'un contrat soit qualifié de responsable (et donc ouvre droit, pour les opérateurs, à certaines réductions de charges D. 2012-386 du 21/03/2012).

Les contrats responsables doivent rembourser au moins :

- 30 % de remboursement en plus de ce que rembourse l'Assurance maladie obligatoire pour les consultations du médecin traitant,
- un remboursement de 30 % en complément des 65 % du régime obligatoire pour les médicaments à vignette blanche,
- 35 % en plus du remboursement de l'Assurance maladie pour les analyses et actes de laboratoire,
- 100 % du ticket modérateur d'au moins deux prestations de prévention figurant sur une liste fixée par arrêté du 8/6/2006 (détartrage, dépistage de l'hépatite B…)

Les contrats responsables ont interdiction de rembourser :

- la participation forfaitaire d'1 €
- les franchises médicales de 0,50 € par boîte de médicament et par acte paramédical (sauf en cas d'hospitalisation) et de 2 € par transport sanitaire,
- les majorations de ticket modérateur appliquées si le parcours de soins coordonné n'est pas respecté, ou en l'absence de désignation d'un médecin traitant,
- les dépassements d'honoraires des spécialistes consultés en dehors du parcours de soins.

fixées par la législation. Dès lors que le parcours de soins est respecté par l'assuré, les tickets modérateurs, forfaits, franchises ainsi que, dans une certaine mesure, les dépassements de tarifs concernant l'appareillage sont pris en charge par la CMU-C. Si le parcours de soins n'est pas respecté, cela n'impacte que le ticket modérateur, qui peut être majoré. Quant aux dépassements d'honoraires, les praticiens ont interdiction de les pratiquer sur les bénéficiaires de la CMU-C. Et il est interdit aux professionnels de santé de refuser des soins à un patient en raison de son affiliation à la CMU-C.

Au quotidien, la prise en charge des soins par la CMU-C peut être gérée par le régime d'Assurance maladie obligatoire ou par un organisme complémentaire d'assurance maladie, au choix de l'assuré, que celui-ci doit faire connaître dans le formulaire de demande de la CMU-C.

sachez-le *CMU de base et CMU complémentaire sont deux dispositifs différents : la CMU de base est un droit à l'Assurance maladie de base (pour certaines personnes qui ne sont affiliées à aucun régime d'Assurance maladie obligatoire), la CMU-C est bien une protection complémentaire.*

L'aide à l'acquisition d'une complémentaire santé (ACS)

Si les ressources mensuelles du foyer dépassent le plafond pour l'attribution de la CMU-C, dans la limite de 35 %, l'ACS permet d'aider à financer une complémentaire santé, souscrite de façon classique sur le marché. C'est une subvention à la prime (ou cotisation) annuelle d'un montant différencié selon l'âge pour chacun des membres du foyer. Actuellement, le montant de l'aide varie de 100 à 500 € selon l'âge des membres du foyer.

sachez-le *Il peut exister des aides dites « extra-légales » attribuées notamment par les caisses d'Assurance maladie, le centre d'action sociale de la commune… au cas par cas (sous conditions de ressources très variables selon les organismes) pour réduire le coût de la complémentaire.*

L'affiliation au contrat collectif obligatoire de l'entreprise

Avec la loi du 14 juin 2013 qui a transposé l'ANI du 11 janvier 2013, toutes les entreprises devront mettre en place une complémentaire santé au bénéfice de leurs salariés au plus tard le 1er janvier 2016. D'ici là, la diversité des couvertures (obligatoires ou facultatives), des modes de mise en place (par accord collectif, référendum, décision unilatérale de l'employeur) qui prévalent aujourd'hui d'une entreprise à l'autre sera amenée à se réduire rapidement. C'est pourquoi nous ne rentrons pas dans le détail des effets juridiques de chacune de ces modalités. Nous nous attachons ici à décliner les droits des salariés dans le cas des contrats collectifs obligatoires mis en place par accord collectif.

En effet, concrètement, des négociations entre les représentants des employeurs et les syndicats de salariés s'ouvrent (d'abord au niveau de chaque branche professionnelle, puis dans les entreprises) pour mettre en place un accord collectif instituant une couverture frais de santé. Ces négociations ont pour objet de déterminer toutes les modalités de la couverture complémentaire santé : l'étendue des remboursements, le coût de la couverture qui sera partagé entre les salariés et leur employeur, la couverture éventuelle des ayants-droit, l'éventuelle politique d'action sociale… l'opérateur qui couvrira le régime frais de santé par un contrat d'assurance.

Il faut savoir que le contrat d'assurance n'a pour objet que de permettre à l'employeur d'exécuter ce à quoi il s'est engagé vis-à-vis des salariés par l'accord collectif. Le salarié est couvert quoi qu'il arrive ; c'est l'employeur qui garantit l'existence de la couverture décidée avec les représentants des salariés, même lorsque l'assureur vient à changer.

➤ L'information du salarié

Dans le cadre d'un contrat collectif, c'est la convention ou l'accord collectif qui défini les conditions d'information des salariés et des représentants du personnel applicables dans l'entreprise. À défaut, ce sont les modalités suivantes qui s'appliquent (art. L. 2262-5 Code trav. et R. 2262-1 à R. 2262-5) :

À l'embauche

L'employeur informe et met à disposition du salarié les accords applicables dans l'entreprise. Il « *donne à tout nouvel embauché une notice d'information des textes conventionnels applicables dans l'entreprise ou l'établissement* ». La notice d'information est établie par l'organisme assureur, mais c'est à l'employeur de la remettre aux salariés avant leur adhésion. Elle doit détailler notamment les garanties, leurs modalités d'entrée en vigueur, et les conditions de maintien des droits pour les anciens salariés..

À la mise en place ou à la modification de la couverture santé

Toute modification ultérieure apportée au contrat doit faire l'objet d'une nouvelle notice d'information à jour, mise à disposition des salariés sur le lieu de travail et sur l'intranet s'il y en a un. Par ailleurs, l'employeur est tenu d'informer préalablement par écrit les salariés de toute réduction des garanties (L. n° 89-1009, 31 déc. 1989, art. 12). Enfin, l'obligation d'information à laquelle est tenu l'employeur ne se limite pas à la mise à disposition de la notice d'information : si l'information est insuffisante il doit la compléter (Cass. soc. 12 mars 2008, n° 07-40.665).

➤ Les personnes concernées par le contrat collectif obligatoire

Le caractère collectif

Les garanties complémentaire santé doivent revêtir un caractère collectif, c'est-à-dire bénéficier de façon générale et impersonnelle à l'ensemble du personnel (art. L. 242-1 Code Séc. soc.) ou à une ou des catégories objectives de salariés.

● *Des critères interdits pour définir les bénéficiaires*

Pour que le contrat soit collectif, l'affiliation des salariés, donc l'accès aux garanties, ne peut reposer sur des critères relatifs à :
– la durée du travail (temps plein, temps partiel),
– la nature du contrat (contrat à durée indéterminée, déterminée, contrat d'apprenti, contrat de travailleur intermittent),
– l'âge du salarié (l'accès aux garanties ne peut être différencié selon l'âge),
– l'ancienneté. Néanmoins, une condition d'ancienneté dans l'entreprise pour rejoindre le contrat peut être prévue si elle n'excède pas 12 mois.

● *Catégories objectives*
Si une couverture est mise en place uniquement pour une catégorie de salariés, cette catégorie doit être déterminée en fonction de critères objectifs. Si la couverture ne bénéficie pas à tous, le juge examinera si cet avantage octroyé à une ou plusieurs catégories des salariés est fondé sur des critères objectifs (D. 2012-25 du 09/01/2012, cass. soc. 13/03/2013, CA de Grenoble, 13/12/2012).

Le caractère obligatoire

Quand est mis en place dans l'entreprise un accord collectif obligatoire, il s'impose en principe à tous les salariés.

La complémentaire santé peut-elle être refusée par le salarié ?

Malgré ce caractère obligatoire, le salarié peut choisir de ne pas s'affilier dans certains cas précis (circ. DSS 30/01/2009). Pour que ces possibilités de dispense soient possibles pour les salariés concernés, les dérogations doivent être prévues dans l'acte instituant le régime de complémentaire santé (l'accord de branche, d'entreprise, d'établissement, accord professionnel), sinon le salarié est tenu de rejoindre le contrat collectif de façon obligatoire dès sa mise en place ou dès l'embauche du salarié si celle-ci est postérieure (art. R. 242-1-6 Code Séc. soc.).

● *Les salariés bénéficiant déjà d'une couverture individuelle (hors CDD et saisonniers)*
Les salariés qui, au moment de la mise en place du contrat collectif ou de l'embauche dans une entreprise couverte par un contrat collectif obligatoire, sont déjà couverts par une complémentaire individuelle, y compris souscrite à l'aide de l'ACS, peuvent être dispensés d'affiliation jusqu'à échéance de leur contrat. Ils doivent ensuite rejoindre le régime.
Les salariés sont tenus de fournir un justificatif de leur situation à l'employeur, car celui-ci doit être en mesure de justifier la raison de leur dispense.

sachez-le *Il n'est pas possible de payer la cotisation au contrat collectif obligatoire avec l'ACS.*

● *Les salariés bénéficiant déjà de la CMU complémentaire*
Dans les mêmes conditions, les salariés bénéficiant de la CMU-C peuvent être dispensés d'affiliation jusqu'à échéance de leur contrat. Ils doivent fournir un justificatif de leur situation.

● *Les salariés qui viennent à bénéficier de la CMU-C*
Si le salarié est en poste dans une entreprise couverte par un contrat collectif obligatoire frais de santé et vient à bénéficier de la CMU-C, il ne peut se sous-

traire au contrat collectif et disposera alors de la CMU-C subsidiairement à son contrat (art. 6-2 de la loi 89-1009).

● *Le cas des CDD et saisonniers*

La dérogation se présente différemment pour les salariés en CDD et les saisonniers :

– si le contrat de travail est supérieur ou égal à 12 mois, et que le salarié est déjà couvert individuellement, une dispense sans limitation de durée peut être obtenue. Elle doit être demandée par écrit avec production des justificatifs de la couverture préexistante ;

– si le contrat de travail est de moins de 12 mois, cette dispense est de droit, que le salarié soit ou non couvert par ailleurs.

● *Les salariés à employeurs multiples bénéficiant déjà d'une couverture obligatoire en propre*

Les salariés à employeurs multiples bénéficiant déjà d'une complémentaire obligatoire dans le cadre d'un autre emploi peuvent choisir de ne pas s'affilier au contrat collectif obligatoire souscrit par le ou les autres employeurs. Dans ce cas, il faut informer le ou les autres employeurs avec un justificatif de la couverture souscrite par ailleurs.

● *Le cas des salariés à temps partiel et des apprentis*

Les salariés à temps très partiel et les apprentis sont tenus de rejoindre le contrat. Mais lorsque leur cotisation représente 10 % ou plus de leur rémunération brute, ils peuvent choisir de ne pas adhérer à la complémentaire.

sachez-le *Afin de limiter le poids de la cotisation sans évincer de fait les salariés, il est aussi admis que l'employeur prenne en charge intégralement la cotisation des salariés concernés.*

● *Le cas du salarié déjà couvert par un contrat obligatoire*

Le cas le plus fréquent est celui du salarié couvert par le contrat du conjoint. La législation prévoit que le salarié qui a déjà une complémentaire santé obligatoire par le biais du contrat collectif de son conjoint, y compris conjoint fonctionnaire, peut choisir de ne pas rejoindre son propre régime. Il doit alors justifier chaque année de son obligation d'adhérer par ailleurs.

sachez-le *La protection sociale complémentaire du personnel de la fonction publique ne peut être que facultative, mais en raison de ses spécificités, les conjoints de fonctionnaires couverts peuvent choisir de ne pas adhérer à un régime obligatoire en propre.*

● *Le cas des couples travaillant dans la même entreprise*
Dans ce cas, si l'adhésion est obligatoire pour le conjoint, l'un des deux membres du couple est affilié en propre, l'autre en ayant-droit. Si l'adhésion du conjoint est facultative, les salariés ont le choix entre s'affilier chacun en propre, ou bien affilier l'un des deux en ayant-droit.

➤ La cotisation complémentaire santé et sa répartition entre l'employeur et le salarié

Le paiement de la complémentaire santé se fait par prélèvement direct sur le salaire, on l'appelle cotisation. Elle se partage entre le salarié et l'employeur, voire elle peut être entièrement prise en charge par l'employeur.

Le partage de la cotisation entre l'employeur et le salarié est négocié par les partenaires sociaux de la branche ou de l'entreprise. Avec la loi du 14 mai 2013, l'employeur doit cofinancer la couverture au moins à hauteur de 50 % (art. L 911-7 Code Séc. soc.). Auparavant, la participation pouvait être inférieure.

Le calcul de la cotisation

La grande majorité des contrats de complémentaires santé actuels prévoit des cotisations forfaitaires, c'est-à-dire d'un montant égal pour tous les salariés. On trouve également des cotisations calculées proportionnellement par tranches de salaire en référence au plafond de la Sécurité sociale, ou encore une partie de la cotisation sous forme de forfait et une partie calculée proportionnellement. Ces différentes modalités sont autorisées par la règlementation (Circ. DSS 30/01/2009) dés lors que la cotisation est uniforme, c'est-à-dire calculée et cofinancée de la même manière pour tous les salariés (même montant et/ou taux et périmètre du salaire).

La cotisation famille

Le caractère obligatoire du contrat collectif n'est apprécié qu'au regard des salariés de l'entreprise, pas des ayants droit. La couverture des ayants droit par le contrat (époux, concubin, pacsé, enfants, personnes à charge) peut ainsi être facultative ou rendue obligatoire par l'accord de branche ou d'entreprise ; elle peut n'être prévue que pour le conjoint ou que pour les enfants, ou pour les deux. Lorsque la couverture du conjoint et/ou des enfants est obligatoire, l'employeur peut participer au financement de la complémentaire. Si elle est facultative, le salarié qui souhaite affilier un ou plusieurs ayants droit paie leur cotisation entièrement.

➤ Le maintien des garanties après la rupture du contrat de travail

Le maintien des garanties après la rupture du contrat de travail est issu de deux textes : la loi 89-1009 du 31/12/1989 dite «loi Evin» et l'ANI du 11 janvier 2008, signé par la CFDT. L'ANI du 11 janvier 2013 améliore encore ce maintien des droits.

La portabilité des droits

● *Qu'est-ce que la portabilité ?*
La portabilité est une obligation conventionnelle qui s'impose à l'employeur. Elle a été créée par l'ANI de 2008. Il est possible de continuer à bénéficier de la couverture complémentaire santé dont on bénéficiait dans son ancienne entreprise à certaines conditions (art. L 911-8 C sec soc). C'est l'ensemble des garanties complémentaire santé dont l'ancien salarié bénéficiait qui sont concernées.

● *Les conditions de la portabilité (elles sont cumulatives)*
– Le salarié bénéficiait déjà auprès du dernier employeur d'une couverture complémentaire frais de santé.
– Il y a rupture du contrat de travail, sauf pour faute lourde.
– La rupture du contrat de travail ouvre droit aux allocations chômage.

● *L'information du salarié*
L'employeur doit informer le salarié de son droit à la portabilité par une notice d'information qui en indique les conditions d'application, et remise avant la rupture du contrat de travail.

● *L'ancien salarié peut renoncer à la portabilité*
L'ancien salarié dispose de 10 jours pour renoncer à son droit. La renonciation est alors définitive, concerne l'ensemble des garanties pour l'ancien salarié comme pour ses ayants droit éventuels.

● *Date d'effet de la portabilité*
S'il n'a pas renoncé expressément dans ce délai, le maintien de la couverture prend effet à la date de cessation du contrat de travail (et non à la date d'indemnisation par l'assurance chômage).

● *Durée de la portabilité*
La durée de la portabilité est égale à la durée du dernier contrat de travail dans la limite de 12 mois. C'est l'ANI de 2013 qui est venu augmenter cette durée fixée antérieurement à 9 mois. Le maintien de la couverture des ayants droit s'opère dans ces mêmes conditions et pour la même durée que pour le salarié.

● *Évolution des garanties pendant la période de portabilité*

Si les garanties des actifs de l'entreprise évoluent pendant la période de portabilité des droits, les garanties de l'ancien salarié sont alignées en conséquence.

● *Côté démarches*

Le salarié doit fournir à l'employeur la justification de sa prise en charge par le régime d'assurance chômage. Si cette prise en charge cesse au cours de la période de portabilité, cela remet en cause le maintien des garanties. C'est l'employeur qui s'assure du maintien de la couverture et qui se charge de transmettre les informations à l'assureur pour que la couverture se poursuive.

● *La fin de la portabilité*

Le maintien des garanties ne peut perdurer au-delà de 12 mois. En outre, le droit à portabilité cesse dans les cas suivants :

– reprise d'une activité professionnelle et arrêt de l'indemnisation du chômage ;
– radiation de l'assurance chômage ;
– liquidation de la pension vieillesse du régime de base obligatoire ;
– résiliation du contrat des actifs.

● *Le financement*

Deux systèmes existent pour financer le maintien de la couverture : le cofinancement par l'employeur et le salarié, et la mutualisation.

Le cofinancement par l'employeur et le salarié. Cela consiste à faire payer au salarié, au moment de son départ, sa part de cotisation par anticipation de la durée de portabilité. Ce système s'est avéré peu opérationnel et conduit de nombreux salariés, de fait, à renoncer à la portabilité. C'est pourquoi, avec l'ANI du 11/01/2013 les partenaires sociaux ont choisi de généraliser le système de financement par mutualisation.

La mutualisation du financement. Dans ce cas, le coût de la portabilité pour les salariés de l'entreprise est estimé en amont et mutualisé dans la cotisation de tous les salariés. Dès lors, à la rupture du contrat de travail, la portabilité pour le salarié et ses ayants droit est gratuite.

sachez-le *Si le salarié bénéficiait dans son entreprise d'un régime de prévoyance (qui recouvre les risques invalidité, incapacité, décès, voire dépendance), la portabilité des garanties prévoyance s'organise dans les mêmes conditions que la portabilité de la complémentaire santé.*

Le maintien de la couverture aux anciens salariés dans le cadre de la loi Evin

- *En quoi consiste ce droit au maintien de la couverture ?*

Il est possible, pour les anciens salariés qui bénéficiaient d'une couverture collective dans leur entreprise, de continuer à bénéficier de cette couverture après une rupture du contrat de travail, à certaines conditions (art 4 loi Evin).

- *Les droits maintenus*

L'assureur est tenu de maintenir les prestations à l'identique (cour d'appel de Lyon 13/01/2009). L'organisme assureur ne peut demander de questionnaire de santé ni imposer de délai de carence.

- *Les conditions du maintien*

Les garanties sont maintenues aux chômeurs indemnisés ou non, aux bénéficiaires d'une rente d'incapacité ou d'invalidité et aux retraités. Il faut que le salarié bénéficie déjà, auprès du dernier employeur, d'une couverture complémentaire frais de santé.

- *La durée du maintien des droits*

Le maintien de la couverture santé au titre de la loi Evin n'est pas limité dans le temps.

- *Côté démarches*

L'ancien salarié visé peut demander à adhérer à un contrat individuel, facultatif, auprès de l'assureur avec lequel son entreprise a conclu le contrat collectif. Le salarié doit formuler sa demande dans un délai de 6 mois suivant la rupture du contrat de travail.

- *Financement*

La couverture est maintenue aux frais de l'ancien salarié (pas de participation de l'employeur). Le montant de la cotisation peut augmenter par rapport à la cotisation des salariés de l'entreprise, mais ne peut lui être supérieure de plus de 50 %. Par exemple, si la couverture coûtait 100 €/mois, cofinancée à moitié par l'employeur, soit 50 € payés par le salarié, l'organisme ne peut faire payer à l'ancien salarié plus de 150 €.

- *Articulation avec la portabilité issue des ANI*

Que l'ancien salarié bénéficie ou non du dispositif de portabilité prévu en cas de chômage indemnisé, la demande de maintien de garantie au titre de la loi Evin peut être effectuée. S'il en bénéficie, l'article 4 de la loi Evin prend le relais lorsque les droits au titre de la portabilité disparaissent, mais, comme indiqué plus haut, pour cela le salarié doit en avoir fait la demande dans les 6 mois qui suivent la rupture du contrat de travail.

sachez-le *Contrairement à la portabilité en cas de chômage, qui prévoit le maintien des droits en termes de santé et de prévoyance, l'article 4 de la loi Evin ne concerne que la couverture santé.*

FAQ

Je suis en congé non rémunéré, ma complémentaire santé obligatoire est-elle maintenue ?

Les salariés en emploi qui entrent dans des périodes non rémunérées liées à des événements personnels ou professionnels (congé sans solde, congé sabbatique, congé non rémunéré pour formation…) ne cotisent plus au contrat collectif obligatoire et ne sont donc plus couverts par la complémentaire. Si le salarié souhaite continuer à en bénéficier, cela est possible en complétant un document prévu à cet effet fourni par l'employeur. Attention, si le salarié choisit de maintenir sa couverture, il faut savoir que la participation de l'employeur n'est pas maintenue : le salarié paye la totalité de la cotisation. Il est possible toutefois qu'un maintien de la couverture dans certaines situations soit prévu dans le cadre de l'accord conclu entre les partenaires sociaux instituant le régime frais de santé (cela est actuellement très rare). Ce droit est mentionné, le cas échéant, dans la notice d'information.

Je suis en affection longue durée « à 100 % », puis-je être dispensé de rejoindre le contrat collectif obligatoire ?

Non, ce n'est pas un cas de dispense prévu par la législation. La prise en charge des ALD dans le cadre de l'Assurance maladie prévoit en effet une exonération des frais de soins liés à une ou plusieurs pathologies (listées par la Sécurité sociale) qui, sinon, seraient particulièrement coûteuses pour les assurés concernés. Mais il faut savoir que cette prise en charge, dite « à 100 % », ne concerne que la ou les pathologies exonérantes et dans la limite des tarifs remboursés par l'Assurance maladie. Autrement dit, cette exonération ne couvre pas les dépassements d'honoraires et elle ne s'applique pas aux frais liés aux autres pathologies dont peut souffrir la personne. Ceux-ci restent donc à la charge de l'assuré s'il n'a pas de complémentaire santé.

Je dispose de deux complémentaires santé, dont l'une obligatoire via mon entreprise, suis-je obligé de résilier l'autre ? (Cas par exemple de conjoints couverts en propre par un contrat collectif obligatoire à cotisation famille obligatoire).

Non, rien n'oblige à résilier vos contrats. Il y a juste obligation à rejoindre le contrat collectif obligatoire de votre entreprise (en dehors des possibilités de dispense déclinées dans ce dossier). Chacun est libre de souscrire plusieurs contrats. Cela représente toutefois un coût. Mais il faut savoir alors que les remboursements des différents contrats se complètent (à concurrence des frais engagés), c'est-à-dire que, une fois que le remboursement de la complémentaire obligatoire de l'entreprise est effectué et s'il reste encore un reste à charge, l'autre complémentaire effectue les remboursements de cette somme, en fonction de ses garanties.

Je souhaite souscrire un contrat individuel et l'organisme complémentaire me demande de compléter un questionnaire médical, ai-je le droit de refuser ?

En contrat individuel, certains opérateurs peuvent vous demander de compléter un questionnaire médical ce qui déterminera, sur la base de votre état de santé, le contrat et le tarif. En contrat collectif obligatoire, le tarif et les garanties de chaque personne affiliée ne peuvent être fonction de données médicales individuelles. L'assureur peut obtenir des informations sur la sinistralité de l'entreprise ou de la branche afin de mieux cerner le risque santé qu'il couvre, mais jamais au niveau individuel. En outre, sélection et questionnaire médical sont interdits dans le cadre des contrats responsables.

VIE PRATIQUE

Mes droits, j'y tiens. Aujourd'hui, j'adhère !

➤ *Être adhérent à la CFDT : un atout au quotidien*

En adhérant à la CFDT :

- vous êtes écouté, informé, conseillé et défendu par les militants CFDT, sur votre lieu de travail ;
- vous bénéficiez d'une assurance professionnelle ;
- vous recevez une prestation, en cas de grève ;
- vous agissez sur votre vie professionnelle.

➤ *La cotisation, c'est « tout bénéfice »*

Cotiser à la CFDT, c'est :

- bénéficier des services aux adhérents ;
- profiter d'une réduction d'impôts de 66 % de la cotisation ;
- recevoir gratuitement et à domicile dix numéros par an de *CFDT Magazine* ;
- avoir accès à des informations professionnelles et locales, éditées par les différentes structures de la CFDT (syndicat, fédération, union régionale) ;
- garantir notre indépendance vis-à-vis des partis politiques et du gouvernement ;
- lutter contre la répression syndicale dans le monde : 101 personnes assassinées pour leurs activités syndicales en 2012.

➤ *La CFDT partout, pour faire respecter vos droits*

La CFDT vous défend :

- sur votre lieu de travail : conditions de travail, heures supplémentaires, congés, augmentations ;
- dans les permanences juridiques CFDT ;
- aux prud'hommes, si besoin : conseils, soutien financier, réseau d'avocats ;
- dans les organismes sociaux : assurance-maladie, assurance-chômage, retraite complémentaire.

Pour en savoir plus : www.cfdt.fr

L'aide juridique

L'aide juridique a été réformée par la loi du 10 juillet 1991 dans le but d'étendre le régime de l'aide judiciaire et de mettre en place un mécanisme d'aide à l'accès au droit.
Elle consiste en une prise en charge par l'Etat des honoraires et frais de justice (notamment: honoraires d'avocats, frais d'huissier de justice, frais d'expertise). Cette loi est en vigueur depuis le 1er janvier 1992.

➤ *L'aide juridictionnelle*

• **Les conditions à remplir.** Pour bénéficier de l'aide juridictionnelle, il faut: résider habituellement en France (sauf dans certains cas); il faut des ressources mensuelles ne dépassant pas 929 € mensuel (aide totale) ou 1393€ (aide partielle). Ces plafonds, révisés chaque année, sont majorés de 167€ pour chacune des deux premières personnes à charge et de 106€ pour chacune des personnes suivantes. C'est la moyenne des ressources de l'année civile précédente qui est prise en compte.

• **Dans quels types d'affaires?** L'aide est accordée en matière gracieuse ou contentieuse, en demande ou en défense, devant toute juridiction. Elle peut également être attribuée pour l'exécution d'une décision.

• **Comment obtenir l'aide?** Le dossier doit être déposé ou envoyé, «au bureau d'aide juridictionnelle» établi au siège de chaque tribunal de grande instance ou le cas échéant auprès de la Cour de cassation ou du Conseil d'état à l'exclusion du droit de plaidoirie dû à votre avocat devant certaines juridictions (13 €). Votre demande doit être présentée au bureau de votre lieu de domicile sur des formulaires à retirer à ce bureau où à la mairie.
Vous êtes dispensé de la contribution de 35€ pour l'engagement d'une action en justice.

• **Avec quels effets?** En cas d'aide totale, tous les frais sont pris en charge par l'Etat. En cas d'aide partielle, vous devez payer une partie des frais d'avocat (ainsi que le cas échéant, des frais d'avoué et d'huissier).

Attention... *si vous perdez votre procès, vous serez tenu de payer les frais déboursés par votre adversaire (sauf décision contraire du tribunal).*

➤ *L'aide à l'accès au droit*

L'aide à l'accès au droit, qui est organisée au niveau local, associatif ou syndical, vous permet:

• d'obtenir des informations sur l'étendue de vos droits et obligations, des conseils sur les moyens de faire valoir vos droits, ainsi qu'une assistance en vue d'établir un acte juridique;

• d'être assisté devant une commission à caractère non juridictionnel (commission de surendettement, par exemple) ou devant une administration en vue d'obtenir une décision ou d'exercer un recours préalable obligatoire.

Pour en savoir plus: www.service-public.fr (rubrique: particuliers; vos démarches).

CNAS CFDT

Caisse nationale d'action syndicale

La CNAS – Caisse nationale d'action syndicale – est un outil dont s'est doté la CFDT pour venir en aide à ses adhérents dans le cadre d'une grève, d'un problème juridique ou bien encore en cas d'accident dans l'exercice de leurs fonctions syndicales.

Cette caisse est alimentée par une part de la cotisation (soit 8,6 %).

Toute personne adhérente à la CFDT depuis au moins 6 mois peut bénéficier de ses prestations.

➤ *La caisse de grève*

À partir du 3e jour de grève, la CNAS verse une prestation journalière de 19 € par jour à ses adhérents. La CFDT est la seule organisation syndicale française à disposer d'une caisse de grève.

➤ *Le soutien juridique à l'adhérent*

Chaque adhérent peut bénéficier sous certaines conditions d'un soutien juridique pour les procédures et recours dans les domaines du droit du travail ou de la fonction publique, de la formation professionnelle et de la protection sociale. La défense juridique sera assuré en priorité par un défenseur syndical.

➤ *Droit syndical et fonds tactique*

Pour accroître l'efficacité de l'action syndicale, la CNAS assure un soutien aux syndicats engagés dans des actions juridiques pour la défense du droit syndical ou pour des dossiers présentant un intérêt général ou collectif.

➤ *La solidarité*

La CNAS intervient pour aider les militants CFDT subissant des sanctions du fait de leur activité syndicale.

➤ *Les assurances*

Les adhérents poursuivis pénalement par un tiers autre que l'employeur dans le cadre de leur exercice professionnel peuvent être défendus par le biais d'un contrat d'assurance.

Les militants exerçant leur activité syndicale en dehors de leur entreprise ou administration ne bénéficient pas toujours de la couverture « accident du travail ». Pour pallier cette situation, la CNAS a souscrit un contrat d'assurance couvrant les risques physiques.

Vous désirez obtenir l'aide de la CNAS ? N'attendez pas ! Prenez contact avec votre syndicat ou votre union départementale.

Où vous renseigner ?

➤ *Démarches administratives*

• **Allô Service Public** répond par téléphone à toutes les questions de législation, réglementation et pratique administrative.
Un seul numéro de téléphone pour toute la France :
3939 (coût communication locale depuis un poste fixe). Du lundi au vendredi de 8 h 30 à 19 h.
www.service-public.fr

• **Commission d'accès aux documents administratifs (CADA) :** toute personne peut obtenir un document administratif sans avoir à justifier sa demande. En cas de difficulté, il est possible de saisir la CADA, dont le siège est 35, rue Saint-Dominique, 75700 Paris 07 SP. Tél. : 01 42 75 79 99. Fax : 01 42 75 80 70. E-mail : cada@cada.fr Site : www.cada.fr

➤ *Consommation*

• **Institut national de la consommation :** 18, rue Tiphaine, 75015 Paris www.conso.net. Tél. 01 45 66 20 20

➤ *Orientation scolaire*

• **Office national d'informations sur les enseignements et les professions (ONISEP)**. Site : www.onisep.fr à partir duquel une recherche de contact géolocalisée est possible.

• **Centre d'information et de documentation jeunesse (CIDJ)**,
101, quai Branly 75015 Paris. Tél. 01 44 49 12 00
www.cidj.com

• **Centres d'information et d'orientation de l'Éducation nationale (CIO).** Il existe un réseau national de 543 CIO. Renseignez-vous dans votre mairie ou par Internet www.education.gouv.fr/pid24301/annuaire-accueil-recherche.html

➤ *Vie familiale*

• **L'École des parents et des éducateurs** a un service de renseignements par téléphone. Pour tous vos problèmes éducatifs, vous pouvez appeler Inter-Services-Parents : 01 44 93 44 93.
www.ecoledesparents.org

• **Le Fil Santé Jeunes :** 3224 (coût communication locale depuis un poste fixe) ou 01 44 93 30 74 (depuis un mobile) www.filsantejeunes.com

• **Les centres d'information sur les droits des femmes et des familles.** Pour obtenir les coordonnées du centre de votre département : www.infofemmes.com ou tél. : 01 42 17 12 00. cnidff@cndiff.fr

• Vous pouvez également contacter **le Mouvement français pour le planning familial (MFPF),** 4, square Saint-Irénée, 75011 Paris.
Tél. : 01 42 60 93 20. Site : www.planning-familial.org

➤ *Logement*

Les Agences départementales pour l'information sur le logement (ADIL), qui dépendent de l'Agence nationale (ANIL), donnent, gratuitement, un conseil personnalisé juridique, financier, fiscal et technique sur toutes les questions relatives au logement et à l'urbanisme. Pour connaître l'adresse du centre le plus proche de votre domicile : www.anil.org

➤ *Assurance*

• **Le Centre de documentation et d'information de l'assurance (CDIA),** 26, boulevard Haussmann, 75009 Paris.
Tél. : 01 42 47 90 00. Site : www.ffsa.fr

• **Le Fonds de garantie des assurances obligatoires de dommages (FGAO),** 64, rue Defrance, 94682 Vincennes Cedex.
Tél. 01 43 98 77 00. Site : www.fondsdegarantie.fr

➤ *Fiscalité*

• Pour tout renseignement concernant le calcul de vos impôts (sur le revenu ou locaux), adressez-vous au centre des impôts dont l'adresse figure sur votre avis d'imposition. Vous pouvez aussi consulter le site www.impots.gouv.fr ou téléphoner au 0810 467 687 (prix d'un appel local depuis un poste fixe).

• Pour le paiement de vos impôts, une demande de délai ou de remise de majoration, adressez-vous au comptable du Trésor public (perception) dont l'adresse figure sur votre avis.

➤ *Internet*

Le site www.service-public.fr rassemble de manière très complète tout ce dont le citoyen (à titre professionnel ou privé) a besoin pour s'orienter dans les services de l'État. C'est un portail regroupant informations et accès vers d'autres sites web gouvernementaux et administratifs.

Par ailleurs, www.service-public.fr/formulaires/ donne accès à de très nombreux formulaires et démarches administratives réalisables à domicile. Cette page Internet donne aussi accès à des modules de calcul (impôts, aide au logement...) ainsi qu'à des lettres-type.

Adresses des organisations CFDT

La confédération

CFDT (Confédération française démocratique du travail)
4 boulevard de la Villette, 75955 Paris Cedex 19
Métro : Belleville
Tél. 01 42 03 80 00 Fax 01 53 72 85 71 confederation@cfdt.fr

Centre de formation CFDT de Bierville
10 route des Nations, 91690 Boissy-la-Rivière
Tél. 01 69 58 85 00 Fax 01 60 80 91 30 bierville@cfdt.fr

Les fédérations

• **Les fédérations et unions confédérales CFDT** ont leur siège au **47-49 av. Simon-Bolivar, 75950 Paris Cedex 19.**
Métro : Pyrénées
Tél. 01 56 41 50 00 Fax 01 56 41 50 10

• **La Fédération des services** est située à la tour Essor, 14 rue Scandicci, 93508 Pantin cedex. Tél. et fax : voir ci-après

• Trois fédérations sont situées au 2-8 rue Gaston-Rebuffat, 75940 Paris cedex 19 (tél. et fax dans la liste) :
– Établissements et arsenaux de l'État ;
– Finances et affaires économiques ;
– Protection sociale, travail et emploi.

• **Fédération générale agroalimentaire (FGA)**
Tél. 01 56 41 50 50 Fax 01 56 41 50 30 fga@cfdt.fr

• **Fédération banques et assurances**
Tél. 01 56 41 54 50 Fax 01 56 41 54 51 banqueassurance@cfdt.fr

• **Fédération de la chimie et de l'énergie (FCE)**
Tél. 01 56 41 53 00 Fax 01 56 41 53 01 fce@cfdt.fr

• **Fédération communication, conseil, culture (F3C-CFDT)**
Tél. 01 56 41 54 00 Fax 01 56 41 54 01 f3c@cfdt.fr

• **Fédération nationale construction bois (FNCB)**
Tél. 01 56 41 55 60 Fax 01 56 41 55 61 fncb@cfdt.fr

• **Fédération formation et enseignement privés (FEP)**
Tél. 01 56 41 54 70 Fax 01 56 41 54 71 fep@cfdt.fr

- **Fédération des établissements et arsenaux de l'État (FEAE)**
2-8 rue Gaston-Rebuffat, 75940 Paris Cedex 19
Tél. 01 56 41 56 80 Fax 01 56 41 56 89 feae@cfdt.fr

- **Fédération des finances et affaires économiques**
2-8 rue Gaston-Rebuffat, 75940 Paris cedex 19
Tél. 01 56 41 55 41 Fax 01 56 41 55 59 finances@cfdt.fr

- **Fédération nationale Interco**
Tél. 01 56 41 52 52 Fax 01 56 41 52 51 interco@cfdt.fr

- **Fédération générale de la métallurgie et des mines (FGMM)**
Tél. 01 56 41 50 70 Fax 01 56 41 50 96 fgmm@cfdt.fr

- **Fédération protection sociale, travail et emploi (PSTE)**
2-8 rue Gaston-Rebuffat, 75940 Paris Cedex 19
Tél. 01 56 41 51 50 Fax 01 56 41 51 51 pste@cfdt.fr

- **Fédération des services**
Tour Essor, 14 rue Scandicci, 93508 Pantin Cedex
Tél. 01 48 10 65 90 Fax 01 48 10 65 95 services@cfdt.fr

- **Fédération des services de santé et services sociaux**
Tél. 01 56 41 52 00 Fax 01 42 02 48 08 santesociaux@cfdt.fr

- **Fédération des syndicats généraux de l'Éducation nationale (SGEN)**
Tél. 01 56 41 51 00 Fax 01 56 41 51 11 sgen@cfdt.fr

- **Fédération générale des transports-équipements (FGTE)**
Tél. 01 56 41 56 00 Fax 01 42 02 49 96 fgte@cfdt.fr

- **Union confédérale des cadres**
Tél. 01 56 41 55 00 Fax 01 56 41 55 01 contact@cadres.cfdt.fr

- **Union confédérale des retraités (UCR)**
Tél. 01 56 41 55 20 Fax 01 56 41 55 21 contact@retraites.cfdt.fr

- **Union des fédérations des fonctions publiques et assimilés (UFFA)**
Tél. 01 56 41 54 40 Fax 01 56 41 54 44 uffa@cfdt.fr

Nota : si les coordonnées d'une de nos organisations vous paraissent erronées, vous pouvez consulter leur mise à jour sur notre site www.cfdt.fr

Unions régionales et départementales

URI CFDT Alsace

- **Bas-Rhin (siège)**

305 av. de Colmar, BP 70955, 67029 Strasbourg Cedex 1
Tél. 03 88 79 87 79 Fax 03 88 79 87 60 alsace@cfdt.fr

- **Site du Haut-Rhin**

1 rue de Provence, 68090 Mulhouse Cedex
Tél. 03 89 31 86 50 Fax 03 89 31 86 99 alsace@cfdt.fr

URI CFDT Aquitaine

32 bis av. de Canteranne, 33608 Pessac Cedex
Tél. 05 56 91 04 48 Fax 05 56 33 62 72 uri@aquitaine.cfdt.fr

- **UD CFDT Dordogne**

Bourse du travail, 26 rue Bodin, 24029 Périgueux Cedex
Tél. 05 53 35 70 20 Fax 05 53 07 02 26 dordogne@aquitaine.cfdt.fr

- **UD CFDT Gironde**

8 rue Théodore-Gardère, 33080 Bordeaux Cedex
Tél. 05 57 81 11 11 Fax 05 57 81 11 10 gironde@aquitaine.cfdt.fr

- **UD CFDT Landes**

Les Halles, Place R. Ducos, 40100 Dax
Tél. 05 58 74 08 06 Fax 05 58 56 19 85 landes@aquitaine.cfdt.fr

- **UD CFDT Lot-et-Garonne**

Rue des Frères Magen, 47000 Agen
Tél. 05 53 66 39 90 Fax 05 53 66 21 92
lot-garonne@aquitaine.cfdt.fr

- **UIS CFDT Béarn**

Complexe de la République, Rue Carnot, 64000 Pau
Tél. 05 59 27 90 69 Fax 05 59 88 41 86 bearn@aquitaine.cfdt.fr

- **UIS CFDT Pays Basque**

1 place Sainte-Ursule, 64100 Bayonne
Tél. 05 59 55 05 31 Fax 05 59 55 30 22 basque@aquitaine.cfdt.fr

URI CFDT Auvergne

Maison du Peuple, Place de la Liberté, 63000 Clermont-Ferrand
Tél. 04 73 31 90 82 Fax 04 73 31 90 84 auvergne@cfdt.fr

- **UD CFDT Allier**

67 quai Rouget-de-l'Isle, 03100 Montluçon
Tél. 04 70 05 05 15 Fax 04 70 28 56 20 allier@cfdt.fr

• **UD CFDT Cantal**
Maison des syndicats, 7 place de la Paix, 15000 Aurillac
Tél. 04 71 64 34 00 Fax 04 71 48 13 52 cantal@cfdt.fr

• **UD CFDT Haute-Loire**
5 rue des Bains, BP 143, 43004 Le Puy-en-Velay Cedex
Tél. 04 71 04 24 00 Fax 04 71 05 20 73 haute-loire@cfdt.fr

• **UD CFDT Puy-de-Dôme**
Maison du peuple, Place de la Liberté, 63000 Clermont-Ferrand
Tél. 04 73 31 90 80 Fax 04 73 31 90 84 puy-dome@cfdt.fr

URI CFDT Bourgogne

7 rue de Colmar, 21000 Dijon
Tél. 03 80 70 21 70 Fax 03 80 70 21 69 bourgogne@cfdt.fr

• **UD CFDT Côte-d'Or**
7 rue du Dr Chaussier, 21000 Dijon
Tél. 03 80 30 46 70 Fax 03 80 30 57 52 cote-or@cfdt.fr

• **UD CFDT Nièvre**
Bourse du Travail, 2 bis bd. Pierre de Coubertin,
BP 624, 58006 Nevers Cedex
Tél. 03 86 61 33 04 Fax 03 86 61 98 83 nievre@cfdt.fr

• **UD CFDT Saône-et-Loire**
6 rue Ph. Léon Couturier, 71107 Chalon-sur-Saône Cedex
Tél. 03 85 94 12 80 Fax 03 85 94 12 88 saone-loire@cfdt.fr

• **UD CFDT Yonne**
Maison des syndicats, 7 rue Max Quantin, 89000 Auxerre
Tél. 03 86 52 59 04 Fax 03 86 51 69 15 yonne@cfdt.fr

URI CFDT Bretagne

10 bd. du Portugal, CS 10811, 35208 Rennes Cedex 2
Tél. 02 99 86 34 20 Fax 01 53 72 85 70 bretagne@bretagne.cfdt.fr

• **UD CFDT Côtes-d'Armor**
93 bd. Edouard-Prigent, CS 90005, 22099 Saint-Brieuc Cedex 9
Tél.: 02 96 94 00 99 Fax 02 96 94 25 81 cotesdarmor@bretagne.cfdt.fr

• **UD CFDT Finistère**
9 rue de l'Observatoire, CS 21825, 29218 Brest Cedex 1
Tél. 02 98 33 29 32 Fax 02 98 33 29 28 finistere@bretagne.cfdt.fr

• **UD CFDT Ille-et-Vilaine**
10 bd. du Portugal, CS 10811, 35208 Rennes Cedex 2
Tél. 02 99 86 34 10 Fax 02 99 86 34 19 illeetvilaine@bretagne.cfdt.fr

• **UD CFDT Morbihan**
78 bd. Cosmao Dumanoir, BP 235, 56102 Lorient Cedex
Tél. 02 97 88 02 98 Fax 02 97 88 02 88 morbihan@bretagne.cfdt.fr

URI CFDT Centre

10 rue Théophile Naudy, CS 21634, 45006 Orléans Cedex
Tél. 02 38 22 38 60 Fax 02 38 22 38 41 uricentre@centre.cfdt.fr

- **UD CFDT Cher**
5 bd. Georges Clémenceau, 18000 Bourges
Tél. 02 48 27 51 51 cher@centre.cfdt.fr

- **UD CFDT Eure-et-Loir & Chartres**
1 rue Salvador Allende, 28300 Mainvilliers
Tél. 02 37 91 15 04 Fax 02 37 30 85 88 eure-loir@centre.cfdt.fr

- **UD CFDT Indre**
86 rue d'Aquitaine, 36000 Châteauroux
Tél. 02 54 34 26 45 Fax 02 54 07 40 67 cfdt-indre@wanadoo.fr

- **UD CFDT Indre-et-Loire**
Maison des syndicats, 18 rue de l'Oiselet, 37550 Saint-Avertin
Tél. 02 47 36 58 58 Fax 02 47 36 58 51 indre-loire@centre.cfdt.fr

- **UD CFDT Loir-et-Cher**
35-37 av. de l'Europe, 41000 Blois
Tél. 02 54 43 99 01 Fax 02 54 43 58 90 loir-cher@centre.cfdt.fr

- **UD CFDT Loiret**
10 rue Théophile Naudy, CS 21634, 45006 Orléans Cedex
Tél. 02 38 22 38 50 Fax 02 38 22 38 41 loiret@centre.cfdt.fr

URI CFDT Champagne-Ardenne

1 place de Verdun, 51000 Châlons-en-Champagne
Tél. 03 26 26 90 55 Fax 03 26 26 90 56 champagne-ardenne@cfdt.fr

- **UD CFDT Ardennes**
21 rue J.-B. Clément, BP 449, 08098 Charleville-Mézières Cedex
Tél. 03 24 33 35 25 Fax 03 24 33 96 70 ardennes@cfdt.fr

- **UD CFDT Aube**
2A boulevard du 1er RAM, 10000 Troyes
Tél. 03 25 73 18 20 Fax 03 25 73 04 91 aube@cfdt.fr

- **UD CFDT Marne**
Maison des syndicats, 15 bd. de la Paix, BP 1368, 51063 Reims Cedex
Tél. 03 26 77 69 89 Fax 03 26 77 69 99 marne@cfdt.fr

- **UD CFDT Haute-Marne**
29 rue Bouchardon, BP 49, 52002 Chaumont
Tél. 03 25 03 82 94 Fax 03 25 32 57 88 haute-marne@cfdt.fr

URI CFDT Corse

Résidence La Gravona, Chemin Biancarello, 20090 Ajaccio
Tél. 04 95 23 22 85 Fax 04 95 20 63 17 cfdt-corse@bbox.fr

• **UL CFDT Corse-du-Sud**
Résidence La Gravona, Chemin Biancarello, 20090 Ajaccio
Tél. 04 95 23 22 85 Fax 04 95 20 63 17 cfdt2a@bbox.fr

• **UL CFDT Haute-Corse**
Maison des syndicats, 2 rue Castagno, 20200 Bastia
Tél. 04 95 31 01 17 Fax 04 95 32 04 13 cfdt.ul2b@wanadoo.fr

URI CFDT Franche-Comté

9 rue de la Combe-du-Puits, ZAC Valentin,
BP 3081, 25047 Besançon Cedex
Tél. 03 81 85 38 48 Fax 03 81 85 38 49 uri_franchecomte@cfdt.fr

• **UIS CFDT Besançon**
4bis rue Léonard de Vinci, 25000 Besançon
Tél. 03 81 25 30 00 Fax 03 81 25 30 01 besancon@cfdt.fr

• **UIS CFDT Pays de Montbéliard**
45 rue des Mines, 25400 Audincourt
Tél. 03 81 94 49 50 Fax 03 81 94 40 62
cfdt.doubs.montbeliard@wanadoo.fr

• **UD CFDT Jura**
76 rue Saint-Désiré, BP 30026, 39001 Lons-le-Saunier cedex
Tél. 03 84 24 10 50 Fax 03 84 24 33 40 cfdt.lons@orange.fr

• **UD CFDT Haute-Saône**
Maison des syndicats, 5 cours François-Villon, 70000 Vesoul
Tél. 03 84 97 50 60 Fax 03 84 97 50 69 cfdt70@wanadoo.fr

• **UD CFDT Territoire de Belfort**
Maison du peuple, Place de la Résistance, 90020 Belfort
Tél. 03 84 21 38 04 Fax 03 84 21 34 00 cfdt.belfort@wanadoo.fr

URI CFDT Île-de-France

78 rue de Crimée, 75019 Paris
Tél. 01 42 03 89 00 Fax 01 42 45 25 33 ile-france@cfdt.fr

• **UD CFDT Paris**
7-9 rue Euryale Dehaynin, 75019 Paris
Tél. 01 42 03 88 25 Fax 01 42 03 88 37 paris@cfdt.fr

• **UD CFDT Seine-et-Marne**
15 rue Pajol, CS 9020, 77007 Melun cedex
Tél. 01 60 59 06 60 Fax 01 60 59 06 86 ud-cfdt-77@wanadoo.fr

• **UD CFDT Yvelines**
301 av. des Bouleaux, 78190 Trappes
Tél. 01 30 51 04 05 Fax 01 30 51 28 73 ud@cfdt-yvelines.fr

• **UD CFDT Essonne**
Maison des syndicats, 12 place des Terrasses de l'Agora, 91007 Evry Cedex
Tél. 01 60 78 32 67 Fax 01 60 78 56 69 ud91@cfdt91.fr

• **UD CFDT Hauts-de-Seine**
23 place de l'Iris, La Défense 2, 92400 Courbevoie
Tél. 01 46 21 03 66 Fax 01 46 20 01 15 cfdt-ud-92@wanadoo.fr

• **UD CFDT Seine-Saint-Denis**
Bourse du travail, 1 place de la Libération, 93016 Bobigny Cedex
Tél. 01 48 96 35 05 Fax 01 48 32 51 44 cfdtud93@cfdt93.com

• **UD CFDT Val-de-Marne**
Maison des syndicats, 11-13 rue des Archives, 94010 Créteil Cedex
Tél. 01 43 99 10 50 Fax 01 43 99 41 09 cfdt.ud94@orange.fr

• **UD CFDT Val-d'Oise**
Maison des syndicats, 26 rue Francis-Combe, 95014 Cergy-Pontoise Cedex
Tél. 01 30 32 61 55 Fax 01 34 24 81 52 val-oise@cfdt.fr

URI CFDT Languedoc-Roussillon

Maison des syndicats, 474 allée Henri II de Montmorency,
34000 Montpellier
Tél.: 04 67 64 51 52 Fax 04 67 64 21 47
uri@languedoc-roussillon.cfdt.fr

• **UD CFDT Aude**
51 rue A. Armagnac, 11000 Carcassonne
Tél. 04 68 25 20 43 Fax 04 68 25 11 92 ud@cfdt11.fr

• **UD CFDT Gard**
2 bis rue de l'Écluse, 30000 Nîmes
Tél. 04 66 67 58 23 Fax 04 66 21 54 95 ud-cfdt-du-gard@wanadoo.fr

• **UD CFDT Hérault**
474 allée Henri II de Montmorency, 34000 Montpellier
Tél. 04 67 64 54 30 Fax 04 67 64 84 66 herault@cfdt.fr

• **UD CFDT Lozère**
Espace Jean Jaurès, Rue Charles Morel, 48000 Mende
Tél. 04 66 65 09 16 Fax 04 66 65 16 01 lozere@cfdt.fr

• **UD CFDT Pyrénées-Orientales**
8 rue de la Garrigole, BP 75210, 66032 Perpignan Cedex
Tél. 04 68 50 77 50 Fax 04 68 50 00 19 udcfdt66@wanadoo.fr

URI CFDT Limousin

32 rue Adolphe Mandonnaud, BP 63823, 87038 Limoges Cedex 1
Tél. 05 55 32 32 45 Fax 05 55 32 34 80 limousin@cfdt.fr

- **UD CFDT Corrèze**
19 rue Jean Fieyre, 19100 Brive
Tél. 05 55 17 65 23 cfdt.correze@wanadoo.fr

- **UD CFDT Creuse**
Maison des associations, 11 rue de Braconne, 23000 Guéret
Tél. 05 55 52 72 03 Fax 08 11 38 76 69 ud.cfdt-23@orange.fr

- **UD CFDT Haute-Vienne**
32 rue Adolphe Mandonnaud, BP 63823, 87038 Limoges Cedex 1
Tél. 05 55 33 25 14 Fax 05 55 32 34 80 haute-vienne@cfdt.fr

URI CFDT Lorraine

2 rue du Général de Lardemelle, BP 80527, 57009 Metz Cedex 1
Tél. 03 87 16 97 80 Fax 03 87 16 97 84 lorraine@cfdt.fr

- **UD CFDT Meurthe-et-Moselle**
20 rue des Glacis, BP 32240, 54022 Nancy Cedex
Tél. 03 83 39 45 00 Fax 03 83 36 79 31 meurthe-moselle@cfdt.fr

- **UD CFDT Meuse**
11 place de la Couronne, BP 80042, 55001 Bar-le-Duc Cedex
Tél. 03 29 45 07 97 Fax 03 29 79 48 98 meuse@cfdt.fr

- **UD CFDT Moselle**
2 rue du Général de Lardemelle, BP 80527, 57000 Metz Cedex 1
Tél. 03 87 16 97 70 Fax 03 87 16 28 45 moselle@cfdt.fr

- **UD CFDT Vosges**
4 rue Aristide Briand, BP 334, 88000 Épinal
Tél. 03 29 82 04 32 Fax 03 29 33 01 38 vosges@cfdt.fr

URI CFDT Midi-Pyrénées

3 chemin du Pigeonnier de la Cépière, Bat. C, 2e ét., 31100 Toulouse
Tél. 05 61 43 67 87 Fax 05 61 43 67 86 uri@cfdt-midi-pyrenees.fr

- **UD CFDT Ariège**
Maison des associations, 1 av. de l'Ariège, 09000 Foix
Tél. 05 61 02 61 50 Fax 05 61 02 61 50 cfdt.ud.ariege@orange.fr

- **UD CFDT Aveyron**
23 av. de la Gineste, 12000 Rodez
Tél. 05 65 78 59 98 Fax 05 65 78 44 32 rodez@cfdt.fr

- **UD CFDT Haute-Garonne**
3 chemin du Pigeonnier de la Cépière, Bat. C, 3e ét., 31100 Toulouse
Tél. 05 61 43 65 55 Fax 05 61 43 65 50 ud@cfdt-haute-garonne.fr

- **UD CFDT Gers**
40 rue Rouget de l'Isle, 32000 Auch
Tél. 05 62 05 30 06 Fax 05 62 61 89 84 *gers@cfdt.fr*

• UD CFDT Lot
Bourse du Travail, 34 Place Rousseau, 46000 Cahors
Tél. 05 65 35 55 03 Fax 05 65 35 55 01 lot@cfdt.fr

• UD CFDT Hautes-Pyrénées
Maison des syndicats, Place des Droits de l'Homme, 65000 Tarbes
Tél. 05 62 38 13 68 Fax 05 62 53 32 71 cfdt.ud65@wanadoo.fr

• UD CFDT Tarn
Maison des syndicats, Place du 1er Mai, 81100 Castres
Tél. 05 63 62 01 70 Fax 05 63 51 18 83 tarn@cfdt.fr

• UD CFDT Tarn-et-Garonne
23 Grand'rue Sapiac, 82000 Montauban
Tél. 05 63 63 26 80 Fax 05 63 63 49 07 tarn-garonne@cfdt.fr

URI CFDT Nord-Pas-de-Calais
145 rue des Stations, BP 88, 59006 Lille Cedex
Tél. 03 20 57 66 22 Fax 03 20 57 96 66 nord-pdc@cfdt.fr

• UTI CFDT Artois-Douaisis
Forum Bollaert , 13bis route de Béthune, BP 311, 62307 Lens Cedex
Tél. 03 21 14 26 65 Fax 03 21 70 77 02 artois-douaisis@npdc.cfdt.fr

• UTI CFDT Métropole lilloise
Bourse du Travail, 254 bd. de l'Usine, 59000 Lille
Tél. 03 20 88 36 20 Fax 03 20 53 21 44
metropolelilloise@npdc.cfdt.fr

• UTI CFDT Littoral
Bourse du Travail, Place Crèvecœur, 62100 Calais
Tél. 03 21 36 55 53 Fax 03 21 36 50 69 littoral@npdc.cfdt.fr

• UTI CFDT Sambre-Escaut
15 rue Amédée Bultot, 59300 Valenciennes
Tél. 03 27 28 27 30 Fax 03 27 28 27 35 sambre-escaut@npdc.cfdt.fr

URI CFDT Basse-Normandie
29 av. Charlotte Corday, 14000 Caen
Tél. 02 31 35 32 32 Fax 02 31 35 32 30 courrier@cfdt-bn.fr

• UIT CFDT Pays-d'Auge
14 rue du Docteur Degrenne, 14100 Lisieux
Tél. 02 31 62 22 24 Fax 02 31 62 22 52
uispaysdauge.cfdt@wanadoo.fr

• UIT CFDT Plaine de Caen
29 av. Charlotte Corday, 14000 Caen
Tél. 02 31 35 32 40 Fax 02 31 35 32 30 cfdtplainedecaen@orange.fr

- **UIT CFDT Centre Manche**
Maison des syndicats, rue Léon Deries, BP 545, 50015 Saint-Lô cedex
Tél. 02 33 57 42 17 Fax 02 33 57 90 49 cfdt50@wanadoo.fr
- **UIT CFDT Pays du Cotentin**
54-56 rue de la Bucaille, 50100 Cherbourg Octeville
Tél. 02 33 53 19 07 Fax 02 33 53 79 44 cfdt.pays.cotentin@orange.fr
- **UIT CFDT Pays de la Baie**
2 rue Boudrie, 50300 Avranches
Tél. 02 33 58 52 04 Fax 02 33 58 52 04 cfdt.sud-manche@wanadoo.fr
- **UIT CFDT Orne Est**
16 rue Etoupée, 61000 Alençon
Tél. 09 53 18 54 96 Fax 09 53 18 54 96 cfdtorneest@free.fr
- **UIT CFDT Pays du Bocage**
Les Capucines, Cité des Fleurs, 61100 Flers
Tél. 02 33 65 70 51 Fax 02 33 65 97 62 uitpaysbocage.cfdt@orange.fr

URI CFDT Haute-Normandie

25 place Gilles Martinet, 76300 Sotteville-les-Rouen
Tél. 02 32 08 35 60 Fax 02 32 08 35 61 haute-normandie@cfdt.fr

- **UD et UIS CFDT Eure**
6ter rue de Pannette, BP 525, 27005 Evreux Cedex
Tél. 02 32 33 14 97 Fax 02 32 31 01 84 eure@cfdt.fr
- **UD CFDT Seine-Maritime et UIS CFDT Rouen-Elbeuf**
25 place Gilles Martinet, 76300 Sotteville-les-Rouen
Tél. 02 32 08 35 50 Fax 02 32 08 35 52 rouen@fcdt.fr
- **UIS CFDT Dieppe**
2 rue d'Écosse, 76200 Dieppe
Tél. 02 35 84 28 61 Fax 02 35 84 28 61 dieppe@cfdt.fr
- **UIS CFDT Le Havre**
1 rue Fontenoy, 76600 Le Havre
Tél. 02 35 25 30 63 Fax 02 35 24 35 34 lehavre@cfdt.fr

URI CFDT Pays de la Loire

15D bd. Jean-Moulin, CS 40209, 44102 Nantes Cedex 4
Tél. 02 40 44 66 40 Fax 02 40 44 66 48 paysloire@cfdt.fr

- **UD CFDT Loire-Atlantique**
15D bd. Jean-Moulin, CS 40209, 44102 Nantes Cedex 04
Tél. 02 40 44 66 20 Fax 02 40 44 66 21 loire-atlantique@cfdt.fr
- **UD CFDT Maine-et-Loire**
Bourse du Travail, 14 place Louis Imbach, 49100 Angers
Tél. 02 41 24 40 00 Fax 02 41 87 68 19 maine-loire@cfdt.fr

• **UD CFDT Mayenne**
15 rue Saint-Mathurin, BP 1025, 53010 Laval Cedex
Tél. 02 43 53 19 00 Fax 02 43 56 45 51 mayenne@cfdt.fr

• **UD CFDT Sarthe**
Maison des syndicats, 4 rue d'Arcole, 72014 Le Mans Cedex
Tél. 02 43 39 32 20 Fax 02 43 28 16 12 sarthe@cfdt.fr

• **UD CFDT Vendée**
16 bd. Louis Blanc, BP 129, 85004 La Roche-sur-Yon Cedex
Tél. 02 51 37 01 34 Fax 02 51 44 87 65 vendee@cfdt85.com

URI CFDT Picardie

Tour Perret, 13 place Alphonse Fiquet, 80000 Amiens
Tél. 03 22 71 19 19 Fax 03 22 71 19 10 picardie@cfdt.fr

URI CFDT Poitou-Charentes

192 av. de la Libération, 86000 Poitiers
Tél. 05 49 52 96 46 Fax 05 49 88 90 39 uri@poitou-charentes.cfdt.fr

• **UD CFDT Charente**
11 rue Traversière, Saint Cybard, 16000 Angoulême
Tél. 05 45 95 18 11 Fax 05 45 95 30 12
UD-charente@poitou-charentes.cfdt.fr

• **UD CFDT Charente-Maritime**
6 rue Albert 1er, 17000 La Rochelle
Tél. 05 46 41 15 88 Fax 05 46 41 42 10
UD-charente-maritime@poitou-charentes.cfdt.fr

• **UD CFDT Deux-Sèvres**
Maison des syndicats, 8 rue Joseph Cugnot, 79000 Niort
Tél. 05 49 06 91 55 Fax 05 49 09 08 79
UD-deuxsevres@poitou-charentes.cfdt.fr

• **UD CFDT Vienne**
23 rue Arsène Orillard, 86000 Poitiers
Tél. 05 49 88 92 84 Fax 05 49 52 99 85
UD-vienne@poitou-charentes.cfdt.fr

URI CFDT Provence-Alpes-Côte d'Azur

16-18 bd. de Paris, 13003 Marseille
Tél. 04 91 64 64 64 Fax 04 91 05 06 58 paca@cfdt.fr

• **UD CFDT Alpes de Haute-Provence**
42 bd. Victor Hugo, 04000 Digne
Tél. 04 92 31 13 22 Fax 04 92 32 47 22 alpes-provence@cfdt.fr

• UD CFDT Hautes-Alpes
Bourse du Travail, 3 rue David Martin, 05000 Gap
Tél. 04 92 52 16 83 Fax 04 92 53 70 21 hautes-alpes@cfdt.fr

• UD CFDT Alpes-Maritimes
12 bd. Delfino, 06300 Nice
Tél. 04 93 26 52 32 Fax 04 93 89 45 21 alpes-maritimes@cfdt.fr

• UD CFDT Bouches-du-Rhône
18 rue Sainte, 13001 Marseille
Tél. 04 91 33 40 73 Fax 04 91 55 05 54 bouches-rhone@cfdt.fr

• UD CFDT Var
Bourse du travail, 13 av. Amiral Collet, 83000 Toulon
Tél. 04 94 92 72 59 Fax 04 94 92 78 37 var@cfdt.fr

• UD CFDT Vaucluse
47 rue Carreterie, 84000 Avignon
Tél. 04 90 85 50 63 Fax 04 90 86 91 48 vaucluse@cfdt.fr

URI CFDT Rhône-Alpes

74 rue Maurice Flandin, 69003 Lyon
Tél. 04 72 33 77 53 Fax 04 72 33 84 92
cfdt-rhone-alpes@rhone-alpes.cfdt.fr

• UD CFDT Ain
Maison des syndicats, 3 impasse Alfred Chanut, 01000 Bourg-en-Bresse
Tél. 04 74 22 31 85 Fax 04 74 22 98 63 ud-cfdt-ain@wanadoo.fr

• UD CFDT Drôme-Ardèche
Maison des syndicats, 17 rue Georges Bizet, 26000 Valence
Tél. 04 75 78 50 50 Fax 04 75 55 21 70 drome-ardeche@cfdt.fr

• UD CFDT Isère
Bourse du travail, 32 av. de l'Europe, 38030 Grenoble Cedex 2
Tél. 04 76 23 31 54 Fax 04 76 88 64 18 isere@cfdt.fr

• UD CFDT Loire
Bourse du travail, 4 cours Victor Hugo, 42028 Saint-Etienne Cedex 1
Tél. 04 77 32 11 91 Fax 04 77 49 15 69 loire@cfdt.fr

• UD CFDT Rhône
214 av. Félix Faure, 69441 Lyon Cedex 03
Tél. 04 78 53 21 91 Fax 04 72 33 44 09 cfdt-rhone@wanadoo.fr

• UD CFDT Savoie
77 rue Ambroise Croizat, BP 357, 73003 Chambéry Cedex
Tél. 04 79 69 06 69 Fax 04 79 62 26 24 savoie@cfdt.fr

• UD CFDT Haute-Savoie
29 rue de la Crête, BP 37, 74962 Cran Gevrier Cedex
Tél. 04 50 67 91 70 Fax 04 50 08 13 85 ud@cfdt74.fr

Liste des organisations d'outre-mer

• Guadeloupe

Union interprofessionnelle régionale CDFT de la Guadeloupe
104 immeuble Les Chicanes, 97139 Grand-Camp Abymes
Tél. 05 90 20 42 61 Fax 05 90 28 38 91 cfdt.gpe@wanadoo.fr

• Guyane

CDTG (Centrale démocratique des travailleurs de la Guyane)
99-100 Cité Césaire, BP 383, 97300 Cayenne
Tél. 05 94 31 02 32 Fax 05 94 35 71 17 cdtg-cfdt@wanadoo.fr

• Ile de la Réunion

Union interprofessionnelle de la Réunion CFDT
58 rue Fénelon, 97400 Saint-Denis
Tél. 02 62 90 27 67 Fax 02 62 21 03 22 uir-cfdt@wanadoo.fr

• Martinique

Union interprofessionnelle région CFDT de la Martinique
Maison des syndicats, Bd. du Général de Gaulle,
BP 953, 97246 Fort-de-France
Tél. 05 96 39 59 09 Fax 05 96 39 58 09 sdpcm-cfdt@orange.fr

• Mayotte

CISMA-CFDT (Confédération intersyndicale des syndicats de Mayotte)
1 rue Baboul Hairi Cavani Mtsapéré, BP 1038, 97600 Mamoudzou
Tél. 02 69 61 12 38 Fax 02 69 61 36 16 cisma3@wanadoo.fr

• Nouvelle-Calédonie

USOENC (Union des syndicats ouvriers et employés
de Nouvelle-Calédonie)
BP 2534, Nouméa, Nouvelle-Calédonie
Tél. 00 687 25 96 40 Fax 00 687 25 01 64 usoenc@canl.nc

• Polynésie française

A TI'A I MUA
Immeuble Gallieni, rue Clapier, BP 4523,
98713 Papeete, Polynésie française
Tél. 00 689 54 40 10 Fax 00 689 45 02 45 atiaimua@atiaimua.pf

• Saint-Pierre-et-Miquelon

Union Interprofessionnelle CFDT de Saint-Pierre-et-Miquelon
15 rue Dr Dunan, BP 4352, 97500 Saint-Pierre
Tél. 05 08 41 23 20 Fax 05 08 41 27 99 cfdt.spm@cheznoo.net

Achevé d'imprimer en août 2013 sur papiers 100% recyclés
par eurl ICFOREST (RCS Lisieux 414 951 350)
chez CORLET Imprimeur 14110 Condé-sur-Noireau (certifié Imprim'Vert)
Dépôt légal 3e trimestre 2013